Moser, Einführung in die Medienpädagogik

Heinz Moser

Einführung in die Medienpädagogik

Aufwachsen im Medienzeitalter

3. überarbeitete und aktualisierte Auflage

Leske + Budrich, Opladen 2000

Die Deutsche Bibliothek – CIP-Einheitsaufnahme
Ein Titeldatensatz für diese Publikation ist bei
Der Deutschen Bibliothek erhältlich

ISBN: 3-8100-2724-3

Satz: Leske + Budrich
Druck: Druck Partner Rübelmann, Hemsbach
Printed in Germany

Inhalt

Einleitung

Seit der Erfindung des Buches, dann des Radios, des Fernsehens und der elektronischen Medien besteht eine breite Diskussion der Gelehrten und Wissenschaftler, wie die Medien das Verhalten der Menschen in der Gesellschaft beeinflussen. Nun mögen Medien auch produktive Kräfte darstellen, welche die Ökonomie verändern – etwa dadurch, dass sie mit einer Industrie verbunden sind, die im Verlauf der Geschichte immer wichtiger geworden ist: So war das Verlagswesen in vergangenen Jahrhunderten schon deshalb von geringerer Bedeutung, weil das gebildete Publikum der Lesenden nur eine kleine gesellschaftliche Elite darstellte. Mit der allgemeinen Volksschulbildung und der Massenpresse verbreiterte sich die materielle Grundlage einen gewaltigen Schritt. In diesem Jahrhundert ist dann schrittweise eine Entwicklung in Gang gekommen, welche den Wirtschaftssektor der Medien immer einflussreicher werden liess. Grosskonzerne im Kommunikations- und Computerbereich, die Filmindustrie, ein Netz von Verlagskomplexen, welche Zeitungen, Buchverlage, Fernsehstationen und digitale Medien umfassen, stellen einen nicht mehr zu vernachlässigenden ökonomischen Faktor dar. Autoren wie der Amerikaner Lew J. Perelman (1992) gehen sogar davon aus, dass der Faktor „Information“ für die entwickelten Gesellschaften des ausgehenden 20. Jahrhunderts zur entscheidenden Produktivkraft geworden ist.

Dennoch hat die pädagogische Begleitmusik zu dieser Entwicklung in einem immer erneuten Chor die Gefahren beschworen, welche ihrer Meinung nach mit den Medien verbunden seien. Schon das Buch hatte vor 200 Jahren den Geruch, die Menschen zu verführen. Kein geringerer als Jean Jacques Rousseau hatte in seinem Erziehungsroman „Emil“ 1762 geschrieben: „Wie ich alle Pflichten von den Kindern fernhalte, so nehme ich ihnen die Werkzeuge ihres größten Unglücks: die Bücher. Die Lektüre ist die Geißel der Kindheit und dabei fast die einzige Beschäftigung, die man ihnen zu geben versteht“ (Rousseau 1963, S. 100). Bücher lehren nach Rousseaus Meinung, nur von dem zu reden, was man nicht weiß; und sie sind jener Absicht konträr entgegengesetzt, wonach Emil auf dem Lande erzogen werden soll, fern von den Einflüssen und der Sittenlosigkeit der Städte, deren Firnis für Kinder so verführerisch und ansteckend sei.

Zu Beginn des 20. Jahrhunderts galt dann die Kritik dem Kino. So hielt der Hamburger Lehrerverein 1907 „den Besuch der Theater lebender Photographien für Kinder gefährlich“; und er forderte, die Schule habe „dem Besuch von Vorführungen dieser Art... erziehlich entgegenzuwirken“ (vgl. Binder 1992, S, 18). Für die Pädagogik scheint demnach jedes neue Medium mit einer subversiven Energie verbunden, welche ihren Intentionen konträr entgegengesetzt ist und bedrohlich erscheint. So haben auch später die Pädagogen fast regelmässig über die schlechten Einflüsse debattiert, welche von den jeweils neuen Medien ausgingen. In unserem Jahrhundert gab es zum Beispiel die Diskussion um den Schundroman, die Kritik am amerikanischen Comic, die Besorgnis über Gewalt und Brutalität in Video und Fernsehen. Vor allem scheinen die Medien immer wieder erneut die behütete Kleinfamilie und die mit ihr verbundene Auffassung vom „unschuldigen“ Kind zu bedrohen. Erhielten die Heranwachsenden doch durch sie einen direkten Zugang zur Welt „draußen“, der durch keine pädagogischen Einflüsse mehr „gefiltert“ war.

In diesem Zusammenhang scheint zudem eines bemerkenswert: Erstmals haben wir es heute mit einer erwachsenen Generation zu tun, die von allem Anfang mit elektronischen Medien groß geworden ist und sich ein Leben ohne Fernsehen, Video und Computer nicht mehr vorstellen kann. Damit dürfte zusammenhängen, was mir zum Beispiel in Universitäts-Seminaren zum Thema „Massenmedien“ in den letzten Jahren zunehmend aufgefallen ist: die Unbefangenheit und Akzeptanz im Umgang mit den elektronischen Medien, welche für diese Generationen zum selbstverständlichen Teil ihrer Lebenswelt geworden sind.

Gleichzeitig hat man in den letzten Jahrzehnten im Rahmen empirischer Sozialforschung und Publizistikwissenschaft – sehr oft unter kritischen Prämissen – untersucht, einen wie breiten Raum die Medien, und hier vor allem das Fernsehen, am Alltag einnähmen. Mehr als eine Stunde Fernsehkonsum pro Tag (vgl. z.B. Bonfadelli/Saxer 1986) schienen pädagogischer Skepsis Raum zu geben. Sollten Kinder nicht andere Aktivitäten bevorzugen? Deutete dies nicht darauf hin, dass in breiten Kreisen der Bevölkerung neue Süchte entstanden? Anstatt sich mit der realen Welt auseinanderzusetzen und mit anderen zu spielen, isolierten sich die Kinder mit Beschäftigungen wie exzessivem und ungesundem Lesen (so die Kritik in früheren Zeiten) – oder (so die zeitgenössische Kritik) mit übermäßigem Fernseh- und Videokonsum. In diesem Sinn kritisiert Ommo Grupe den Verlust an sinnlicher Erfahrung: Es kommt „zu dem, was man sehr verkürzt und vielleicht auch gar nicht immer zutreffend als ‚Verkopfung‘ bezeichnet. Was auf das Kind – sicher auch auf die Jugendlichen und auf uns Erwachsene – eindringt, wird vornehmlich kognitiv aufgenommen und verarbeitet. Verloren gehen so sinnliche, leibliche Erfahrungen, die ja auch zu Einschätzungen, Einstellungen und Urteilsbildungen führen“ (Grupe 1985, S. 29).

Insgesamt betrachtete man die Medien (und hier in den letzten Jahren und Jahrzehnten vorwiegend das Fernsehen) in wissenschaftlichen und pädagogischen Arbeiten – oft im Gegensatz zu den unbefangenen Erfahrungen der jüngeren Generationen – häufig unter der Perspektive abgeleiteter und künstlich akkumulierter Erfahrung. Gemäß dieser Auffassung drohen die Erfahrungen aus zweiter Hand die primären Erfahrungen immer mehr zu ersetzen und zu verdrängen. Und weil sich dieses Wahrnehmungsmuster von gesellschaftlicher Realität gleichzeitig mit spezifischen Wertungen verbindet, bedeutet dies: An die Stelle der für sich wertvollen Primärerfahrung treten immer häufiger zufällige und beliebige medial vermittelte Erfahrungen; anstatt sich mit der Erfahrungswelt auseinanderzusetzen, sie zu schmecken und zu fühlen, scheinen sich die Heranwachsenden des Medienzeitalters mit den schalen Abbildern zu begnügen. Dies gipfelt im Tenor der Medienkritik von Neil Postman, der bereits im Titel eines seiner Bücher den entscheidenden Vorwurf festhält: „Wir amüsieren uns zu Tode" (1985). Dadurch, dass wir wesentliche unserer Erfahrungen nur noch aus den elektronischen Medien beziehen, überlassen wir uns – so die These dieses Buches – der kulturellen Enteignung.

Diese kulturkritische Einschätzung der Medien mag in einzelnen Punkten ihre Richtigkeit haben und reale Gefahren des Medienkonsums beschreiben. Meines Erachtens geht sie aber in verschiedener Hinsicht von einer zu einseitigen, bzw. von einer zu einfachen abbildtheoretischen Sicht aus:

- Die Medien haben den Alltag und die alltäglichen Lebensformen der heutigen Menschen stark verändert, bzw. prägen diesen Alltag bis in die einzelnen Lebensvollzüge in starkem Ausmaß mit. Eine Medienpädagogik sollte sich in ihrer Wirkungsanalyse deshalb nicht darauf beschränken, allein jene Zeit zu untersuchen, welche die Rezipienten mit direkten medienspezifischen Aktivitäten (Fernsehen, Zeitung lesen etc.) verbringen. Vielmehr wären deren Integration in das alltägliche Denken und Handeln – mit positiven und negativen Einflüssen – mitzubedenken. Und es wäre zu überlegen, ob umgekehrt Bildungswesen und Erziehung nicht auch durch eine Medien- und Informationsgesellschaft so weit herausgefordert werden, dass sie nicht mehr sein können, was sie bis heute gewesen sind. Mit anderen Worten: Medienkritik muß nicht ausschließlich Kritik *an* den Medien bedeuten, sondern Kritik an problematisch gewordenen Sozialisations- und Vergesellschaftungsformen *aus der Perspektive* des Medienzeitalters.
- Medien- und Wirklichkeitserfahrungen werden oft in zwei strikte separierte Kategorien aufgeteilt („reale" versus „künstliche" Welt). Die Frage stellt sich indessen, ob dies im Rahmen einer Gesellschaft, die immer mehr als „Informations- und Mediengesellschaft" zu charakterisieren ist, noch seine Richtigkeit hat. So waren Medien (z.B. eine Zeitung) in früheren Jahrhunderten noch etwas Außergewöhnliches und dem Alltag Enthobenes. Ihre Wirkung beschränkte sich auf eine spezielle Schicht von Gebildeten, denen solche Erfahrungen aufgrund ihrer Bildung zugänglich waren. Künstliche Erfahrung verbreiterte damit den Horizont einer speziellen Gesellschaftsklasse, nämlich jener der Gebildeten und

Intellektuellen, die lesen konnten und in den literarischen Zirkeln des aufstrebenden Bürgertums ihr Forum fanden. Von diesen Anfängen einer Medienkultur ist der Schritt sehr weit bis zur heutigen Situation, wo die Medien die Poren der Gesellschaft immer stärker durchdrungen haben. Heute besteht eine solche Vielfalt von unterschiedlichen Medien (Buch, Zeitung und Zeitschriften, Radio, Fernsehen, Video, Schallplatten, Computer etc.), dass kein einziger Mensch nicht schon in seinen primären Alltagserfahrungen durch Medien bestimmt wird bzw. sich mit ihnen auseinandersetzen muß (von ihnen unterhalten wird, damit lernt, vielleicht von ihnen gestört wird etc.). Diese verschiedenen Sphären der Wirklichkeit haben sich schon dermaßen durchdrungen, dass es immer schwieriger wird festzuhalten, was das Ursprüngliche und was das Abgeleitete ist. Neuere Untersuchungen zu Fankulturen machen in diesem Zusammenhang deutlich, wie Medien immer stärker zu Elementen eines alltagsästhetischen Ereignis-Arrangements werden. So betont Bachmair, dass für das Medienarrangement Wrestling die Verquickung von Live-und Fernsehereignissen typisch sei: „Medien und soziale Ereignisse wie Kampf-Shows durchdringen sich und werden zu diffusen Medieninszenierungen, bei denen man nicht mehr weiß, was Vorrang hat, ob nun eine Show im Fernsehen dokumentiert wird, oder ob Live-Ereignis und Fernsehserie Teil eines Lifestyle-Ereignisses sind“ (Bachmair 1996, S. 19f.). Ähnliches gilt für vielerlei Bereiche des heutigen Lebens: den Bundesliga-Fußball, für die Street-Parade der Techno-Fans oder für die Fans des Grand Prix Eurovision (vgl. Moser 1999). Wer hat das „richtige“ Fußballspiel gesehen – der Fan auf der Südkurve oder der Zuschauer vor seinem Fernseher, wo die entscheidenden Spielzüge in Slow-Motion wiederholt werden, und die Verzweiflung des Torwarts nach dem 1:0 in Großaufnahme „herangezoomt“ wird?

– Die strikte Entgegensetzung von sinnlicher Erfahrung des Alltags und davon entleerter künstlicher Realität der Medien muß noch in einer zweiten Hinsicht relativiert werden: Auch Medien sind von emotionalen und sinnlichen Qualitäten durchdrungen – noch wenn diese nicht alle Sinne anzusprechen vermögen (wie das Schmecken oder der Tastsinn bei audiovisuellen Medien). Insbesondere können sie bei Rezipienten starke Gefühle auslösen, etwa wenn Medienerlebnisse anschließend im sinnlichen Ausagieren verarbeitet werden. Jeder wird dieser These im Übrigen beipflichten müssen, der bei einem anrührenden Film im Kino schon einmal bitterlich weinte und sich nachher ratlos fragte, weshalb er (wieder einmal) auf eine so simple und leicht durchschaubare Dramaturgie hereingefallen ist.

Die historische Entwicklung der Medien im 20. Jahrhundert, wie sie bereits in aller Kürze anklang, möchte ich im Folgenden erst einmal beispielhaft vergegenwärtigen. Ich möchte dabei auf drei Schlüsselereignisse genauer eingehen, die meines Erachtens wie im Brennglas typische Momente der entstehenden Informationsgesellschaft fokussieren und damit Wegmarken festhalten, an welchen wesentliche Entwicklungsmuster deutlich werden. Im weiteren Verlauf dieses Buches soll dann in einem analytischen Zugriff die stärker theoretisch gesteuerte Ausarbeitung erfolgen.

Dabei beziehen sich die folgenden Schlüsselsituationen erst einmal auf generelle Aspekte einer Sozialisation der Menschen durch die Medien. Die dabei herausgearbeiteten Bedingungen sind als Kontext auch dort zu beachten, wo in späteren Kapiteln dieses Buches konkreter auf die besonderen Probleme Bezug genommen wird, welche mit dem Heranwachsen von Kindern und Jugendlichen in einer durch Medien bestimmten Gesellschaft verbunden sind.

Die „Invasion" vom Mars

„Am Abend des 30. Oktobers 1938 wurden Tausende von Amerikanern von einer Panik erfaßt", schreibt der amerikanische Medienforscher Hadley Cantril, „als sie eine Radiosendung hörten, die scheinbar von einer Invasion der Marsmenschen berichtete, die unsere ganze Zivilisation bedrohte. Wahrscheinlich sind niemals zuvor so viele Menschen aller Berufe und aus allen Teilen des Landes so plötzlich und heftig erschreckt worden wie in dieser Nacht" (Cantril 1985, S. 14)

In Wirklichkeit handelte es sich um ein Hörspiel des später auch als Filmregisseur bekanntgewordenen Orson Welles. Vor allem Hörer, die ihr Rundfunkgerät erst während der Sendung eingeschaltet und die Ansage verpaßt hatten, gerieten in Panik. Die Wissenschaftler, welche später bei Betroffenen nachfragten, hörten Geschichten wie die folgende: „Ich hatte furchtbare Angst. Ich wollte packen, mein Kind auf den Arm nehmen, meine Freunde aufsammeln, uns ins Auto setzen und so weit nach Norden fahren, wie wir konnten. Aber alles, was ich tat, war neben dem Fenster zu sitzen, zu beten und zuzuhören. Ich war steif vor Schreck, und mein Mann spähte aus dem anderen Fenster und guckte, ob Leute herumrannten. Als dann der Ansager sagte: ‚Die Stadt wird evakuiert', lief ich los, rief unseren Untermieter und rannte mit meinem Kind die Treppen herunter, ohne meinen Hut oder irgend etwas anderes mitzunehmen. Als ich unten war, traute ich mich einfach nicht hinaus. Ich weiß nicht warum. In der Zwischenzeit hatte mein Mann versucht, andere Stationen zu bekommen. Sie gingen noch. Er konnte kein Gas riechen und sah auch keine Leute herumlaufen, darum rief er mich zurück und sagte mir, dass es nur ein Hörspiel sei. Also setzte ich mich hin, war aber immer noch bereit, jede Minute aufzubrechen, bis ich Orson Welles sagen hörte: ‚Leute, ich hoffe, wir haben euch nicht durcheinandergebracht, dies ist nur ein Hörspiel!' Dann blieb ich einfach sitzen" (Cantril 1985, S. 17).

Heutigen Zeitgenossen, die durch spektakuläre Medienereignisse abgebrüht sind, mögen dieser Bericht und die geschilderten Reaktionen merkwürdig und naiv vorkommen. Dennoch sind die Ereignisse um das Hörspiel mit der simulierten Landung von Marsmenschen auf der Erde in die Geschichte der Medienforschung eingegangen. Denn schlagartig wurde daran bewußt, was die Medien alles bewegen können – bis hin zur Massenhysterie. Dies gab in den USA einen nachhaltigen Anstoß zu einer breit angelegten Wirkungsforschung. Wenn es nämlich so war, dass eine Rundfunksendung in einer außergewöhnlichen Situation zur Panik unter den Menschen führen konnte, mußte den Medien eine starke und prägende Kraft innewohnen, die es ihnen erlaubte, das Verhalten der Menschen entscheidend mitzubestimmen oder zu verändern.

Im Begriff der „Massenkommunikationsmittel" schwingt dies noch mit: Konnten durch diese neuen Medien – zuerst durch das Radio, dann durch das Fernsehen – nicht Massen bewegt werden? So wurde in Abgrenzung von kleinräumigen Formen der Vergesellschaftung die Massengesellschaft des 20. Jahrhunderts zum Hintergrund von Theorien, welche diese neuen Macht der Medien und ihren suggestiven Zwang in den Mittelpunkt stellten. Massen wurden danach als wenig strukturierte Kollektive gesehen, deren Mitglieder nur schwach an traditionale Normen und Werte gebunden waren; damit galten sie gleichzeitig als leicht beeinflußbar (vergl. Hunziker 1988, S. 10ff.). Gerade im Zusammenhang mit dem aufkommenden Nationalsozialismus, der die Kommunikation über die neuen Massenmedien virtuos beherrschte, erhielt die Frage nach den Wirkungen dieser Medien eine brennende Aktualität.

Marshall McLuhan argumentiert in diesem Zusammenhang mit den medialen Wirkungen der Botschaft: Das Radio berühre den Menschen persönlich, von Mensch zu Mensch, und schaffe eine Atmosphäre unausgesprochener Kommunikation zwischen Autor, Sprecher und Hörer. Dabei greife es auf tief verwurzelte emotionale Bedürfnisse des Menschen zurück: Die unterschwelligen Tiefen des Radios seien erfüllt vom Widerhall der Stammeshörner und uralter Trommeln. So habe Hitler in einer Radioansprache am 14. März 1936 im München gesagt: „Ich gehe meinen Weg in nachtwandlerischer Sicherheit." McLuhan kommentiert: „Seine Opfer und Kritiker waren ebenfalls Nachtwandler. Sie tanzten hypnotisiert zur Stammestrommel des Radios, das ihr Zentralnervensystem ausweitete, um die Voraussetzung für die Gesamtbeteiligung aller zu schaffen" (McLuhan 1970, S. 287). Für McLuhan verdankt Hitler seine politische Existenz dem Radio und den Lautsprecheranlagen. Dabei sei zweitrangig, ob und wie die Medien seine Gedanken an das deutsche Volk wiedergegeben hätten. Es gehe nicht um die Gedanken; vielmehr um das „Miterleben der elektronischen Implosion", das aufpeitschende Erlebnis, das zähle. Das Fazit McLuhans: Hitler habe die Methode von Orson Welles auf die Wirklichkeit angewandt.

So kam es, dass seit den dreißiger Jahren die Frage nach der Wirkungsweise der Medien auf ihre Rezipienten ein großes Gewicht bekam. Zusätzlich mag mitgespielt haben, dass Kommunikationsforschung und behavioristische Modelle empirischer Forschung im Sinne des Reiz-Reaktions-Ansatzes mit ihrer strukturellen Analogie zum Wirkungsansatz solche Untersuchungen nahelegten. Die Kritik an dieser Methodologie ist denn auch erst in den letzten 20 Jahren sehr stark gewachsen – etwa aufgrund der Tatsache, dass ein Wissen über eindeutig zurechenbare Wirkungsmomente der Medien nach wie vor fehlt, und dass mediale Faktoren im gesellschaftlichen Wirkungszusammenhang nur schwer zu isolieren sind. Doch in diesem Zusammenhang soll davon noch nicht die Rede sein. Vielmehr möchte ich die Episode des Wellsschen Hörspieles in der Folge noch etwas weiter ausdeuten.

Viele Hörer dieser Sendung verwechselten offensichtlich die Fiktion mit der Realität; das Hörspiel war so realitätsnah produziert worden, dass man sehr sorgfältig hinhören mußte, um den „Schwindel" zu erkennen. Dennoch unterschied sich die mediale Erfahrung stark von der realen, wenn man die Gesetze des Mediums kannte. So stimmte der zeitliche Ablauf nicht, weil die Geschehnisse auf den Zeitraum eines Hörspieles verkürzt werden mußten. Alles lief also viel zu schnell ab. Ein anderer Teil der Hörer erkannte deshalb den fiktionalen Charakter dieses Geschehens – etwa indem sie befanden, das Hörspiel gleiche in seinen Grundstrukturen dem Muster der Science-fiction.

Offensichtlich gebrach es den getäuschten Rezipienten an den Wahrnehmungsmustern und -kriterien, um die beiden Ebenen auseinanderzuhalten. So bestätigt dieses Hörspiel im Grunde noch einmal die traditionelle Trennung von Primärerfahrung und medial vermittelter Erfahrung. Für die Forschung ergab sich daraus lediglich die Frage, ob jene künstliche Wirklichkeit durch ihre Verhaltenswirksamkeit nicht auch eine neue Kraft sei, welche das Verhalten des Menschen zu beeinflussen imstande war. Konnten also die Medien zur Manipulation verwendet werden? In diesem Sinne interessierten die Medien nicht als eine neue Sphäre der Realität, sondern als Mittel der Beeinflussung, wobei Macher und Produzenten als Akteure dieser Manipulation verstanden wurden.

Die Medien durchdringen die Welt

Seit diesen „Pioniertagen" der Medien hat sich vieles verändert. Das tägliche Ausmaß, in welchem Menschen Medien nutzen, ist gewaltig angestiegen. Neue Medien wie Fernsehen, Video, Videogames, Computer haben jene Pionierrolle übernommen, die Orson Welles noch dem Radio zugebilligt hatte. Immer größere Anteile der Information, über die wir verfügen, entnehmen wir den Medien. Diese hüllen uns gewissermaßen ein: Die Hintergrundmusik in den Warenhäusern, der Walkman beim Jogging, die Radiosendung während der Hausaufgaben. Mit dem World Wide Web ist ein weltumspannendes

Informationsnetz entstanden, das uns gleichsam als eine „zweite Realität" umgibt. Insgesamt wird eine Unmenge an Informationen transportiert: Dinge, die wir glauben unbedingt wissen zu müssen – von neuen wissenschaftlichen Untersuchungen, politischen Ereignissen im weltweiten Rahmen bis hin zu den Sensationsmeldungen der Boulevard-Presse und den Scheinfakten der Regenbogenpresse über die Königshäuser Europas. Angesichts des wachsenden Informationsmülls scheint es – gerade auch im Internet – eine fast unlösbare Aufgabe zu sein, jene bedeutungsvollen Informationen zu finden, die man wirklich braucht.

Aber auch Gefühle und Einstellungen, die wir zeigen, sind oft schon durch Medienereignisse und -vorbilder präformiert, Wünsche und Bedürfnisse durch sie bestimmt. Die „Traumhochzeit in Weiß" mag in der Realität ein überhöhtes Ideal darstellen, in Fernsehshows wird sie nochmals Wirklichkeit. „Unsere sehnlichsten Wünsche haben riesige Ausmaße", kommentiert Gerhard Bliersbach die „Rudi-Carrell-Show" der achtziger Jahre – und fährt fort: „Sie mögen nicht in Erfüllung gehen, aber wir können sie uns, während wir dem Showmaster zusehen, vergegenwärtigen und uns damit trösten, dass wir uns ihretwegen nicht zu schämen brauchen" (Bliersbach 1990, S. 251).

Auf Seiten der Produzenten und Macher hat sich ebensoviel getan. Jedes Medium steht mit anderen in Konkurrenz, was einen oft erbarmungslosen Kampf um News und Facts, um Marktanteile und Einschaltquoten zur Folge hat. Neben staatlichen Anbietern wird der Markt zusehends von international agierenden Großkonzernen übernommen, welche virtuos mit verschiedenen Teilbranchen umgehen. Als Beispiel für einen solchen Medienverbund kann nach Horst Röper (1994, S. 543) gelten: Von der Schallplattenfirma eines großen Medienkonzerns wird eine berühmte Pop-Gruppe unter Vertrag genommen. Dessen Zeitungen und Zeitschriften berichten über diese Gruppe und ihre neusten Werke, wobei die konzerneigenen Rundfunkstationen diese besonders häufig spielen. Im Privatfernsehen werden die dazugehörigen Musikvideos gespielt, was wiederum dem Absatz der Songs zugutekommt. Oder ein Medienkonzern verkauft als Filmverleiher die Ausstrahlungsrechte für Filmpakete an die von ihr dominierte Fernsehstation weiter, welche diese dann zur Ausstrahlung bringt. Manchmal werden auch geschickt Synergien zwischen Zeitschriften und Fernsehprogrammen (wie Spiegel- oder Stern-TV) geschaffen, die sich gegenseitig Themen zuspielen und diese multimedial lancieren. Sehr häufig sind kommerzielle Radiostationen mit den Zeitungsverlagen einer Region verknüpft.

In Deutschland ist es vor allem der Bertelsmann-Konzern (RTL, VOX), der in diesem Spiel auf internationaler Ebene beteiligt ist. Für Nina Grunenberg – so in einem Beitrag für die ZEIT – gleichen die Bertelsmann-Verwertungssysteme einer Maschine, die ständig Brennstoff braucht: „Neben sechzig Verlagen haben die Gütersloher eigene Druckereien und Auslieferungen, 35 Millionen Mitglieder in Buch- und Musikclubs; sie haben Fernsehen und Rundfunk (sechzehn TV- und achtzehn Rundfunkstationen in zehn Ländern) und können mit ihren Online-Diensten AOL und Compuserve (zwei Millionen Kunden in Europa, weltweit vierzehn Millionen) ihre Wertschöpfungskette über die klassischen Industriegrenzen hinweg erweitern“ (Grunenberg 1998, S. 10).

Bertelsmann steht hier nur als deutsches Beispiel für eine generelle Globalisierung und Internationalisierung des Telekommunikations- und Medienmarktes. 1997 waren hier die fünf größten Konzerne:

Time Warner	31,4 Milliarden DM,
Walt Disney	27,7 Milliarden DM,
Bertelsmann	22,4 Milliarden DM,
Viacom/Paramount	18,1 Milliarden DM,
News Corporation	16,0 Milliarden DM.

Mit weitem Abstand zu Bertelsmann folgt in Deutschland die Gruppe um Leo Kirch. Dieser ist der größte Gesellschafter von SAT 1. Neben einer Beteiligung von 25 Prozent am Pay-TV-Kanal Premiere hält er 66,5 Prozent am Deutschen Sport Fernsehen (DFS) und ist Miteigentümer des Axel Springer Verlags.

Die Auswirkungen dieser weltweiten Konzentrierung sind im World Communication Report der UNESCO festgehalten: Danach zieht sich ein Netz von länderübergreifenden TV Stationen über die ganze Welt (Super Channel, TV 5, CNN, Disney Channel, MTV etc.). Diese erreichen Millionen von Menschen in allen Kontinenten über Kabel und Satellitenverbindungen. Damit verbunden ist insbesondere die Besorgnis, dass die „Globalisierung der Bilder“ zu einer kulturellen und sprachlichen Standardisierung führe (World Communication Report 1997, S. 88). Schlagwortartig ist diese Befürchtung, die durch Internet und World Wide Web noch verstärkt wird, auch mit der Angst vor einer zunehmenden McDonaldisierung der lokalen Kulturen ausgedrückt worden.

Dabei scheint die Entwicklung der Kommunikationsindustrie ungebrochen weiterzugehen. E-Commerce auf dem Internet, digitales Fernsehen, Video on Demand sind nur einige Stichworte, die gegenwärtig heiß diskutiert werden. Noch die letzte Nische wird abgeklopft, um Informationsbedürfnisse zu entdecken, die mit neuen Produkten abgedeckt werden können: „Special-Interest“-Zeitschriften, Video- und Musikindustrie, kommerzielle Computernetze wie CompuServe, bzw. AOL und private Radio- und Fernsehstationen (am Kabel und von Satelliten-Stationen), welche spezielle Bedürfnisse (Spielfilme im Pay-TV-Verfahren auf Premiere, Sportsendungen auf Eurosport und dem Deutschen Sportfernsehen (DSF), politische Informationen auf CNN und n-tv, Musikkanäle wie MTV und Viva, spezialisiertes Kinder-TV rund um die Uhr)[1] abdecken. Der Amerikaner Lew Perelman sieht den

1 Das Beispiel der Spartenkanäle belegt allerdings, dass die Goldgräberstimmung der Kommunikationsindustrie auch Flops erzeugen kann. So haben weder der Wetterkanal noch der Kindersender Nickelodeon (Viacom) den Durchbruch geschafft. Im Fall der Kinderkanäle haben insbesondere auch die öffentlich-rechtlichen Sender schnell

Informationssektor, der alle Spielarten der Computerisierung – Simulationen im Sinn der „virtuellen Realitäten“, Datenfernübertragung bis hin zu den Projekten der in den USA und weltweit geplanten Super-Datenhighways etc. – umfaßt (siehe auch: S. 226ff.) als eigenständigen vierten Sektor der modernen Ökonomie. Dieser vereinige gegenüber allen andern Wirtschaftsbereichen einen speziellen Vorteil auf sich: „Information“ stelle eine annähernd unerschöpfliche Ressource dar. Im Unterschied zu Energie und materiellen Grundstoffen gebe es in diesem Sektor keine „Grenzen des Wachstums“ (Perelman 1992, S. 70). Unter diesen Bedingungen einer massiven Expansion, deren Ende sich noch nicht abschätzen läßt[2], stellt sich denn auch das Verhältnis von Medium und Realität ganz anders dar als vor 50 Jahren – zur Zeit des Orson Wellsschen Hörspiels.

Das Geiseldrama von Gladbeck

Am Mittwoch, den 17. August 1988, strahlten die deutschen Fernsehanstalten in ihren Nachrichtensendungen ein denkwürdiges Interview aus. Reporter befragten live Bankräuber, die Geiseln genommen hatten, im wartenden Auto. Dabei fuchtelte einer der befragten Täter mit seiner Pistole herum und machte klar, dass er mit seinem Leben ohnehin abgeschlossen habe. Die Fernsehmoderatoren sprachen später von einem „Dokument“, und dass sie „verpflichtet“ gewesen seien, dieses auszustrahlen.

Klaus Pokatzky vergegenwärtigt in der „Zeit“ diese gespenstische Situation: „In dem Dokument erklärt der Geiselnehmer Hans-Jürgen Rösner, er und seine beiden Komplizen, Dieter Degowski und Marion Löblich, würden auf gar keinen Fall aufgeben, eher würden sie den vollbesetzten Bus in die Luft sprengen. Frage an ihn: ‚Aber die anderen, die Unschuldigen?‘ – ‚Kann ich nichts für.‘ Um 22.49 Uhr wird der Kameraschwenk auf seine rechte Hand gezeigt, die locker nach unten hängt und eine Pistole hält. 9 Sekunden später sagt er: ‚Der Letzte ist dann dieser hier, ja‘, und steckt sich für 2 Sekunden die Waffe in den Mund, den Kopf leicht nach links geneigt. Man hört Kameras klicken“ (Die Zeit, 4.9.1989, S.9). Die Moderatoren werteten die Reaktion Rösners als „unglaublichen Zynismus“. Dennoch scheinen sie keine Sekunde daran zu zweifeln, dass es zur Informationspflicht gehöre, diese Ereignisse zu senden, wie überhaupt noch vieles, was sich an jenen Tagen im Zusammenhang mit der Geiselnahme abspielte.

---

geschaltet und ein eigenes Spartenprogramm erfolgreich der privaten Konkurrenz gegenübergesetzt.

2 Was die im politischen Feld bedeuten könnte, deutet sich am Beispiel Italiens an, wo sich die Medien durch die Wahl Silvio Berlusconis zum Ministerpräsidenten auf ganz neuartige Weise mit der politischen Macht verschwisterten.

Was war geschehen? Nach einem Bankraub hatte sich im Norden der Bundesrepublik eine tagelange Jagd nach den Tätern mit mehrmaliger Geiselnahme und Wechsel der Fluchtautos ergeben. Journalisten und Fernsehreporter waren dabei immer möglichst nahe am Geschehen, behinderten die Polizei (wie diese sagte) und versuchten sich als Vermittler. Sie telefonierten in die überfallene Bank und interviewten Geiseln, befragten zu jeder Tageszeit die Geiselnehmer und fuhren im Pulk hinterher. Journalisten holten bei Pausen in der Verfolgungsjagd Kaffee und Bier für die Verbrecher. Einer fragte: „Braucht ihr noch was, Handschellen vielleicht?“

Diese Ereignisse hatten in der Bundesrepublik eine heftige Mediendiskussion über die Ethik der Berichterstattung zur Folge. Ruprecht Eser, damals Moderator des „heute-Journals“, zog in einem „Zeit“-Essay Konsequenzen:

„Für mich und bezogen auf das Medium Fernsehen sollten sie lauten:

- Keine Live-Interviews mit Geiselgangstern;
- kein Reporter- und Fotografen-Pulk, der den Geiselnehmern hinterherjagt, und das auch noch vor der Polizei;
- keine Anbiederei bei Verbrechen. Journalisten sind Augenzeugen, nicht aber Vermittler oder Verhandler.

Allerdings muß die Polizei rechtzeitig zur Stelle sein und klarmachen, was sie will. Das öffentliche Erschrecken war so groß, weil diesmal das bewegte Bild und das gesprochene Wort, nicht nur das gedruckte Wort und die gedruckte Drohung alle erreichte. Und als das Fernsehen die Geiselnahme von Gladbeck zeigte, konnte niemand glauben, dass am Ende drei Menschen den Tod finden. Jetzt wissen wir mehr – hoffentlich“ (Die Zeit, 23. 9. 1988).

„Medienrealität“ und „Alltag“ verschwimmen

Gewiß fordert das Gladbecker Geiseldrama berufsethische Fragen zur Moral der Berichterstattung heraus. Dennoch geht es mir im vorliegenden Zusammenhang um etwas anderes, nämlich um den Zusammenhang zwischen „ursprünglicher“ Realität und „abgeleiteter“ künstlicher Realität. Denn das Gladbecker Geiseldrama verweist nicht nur auf subjektive Absichten – beruflichen Ehrgeiz oder die Überzeugung, als Chronist einmal eine „historische“ Rolle zu spielen; vielmehr widerspiegelt es jenseits der berufsethischen Frage die Struktur des Medienbetriebs des ausgehenden zwamzigsten Jahrhunderts. So machen die geschilderten Episoden deutlich, wie man sich virtuos der Medien (Funk, Zeitungen und Fernsehen) bemächtigen kann. Mit ihrer Hilfe wird das quasi „private“ Ereignis eines Bankraubes zur gigantischen öffentlichkeitswirksamen Show; die Medien werden „instrumentalisiert“. In der Rückschau faßt Klaus Pokatzky zusammen: „Kriminelle Kinder des Medienzeitalters instrumentalisierten instinktsicher die Medien und wurden zudem ganz professionell von den Medien in ihren Dienst genommen. Mitten auf dem Großstadtplatz, umlagert von Hunderten von Presseleuten und Passanten, würde jedes polizeiliche Eingreifen Tote kosten. Die Polizei ist hilflos, gescholten wird sie in jedem Fall. Ihre absurde Hilflosigkeit wird Minute für Minute auf Zelluloid konserviert, einem Volk von Falschparkern und Geschwindigkeitsübertretern zur besten Sendezeit vorgeführt" (Die Zeit, 4.9. 1989, S. 10).

Pokatzky verweist in diesem Zitat darauf, dass das Interesse durchaus doppelseitig ist. Die Geiselnehmer instrumentalisieren zwar auf der einen Seite die Medien, werden andrerseits von diesen wiederum in ihren Dienst genommen. Opfer und Täter, Realität und Medienrealität verlieren damit ihre klaren Konturen. Das Medium bildet zwar die Realität ab; nur wäre diese ohne Medien nicht das, was sie ist. In diesem Sinne ist denn auch die Wirklichkeit der Medien nicht einfach sekundäre und abgeleitete Wirklichkeit. Im Gegenteil: immer mehr gilt das als besonders „real", was auf dem Fernsehschirm erscheint. Gesellschaftliche Probleme – Abtreibung, Jugendgewalt, Rechtsextremismus – gelten dann als „ernst", wenn sie von den Medien an prominenter Stelle aufgegriffen werden. Und weil sie dadurch einem breiten Publikum ins Bewußtsein gelangen, werden die Problematiken oft ihrerseits verstärkt. Ein Politiker ist dann in seiner Funktion gesellschaftlich besonders präsent, wenn er an Fersehdiskussionen teilnimmt, oder wenn seine Parlamentsrede live gesendet wird. Medienpräsenz gilt oft als größerer Leistungsausweis wie das geschickte Wirken eines Abgeordneten im Hintergrund. Und auch die Geiselnahme von Gladbeck hätte nie diese gesellschaftliche Präsenz und eine fast gigantomanische Realitätswirkung erhalten, wenn sie nicht live am Fernsehen stattgefunden hätte.

Darüber hinaus zeigt sich, wie sich die Realität selbst nach dem Muster der Fernsehdramaturgie zu verändern beginnt. Der Unterschied zwischen einem fiktionalem Krimi und dem in der Realität inszenierten Bankraub mit Geiselnahme verschwindet. Für den Zuschauer wirkt die Fernsehrealität, an der er „live" teilhat, wie ein Krimi in Fortsetzungen. So etwa müssen es auch die Journalisten im Rausch der Ereignisse empfunden haben. Erst nach dem Geschehen und in der Rückschau bricht der nüchterne Realitätssinn wieder durch. Die beteiligten Medienberichterstatter werden sich gewahr, dass es sich um ein tödlich ernstes „Spiel" mit unabänderlichen Folgen für die Beteiligten handelte und nicht einfach um eine Abenteuerstory nach dem Muster von Serienkrimis.

Dies alles führt unmittelbar zur Frage, ob Realität nicht grundsätzlich immer mehr nach Mustern, die wir tagtäglich in den Medien vorgeführt erhalten, erlebt wird. Prägen unseren Alltag nicht zunehmend Seh- und Hörmuster, die aus den Medien stammen, und interpretieren wir damit die Realität nicht immer öfters nach den Mustern von Fernsehinszenierungen? Jedenfalls scheint am Beispiel der Gladbecker Geschehnisse eines deutlich zu werden: Der Abstand zwischen fiktionaler und künstlicher Realität der Medien und der Alltagsrealität schwindet, ja droht zu verschwimmen. Handlungsmuster aus den Medien bestimmen die Welt der Erfahrungen immer stärker mit.

Die rumänische „Tele-Revolution"

In den Weihnachtstagen des Jahres 1989 fand in Rumänien eine Revolution statt, die in die Geschichte der Medien eingehen dürfte. Anneli Ute Garbanyi vom Südost-Institut München betont in ihrem Kommentar zum Sturz des Diktators Ceausescu am 22. Dezember 1989, dass man bis zu diesem Datum die Nachrichten der benachbarten Staaten sowie des rumänischen Rundfunks und Fernsehens verfolgt habe. Dies habe sich mit den Revolutionsereignissen dramatisch verändert: Boten doch nach der Übernahme des Rundfunks und des Fernsehens die heimischen Medien die Revolution „live" über ihre Kanäle. Garbanyi kommentiert: „Die Art und Weise, wie sich diese ‚Tele-Revolution' vor den Augen der Öffentlichkeit, vor Rundfunk- und Fernsehmikrophonen vollzog, ist in der Geschichte bisher ohne Beispiel. Das Rundfunkgebäude wurde zum Hauptquartier der Armee, die sich an die Seite des Volkes gestellt hatte, umfunktioniert, das Sendestudio wurde zur Bühne, auf der die Revolution wie ein klassisches Drama ablief: Militärische Aktionen wurden abgesprochen und koordiniert, Aufrufe verlesen, die Führer der sich formierenden neuen Führung traten auf und wieder ab, Boten berichteten vom Schicksal der geflohenen Diktatoren, Dichter wandten sich Volkstribunen gleich an die Zuhörer. Gelegentlich wurde die Szene auch zum Tribunal, wenn verhaftete Mitglieder des Ceausescu-Clans vorgeführt, Szenen des Kampfes und Bilder der Zerstörung in Bukarest, der siegreichen Jugend, der Gefallenen gezeigt wurden. Und schließlich die Hinrichtung der Protagonisten der Diktatur" (Garbanyi 1990, S. 8).

Gewiß gehörte die Verbreitung unerhörter gesellschaftlicher Veränderungen und Ereignisse schon immer zur Aufgabe der Medien. Schon die Ausrufer der vorindustriellen Zeit berichteten vorwiegend über solche Geschehnisse. Seit der Erfindung des Buchdruckes erfolgte dann eine Beschleunigung durch die Medien: Zeitungen und Illustrierte verbreiteten die Kunde weitaus schneller, als dies vordem je möglich gewesen war. Telegraf, Telefon und Fernsehen verkürzten in diesem Jahrhundert die Zeit nochmals, bis solche Geschehnisse in allen Ecken der Welt zur Kenntnis genommen werden konnten. „Die Welt als globales Dorf" wurde im Anschluß an Marshall McLuhan (1970) zum geflügelten Wort.

Er hatte allerdings diese emotionale und verbindende Kraft der Medien in besonderer Weise mit dem Medium „Rundfunk" in Zusammenhang gebracht (ein „heißes" Medium) und das Fernsehen als „kühles" Medium unterschätzt. Doch seither ist das Fernsehen an dessen Stelle als „Leitmedium" getreten. Es bringt – wie das Beispiel der rumänischen „Tele-Revolution" drastisch belegt – durch seine „bewegten Bilder" eine neue Qualität mit sich. Zeitlich kaum verschoben spielte sich die rumänische Revolution in den Wohnstuben der ganzen Welt ab. Die Bilder erhielten die Authentizität eines aktuellen und direkt zu verfolgenden Geschehens. Gegenüber den distanzierenden Medien einer Lesekultur und dem ausschließlich auf auditive Informationen beschränkten Rundfunk packt die bildhafte Darstellung des Fernsehens unmittelbar; sie lebt von analogen Elementen der Kommunikation (vergl. Meyrowitz 1987). Wenn der Sohn des Kondukators, Nicu Ceausescu, gefangen auf dem Bildschirm erscheint, interessieren nicht allein die verbal formulierten Aussagen. Genauso wichtig ist seine Mimik und Gestik, die fast gespenstische Erstarrung, die Angst auszudrücken scheint.

Und dazu kommt noch etwas zweites: Man hat über das Verhältnis von Wirklichkeit und künstlicher Realität nochmals neu nachzudenken. So meint Anneli Ute Garbanyi: „Während der heißen Phase der Kämpfe in Bukarest, als das Fernsehstudio selbst stark umkämpft war, verwischten sich gelegentlich die Grenzen zwischen Berichterstattung und Wirklichkeit. ‚Das Fernsehen hat die Revolution gemacht; das Fernsehen *ist* die Revolution‘, sagte der erste, inzwischen aus dem Amt geschiedene Direktor des Freien Rumänischen Fernsehens der Stunde Null, Aurel-Dragos Munteanu“ (Garbanyi 1990, S. 9).

Diese Aussagen zur rumänischen Fernsehrevolution machen deutlich: Hier erscheint plötzlich das Medium als Zentrum der Realität. Es scheint nicht mehr zu gelten, dass es lediglich Ausdruck von künstlicher Realität und Fiktionalität darstellt. Die Verhältnisse haben sich gewissermaßen umgekehrt: Die Fiktionalität scheint die Realität usurpiert zu haben. „Draußen“ erscheint dem Zuschauer unter dem Eindruck der Fernsehberichterstattung eine bizarre und künstliche Welt vorzuherrschen, die von einer wild herumschießenden Geheimpolizei dominiert wird, welche die Hauptstadt Bukarest mit einem System von Gängen unterhöhlt hat. Instrumentiert wird dies mit der Inszenierung einer Revolution, welche nach dem Muster klassischer Dramen abläuft. Wer an dieser Revolution teilhaben will, muß seinen Bildschirm einschalten; das dort inszenierte theatralische Spektakel erscheint gleichzeitig als allgemein gültige Realität: Wäre dieses Geschehen nicht mehr im Fernsehen präsent, bedeutete dies, dass das Rundfunkgebäude von Gegnern erobert und die Revolution gescheitert wäre. Wer in Rumänien nicht an einem Brennpunkt des Geschehens wohnt, erfährt scheinwerferartig durch das Medium, was im Land geschieht, und wie es steht im Kampf gegen die Diktatur. Die Inszenierung der Medien verbürgt damit letztlich die Wahrheit dessen, was anders als über den Einschaltknopf des Fernsehgeräts – über sinnliche Erfahrungen – nicht mehr zu überprüfen ist.

Diana – Königin der Herzen

Am 31. August 1997 kam Lady Diana Spencer, Princess of Wales, in Paris bei einem Autounfall ums Leben – verfolgt von den Paparazzi-Fotografen der Boulevardpresse, welche auf der Jagd nach Bildern von ihr und ihrem Freund Dodi al Fayed waren. Diana und die Presse, das war eine unendliche Haßliebe gewesen, die sich bis zu ihrem Tod hingezogen hatte. Nach dem Biographen Anthony Holder lebte sie von der Presse und starb durch sie. Lady Di wurde von den Medien gefeiert als strahlende Gattin von Prinz Charles, sie war umstritten bei ihrer Scheidung von ihm und versuchte dann eine neue Rolle als unerschrockene Kämpferin gegen die Landminen zu finden. In ihrem Leben war sie immer wieder ein Opfer der Medien, benutzte sie aber gleichzeitig auch zu ihrer Selbstdarstellung. So gab sie im November 1995 der BBC ein Interview, das um die Welt ging. Vor laufender Kamera rechnete sie mit ihrem Mann und dem königlichen Palast ab. Sie erschien dabei als bemitleidenswerte Frau, welche durch die Hölle einer erstarrten aristokratischen Etikette gegangen war und nun nur noch für das Volk eine Königin des Herzens sein wollte. Nicht weniger geschickt nützte Lady Di die Medien beim Versuch, eine neue öffentliche Rolle zu finden – beim Kampf um ein weltweites Verbot von Landminen oder gegen Aids.

Doch wer war Diana wirklich? In ihrem Bild verquicken sich Mythen: Das Aschenputtel, eine Kindergärtnerin, die zur strahlenden Prinzessin wird, das einfache Mädchen, das den Traumprinzen erobert, dabei unglücklich wird und sich dennoch mit ihrem Willen durchsetzt etc. In Diana setzt sich die literarische Form des Melodramas um – bis hin zum unglücklichen Tod. Diesen kommentiert Mikos: „Die Rede von dem außergewöhnlichen Glück, das sie in den letzten Wochen ihres Lebens mit ihrem neuen Liebhaber Dodi erleben durfte, entspricht genau dem Muster der übersteigerten Emotionalität des Melodramas. Aber gerade darin ist die Katastrophe und das Scheitern bereits enthalten, genau das ist das Wesen des Melodrama“ (Mikos 1998, S. 58).

Diana ist denn auch mehr eine Ikone geblieben als ein leibhaftiger Mensch – eine Projektionsfläche für die geheimen Wünsche und Bedürfnisse der Massen, die sich mit der Prinzessin identifizierten. Gerade weil Diana als „Star“ gleichzeitig enthoben und den alltäglichen Problemen so nah war, erhielt sie eine ungeheure Popularität. Sie lebte stellvertretend für ihre Zuschauer: „‚Sie‘ kannte ‚unsere‘ Ängste vor HIV-Positiven und Obdachlosen, ‚Sie‘ wußte wie ‚wir‘ um die Freuden und Leiden der Bulimie und des Drogenmißbrauchs. ‚Sie‘ teilte mit ‚uns‘ das Mitleid für hungernde Kinder“ (Werner 1997).

Diana wird so zum idealen Produkt der Medien. Wie Mikos treffend formuliert, kreierten die populären Formen des Wissens, die sich um ihre mediale Inszenierung rankten und sich aus der melodramatischen Phantasie speisten, einen „medialen Erzählkorpus Diana“ (Mikos 1998, S. 58). Es ist von außen kaum noch zu entwirren, was mediale Konstruktion und was ihr eigenes Wesen war – sowie, wo sie selbst „Täter“ und wo „Opfer“ war. Ihr Körper wird zum Medienkörper, der – wie Gabriele Werner festhält – eine demonstrative Schüchternheit zur Schau trug: „Diese hat ein visuelles Zeichen in dem (entnervend) ständig leicht geneigten Kopf und dem Blick von unten nach oben. Angelica Huston hat in ‚Die Ehre der Prizzi‘ den Sinn diese Geste vorgeführt. Es ist die Tochter, die Unterwürfigkeit spielt und auf Rache sinnt“ (Werner 1997).

Diana ist ein extremes Beispiel einer medial vermittelten Biographie. Dennoch spiegelt diese nur die Tatsache, dass die Medien auch in den Alltagsbiographien der „gewöhnlichen" Menschen eine wichtige Rolle spielen. Man geht im schrägen Outfit an die Love Parade und hofft, dass man dabei vom Fernsehen gefilmt wird, oder man spielt die Rolle eines unverbesserlichen Machos in den Talk-Shows von Arabella oder Fliege. Aber auch in Soap Operas finden sich Identifikationsangebote, aus denen man Elemente in eigene Identitätszuschreibungen übertragen kann; und es es ist die Werbung, die im Zusammenspiel mit Assoziationen an Spielfilme und Stars bestimmte Bedürfnisse suggeriert. So ist es es im alltäglichen Leben oft schwierig zu wissen, was einem „eigentlich" entspricht und was von außenstehenden Modellen und Idolen übernommen wurde. Je stärker zudem die Medien in unser Leben eingreifen, desto weniger wissen auch wir, ob wir mehr sind als eine Medienbiographie – materialisiert in der persönlichen Homepage auf dem Internet, oder zusammengesetzt aus Sehnsüchten und Projektionen, die wir den Inszenierungen der Medien entnommen haben.

Alle Erziehung ist auch Medienerziehung

Zum Schluß dieses ersten Kapitels möchte ich einige Konsequenzen der dargestellten Überlegungen für die Medienpädagogik herausheben. Diese betreffen insbesondere jene Sichtweise, wonach die (natürliche) Alltagsrealität klar und bestimmt von einer davon abgeleiteten künstlichen Realität der (elektronischen) Medien zu unterscheiden ist – wobei damit oft der bewahrpädagogische Zeigefinger verbunden ist, dass Kinder und Jugendliche durch die „modernen" Medien ihrem Alltag gleichsam entfremdet würden. Dies führt zu zwei medienpädagogischen Folgerungen: *Einmal* wird argumentiert, dass es sich bei Medienereignissen um „Informationen aus zweiter Hand handle", welche kritisch aufzuarbeiten zur pädagogischen Aufgabe der Medienerziehung gehöre (vergl. z.B. Schottmayer 1988, S. 67). *Zweitens* wird oft die Wichtigkeit primärer Erfahrungen betont – der Aufenthalt im Freien, das Spiel in Peer-Groups, das Experimentieren in der freien Natur, Sport etc. Gegenüber solchen Aktivitäten erscheint Medienkonsum dann als passiv, rein konsumistisch und kaum anregend. Medienpädagogisch bleibt allenfalls der Ausweg, anstelle einer rezeptiven Haltung den Aspekt der Produktion zu betonen, um im produktiven Umgang – der Produktion eines Hörspiels oder eines Videofilms – eine „konstruktive" Alternative der Auseinandersetzung mit den Medien zu finden (vgl. Schleicher 1989, S. 21).

Allerdings erscheint die postulierte Trennung zwischen Alltagsrealität und Medienrealität nicht mehr so einfach durchzuhalten: Die Klagen über das „Verschwinden der Wirklichkeit" lassen – so Bettina Hurrelmann – nur vergessen, dass „Wirklichkeit nie und niemandem ‚an und für sich' gegeben ist, sondern eine Konstruktion darstellt – eine Konstruktion, die zum einen die Individuen je nach ihren kognitiven Voraussetzungen vornehmen, und die zum anderen in Prozessen personaler Kommunikation ausgehandelt wird"

(Hurrelmann 1994, S. 395). Mit der Betonung, dass Wirklichkeit – auch die vermeintlich „primäre" – immer schon eine sozial vermittelte Konstruktion darstellt, wäre an die in jüngster Zeit von den Kommunikationswissenschaften verstärkt betonte konstruktivistische Sichtweise anzuschließen. Die in der „Realitätsdiskussion" produzierten Kurzschlüsse, welche eine vermeintlich unmittelbare Erfahrung als Maßstab gelingender Erziehungsprozesse postuliert, lassen sich dann auflösen, wenn man nicht mehr von der scheinbar selbstverständlichen Differenz von Lebenswelt und Medienrealität ausgeht, sondern den Alltag selbst als konstruiert betrachtet – und Konstruktionsprozesse bzw. deren empirische Voraussetzungen als Systemreferenzen berücksichtigt. In diesem Sinne betont Siegfried S. Schmidt: „In den Organisationen, die für die Produktion und Distribution von Medienangeboten zuständig sind, operieren Aktanten, die – kognitiv und kommunikativ – ständig mit der Konstruktion von Wirklichkeiten beschäftigt sind. Sie erzeugen unter den vielfältigen soziokulturellen, ökonomischen, politischen und juristischen Bedingungen der Organisation Medienangebote, die sie als Kopplungsangebote für kognitive und kommunikative Systeme zur Verfügung stellen" (Schmidt 1994, S. 15f.). Mit anderen Worten: Medienangebote lassen sich in dieser Sichtweise nicht als Abbilder von Wirklichkeit bestimmen, sondern sie stellen Angebote an kognitive und kommunikative Systeme dar, um im Rahmen ihrer Systembedingungen Wirklichkeitskonstruktionen in Gang zu setzen. Und ähnlich ist auch der Alltag nicht als primäre Lebenswelt zu verstehen, sondern als ein Resultat von Prozessen der Wirklichkeitskonstruktion, an der verschiedenste Sozialsysteme mit ihren Deutungsmustern Anteil haben: Politik, Recht, Wissenschaft, Religion, Kunst usw. – wobei dazu dann eben auch die audiovisuellen Medien als eines der Systeme dazugehören. Nur scheinen diese, wie Hurrelmann bemerkt, diesen Alltag so weit zu durchdringen und zu unterwandern, dass der Eindruck entsteht, „sie könnten unmittelbarer als andere kulturelle Systeme die Substanz und den Bezugsrahmen der Erfahrungen bilden, die fortan vor allem von den Heranwachsenden gemacht werden" (Hurrelmann 1994, S. 395). So verdrängt in den Augen der Kritiker (etwa von Hentig 1987) eine mediale Scheinwelt die „unmittelbare" gegenständliche und personale Erfahrung.

Doch „Fiktionalität" und „Unmittelbarkeit" sind als Kategorien selbst Merkmale von Wirklichkeitskonstruktionen und nicht ontologische Unterscheidungen von Erfahrungsmodi[3]. Luhmann (1995, S. 18ff.) hat aus der Sicht des operativen Konstruktivismus deutlich gemacht, dass „Realität" nur ein internes Korrelat der Systemoperationen sein könne. Sie sei denn auch

---

3 Dies gilt im übrigen ganz ähnlich für die Sendungen des Reality-TV, die gegenüber fiktionalen Sendungen die Authentizität und die Dokumentation realer Ereignisse betonen. Wegener (1994, S. 42) hält dazu fest: In Wirklichkeit seien Fiktions- oder Authentizitätssignale nur Instruktionen, welche die spezifische Rezeptionsweise und die Einordnung der filmischen Darstellungen in das soziale subjektive Realitätsbild des Rezipienten steuerten.

nichts weiteres als ein Indikator für erfolgreiche Konsistenzprüfung im System. Damit aber ergebe sich eine ganz neue Fragestellung – nämlich, wie Massenmedien Realität konstruieren. Hingegen laute sie nicht: „Wie verzerren die Massenmedien die Realität durch die Art und Weise ihrer Darstellung? Denn das würde ja eine ontologische, vorhandene, objektiv zugängliche, konstruktionsfrei erkennbare Realität, würde im Grunde den alten Essenzkosmos voraussetzen" (Luhmann 1995, S.20).

Mit anderen Worten: Auch „ursprüngliche" Erfahrung ist kulturell geprägt und als Erfahrung nur über Operationen in einem gesellschaftlich produzierten Systemkontext verfügbar. Wenn also die in diesem Kapitel dargestellten Schlüsselereignisse belegen, wie in vielen Situationen diese beiden Sphären verschwimmen, und nur noch schwierig zu sagen ist, welches Informationen aus „erster Hand" sind, so hat dies nichts mit der vermeintlichen „Realität" zu tun, die durch die Medien unterlaufen würde – sondern es handelt sich um ein Phänomen im Rahmen der Ausdifferenzierung von Sozialsystemen. Die Unsicherheit liegt dabei gerade darin, dass durch die Expansion der Medien ihr Anteil an der Konstruktion von Realität größer wird.

Das zeigt sich umgekehrt auch daran, dass nicht nur die Medien zum Problem werden sondern auch der Alltag: Er ist kein Hort der Gewißheit mehr und kann selbst trügerisch und doppelbödig sein; manchmal wird er sogar durch die „Wahrheit" medialer Ereignisse entlarvt – ein Umstand, den z.B. Spiele von der Form der „versteckten Kamera" ausnutzen, indem sie Alltägliches künstlich verändern und den Blick des Mediums auf die dadurch entstehenden Reaktionen richten. Nicht von ungefähr kommt Sabine Jörg (1987) – in medienkritischer Absicht – zum Schluß, dass die Erwachsenen gegenüber den Heranwachsenden noch in der ersten Wirklichkeit[4] verhaftet seien, wenn sie die Medien als etwas Sekundäres und Hinzugekommenes erlebten: „Kinder finden heute eine Mixtur von wirklichen und fiktiven Welten vor und hängen nicht mehr in gleichem Maße an der ‚wirklichen' Wirklichkeit. Sie tun sich leichter im Umgang mit den gemachten und erdachten Welten" (Jörg 1987, S, 104). In der heutigen Situation einer generellen Expansion der Medienangebote, die Kinder offensichtlich weniger verschrecken als Erwachsene, erscheint es denn auch plausibel, dass traditionelle medienpädagogische Konzepte, die auf der Differenz von ursprünglicher Erfahrung und medialer Scheinwelt beruhen, nicht mehr ausreichen.

Nun mag der Hinweis dennoch berechtigt sein, dass aktives und phantasieanregendes Spielen, Bewegung und direkter Kontakt mit Natur und Umwelt gegenüber passivem Fernseh- und Medienkonsum unverzichtbare Qualitäten beinhalte. Denn wenn Sozialisation bedeutet, dass Heranwachsende in verschiedenen gesellschaftlichen Systemen handlungsfähig werden müssen, dann darf es nicht sein, dass die Anforderungen jener kognitiven Umgebung, die mit den Medien verbunden sind, die Erziehung dominieren. In diesem Sinne ist jene Kritik ernst zu nehmen, die befürchtet, dass durch die Dominanz der

4 Richtiger müßte man sagen: „in der *Ideologie* einer ersten Wirklichkeit...".

Medien und extensiven Medienkonsum die Entwicklung der Kinder in verschiedenen Bereichen eingeschränkt werden könnte. Gleichzeitig dürfen allerdings die negativen Seiten des Umgangs mit den Medien nicht überbewertet werden:

- Zwar kann man nicht schmecken oder riechen, was am Bildschirm erscheint, und man konsumiert in einer ruhenden und körperlich passiven Stellung. Trotzdem muß dies noch nicht bedeuten, dass sich die Rezipienten dabei insgesamt nur passiv verhalten, bzw. dass die Auseinandersetzung mit Medienereignissen nicht auch kognitiv anregend und kreativ sein kann.
- Zu einseitig ist es auch, Medienkonsum – vor allem Fernsehen und Video – als Eskapismus bzw. als Fluchtbewegung zu interpretieren, die weg von den Problemen des Alltags führe und diese verdränge, wobei dann womöglich noch unterstellt wird, dass Kinder ohnehin noch nicht in der Lage seien, zwischen Fiktion und Realität zu unterscheiden. Letzteres kann von den heute vorliegenden Untersuchungen her nicht bestätigt werden. Zudem können Medienereignisse, wie in späteren Kapiteln zu zeigen wird, auch positive Funktionen bei der Lösung von Entwicklungsaufgaben für Kinder und Jugendliche erhalten.
- Auch die Vorstellung, dass extensive Bilderfluten gleichsam auf ungeschützte Rezipienten treffe, die nicht über zureichende Differenzierungs- und Verarbeitungsstrategien verfügten (vgl. Sturm 1985), erscheint problematisch. Zu stark erinnern solche Überlegungen an die überkommene Reizüberflutungsthese einer simplifizierenden Kulturkritik. Demgegenüber wäre zu betonen, dass im Umgang mit den Medien auch Strategien der Distanzierung gelernt werden; und es ist zu vermuten, dass eine mit den elektronischen Medien aufwachsende Generation in ihren Medienkompetenzen mit denjenigen ihrer noch medienungewohnten Eltern nicht zu vergleichen ist, bzw. dass sie viel souveränere Umgangsformen entwickelt hat.

Auf diesem Hintergrund wird in diesem Buch eine Neubewertung traditioneller medienpädagogischer Ansätze versucht, wobei auf Untersuchungen der letzten Jahre zurückgegriffen wird, welche die Diskussionsperspektive stark verändert haben. Insbesondere soll deutlich gemacht werden, wie Kinder in der Mediengesellschaft aufwachsen, wie sie Fernseherlebnisse verarbeiten, und welche Schlüsse sich aus dem gegenwärtigen Stand der Forschung zur Frage nach der Beziehung zwischen den Medien und dem Alltag von Kindern und Jugendlichen ziehen läßt.

Dabei wird versucht, die medienpädagogische Debatte aus ihrem Ghetto als spezielle Disziplin der Erziehungswissenschaft zu lösen. Zu eingeschränkt erscheinen jedenfalls Auffassungen, welche sich auf Medienerziehung und Mediendidaktik – meist in bewahrpädagogischer Absicht – beziehen. Nicht zuletzt aus einer solchen Engführung der Fragestellung heraus hat traditionelle Medienpädagogik seit Jahrzehnten ein randständiges Dasein im Rahmen der Erziehungswissenschaft geführt. Angemessener erscheint es jedenfalls, diese Disziplin, wie es Austermann (1989) in einem Überblicksartikel versucht, mit dem zentralen Gegenstandsbereich medial geprägter individueller und gesellschaftlicher Lernprozesse zu verknüpfen. Auf diesem Hintergrund müßte man sich dann allerdings fragen, ob die Grenzen einer erziehungswissenschaftlichen Teildisziplin nicht schon gesprengt sind.

Die gesellschaftliche Entwicklung der Medien, wie sie in diesem Kapitel beispielhaft entfaltet wurde, zeigt, wie medial vermittelte Lernprozesse zunehmend Teil der Grundsozialisation jedes Menschen werden. Mit anderen Worten: Weil jeder Mensch von Geburt an in eine Informations- und Mediengesellschaft hinweinwächst, wo sich die Sphären des Medialen und des Nicht-medialen immer stärker gegenseitig durchdringen, sind Erziehungs- und Sozialisationsprozesse immer weniger ohne Bezug auf medial vermitteltes Verhalten zu denken. Im Mittelpunkt stehen damit nicht mehr Einzelmedien, sondern komplexe Medien- und Situationsarrangements, in welche der mediale Einfluß konstitutiv verwoben ist. Nach Bachmair stehen im Zentrum solcher Arrangements (er nennt als Beispiele Techno oder Streetball) „nicht mehr Texte, sowieso nicht mehr einzelne Medien, sondern alltagsästhetische Materialien, die offen sind für die Verfügungsmacht und die Gestaltungskraft der Menschen“ (Bachmair 1996, S. 278). Gerade in der Analyse der kreativen und gestalterischen Möglichkeiten, die mit solchen alltagsästhetischen Situationsarrangements verbunden sind, liegt eine wesentliche Aufgabe pädagogischer Reflexion.

Das Nachdenken über Medien kann in diesem Rahmen jedoch nicht mehr eine Sonderdisziplin der Erziehungswissenschaft bleiben, sondern es muß zum konstituierenden Teil der allgemeinen Pädagogik werden: Wer überlegt, wie Menschen aufwachsen, und wie sie dabei lernen, kommt um den Einfluß der Medien nicht herum. Kindheit, Jugend und Erwachsenenalter sind als Lebensphasen ohne Einbezug der Reflexion auf die Medien kaum noch zu beschreiben. Mit dieser Hauptthese des vorliegenden Buches werden pädagogische Institutionen heute zunehmend konfrontiert: Bei der Familie wird dies besonders deutlich ersichtlich. So betont etwa Bettina Hurrelmann (1989) die Beziehungen zwischen Familienvoraussetzungen und dem zeitlichen Ausmaß des Mediengeschehens im Alltagszusammenhang. Wenn, wie in ihrer Studie beschrieben, die technische Einführung des Kabelfernsehens eine Programmerweiterung mit sich bringt, so hat dies gravierende Auswirkungen für den Zusammenhalt und die Rollendifferenzierungen in der Familie. Auf der einen Seite gilt damit Hurrelmanns These, wonach die Erfahrungen, welche die Heranwachsenden mit den Medien machen, zunächst einmal ein Teil der Interaktionserfahrungen und kulturellen Lernprozesse seien, welche durch die Familien eröffnet würden (vgl. Hurrelmann 1994, S. 399). Umgekehrt gilt indessen auch: Ohne den Einfluß der Medien kann das Aufwachsen in der Familie nicht mehr verstanden werden

Aber auch die Schulen können nicht umhin, sich verstärkt über den gesellschaftlichen Einfluß der Medien Rechenschaft zu geben. Denn Medien sind immer mehr auch „Lernmedien“, wo verschiedenste Kompetenzen und

Fähigkeiten abseits von formellen Bildungsinstitutionen erworben werden. Dies betrifft zum Beispiel:

- Wissen (z.B. zu Geographie, Geschichte und sachkundlichen Themen), wie es in Fernsehdokumentationen vermittelt wird;
- Grundfähigkeiten wie Lesen, Rechnen, Umgang mit Bildern und Daten, Problemlösen anhand von Computer-Games, die oft abseits der Schule in medial vermittelten Kontexten gelernt und verfeinert werden;
- kognitive Fähigkeiten, wie sie z.B. durch das Erlernen der Logik von Fernbedienungen, durch Computerspiele etc. erworben werden.

Nach Lew Perelman (1992) zeichnet es die Technologie des anbrechenden Informationszeitalters aus, dass Lernmöglichkeiten zunehmend als Bestandteil in die Umwelt eingebaut sind. Lernen geschehe deshalb immer häufiger in und an „intelligenten Umgebungen", wie sie etwa elektronische Geräte darstellten. Dieses sog. „Hyperlearning" (HL) mache die herkömmlichen Schulen letztlich überflüssig. So fordert Perelman nichts weniger als die Abschaffung des traditionellen Bildungssystems, welches durch ein Netzwerk neuer Lernmedien – Perelman nennt diese „Hyperlearning-Systeme" – ersetzt werden könne. Nun mag eine solche Utopie mit ihren radikalen Konsequenzen überzogen erscheinen, dennoch wird sich die Schule – was bisher meines Erachtens noch kaum in genügendem Ausmaß geschieht – intensiv mit den Folgen eines Informationszeitalters auseinanderzusetzen haben, das auch den Begriff der Allgemeinbildung nicht unbeeinflußt lassen wird. So deutet sich heute schon an, dass Computer – ähnlich wie Wandtafel und Kreide – bald von der ersten Klasse an zu den selbstverständlichen Werkzeugen des alltäglichen Unterrichts gehören wird.

In diesem Sinne versteht sich diese Arbeit als Beitrag im Rahmen einer allgemeinen Pädagogik der Informations- und Mediengesellschaft. Denn in der Informationsgesellschaft ist die Medienpädagogik, wie es Wolf-Rüdiger Wagner (1992, S. 139) formuliert, immer stärker zu einem Teil der Allgemeinbildung geworden. So wird in den nachfolgenden Kapiteln immer wieder versucht, den Bezug zu allgemeingesellschaftlichen Entwicklungen und zur allgemeinen Sozialisation Heranwachsender herzustellen. Die Perspektive ist dabei eine wechselseitige, indem die gegenseitige Verschränkung und Beeinflussung von Medien und sozialisatorischen Bedingungen des Aufwachsens aufgezeigt werden soll.

Neue Realitäten

Es mag manchmal, wie im Fall der rumänischen „Tele-Revolution“ oder der Lebensbiographie Dianas, erscheinen, wie wenn die Medienrealität die Alltagswelt zu dominieren begänne, gleichsam als eine „Hyperrealität“, um die sich das „wirkliche“ Leben dreht, und die dem banalen und schalen Leben Glanz verleiht – wenn dies auch nur mit dem Gefühl verbunden ist, dabei zu sein. Denn das Fernsehen vermittelt – mehr noch als der Rundfunk – den Anspruch universeller Präsenz. Der Zuschauer kann „live“ an Ereignissen in der ganzen Welt teilnehmen – an Skirennen in Australien, Fußballspielen, Rockkonzerten in den USA, dem Golfkrieg, politischen Gipfeltreffen etc. Gemäß einem Werbeslogan der Fernsehanstalten sitzt man dabei in der „ersten Reihe“, was heißt, dass man solche Ereignisse schärfer und genauer in den Blick nehmen kann, als wenn man physisch dabei wäre. Sehen die Teilnehmer eines Rockkonzerts das Geschehen auf der Bühne oft nur von weit her, bringt einem die Live-Übertragung die Musikgruppe mit ihrer Show unmittelbar und in Großaufnahmen vor die Augen. Der flüchtige Moment, in welchem die eigene Fußball-Mannschaft ein Tor erzielte, wird in Zeitlupe mehrmals aus verschiedenen Perspektiven wiederholt und der jubelnde Spieler in Großaufnahme gezeigt. Muß man sich da nicht fragen, ob nicht nur der „wirklich“ dabei ist, der die Ereignisse vom Fernsehsessel aus verfolgt?[5]

Immer mehr suggerieren die Medien indessen auch, dass jeder potentiell ein aktiver Teilnehmer sein kann – und nicht auf die Rolle des passiven Konsumenten beschränkt ist. Rundfunkanstalten und Fernsehstationen haben eine Vielzahl von Sendungen auf den Bildschirm gebracht, wo man als Teilnehmer etwas gewinnen kann („Der Preis ist heiß“), oder wo einem versprochen

5 Dabei ist es klar, dass man zwei völlig unterschiedlichen Formen von sozialen Ereignissen beiwohnt – mit dem analytischen und auch distanzierteren Blick zuhause vor dem Fernsehapparat oder als aktiver Teilnehmer einer „Fußball-Gemeinschaft“ von Spielern und Zuschauern im Stadion. Dieses Gemeinschaftserleben konnte allenfalls noch in jenen Anfängen des Fernsehzeitalters reproduziert werden, als man sich in Restaurants und Kneipen vor dem Fernsehgerät versammelte, um ein Länderspiel zu sehen, das live übertragen wurde. Heute knüpft man daran an, wenn z.B. die Spiele einer Fußball-WM auf einer Großleinwand gezeigt werden.

wird, dass alltägliche Lebensprobleme von der Partnerwahl, über Konsumentenprobleme bis zur Suche nach vermißten Angehörigen gelöst werden – wenn man sich nur vertrauensvoll an die Rundfunk- oder Fernsehstation wendet. Auch in diesem Sinne wird das Medium zur Hyperrealität: Es scheint plötzlich unentbehrlich bei der Bewältigung des Alltags zu werden.

Natürlich bestanden Teilnahmemöglichkeiten schon immer in den großen Fernsehshows der öffentlich-rechtlichen Anstalten. Doch sie bezogen sich auf einzelne wenige, die dadurch einmal in ihrem Leben im Rampenlicht stehen konnten und dies durch eine besondere Leistung „verdienten“. Es war gewissermaßen die Aufnahme der allgemeinen Leistungsideologie der Gesellschaft ins Fernsehprogramm für die kulturell weniger gebildeten Schichten. Hier konnte man beweisen, dass man über Schulwissen verfügte und es in seinen Kenntnissen auch ohne Universitätsstudium weit gebracht hatte – indem man sich bis in alle Details in den Dramen Shakespeares auskannte, Experte in Schmetterlingskunde war, sich von niemandem etwas in Sachen Pilzkunde vormachen ließ etc. Angereichert wurde dieses Genre dann immer stärker durch showartige Elemente, gleichsam den auf bürgerlichen Durchschnitt getrimmten Abklatsch von Action- und Erlebniselementen – etwa indem man bei „Wetten, dass“ ein Können in so abstrusen Disziplinen wie

- Lastautos anheben,
- über den Kopf gezogene Kondome aufblasen,
- „Haut den Lukas“ mit der bloßen Hand hochschnellen lassen

beweist und mit Glück ins Guiness-Buch der Rekorde aufgenommen wird.

Mit den kommerzialisierten Privatsendern wurde die Leistungsideologie der traditionellen Fernsehshow dann allerdings unterhöhlt und dem verlockenden Schein einer glitzernden Warenwelt unterstellt. Zwar werden immer noch Gratifikationen für Leistungen verteilt, doch die Beliebigkeit wird dadurch unterstrichen, dass es immer harmlosere Spiele sind – etwa wenn man Buchstaben erraten und zu Wörtern zusammenfügen muß. Es geht nicht mehr um spezialisiertes Wissen; die Show wird quasi „demokratisiert“, weil sich jedermann ohne spezielle Vorbereitung beteiligen kann. Die an sich belanglosen Inhalte der Sendungen scheinen nur ein Ziel zu haben – nämlich auf die zu gewinnenden Konsum-Gegenstände hinzuweisen. So tritt in täglichen Sendungen wie „Der Preis ist heiß“ das Moment der Werbung penetrant in den Vordergrund; was zu gewinnen ist, scheint fast mehr unter dem Stichwort eines Werbegeschenks abzuhaken. Doch die Botschaft lautet: Jeder ist nicht nur Medienkonsument, sondern in seiner Rolle als „idealer Zuschauer-Konsument“ von täglichen Gebrauchsgütern kann er sich prinzipiell auch als aktiver Teilnehmer einklinken – stellvertretend für alle die anderen Zuschauer, die sich mit ihm identifizieren und mit ihm mitfiebern.

Unter der Ägide der Privaten sind zudem neue Formen der Teilnahme hinzugekommen, die als „Reality TV“ bekannt wurden (vgl. Wegener (1994, S. 20ff.). In der mittlerweile eingestellten Sendung „Augenzeugen-Video“ wurden die Zuschauer aufgefordert, ihre eigenen Videos von Ereignissen, die sie gefilmt hatten (vorab: Unfälle und Katastrophen) zur Ausstrahlung einzusenden. Moderator Olaf Kracht: „Haben auch Sie so eine kleine Videokamera zuhause? Immer mehr Menschen tragen sie so oft wie möglich bei sich. Sie fangen damit die Wirklichkeit ein, so wie sie sich tatsächlich ereignet." Der voyeuristische Blick der privaten Kamera wird so „öffentlich" gemacht – für eine Sendung, die den Anspruch vertritt, die Realität so zu zeigen, wie sie so real nur mit der Kamera einzufangen ist[6]. Dabei ist dies unter doppelter Perspektive zu verstehen: Gegenüber der Fiktion des Mediums verspricht „Reality TV" die Realität gleichsam „pur" zu zeigen. Im Hinblick auf den routinisierten Alltag heißt das aber auch, das Außergewöhnliche so zu zeigen, wie es offensichtlich nur noch über die Vermittlung des Mediums erlebt werden kann.

Dies gilt ähnlich auch für Gefühle und Affekte. So finden heute die Suche nach verschollenen Menschen und Erben, Versöhnungserlebnisse und Traumhochzeiten am Fernsehen statt. Hier können die Menschen in einer Zeit, wo traditionelle Werte sich gesellschaftlich immer stärker aufzulösen beginnen und sich die Kirchenaustritte häufen, noch erleben, was eine Hochzeit „wirklich" ist bzw. sein könnte. In einer Zeit der religiösen Säkularisierung wird der Fernsehschirm zum öffentlichen Beichtstuhl – in Talkshows und Sendungen wie „Verzeih mir" (RTL) oder „Ich bekenne" (SAT 1), wo Trinkerinnen oder Kinder-Porno-Produzenten ihr Laster bekennen (vgl. auch Reichertz 1996).

Das medienvermittelte Spektakel, das ungeniert und in Nahaufnahmen die Gefühle in den Vordergrund rückt, erschafft damit die Wiedergeburt von Ritualen, deren Sinn sich gerade zu entleeren schien; es schafft damit aber auch die „Hyperrealität" einer Postmoderne, in der das Ungleichzeitige gleichermaßen und nebeneinander gültig scheint (gesendet oft mit einer Zeitverschiebung von wenigen Stunden): Die Traumhochzeit in weiß und der harte Porno, die Volksmusik und der harte Rock, und als Abschluß zu später Stunde ein Schwulendrama aus Manhattan.

Wie häufig gegenwärtig solche Sendungen im Programmangebot sind, zeigt ein Blick auf die täglichen Talks. Allein am 31. August 1998 konnte man sich am frühen Nachmittag zwischen folgenden Sendungen entscheiden:

---

6 Natürlich handelt es sich dabei um ein gutes Stück Ideologie. Denn Laienvideos können selbstverständlich nicht einfach ungeschnitten und unbearbeitet über den Sender gehen. Vielmehr werden sie professionell aufgearbeitet und manchmal – etwa in „Notruf" – mit nachgestellten Filmpassagen ergänzt. Nach Wegener (1994, S. 42) bestätigt die Analyse solcher Sendungen, dass Wirklichkeit nicht nur dokumentiert, sondern ebenso inszeniert und arrangiert wird. Der Blick werde ausschnitthaft auf Verbrechen, Katastrophen und Unglücke gerichtet. Realität diene als Materialzulieferung für eine Collage von Ausnahmesituationen, in denen sich Menschen in Gefahr befinden.

RTL	Bärbel Schäfer: Du behandelst Deine Frau viel zu gut.
	Ilona Christen: Was weißt Du schon von meiner Lust.
	Hans Meiser: Ich bin der Schrecken aller Männer.
SAT 1	Jörg Pilawa: Bei uns klappt es nicht mehr im Bett – es liegt nicht an Dir.
	Vera am Mittag: High Society 98: So leben wir wirklich.
	Sonja: Willst Du mit mir gehen
Pro 7	Arabella Kiesbauer: Schönheitsoperationen sind unmoralisch
	Andreas Türck: Andreas, heute zeig'ich Dir mein kostbarstes Stück

All diesen Sendungstypen liegt ein Muster zu Grunde, das Bente/Fromm (1997) als „Affektfernsehen" beschrieben haben. Dabei betonen sie vier wesentliche Merkmale, welche dieses Genre charakterisieren:

- Die Darstellung ist auf Einzelschicksale hin *personalisiert*, wobei Allgemeines hinter das Individuelle zurücktritt.
- Es werden wahre Geschichten meist „unprominenter" Personen erzählt oder durch die Kamera inszeniert. Der Live-Charakter unterstreicht die *Authentizität* des Geschehens.
- Zum öffentlichen Thema werden persönliche Belange, die vormals eindeutig im privaten Bereich lagen (*Intimisierung*).
- In den Sendungen werden die *emotionalen Aspekte* des Geschehens – also das individuelle Erleben und Empfinden – betont und weniger die Sachaspekte (Bente/Fromm 1997, S. 20).

Dabei muß in solchen Sendungen meist in kürzester Zeit – einer Episode wird in solchen Sendungen oft nur die Zeit von sechs bis zehn Minuten zugestanden – eine Geschichte erzählt und ihrem emotionalen Höhepunkt zugeführt werden: „Reality TV ist somit gezwungen, ein Konzentrat an Emotionen zu bieten, das ‚Nebengeschichten', allgemeine Stimmungen, die Entwicklung und den Verlauf von Gefühlen vernachlässigt. Die Gefahr besteht in der Bildung stereotyper Gefühlsmuster, die dem Rezipienten kontextlos dargeboten werden und ihn von einem emotionalen Höhepunkt zum nächsten ‚emotionalen Kick' jagen" (Wegener 1994, S. 45).[7]

Was ist nun aber die Funktion von solchen Sendungen? Dienen sie als Forum für pathologische narzistische Bedürfnisse und Geltungsstreben von Menschen, die eigentlich selbst zum Opfer der Medien geworden sind und schutzlos ihr Innerstes enthüllen? Wie Neumann-Braun an Radio-Talks belegt, ist das Versprechen auf Partizipation, das in der wechselseitigen Medienkommunikation mitschwingt, ein problematisches Unterfangen. So hält er zur psychosozialen Beratungssendung „Kennwort" auf S3 bzw. SWF3 (moderiert von Brigitte Lämmle) fest: „Das Motto lautet hier: ‚Bei Anruf: Beratung!' Auch diese Stu-

7 Dieses Muster des Erlebens und Erfahrens entspricht jenen erlebnisgesellschaftlichen Orientierungen, die im dritten Kapitel beschrieben werden (vgl. S. 72ff.).

die führt zum Ergebnis, dass in erster Linie der Radio-Dienst den Hörer braucht und nicht umgekehrt, der Hörer den Radio-Service" (Neumann-Braun 1997, S. 14). Dem Sender gehe es letztlich nur darum, eine Unterhaltungssendung zu realisieren; das Image vom mündigen und selbstbestimmten Hören diene lediglich der Staffage einer Inszenierung fingierter Publikumsnähe. Ihr Zweck sei die Bildung einer Gemeinde, „deren Mitglieder in einer unübersichtlich gewordenen mediatisierten Welt den Orientierungsangeboten und der Fürsorge des Senders bedürfen" (Neumann-Braun 1997, S. 15).

Dennoch wäre es zu einfach, die Teilnehmer und Teilnehmerinnen an Sendungen des Affektfernsehens lediglich als naive Opfer oder geltungssüchtige Neurotiker zu etikettieren. Bente/Fromm (1997, S. 138ff.) machen dagegen auf der Grundlage von 66 problemzentrierten Interviews deutlich, dass das Bild vom kommunikativ gestörten und sich exhibitionierenden Studiogast zu revidieren sei. Die auftretenden Personen unterschieden sich sehr stark in der persönlichen Bedürfnis- und Problemlage. Allen Person sei gemeinsam, „dass sie die öffentliche Situation zu kommunikativen Zwecken nutzen, und dass der Auftritt mit seinen spezifischen Kommunikationsbedingungen entscheidende Vorteile gegenüber nichtmedialen Kommuikationssituationen bietet" Bente/Fromm 1977, S. 138). Überraschend ist dabei die Vielfalt der aufgefundenen Motivtypen:

- Der „Fernseh-Star" – mit seinem Bedürfnis, sich öffentlich zu exponieren und dadurch Aufmerksamkeit zu erfahren;
- der Patient, welcher den Auftritt zur Bewältigung belastender psychischer Probleme benutzt – etwa indem er durch den Schritt in die Öffentlichkeit persönliche Ängste wie Schüchternheit zu überwinden versucht;
- der „Kontaktanbahner/Verehrer", welcher im Auftritt eine konkrete Person ansprechen will, um eine Liebesbeziehung herzustellen oder zu erneuern;
- der „Ideologe", welcher über das Medium persönliche Botschaften – über die allgemeine Lebensführung, partnerschaftliche Thematiken oder religiöse Fragen – veröffentlichen will.
- der Propagandist, welcher den Auftritt als lukratives Geschäft für kommerzielle Zwecke nutzen will;
- der „Anwalt in eigener Sache", welcher sich in einem seiner Meinung nach ungerechtfertigten Streit mit dem Gesetzgeber befindet und durch seinen Auftritt für seine Sache Öffentlichkeit erzeugen will.
- der „Rächer", welcher seinen Auftritt als Rechtfertigung seines Handelns in einer zwischenmenschlichen Konfliktsituation benutzt – etwa indem er über seine Ex-Partnerin herzieht;
- der „Zaungast", welcher seine Neugier in Bezug auf das Medium Fernsehen befriedigen möchte und teilnimmt, um einmal „live" dabei sein zu können (nach: Bente/Fromm 1977, S. 138ff.).

Die Studiogäste sind danach also durchaus „aktive Beteiligte" von Medientexten, die versuchen, daran eigene Bedürfnisse und Interessen zu artikulieren. Die in der Studie von Bente/Fromm Befragten beschreiben denn auch ihren Auftritt überwiegend positiv. Immerhin gut die Hälfte der Gäste waren der Meinung, es sei ihnen gelungen, die angestrebten Motive im Auftritt zu realisieren; 16 gaben an, dies sei ihnen nur teilweise gelungen, und drei der Befragten konnten kein einziges Motiv durchsetzen (vgl. Bente/ Fromm 1977, S. 128).

Überwiegend positiv wurden auch die sozialen Wirkungen des Auftritts beschrieben: „Entgegen der öffentlichen Kritik wird den Teilnehmern für ihr ‚mutiges' und ‚souveränes' Verhalten in der Öffentlichkeit meist Lob und Anerkennung zuteil, die bis zur kurzzeitigen Etablierung eines Star-Kultes führen kann. Dieses Erlebnis, einmal ein ‚Fernseh-Star' zu sein, kann als so erstrebenswert erlebt werden, dass die Betroffenen sich wieder bewerben" (Bente/ Fromm 1977, S. 323).

Dennoch bleiben die Sendungen des Affektfernsehens zwiespältig. Seit den Tagen des Reality-TV läuft denn auch eine Diskussion, ob Zuschauer und Teilnehmer nicht vor exhibitionistischen Auswüchsen zu schützen sind. Beim Reality-TV hat dies auch eine gewisse Wirkung gezeigt, und auch bei den täglichen Talks haben die privaten Fernsehsender 1998 beschlossen, eine verstärkte Selbstkontrolle einzuführen – nicht zuletzt im Bewußtsein, dass zur Mittagszeit Kinder einen guten Teil der angesprochenen Adressaten ausmachen. In den „Freiwilligen Verhaltensgrundsätzen für Talkshows im Tagesprogramm" heißt es denn auch: „Um die Sozialverträglichkeit von Talkshows insbesondere mit Blick auf Kinder und Jugendliche zu sichern, sind Inhalte und Darstellungen zu vermeiden, die Kinder und Jugendliche beeinträchtigen und sozial desorientieren können (zit. nach Frankfurter Rundschau, 2. Juli 1998, S. 11).

Allerdings spielt nicht nur die äußere Grenze eines sanften Zwanges. Es scheint nämlich, dass Gefühle und Affekte sich auch schnell verbrauchen. Der erste live berichtete Seitensprung mag interessant sein, die Wiederholungen werden schnell öde. Man müßte also die Dosis des Sensationellen und Abseitigen erhöhen, was aber nur begrenzt möglich ist und in der Öffentlichkeit Widerstände erzeugt. So sind viele Sendungen aus der ersten Hälfte der Neunzigerjahre aus dem Programmangebot schon wieder verschwunden. Und es ist abzusehen, dass auch bei den täglichen Talks die gegenwärtige Übersättigung bald einmal Folgen haben könnte.

„Teilnahme" als Topos von Mediendiskussion und -praxis

Ausgangspunkt dieses Kapitels war die verstärkte Tendenz der Medien, bei den Zuschauern Teilnahme(-Illusionen) zu produzieren. Dabei wäre medientheoretisch daran zu erinnern, dass schon Hans Magnus Enzensberger vor über dreißig Jahren mit seinen damals bahnbrechenden Überlegungen zu einer Baukastentheorie der Medien den Gesichtspunkt einer Überwindung bloßer Medienrezeption vertreten hatte. In seinem Aufsatz entwickelte er – ganz im Zeichen der Diskussionen innerhalb der 68er-Bewegung stehend –

die Utopie einer Mediengesellschaft, welche die Kommunikation zwischen Sender und Empfänger reversibel handhabt. Enzensberger geht von der Skepsis der damaligen Linken gegenüber den Medien – zumal den elektronischen – aus. Insbesondere diskutiert er den Manipulationsverdacht, der die damalige Interpretation der Neuen Linken auf den Punkt bringe (vgl. Enzensberger 1985, S. 471ff.) Anknüpfend an neomarxistische Analysen, aber deren medienkritischen Reflex nicht teilend, bedauert Enzensberger, dass die Manipulations-These der Linken in ihrem Kern defensiv sei: „Der Wendung ins Defensive liegt subjektiv ein Erlebnis der Ohnmacht zu Grunde. Objektiv entspricht ihr die vollkommen richtige Einsicht, dass die entscheidenden Produktionsmittel in der Hand des Gegners sind" (Enzensberger 1985, S. 475). Weiter konstatiert er aber auch, dass die These von der Manipulation der eigenen Entlastung diene. Wenn die Medien – etwa die damalige Springer-Presse – dämonisiert würden, so verdecke dies die Schwächen und die perspektivischen Mängel der eigenen Agitation. Anstatt die Massen zu mobilisieren, führe dies zur Selbstisolierung, wobei dieses Versagen im Umkehrschluß wiederum pauschal der Übermacht der Medien zugeschrieben werde.

Auf diesem Hintergrund empfiehlt Enzensberger eine Neubewertung der Medien, indem er auf die prinzipielle Möglichkeit wechselseitiger Kommunikation besteht und deren „mobilisierende Kraft" analytisch hervorhebt, die allerdings bis heute unterdrückt oder verstümmelt worden sei. Seine utopische These: „Zum ersten Mal in der Geschichte machen die Medien die massenhafte Teilnahme an einem gesellschaftlichen und vergesellschafteten produktiven Prozeß möglich, dessen praktische Mittel sich in der Hand der Massen selbst befinden. Ein solcher Gebrauch brächte die Kommunikationsmedien, die diesen Namen bisher zu Unrecht tragen, zu sich selbst" (Enzensberger 1985, S. 472). Denn es sei falsch, die Medien als bloße Konsumtionsmittel zu betrachten; sie seien im Prinzip immer zugleich auch Produktionsmittel. Im Prinzip sei der Gegensatz zwischen Produzenten und Konsumenten den elektronischen Medien nicht inhärent; er müsse vielmehr durch ökonomische und administrative Vorkehrungen künstlich behauptet werden (vgl. Enzensberger 1985, S. 478). So skizziert Enzensberger eine Utopie der Kommunikationsnetze, die auf dem Prinzip der Wechselwirkung aufgebaut ist: „eine Massenzeitung, die von ihren Lesern geschrieben und verteilt wird, ein Videonetz politisch arbeitender Gruppen" (Enzensberger 1985, S. 482).

Allerdings hebt er die von ihm entwickelte Vergesellschaftungsform der Medien vom Freizeit- und Hobbybereich ab und kritisiert jene private Medienproduktion, die nichts weiteres als „konzessionierte Heimarbeit" darstelle: „An Geräten wie der Kleinbild- und der Schmalfilmkamera sowie dem Magnetophon, die sich faktisch bereits in der Hand der Massen befinden, hat sich längst gezeigt, dass der einzelne, solange er isoliert bleibt, mit ihrer Hilfe allenfalls zum Amateur, nicht aber zum Produzenten werden kann. Selbst ein so potentes Produktionsmittel wie der Kurzwellensender ist auf diese Weise gezähmt worden und in den Händen verstreuter *radio hams* zur harm- und folgenlosen ‚Freizeitunterhaltung' heruntergekommen. Das Programm, das der isolierte Amateur herstellt, ist immer nur die schlechte und überholte Kopie dessen, was er ohnehin empfängt" (Enzensberger 1985, S. 479f.). Der emanzipatorische Mediengebrauch ist also für Enzensberger kein individuelles Freizeitvergnügen. Dezentralisierung bedeutet für ihn die gesellschaftliche Kontrolle durch Selbstorganisation, kollektive Produktion und gleichzeitigen politischen Lernprozeß.

Die lokalen „Bürgermedien"

Doch nicht nur der Jargon der Neuen Linken, der durch die Argumentation Enzensbergers durchscheint, ist heute überholt. Auch die Realisierung der Utopie einer selbstorganisierten Mediengesellschaft ist nicht über Anfänge hinausgekommen – vor allem im Bereich lokaler Radio- und Fernsehstationen (Bürgerfernsehen, offene Kanäle). Im besten Fall erreichen solche Experimente eine marginale Öffentlichkeit. Sie bleiben auf eng begrenzte Szenen beschränkt und vermochten kaum irgendwo – wie es Enzensberger vorschwebte – die Massen zu mobilisieren. Einige Hinweise darauf, weshalb solche Experimente auf enge Grenzen stoßen, geben Klaus Neumann-Braun und Hans Uwe Daumann:

- Nach Neumann-Braun (1997, S. 13) sind die „offenen Kanäle" und „freien Radios" nicht selten deshalb prekär, weil sie nur peinliche Doubletten von kommerziellen und öffentlich-rechtlichen Rundfunkprogrammen produzieren.
- Daumann (1985) stellt sich am Beispiel des Kabelfernsehprojekts „Offener Kanal Ludwigshafen" die Frage, inwieweit von Laien produzierte Sendungen bei Zuschauern eine Chance haben, die in ihren Medienansprüchen durch ein ohnehin schon überreiches Angebot professioneller Sender „geschult" sind. Daumann argumentiert: „Amateurproduktionen folgen nicht der Logik professioneller Programmproduktion. Der Bürger, der die Videokamera in die Hand nimmt, hat das Recht, einzig und allein von seinem individuellen Standpunkt und Interesse auszugehen. Darin liegt eine Chance und eine Gefahr. Die Chance, dass sie, naiv oder bewußt, Konventionen durchbrechen, begrenzt in der Regel ihre Verständlichkeit und ihre Attraktivität für ein größeres Publikum" (Daumann 1985, S. 491).

Das Publikum solcher Bürgermedien ist denn auch meist nicht die allgemeine Öffentlichkeit, sondern es ist im Umfeld der Macher zu finden – also bei den Mitgliedern und Sympathisanten jener Gruppen, die ihr Anliegen über den Sender formulieren. Für den „Offenen Kanal Ludwigshafen" konstatiert Daumann: „Bürgerfernsehen ist ein Zielgruppenangebot insofern, als es bevorzugt Rezipienten mit hohen Vorkenntnissen, hohem Interesse und hoher Betroffenheit anspricht. Das ist z.B. eine Umschreibung dafür, dass das personelle Umfeld des Produzenten am ehesten zu mobilisieren ist, sich seinen Film anzusehen. Betroffenheit und die Authentizität der Darsteller bzw. des Dargestellten sind in der Lage, formale Mängel der Darstellungsweise zu überlagern" (Daumann 1985, S. 496).

Zwar ist das Monopol der öffentlich-rechtlichen Medienanstalten gefallen – was im ersten Moment zu Hoffnungen auf eine breite Öffnung von Sendefrequenzen für solche Bürgerkanäle in Radio und Fernsehen geführt hat. Dies hat indessen nicht zu einem Durchbruch solcher Utopien geführt, sondern in erster Linie zu einer verstärkten Kommerzialisierung der Medienlandschaft. „Bürgernähe" bemißt sich jedenfalls für die Programmacher weniger am Grad der Reversibilität kommunikativer Angebote als an der Messung von Einschaltquoten. Auch das Informationsangebot für den „mündigen" Bürger ist damit kaum ausgeweitet worden, sind es doch die allgegenwärtigen (Mainstream-) Musikteppiche im Rundfunk und billig produzierte Fernsehshows sowie ein unerschöpfliches Angebot von (B-picture-)Spielfilmen, welche in den neuen privaten Sendeanstalten dominieren.

Das muß allerdings nicht bedeuten, dass der Gedanke einer produktiven Nutzung von Medienangeboten ein für alle mal vom Tisch ist. Was wenig realistisch erscheint, ist lediglich der Versuch, bei Medien wie Radio und Fernsehen die großen Anbieter zu verdrängen. Noch wo z.B. professionelles Lokalfernsehen realisiert wird, geht dies im allgemeinen kaum ohne die Mitwirkung von Medienunternehmungen, die dafür das nötige Know-How bereitstellen. Daneben ermöglicht es der Stand der Technik im Zwischenbereich von privater und öffentlicher Kommunikation durchaus, interessierten Gruppen Werkzeuge zur Verfügung zu stellen, mit denen auf effiziente Weise semi-professionell gearbeitet werden kann. Die modernen Videokameras und Schneideeinrichtungen erleichtern es zum Beispiel einem lokalen Bürgerkanal, Filme zu produzieren und zu bearbeiten. DTP-Programme und moderne Textverarbeitungen erlauben es, auf immer einfachere Weise Zeitungen oder Zeitschriften mehrspaltig und unter Einschluß von Grafiken und eingescannten Bildern zu produzieren.

In diesem Zusammenhang wird es Nischen und Möglichkeiten für eine wachsende Fülle von Angeboten geben, die nicht durch die großen Medienkonzerne gesteuert werden: Vor allem Interessengruppen – bis hin zum Freizeit- und Hobbybereich – können auf diesem Weg „semiprofessionelle" Kommunikationsnetze aufbauen. Dazu gehören zum Beispiel Vereins- und Schülerzeitungen, die auf DTP-Basis erstellt werden, Mailboxes im Computerbereich, Schülerzeitschriften und Fanzines von Jugendszenen, die auf dem Computer erstellt werden, lokaler Spitalfunk etc. Und auch für die offenen Funk- und Fernsehkanäle wird mancherorts eine Nische freibleiben. Mag generell solchen Aktivitäten gegenüber den Medienriesen eine geringe Bedeutung zukommen, so können sie für die Betroffenen dennoch einen wichtigen kulturellen Faktor darstellen – indem hier Medien über den Konsum hinaus die Möglichkeit bieten, selbst aktiv Informationen zu produzieren und zu verbreiten, bzw. Bedeutungen nicht nur wahrzunehmen, sondern selbst zu schaffen.

Neue Partizipationsmöglichkeiten: Internet und WWW

Partizipatorische Überlegungen sind in jüngster Zeit nicht zuletzt mit der Entwicklung des Internets und des World Wide Web verbunden worden. Das weltumspannende Netz wird oft als ein subversives Instrument der Kommunikation verstanden, das durch seine anarchische und ungesteuerte Entwicklung von politischen Mächten und Interessen nicht zu kontrollieren ist. So wird – etwa von Intellektuellen der amerikanischen Linken – das Internet als Graswurzel-Bewegung gesehen, wo jedermann seine Meinung unzensuriert ausdrücken kann. Howard Rheingold sieht z.B. in den virtuellen Gemeinschaften eine Möglichkeit der Revitalisierung der Demokratie, wenn diese Entwicklung auch nicht ungefährdet vonstatten gehe (vgl. Rheingold 1995).

Der neue Glaube an das Internet als Hort der Meinungsfreiheit ging insbesondere von der amerikanischen Westküste aus – „aus einer seltsamen Verschmelzung der kulturellen Boheme aus San Francisco mit den High-Tech Industrien von Silicon Valley" (so Barbrook/Cameron 1996, S. 52). Er widerspiegelt die Erfahrungen der Pioniere des Netzes, wie sie etwa in der Gründung von „the Well" zum Ausdruck kommt – einem auf BBS basierenden Computernetz im Umkreis der Zeitschrift „Whole Earth Review". Das „Well" basierte auf folgenden Überlegungen, wie sie Kevin Kelly, einer der Gründer, zusammenfaßte:

- Dass es frei ist. Dies war ein Ziel und keine Verpflichtung. Wir wußten, dass es nicht im buchstäblichen Sinne der Wortes frei war; aber es sollte so frei (billig) sein, wie es uns möglich war...
- Es sollte eine offenes Universum darstellen.
- Es sollte selbstregulierend aufgebaut sein (self-governing).
- Es sollte ein sich selbst gestaltendes Experiment darstellen. Die ersten Nutzer sollten das System für die späteren gestalten. Das System sollte sich gleichzeitig mit seinem Gebrauch entwickeln (nach Rheingold 1995, Kapitel 2).

Es gibt auch Beispiele, wo das Konzept der Gegenöffentlichkeit, das mit dem Internet über alle nationalstaatlichen Grenzen hinaus möglich werden sollte, funktionierte. Zu erwähnen wären zum Beipiel die Homepage der mexikanischen Zapatisten, die auf internationales Interesse stieß, oder die „Cybercampaign" der „Free Burma Coalition", die 1995 von einem exilburmesischen Studenten gegründet wurde. Als einzelnem gelang es diesem an Dutzenden von amerikanischen Universitäten einen koordinierten „Burma Action Day" durchzuführen und die Gründung von 70-90 lokalen Aktionsgruppen zu stimulieren. Geser, der dieses Beispiel berichtet, kommt zum Schluß, dass diese Initiative, um die burmesische Militärdiktatur von außen her unter Druck zu setzen, einige signifikante – wenn auch eher indirekte – Erfolge zu verzeichnen hatte: „Infolge der äußerst repressiven politischen Bedingungen innerhalb des Landes hat sich die öffentliche politische Diskussion über Burma generell weitgehend ins globale Internet verlagert. Als Informationsquelle von höchster Bedeutung hat sich dabei die ‚Newsgroup' profiliert, innerhalb der täglich eine umfangreiche, von Exilburmesen in aller Welt mitgestaltete Zeitung („BurmaNet News") erscheint" (Geser 1996, 3.1).

Deutlich wird an diesem Beispiel, wie es über alle Grenzen und Länder gelingt, Kristallisationspunkte für bestimmte Anliegen zu schaffen – wobei es gerade autoritären Regimen in Entwicklungsländern kaum möglich ist, darauf repressiv den Daumen zu halten. Für den Soziologen Hans Geser scheinen die neuen Computernetzwerke geeignet, zumindest einen Teil der öffentlichen Kommunikation wieder aus großtechnischen und groß-organisatorischen Abhängigkeiten zu befreien: „Für die politische Öffentlichkeit liegt die grundsätzliche Bedeutung des Internet darin, dass das formale Grundrecht auf freie öffentliche Meinungsäußerung, dessen faktische Entfaltung bisher durch die zentralistisch verwaltete Medienszene behindert war, nun eine größere realsoziologische Bedeutung erlangen kann, weil zum erstenmal größere Prozentanteile der Bevölkerung die zu seiner Wahrnehmung nötigen technisch-ökonomischen Voraussetzungen besitzen" (Geser 1998).

Die Chancen einer universalen politischen Diskussion im Rahmen der Cyberkultur scheint denn auch nach Pierre Lévy (1996) darin zu liegen, dass sie in einem universellen und alle einschließenden Rahmen erfolgt, ohne dabei totalitär zu werden – dies im Gegensatz zur Schrift, die auf „semantische Geschlossenheit" abziele: „Der davon geprägte Versuch einer Totalisierung kämpft gegen die offene Pluralität der Kontexte, die von den Botschaften durchquert werden, gegen die Verschiedenartigkeit der Gemeinschaften, die sie zirkulieren lassen" (Lévy 1996, S. 11f.). Demgegenüber löse das Cyberspace diesen Zusammenhang von Universalität und Totalität auf, ohne gleichzeitig das Universelle selber aufzugeben. Lévy betrachtet deshalb die Cyberkultur als legitime Nachfolgerin des Projekts der Aufklärung, indem sie einen Raum des Zusammenhangs und eine fundamentale Reziprozität schafft: „Sie hat sich ausgehend von einer Praxis entwickelt, die auf dem Austausch von Informationen und Wissen beruht. Und doch ist sie nicht postmodern, sondern steht genau in der Kontinuität des revolutionären und republikanischen Ideals der Freiheit, Brüderlichkeit und Gleichheit"(Lévy 1996, S. 17).

Allerdings stellt sich die Frage, ob nicht auch die Protagonisten des Cyberspace diesen als Hort der Freiheit überschätzen. So findet sich zum Beispiel das blaue Band für die Zensurfreiheit des Internet auch auf der berüchtigten „Zundelsite" im World Wide Web. Der Ruf nach einem unbegrenzten Zugang zum Netz und nach Meinungsfreiheit wird also auch von jenen rechtsextremen „Revisionisten" ausgenützt, welche den Holucaust negieren. Jedenfalls scheint der „rechtsfreie Raum" des Netzes nicht allein die Verfechter einer liberalen Diskussion anzulocken, sondern auch Rechtsradikale, Pornohändler und Sektierer aller Couleur. Auch das organisierte Verbrechen wird es sich gewiß nicht nehmen lassen, die internationalen Kanäle des „Datenhighways" für seine Zwecke auszunützen.

So scheint das Internet nichts anderes als ein Abbild der Gesellschaft mit allen ihren Seiten zu sein – positiven und negativen. Die Utopie einer universellen und herrschaftsfreien Diskussionsgemeinschaft, die sich durch das Internet realisieren könnte, scheint mir jedenfalls eher naiv. So verwundert es nicht, dass auch die Gesetzgeber in den einzelnen Ländern darüber nachzudenken beginnen, wie sie schädliche Einflüsse des Netzes (z.B. Kinderpornografie und rechtsradikale Hetze) verhindern können. Dazu kommt, dass die beginnende Kommerzialisierung des Internets ebenfalls neue Interessen beinhaltet – die z.T. gegen jene eines freien und unbegrenzten Zugangs zu allen Informationen des Webs stehen. Und es wäre in diesem Zusammenhang auch zu erwähnen, dass es die chaotische Struktur der Webangebote den Individuen oft erschwert, das Web sinnvoll zu nutzen. So ist es oft nicht leicht, jene Informationen aufzufinden, die nützlich sind; und ebenso schwierig ist es, dann ihre Relevanz und Verläßlichkeit zu beurteilen. Gerade weil das Internet global angelegt ist, kann der Einzelne kaum mehr einschätzen, was an einem Bericht aus den USA oder Australien wirklich „dran" ist.

Aber auch die Möglichkeiten eines Einbezugs der elektronischen Medien in die Gestaltung einer neuen politischen Kultur – im Sinne einer verstärkten und direkten Mitbestimmung der Bürgerinnen und Bürger – ist nicht unbestritten. Michael Schudson (1992) kritisiert z.B. jene Utopien[8], wonach die neuen Medien – anknüpfend an Radio-Talks und TED-Meinungsäußerungen in Fernseh-Shows – analog zu den griechischen Marktplätzen wie elektronische Landsgemeinden funktionieren könnten. Er zweifelt daran, dass technologische Mittel ein geeignetes Mittel zur Revitalisierung der Demokratie sind und sieht dahinter ein großes Mißverständnis „Für Perrot besteht die öffentliche Meinung wie für viele anderen aus individuellen Präferenzen und Werten; die Aufgabe besteht dann nur darin, eine geeignete Technik zu finden, um sich dieser zu versichern. Für die meisten Demokratietheoretiker besteht die öffentliche Meinung dagegen aus Meinungen, die öffentlich geformt werden" (Schudson 1992). Eine „Umfrage-Demokratie" könnte denn auch leicht manipulativ ausgenutzt werden, indem entscheidende Fragen geschickt gestellt und Zustimmung populistisch erzeugt wird.

So scheint es, dass auch im Rahmen der Diskussion um die „neuen" elektronischen Medien, die Partizipationsproblematik nicht eindeutig zu entscheiden ist. Zwar sind dadurch neue Möglichkeiten einer reversiblen Kommunikation zwischen Sender und Empfänger entstanden. Gerade für spezielle Interessen wie die wissenschaftliche Diskussion sind diese neuen Verbindungen über die Grenzen hinweg oft sehr nützlich. Oder es wird möglich, dass jedermann sich mit seiner Homepage auf dem Internet präsentieren kann (ob diese dann aber auch abgerufen wird, steht wieder auf einem ganz anderen Blatt). Dennoch sollte man die dadurch gegebenen Partizipationschancen nicht zu schnell als neue gesellschaftliche Utopie verkaufen. Denn – wie eben dargestellt – gibt es auch kritische Einwände, die in ihrer Tragweite nicht zu unterschätzen sind.

---

8 Schudson bezieht sich in diesem Zusammenhang vor allem auf die Vorschläge des früheren amerikanischen Präsidentschaftskandidaten Ross Perrot, landesweite elektronische Bürgerversammlungen („town meetings") durchzuführen.

Die Expansion der Medien

Die wesentlichsten Auswirkungen der Medienentwicklung in den vergangenen Jahrzehnten sind dennoch nicht unter dem Signum der Partizipation des einzelnen am medialen Produktionsprozeß zu verstehen. Viel wesentlicher ist erst einmal die Tatsache der Expansion der Medien selbst. Die historische Übersicht zeigt, wie rasant sich die Medientechnologie während der letzten zweihundert Jahre verändert hat. Besonders eindrücklich ist dabei die Entwicklung in den letzten fünfzig Jahren, welche die Medienlandschaft mit der Einführung des Fernsehens, dem PC, dem Handy, dem Video und dem Internet total verändert hat.

Zur Geschichte der Medien (chronologische Übersicht)

bis 1800	1445	Buchdruck (Gutenberg)
	1610	Wochenzeitung
	1660	Tageszeitung
	1794	Optischer Telegraph (Frankreich)
bis 1900	1837	Elektrischer Telegraph (Samuel Morse)
	1839	Fotographie (Daguerreotypie)
	1876	Telefon (Bell)
	1888	Grammophon
	1888	Fotoapparat (Eastman-Kodak)
	1886	Setzmaschine
	1895	Stummfilm (1. Öffentliche Filmvorführung durch Lumière)
	1897	Drahtlose Telegraphie (Marconi)
1900-1950	1906	Rundfunktechnik
	1923	Erste Rundfunk-Sender (Lausanne, Bern, Berlin)
	1924	Tonfilm
	1925	Fernsehtechnik (ab 1935 Sendungen in Berlin)
	1945	Computer (ENIAC)
	1947	Transistorradio
ab 1950	1952	Öffentliches Fernsehen in Deutschland (BRD; DDR: 1955)
	1953	Öffentliches Fernsehen in der Schweiz
	1969	Videorecorder
	1969	ARPANET (Vorläufer des Internet)
	1972	Video-Games
	1977	PC: Apple II
	1979	Walkman
	1982	Compact Disc
	1983	TCP/IP-Protokoll (Internet)
	1985	Handy (C-Netz)
	1989	World Wide Web
	1996	Digital Versatile Disc (DVD)

Diese Entwicklung führt zu einer immer stärkeren Durchdringung des Raumes mit Medien, wodurch sich die Kommunikationsbedingungen prinzipiell vereinheitlichen. So ist der Unterschied zwischen Peripherie und Zentrum in der Mediennutzung heute weitgehend zu vernachlässigen. Satelliten- und Kabelfernsehen haben die Empfangsmöglichkeiten für die ländlichen Gebiete stark verbessert. Selbst wer im abgelegensten Schweizer Bergtal wohnt, kann mit einer Satellitenschüssel Sender aus ganz Europa und weit darüber hinaus empfangen. Der Zugriff auf dreißig oder vierzig Sender ist keine Ausnahme mehr. Ähnliches gilt auch zum Internet bzw. World Wide Web. Seit man sich fast überall zum Ortstarif einloggen kann, spielt es keine Rolle mehr, wo man wohnt. Häufig ist es sogar beim Urlaub im Ausland möglich, schnell einmal mit seinem Laptop die heimische Post vom E-Mail-Konto abzurufen.

Im weiteren ist seit der Mitte der achtziger Jahre das verstärkte Auftreten privater Anbieter zu beachten. Öffentliche Dienste wie Post und Telefon werden zunehmend privatisiert. Dazu kommt, dass im Rundfunk- und Fernsehbereich die Monopole gefallen sind und eine Vielzahl neuer Anbieter auf dem Medienmarkt erschienen sind: kommerzielle Stationen wie RTL, SAT1 oder Pro7, die zur ernsthaften Konkurrenz für die öffentlich-rechtlichen Fernsehanstalten geworden sind und diese in den letzen Jahren von den Einschaltquoten her oft sogar überflügeln konnten – nicht zuletzt bei den jugendlichen Zuschauern und den Kindern.

Veränderte Wahrnehmungsmuster

Wie umfassend die „mediatisierte" Welt im doppelten Sinne des Wortes geworden ist, kann auch medientheoretisch nachvollzogen werden. Besonders nachdrücklich deutete dies Marshall McLuhan (1970) an, welcher als Quintessenz der stürmischen Medienentwicklung der letzten dreißig Jahre die griffige Formel von der Welt als „globalem" Dorf geprägt hatte – was unter anderem bedeutet, dass die Medien, angefangen vom Telefon und Radio bis hin zu Fernsehen, Telefax und Satellitenfernsehen die Wahrnehmung von Zeit und Raum verändern, insbesondere, indem sie im Sinne einer umfassenden Beschleunigung aller Prozesse wirken. McLuhan/Fiore schreiben: „Die elektrische Schaltungstechnik hat die Herrschaft von „Raum" und Zeit gestürzt und überschüttet uns sekundenschnell und in einem fort mit den Angelegenheiten aller Menschen. Sie hat den Dialog im globalen Maßstab wieder ermöglicht. Ihre Botschaft ist der totale Wandel, der alle Beschränktheit, sei sie psychischer, sozialer, ökonomischer oder politischer Art, ein Ende setzt" (McLuhan/Fiore 1969, S. 16). In dieser Theorie scheint die Entwicklung der Medien die Arbeit als primäre Produktivkraft abgelöst zu haben, wie sie der Marxismus des 19. Jahrhunderts definiert hatte. Und es gibt durchaus einige empirische Evidenz dafür, dass die Medien den Menschen, seine Wahrnehmung und seine Lebensstrukturen entscheidend verändern.

Wenn es allerdings scheint, dass im Zeitalter der „Globalisierung" Raum und Zeit schwinden, dann sollte man nicht vergessen, dass dies nicht erst mit den elektronischen Medien begann. Vielmehr wäre zurückzublicken auf die Geschichte der Verkehrsmittel, die ja ihrerseits Verbindung zwischen unterschiedlichsten Menschen und damit Kommunikation schufen – indem mit ihrer Hilfe Räume rein physisch viel schneller überwunden werden konnten. Man ist nicht mehr wochenlang unterwegs, um an einem andern Ort anzukommen. Flugzeuge, Hochgeschwindigkeitszüge und Autobahnen haben die Reisezeiten in diesem Jahrhundert noch mehr verkürzt. So kann man im Zeitalter der Hochgeschwindigkeitszüge in immer weniger Zugstunden von Hamburg nach München oder von Zürich nach Paris gelangen, und innerhalb eines Tages ist mit dem Flugzeug fast jeder Punkt auf dieser Welt zu erreichen. Wie dabei Zeitdimensionen verschmelzen können, hat Paul Virilo (1989, S. 129) an einem schlagenden Beispiel deutlich gemacht: Er berichtet von jenen vierzig Amerikanern, die am 31. Dezember 1976 in Paris aus dem Flugzeug stiegen, eigens um Silvester zu feiern, dann die Concorde bestiegen, um dort an Bord Silvester zu feiern, in Washington zu landen und in der französischen Botschaft erneut Silvester zu feiern.

Wie sich allein durch das Reisen die Wahrnehmungsstrukturen veränderten, hat Wolfgang Schivelbusch am Beispiel des Eisenbahnreisens gezeigt. Bereits das frühe 19. Jahrhundert habe damit den Topos einer Vernichtung von Raum und Zeit verbunden: „Diese Vorstellung basiert auf der Geschwindigkeit, die das neue Verkehrsmittel erreicht. Eine gegebene räumliche Entfernung, für deren Überwindung traditionell ein bestimmtes Maß an Reise- und Transportzeit aufzuwenden war, ist mit einemmal in einem Bruchteil dieser Zeit zu bewältigen, oder anders ausgedrückt, in derselben Zeit kann nun ein Mehrfaches der alten räumlichen Entfernung zurückgelegt werden" (Schivelbusch 1979, S. 35). Die neue Form des Reisens schafft indessen auch ganz neue körperliche Erfahrungen: Die Eisenbahn wird mit einem Projektil verglichen, die Reise als Geschossenwerden durch die Landschaft. Schienenstrang, Einschnitte und Tunnels erscheinen als der Lauf, in welchem die Eisenbahn als Projektil dahinschießt. Diese neue Form mechanisierten Reisens, welche die Newtonsche Mechanik im Verkehrswesen realisiert habe, beinhalte einen Verlust an Sinnlichkeit, wie Schivelbusch verdeutlicht: „‚Größe, Form, Menge und Bewegung' sind nach Newton die einzigen Eigenschaften, die objektiv an den Gegenständen auszumachen sind. Sie werden nun für die Eisenbahnreisenden in der Tat die einzigen Eigenschaften, die sie an einer durchreisten Landschaft festzustellen in der Lage sind. Gerüche, Geräusche, Synästhesien gar, wie sie für die Reisenden der Goethezeit zum Weg gehörten, entfallen" (Schivelbusch 1979, S. 53). Doch was auf der einen Seite als Verlust beklagt wird, entfaltet sich gleichzeitig als neuer „panoramatischer" Blick des Reisenden, der die Landschaft aus dem Fenster betrachtet – ein Vorläufer jenes Fernsehzuschauers, der in seinem Wohnzimmer durch den Bildschirm gleichsam ein Fenster auf Landschaften und Szenerien außerhalb seiner vier Wände erhält.

Die Geschwindigkeit und die Geradlinigkeit, mit der die Züge durch die Landschaft brausen, bringen diese neuen Wahrnehmungsmuster erst richtig zur Entfaltung. Schivelbusch zitiert Benjamin Gastineau, Verfasser eines zeitgenössischen Reisefeuilletons als Gewährsperson. Bei ihm erscheine „die

Bewegung des Zuges durch die Landschaft als Bewegung der Landschaft selber. Die Eisenbahn bringt sie zum Tanzen. Ihre Geschwindigkeit, den Raum verkleinernd, läßt Gegenstände und Szenen in einer unmittelbaren Folge erscheinen, die ihrem ursprünglichen Hier und Jetzt gemäß den verschiedensten Bereichen angehören. Der Blick aus dem Abteilfenster, der solche Szenenfolgen aufnimmt, ist durch eine neuartige Fähigkeit gekennzeichnet, die Gastineau als die ‚synthetische Philosophie des Auges' bezeichnet. Es ist die Fähigkeit, das Unterschiedene, wie es jenseits des Abteilfensters abrollt, unterschiedlos aufzunehmen" (Schivelbusch 1979, S. 59).

Fernsehen: Das Medium der absoluten Gegenwart

Die elektronischen Medien und vorab das Fernsehen gehen noch einen Schritt weiter in der Überwindung der Grenzen von Raum und Zeit. Dies betrifft einmal das Zeiterleben, wie es von Irene Neverla (1992) untersucht worden ist. Neverla hält in ihrer Habilitationsschrift fest, dass Zeit ein soziales Konstrukt darstelle. Jeder Gesellschaft seien spezifische Temporalstrukturen zu eigen, die in Ökonomie, Technologie und Machtverhältnis gründeten, gleichzeitig aber umgekehrt auch diese Strukturen und die Abläufe des Alltagslebens wieder bestimmten. Mithin sei jedes soziale Handeln auch Umgehen mit dem Objekt Zeit; die Handelnden entwickelten Zeithorizonte und Zeitpläne, bzw. nutzten Zeitstrategien zur Zeitintensivierung.

In diesem Rahmen fungiert das Fernsehen nach Neverla als „sozialer Zeitgeber": Dies „sind Institutionen oder Geräte, die den Menschen eine konkrete Synchronisation ihres sozialen Handelns bieten" (Neverla 1992, S. 59)[9]. Die elektronischen Medien stehen dabei für eine Entwicklung, wonach sich Periodizität in Nullzeit und Aktualität in Endloszeit auflösten. Periodizität stellt dabei die Erscheinungsform von Publikationen (Zeitungen, Zeitschriften) dar, die ursprünglich unregelmäßig, dann aber in einer immer rascheren Abfolge erschienen seien. Heute gelte dagegen: „Im elektronischen Zeitalter setzt sich der linear-abstrakte Zeitbegriff durch, die Periodizität der Medien wird immer engmaschiger, und gerinnt schließlich zur immerwährenden Präsenz von Kontinuität" (Neverla 1992, S. 62).

Damit parallel verläuft die Tendenz der zeitlichen Ausweitung der Programmangebote: das Medium Fernsehen bietet rund um die Uhr ein Endlosprogramm an, es transportiert – so Neverla – „Endloszeit" und ist Tag und Nacht verfügbar. In diesem Rahmen bringe das Fernsehen als elektronisches Medium eine „Nullzeit" hervor, das heißt, es tendiert der Faktor Zeit in der Produktion und im Transport der Fernsehinhalte gegen Null. Mit der schnelleren Produktion und dem schnelleren Transport der Bilder verdichtet sich auch deren Menge und auch die Zahl der Reize, die von den Zuschauern zu verarbeiten sind (vgl. Neverla 1992, S. 75).

---

9 Als sozialer Zeitgeber par excellence gilt die Uhr.

Auf diesem Hintergrund stellt Neverla die Frage, wie die Rezipienten mit dieser Fernsehzeit als „Eigenzeit“[10] noch umzugehen vermöchten. Im Rahmen einer qualitativen Untersuchung an 37 Probanden versucht sie, dazu genaueren Aufschluß zu erhalten. Als erstes wird deutlich, dass Beschleunigung und Entgleiten der Zeit zur Grundauffassung der Befragten gehört: „Dass ‚die Zeit rast‘, dass ‚sie vergeht wie im Flug‘, ‚davonläuft‘ und ‚vorbeizieht‘ – so die immer wieder gebrauchten Metaphern der Befragten –, zeigt, wie sehr sich das soziale Konstrukt Zeit als Phänomen verselbständigt hat, so dass sie wie eine Naturgewalt erscheint, die uns von außen gegenübertritt. Schon die spontane Alltagsmetaphorik weist darauf hin, dass Zeit- und zwar Alltagszeit und Lebenszeit – nicht als zyklischer, sondern als linearer Ablauf wahrgenommen wird“ (Neverla 1992, S. 140).

In einer Situation konstanter Zeitnot erscheint nun aber das Fernsehen als das Medium par excellence, da es nur ein minimales Zeitmanagement erfordert. Es steht konstant zur Verfügung: Im Vergleich zu anderen Freizeitangeboten entfallen An- und Abfahrten oder Abstimmungsleistungen, die bei Einrichtungen mit festem Beginn oder festgelegten Öffnungszeiten nötig sind. Das Fernsehen steht rund um die Uhr zur Verfügung, über das ganze Jahr hinweg, und es ist überschaubar: Die festen Programmschemata werden von Kindheit an gelernt: „Sie finden darin ihren Niederschlag, dass bestimmte Sendeplätze für einen engeren oder weiteren Kreis von Personen als Zeitmarken im Tages- und Wochenverlauf wirken können. Prototypen von weit verbreiteten gesellschaftlichen Zeitmarken sind die Hauptnachrichtensendungen von ARD und ZDF. Sie sind de facto allen Gesellschaftsmitgliedern bekannt, sie haben sich in eine Vielzahl von Tagesabläufen eigekerbt oder entfalten ihre Wirkkraft mindestens darin, dass wir unterstellen, sie könnten für andere Gültigkeit haben“ (Neverla 1992, S. 153). In diesem Sinne strukturiert das Fernsehen den Alltag der heutigen Menschen mit; die von den Programmen gesetzten Zeitmarken schlagen „Pflöcke“ bei der Strukturierung des Tages- und Wochenverlaufs ein – und sie dienen im Sinne gesellschaftlicher Integration dazu, die Temporalstrukturen verschiedener Personen zu synchronisieren.

Doch im Rahmen des alltäglichen Zeitmanagements ist das Fernsehen ein zwiespältiges Mittel. Es bietet zwar mit seinen Programmen einen Fluchtpol vor der „rasenden Zeit“ und verspricht Erholung, Entspannung und Muße. Doch dabei läßt es keine Zeit mehr für jene Form der Muße, die ohne Medienimpulse erfolgen könnte, also für das, was andere Kulturen als Meditation bezeichneten. Mit dieser Ambivalenz haben die Zuschauer nach Neverla zu leben: „In diesen Widersprüchlichkeiten formen sie jene individuellen Muster der Fernsehnutzung, die ihren konkreten Alltagserfordernissen am ehesten entgegenkommen. Den alten Menschen füllt das Fernsehen leere

10 „Eigenzeit meint auf individueller Ebene eine Disposition im Umgang mit Zeit, die Denk-, Wahrnehmungs- und Wertschemata gleichermaßen umfaßt wie Organisationsprinzipien des Handelns selbst“ (Neverla 1992, S. 34)

Zeit, den Eiligen spart es Zeit. Allen bietet es Zeitmarken, gibt dem Alltag eine Struktur und stützt Gewohnheiten" (Neverla 1992, S. 218).

Aber nicht nur die Zeitstrukturen verändern sich mit den elektronischen Medien; der Bildschirm öffnet visuell ein Fenster auf andere Kontinente und Zeiten. Noch vor hundertfünfzig Jahren konnte man lediglich aus Darstellungen in Büchern oder Zeitschriften erfahren, wie es anderswo aussah – und dies aus Zeichnungen und nicht aus Fotografien. Heute dagegen führen uns Fernsehen, Film und Video in alle Weltgegenden. Wer nach Teneriffa oder London reisen will, kann sich schon vorher mittels Videokassette über sein Reiseziel informieren – und manchmal hält die graue Realität dem schönen Schein der Bilder nicht mehr stand.

Film und Fernsehen erscheinen als Medium einer absoluten Gegenwart; je länger der Zeitraum ihrer Erfindung bereits zurückreicht, desto mehr läßt sich die Vergangenheit zurückholen. So können wir heute in Wochenschauen den Zweiten Weltkrieg betrachten, in Filmen aus den vierziger und fünfziger Jahren die damalige Welt auferstehen lassen. Was damals aktuell war, kann als „Zeitdokument" neu gesendet werden: Der Alltag der fünfziger oder die Arbeitslosigkeit der dreißiger Jahre. Noch frühere Zeiten werden in Spielfilmen lebendig.

Dieser Blick in die Vergangenheit wirkt oft erschreckend lebendig und gegenwärtig – wenn sich vielleicht auch der Moderationsstil, das räumliche Ambiente oder der Kleiderstil verändert hat. Ähnliches gilt für das Video, welches die eigene biographische Lebenserfahrung auf eine völlig neue Weise zugänglich macht: Wie sich dadurch der Bezug zu sich selbst verändern kann, zeigt sich z.B. an der Tatsache, dass in Zukunft immer mehr junge Erwachsene ihre ganze Entwicklung als Film nachvollziehen können – auf Videos, die ihre Eltern seit der Geburt gedreht haben. Konnten sich bisher Erwachsene gerade so knapp ans dritte oder vierte Lebensjahr erinnern, so erhalten sie künftig schon den Akt der Geburt und die Entwicklung im ersten Lebensjahr in aller Breite per Videoband dokumentiert. Der konservierende Blick war zwar schon mit Fotos möglich – anfänglich verschwommen und in reichlich kleinen Formaten, dann aber mit der Entwicklung der Technik immer lebensechter, großformatiger und farbig. Mit dem Video hält gleichsam die Echtzeitaufnahme Einzug; und es ist zu erwarten, dass dies auch die Beziehung der Heranwachsenden zu ihrer Biographie nachhaltig verändern wird.

Halten wir nochmals als Quintessenz der dargestellten Entwicklung fest: Vergangenheit wird verfügbar gemacht: Diese Radikalisierung des Zugriffs auf Geschichte muß indessen nicht bedeuten, dass damit das Bewußtsein von der Geschichtlichkeit des Daseins geschärft wird. Vielmehr ist zu vermuten, dass es oft sogar ausgehöhlt wird, da historische Szenen beliebig wiederholbar sind. Man „verfügt" über die Geschichte, indem man aus den Archiven beliebige Szenen aus beliebigen Zeiten einspielen kann, was paradoxerweise eher die Geschichtslosigkeit als Wahrnehmungsmuster verstärkt. Kausalität und historische Verknüpfungen im Sinne des „Vorher" und „Nachher" sind gleichsam außer Kraft gesetzt, weil alles zu jeder Zeit zugänglich und möglich ist. Schauspieler wie John Wayne und Audrey Hepburn sind für heutige Generationen so lebendig wie für ihre Eltern. Etwas ketzerisch könnte man sich fragen: Warum spielt man nicht alle vier bis fünf Jahre die alten Fußballspiele, die früheren Theateraufführungen oder die vergangenen olympischen Spiele neu ab?

Generell scheinen Gegenwart und Vergangenheit immer stärker ineinander zu fließen. Doch es handelt sich um eine Realität mit doppeltem Boden. Der erfahrene Medienkonsument der Neunzigerjahre weiß, dass der simulierten Absolutheit der Gegenwart nicht zu trauen ist. Fernsehdokumentationen oder Shows, die hier und jetzt spielen, sind in Wirklichkeit oft längstens vorproduziert. Folgen von Serienfilmen, die im Wochenrythmus gesendet werden, wurden in Wirklichkeit alle zu demselben Zeitpunkt gedreht. Sportsender im Kabelbereich leben von vorproduzierten Berichten – oft aus dem Bereich wenig bekannter Sportarten, wo die Aktualität schon deshalb eine weniger große Rolle spielt, weil die Resultate in der Tageszeitung nicht abgedruckt sind[11]. In den meisten dieser Fälle fehlt dann allerdings der Hinweis darauf, dass es sich um eine zeitversetzte Sendung handelt. Die Zuschauer überlegen sich gar nicht mehr, ob sich das Geschehen realzeitlich in der Gegenwart abspielt, da das Medium ohnehin eine eigentümliche Präsenz für sie gewinnt. Was sich „jetzt" am Bildschirm abspielt, „ist" in diesem Sinne auch Gegenwart.

Virtuelle Realitäten

Doch es ist im Informations- und Medienzeitalter nicht nur so, dass die Grenzen von Raum und Zeit zunehmend aufgehoben scheinen, sondern es werden auch neue künstliche Welten mit einer eigenen Raum- und Zeitstruktur geschaffen. Dies gilt bereits für das Internet, wo man in Echtzeit mit Menschen auf der ganzen Welt chatten kann und es keine Rolle spielt, ob es für den einen Morgen und für den andern Abend oder Nacht ist. Aber auch die Shopping-Malls des World Wide Web sind immer geöffnet und über die Kontinente hinweg allen zugänglich. Ob ein amerikanisches Buch bei „amazon.com" oder die „singende Haarbürste" von „clickshop.com", alles kann man sich frei Haus schicken lassen. Für den User, welcher tagelang in „Multi-user dungeons" wie „Morgengrauen" spielt oder durch das Web surft, ist der Ausbruch in die Welt des „real life" nur eine kurze Episode, welche die Eigenzeit des virtuellen Szenarios durchbricht.

Eine Wirklichkeit besonderen Zuschnitts stellen die „virtuellen Realitäten" (VR) dar, in welchen die Gesetze der physischen Realität zu einem gu-

---

11 Seit die „Live"-Übertragungsrechte bei Sportarten wie Fußball oder Tennis nach kommerziellen Gesichtspunkten verkauft werden, haben viele Fernsehsender aber auch das Problem, wie sie für ihre zeitverschobenen Zusammenfassungen dennoch ein breites Publikum mobilieren können.

ten Teil aufgehoben scheinen und überwunden werden können. Die künstlichen Räume des Cyberspace zeichnen sich nach einer Formulierung Walkers (1991, S. 27) dadurch aus, dass sie den Benutzern eine dreidimensionale Interaktionserfahrung anbieten – einschließlich der Illusion, sie befänden sich mitten in einer Welt, anstatt bloß ein Bild zu betrachten. Hier wird die Erfahrung des Fernsehens radikalisiert. War dort die künstliche Realität ein kleiner viereckiger Ausschnitt im Blickfeld des Zuschauers, so umfängt ihn diese beim Cyberspace total. Das Feeling, welches die minimale Ausrüstung von Cyberspace – Brille und Handschuhen („eye phone" und „data glove") – bietet, beschreibt Jaron Lanier, einer der VR-Pioniere, in einem Interview: „Mit der Brille kann man die visuelle Seite der virtuellen Realität wahrnehmen. An Stelle von durchsichtigen Gläsern hat sie Bildschirme, in etwa wie kleine dreidimensionale Fernseher. Sie sind natürlich viel komplizierter. Sie müssen einem eine dreidimensionale Welt vorspiegeln, die glaubhaft ist, und dazu braucht es eine gewisse Technik – aber das ist eine gute Metapher. Wenn du sie aufsetzt, siehst du plötzlich eine Welt ringsherum, du siehst die virtuelle Welt. Sie ist völlig dreidimensional, und sie umgibt dich ganz. Wenn du den Kopf bewegst, um dich umzuschauen, verschieben sich die Bilder, die du in der Brille siehst, so dass die Illusion einer Bewegung entsteht – die Illusion, dass du dich bewegst, während die virtuelle Welt stillsteht" (Heilbrun/Stacks 1991, S. 70).

Zwar mögen Welt- und Zeitreisen in virtuellen Realitäten noch wie Science Fiction anmuten, dennoch hat die Umsetzung dieser Techniken bereits begonnen – etwa in Spielhallen, welche damit den Schritt in die dritte Dimension des Raumes vornehmen, oder in Versuchen wie der virtuellen Rekonstruktion der Abtei von Cluny, welche – so das Magazin „wired" (1/1994, S. 114) – es erlaubt, durch die „Cyber-Abtei" zu spazieren. Grotesk mag dagegen die Vorstellung von William Bricken erscheinen, der als Zukunftsvorstellung festhält: „Bei Cyber Golf können Sie auf dem Golfplatz ihrer Wahl spielen, während Sie in Wirklichkeit nach einem stationären Ball im realen Raum ausholen, der an ein Tretwerk gekoppelt ist" (Bricken 1991, S. 282). Oder noch gespenstischer das „family gathering" mit virtuellen Spielen, virtuellen Parties, virtuellen Wiedersehensfeiern. Das narzißtische Ich braucht offensichtlich nur noch virtuelle Kommunikationspartner und bewegt sich in simulativen Landschaften, über die er als kleiner Demiurg seiner künstlichen Cyberspace-Welt total verfügt. Mit sich allein beschäftigt, verstrickt er sich in eine Selbstbespiegelung, die leicht in Omnipotenzphantasien eines „Weltintellekts" mündet, wie dies Timothy Leary, einst Prophet des LSD-Zeitalters, in einer modischen Zukunftsvision formuliert: „Der Bildschirm ist der Ort, wo das interpersonale, interaktive Bewußtsein des Weltintellekts zum Vorschein kommt. Der Bildschirm ist der Ort, wo die lebendige Wahrnehmung den Informationsausstoß der Cyberware spontan und intuitiv erfaßt. Der Bildschirm ist der Ort, wo die Intellekte von morgen sich spiegeln, sich begegnen, das Universum der Information und des Wissens betreten werden" (Leary 1991, S. 279). Doch in Wirklichkeit erscheint in der totalen Telepräsenz ein Mensch, der sich mittels der helmartigen Montur, von der realen Welt abkoppelt, um in die Dimension der Virtualität einzutauchen – in einem Schein von Kommunikation, der ihn letztlich seine Einsamkeit vergessen läßt.

Konsequent ist unter diesen Bedingungen die Formel von Jaron Lanier, der mit den virtuellen Realitäten eine Form „postsymbolischer" Kommunikation entstehen sieht: „Sie bedeutet, dass man imstande ist, Wirklichkeit zu improvisieren wie in der virtuellen Realität, und wenn man dann andere Menschen darin einbezieht, braucht man die Welt eigentlich nicht mehr zu beschreiben, weil man jedes Ereignis herbeiführen kann" (Lanier 1991, S. 88). Diese Möglichkeit, ohne Symbole zu kommunizieren, habe einen anderen Rhythmus als die symbolische Kommunikation, wo es die Struktur von Frage und Antwort gebe, was den Kommunikationsfluß lenke. In der virtuellen Wirklichkeit dagegen veränderten Menschen kollektiv eine gemeinsame Wirklichkeit als Kommunikationsmittel. Lanier vergleicht dies mit dem Träumen. Das schönste Beispiel für eine intensive nach außen gehende Kommunikation ohne Symbole sei ein luzider Traum. Dabei wisse man, was man träume, und man lenke den Traum. Es sei ganz ähnlich wie bei der virtuellen Realität: Die Kommunikation im Traum erfolge ohne Symbole; da erfinde man die Welt, erfinde alles in der Welt ohne Symbole. Man wolle etwas, und es sei schon da. (vgl. Lanier 1991, S. 89).

Angestrebt wird also in VR-Szenarien eine Kombination der objektiven physikalischen Welt mit der Grenzenlosigkeit von Träumen und Imaginationen. Darin deutet sich indessen weniger die Möglichkeit einer neuen Form des kommunikativen Austausches und der selbstbestimmten Auseinandersetzung mit der Wirklichkeit an; vielmehr erinnern solche Überlegungen an den Mythos von der Rückkehr in den Mutterschoß, wo man – abgeschnitten von der Außenwelt – allein mit seinen imaginativen Bildern ist. Das mag zum einen durchaus schöpferische Seiten aufweisen und – wie es Mathias Bröckers (1991, S. 95) formuliert – „die größte Herausforderung an die Kunst seit Erfindung der Höhlenmalerei" darstellen. Es zeigt aber auch auf, wie die Vision einer totalen Telepräsenz letztlich in eine Regression münden könnte – zurück in eine Zeit, die buchstäblich vor jeder symbolischen Kommunikation läge.

So revolutionär und ungewohnt diese Entwicklungen erscheinen mögen, muß daraus nicht eine einseitige pessimistische Haltung entstehen. Auch wenn Zeiten und Grenzen verschwimmen, so bedeutet dies nicht, dass für die Menschen damit automatisch eine Verwirrung der Sinne mitgesetzt ist. Gerade Jugendliche, die neugierig und lustvoll mit den neuen Instrumenten der elektronischen Kommunikation umgehen, zeigen, dass auch eine aktive Aneignung möglich ist. Allenfalls wird es schwieriger, sich in den verschiedenen – virtuellen und realen – Räumen zu orientieren. Das Unterscheidungsvermögen selbst dürfte dagegen gewiß weiterhin funktionieren; dennoch werden wir immer mehr zu Wanderern in simulativen Räumen und überschreiten die traditionellen Bindungen an einen lokalen Raum und eine lokale Zeit. Dass damit auch für die pädagogische Theorie neue Herausforderungen gesetzt sind, muß kaum betont werden. Jedenfalls dürfte gerade die Entwicklung von VR-Technologien unterstreichen, wie wichtig es ist, dass erziehungswissenschaftliches Denken den Kontakt zu diesen neuen gesellschaftlichen Phänomenen nicht verliert.

Beschleunigung und „Telepräsenz"

Versucht man, hinter den eben dargestellten Entwicklungen ein Gemeinsames auszumachen, so stößt man immer wieder auf den Begriff der Beschleunigung, der ja schon in Schivelbuschs Geschichte des Reisens im 19. Jahrhundert einen zentralen Stellenwert einnimmt[12]. In diesem Zusammenhang wäre auch nochmals an Marshall McLuhan zu erinnern, der in den sechziger Jahren zuallererst den Bezug der historischen Entwicklung von Technologie und Elektronik visionär reflektierte und generell in der Beschleunigung – sei es durch das Rad, die Straße und das Papier – die Erweiterung der Macht in einem immer gleichartigeren und gleichförmigeren Raum erkannte. Unsere spezialisierte und atomisierte Zivilisation vom Zentrum-Peripherie-Typus erlebe nun plötzlich, wie alle ihre Maschinenteilchen auf der Stelle zu einem organischen Ganzen neu zusammengesetzt würden: Das sei die neue Welt des globalen Dorfes. Die Beschleunigung sei denn auch heute fast total und mache so dem Raum als Hauptfaktor der sozialen Ordnung ein Ende (vgl. McLuhan 1970, S. 95ff.).

Jahre später hat Paul Virilo (1989) die Ansatzpunkte McLuhans wieder aufgenommen und radikalisiert. Geschwindigkeit ist für ihn das Primäre; denn sie ist es auch, welche den Raum und damit die Landschaft prägt. So entfaltet Virilo die Geschichte als Geschichte der Transportmittel, die für ihn von allem Anfang an mit Geschwindigkeit und Krieg verbunden sind: „Die in Mesopotamien angelegte zweckorientierte Straße will von der Landschaft, die sie durchquert, unabhängig, will geometrische Abstraktion, Einförmigkeit, Ausrichtung und nichts weiter sein; Geschwindigkeit ruft Leere hervor, Leere ihrerseits Schnelligkeit... Nach dem Lasttier das Zugtier, der sich durch die Windungen des Weges schlängelnde Strich, diese Gerade, die sich hinzieht und Ortsveränderungen erzwingt, indem sie Bewegung, also Gewalt beschwört, eine Infrastruktur, das ‚statische' Vehikel – letztlich ist es ein Denkmal beschleunigter

12 Man mag sich allerdings fragen, ob der Zusammenhang zwischen Beschleunigung und psychischen Parametern des Wahrnehmens und der Gefühle einem eindeutigen und einlinigen Muster folgt. Gerade die Entgrenzung der Räume bedeutet umgekehrt, dass man umso nachdrücklicher die Nischen sucht, in denen man sich auf dem Nährboden vermeintlicher Nähe einzurichten hofft. In diesem Sinne ist die häusliche Gartenzwergidylle oder die emotional besetzte elektronische Forums-Diskussion zu Elvis Presley oder den UFOs eng mit einer coolen Technik des Informationsaustauschs verbunden. Und es ist vielleicht auch kein Zufall, dass man „seinem" Computer oft einen persönlichen Namen gibt.

Angst“ (Virilo 1989, S. 43). Diese quasi anthropologisierte Verschränkung einer strukturalistischen Interpretation von Geschwindigkeit gilt um so mehr für die Gegenwart, in der Virilo das Reisen – in nochmaliger Radikalisierung des Schivelbusch'schen Eisenbahnreisenden – als bloße Beschleunigung kennzeichnet, mit dem Fahrer als Zuschauer und mit einer Projektion der Landschaft auf der bildschirmartigen Windschutzscheibe: „In den Fahrszenen der Windschutzscheibe wird die Welt zum Videospiel, zum Spiel der Transparenz und der Durchbohrung, das der Regisseur, der das Fahrzeug in Gang setzt, steuert; die Befähigung zur Kontrolle ist für ihn gleichbedeutend mit dem *Führerschein*“ (Virilo 1989, S. 136). Reisen erfährt damit eine Reduktion und eine tendentielle Auflösung der Zeitdistanz, wie sie prototypisch am Beispiel des Überschallflugzeugs deutlich wird, das „schneller als die Sonne“ New York erreicht, bevor es von Paris aufgebrochen ist. Ja, man könnte sich fragen, ob diese bloße Beschleunigung im Reisen mit ihrer Distanz zu allen sinnlichen Qualitäten im Grunde nicht schon die Erfahrung der virtuellen Realitäten und des Webs vorwegnimmt, wo man – bequem vom eigenen Sessel aus – am Bildschirm virtuelle Reisen um die ganze Welt unternimmt und sich in künstlichen bewegt, die in der Realität kein Äquivalent haben.

Für Virilo spiegelt das Überhandnehmen bloßer Geschwindigkeit den heillosen Zustand dieser Welt. Denn die Netze, auf denen Bewegungen sich kanalisieren (Autobahnen, Schienennetze, Straßen etc.) bedingen einen totalitären Zentralismus. Und gleichzeitig sei die – aggressive – Geschwindigkeit untrennbar mit Krieg und Gewalt verbunden. Die Bewegung steuere das kriegerische Ereignis und produziere die Rüstung, wie schon Napoleon dargelegt habe, als er erklärte, die Begabung zum Krieg sei identisch mit der Begabung zur Bewegung.

Dies gilt in Virilos Perspektive nicht zuletzt für den Golfkrieg, in welchem von der Seite der USA die Geschwindigkeit der Raketen und letztlich auch die Mobilität der Panzer und Bodentruppen zum Schlüssel der Kriegsereignisse gemacht wurde. So interpretiert Virilo diesen als erschreckenden Beleg für seine Reflexionen und als ersten „totalen elektronischen Weltkrieg“, der sich nicht allein an der Frontlinie eines geographischen Horizonts, sondern vor allem auf den Monitoren, den Kontrollgeräten und den Fernsehgeräten in der ganzen Welt entscheide (Virilo 1993, S. 35). Nach einem Interview mit der taz vom 21.1.1991 handelt es sich für ihn um den ersten Krieg in Echtzeit, also den Krieg der absoluten Geschwindigkeiten. Und das sei nichts anderes als die absolute Gewalt.

Besonders erschreckend an Kriegen sei heute, so Virilo an anderer Stelle: „Ein Krieg in Echtzeit kann natürlich im Realraum gewonnen werden; aber zugleich verloren in der Echtzeit der Mentalitäten. Es gibt zwei Fronten: eine auf dem Kriegsschauplatz und eine andere auf dem Bildschirm. Wir sitzen vor diesem Bildschirm wie auf den Tribünen eines Stadions, wie die Fans von zwei Fußballclubs. Ajax gegen Bayern München. Die Spieler spielen in Echtzeit, und alle außen herum sind Zuschauer. Und was passiert nach dem

Schlußpfiff? Die Zuschauer massakrieren sich. Dieser Echtzeit-Krieg wird von einer Seite oder der anderen gewonnen werden, logo. Aber rings herum werden sich die Leute massakrieren wie im Heysel Stadion. Das heißt: Die Techniken der Echtzeit sind von den Kriegsführenden nicht kontrollierbar. Der Effekt der Mondialisierung wie CNN ist nicht zu kontrollieren. Heute haben wir Informationen in Echtzeit für die ganze Welt! Also wird es auch die ganze Welt sein, die diesen Krieg verliert“ (Virilo 1991).

Nun tendiert Virilo mit seiner dezidierten Schreibweise, seinen pointierten Bemerkungen und starken Vergleichen, manchmal zur apokalyptischen Übertreibung. War der Golfkrieg von seiner Medienpräsenz her zwar durchaus Weltkrieg, so war dies wenigstens real nicht der Fall. Insbesondere wäre auch zu fragen, ob Virilos scharfsinnige Analysen der Bewegung dieses Moment als universale Formel für den Zustand unserer Gesellschaften nicht letztlich ontologisiert und damit erst zum dominierenden Motor der gesellschaftlichen Entwicklung macht. Nachdem das alleinige Movens der Arbeit als Interpretationsmuster marxistischer Gesellschaftsanalysen je länger desto mehr überholt scheint – im Rahmen der Abdankung des östlichen „realen Sozialismus“ ebenso wie in den zeitgenössischen Theoriedebatten – scheint es indes problematisch, die eine monokausale Geschichtsinterpretation einfach durch die nächste zu ersetzen.

Dennoch dürfte es zutreffen, dass die gesellschaftliche Präsenz der Medien – beispielhaft repräsentiert durch das Cable News Network (CNN) von Ted Turner – eine neue Qualität erhalten hat. In diesem Sinne wäre Virilo beizupflichten, wenn er schreibt: „Während also im Vietnamkrieg das zeitversetzt sendende Fernsehen in der Tat fast ausschließlich die amerikanische öffentliche Meinung beeinflußte und die bekannten Wirkungen erzielte, läßt der echtzeitliche Fernsehsender aus Atlanta die gesamte Weltbevölkerung und damit die öffentliche Meinung der ganzen Welt interagieren“ (Virilo 1993, S. 36). Selbst der amerikanische Präsident war dabei nach Presseberichten nicht ausgeschlossen, wurde er doch durch CNN am schnellsten über die laufenden Ereignisse unterrichtet. Diese Situation der absoluten Interaktivität, in der sich der Krieg im Wohnzimmer abspielt, nennt Virilo die „Teleaktion“. Hier gehe es nicht mehr um Propaganda im Sinne der Verbreitung eines bestimmten Glauben (wie etwa den „Sieg“), sondern um die Verbreitung eines Gefühls, einer Wirkung im Wohnzimmer. So sei es denn unnütz, sich noch länger über den informativen Gehalt der Bilder Gedanken zu machen: „Wie der Werbespot ist der ‚Militärspot‘ genaugenommen kein ‚Bild‘ mehr, sondern ein Signal, ein Videosignal. Sein Raum und seine Einstellung sind weniger wichtig als seine Plötzlichkeit, weniger wichtig als seine Anzeigenwirkung auf die öffentliche Meinung, auf das Gefühl derjenigen, die ihm ausgesetzt sind“ (Virilo 1993, S. 48). Kurzum: lassen sich Realität und Bild nicht zur Deckung bringen, so geht dies letztlich zu Lasten der Realität. Das, was der Golfkrieg in seiner absoluten Interaktivität für den Zuschauer darstellte, das beschränkte sich im Wesentlichen auf die Bilder, die er sah – die Scud-Angriffe auf Israel, die Lichtpunkte der Raketen über Bagdad etc.

Diese Überlegungen gelten nicht allein für den Krieg; und sie müssen auch nicht unbedingt mit einer katastrophischen Weltsicht der entstehenden Informationsgesellschaft verbunden sein. Zentral erscheint mir daran, dass wir immer mehr zu universalen Zuschauern werden – in einer Gesellschaft, deren „wesentliche" Erfahrungen medial vermittelt scheinen. Teleaktionen koppeln die Menschen über den Fernsehschirm zusammen und verknüpfen sie zu einem Publikum, das durch die Imperative eines Medienmarktes bestimmt wird, der innert wenigen Jahren im Fernsehbereich so weit durchkommerzialisiert worden ist, dass auch die öffentlich-rechtlichen Anstalten immer stärker gezwungen sind, dessen Muster und Strategien zu übernehmen – bis hin zur Unterbrechungswerbung, zur gesponserten Wettervorhersage und zum Kinderprogramm am Morgen[13].

Medienzeitalter: die Auflösung der Geschichte?

Auf dem Hintergrund der Überlegungen zur Geschwindigkeit und zur Telepräsenz stellt sich das Verhältnis zur Geschichte mit einer noch verschärften Dramatik. Schon früher in diesem Kapitel wurde die Befürchtung geäußert, dass die Verfügbarkeit über das Archiv der Geschichte das historische Bewußtsein nicht vertiefe, sondern dass dieses in Geschichtslosigkeit umschlagen könnte. Bedeutet dies nun aber generell, dass die beschleunigte Geschichte im Informations- und Kommunikationszeitalter an ihrem Ende ankommt, dass sie sich tendentiell in der Gleichzeitigkeit auflöst?

Man könnte dies vermuten, wenn man davon ausgeht, dass Geschehenes, Aktuelles und Fiktives in einem Sinne verschwimmen, wie dies Vilém Flusser, Philosoph des Informationszeitalters, für die Beziehung von Innen und Außen festgestellt hat: „Was wir auf den Schirmen sehen, sind simulierte Vorstellungen, seien es Bilder von Gegenständen der Welt (Häuser, Bäume, Menschen), seien es Bilder von inneren Gehirnvorgängen (Gleichungen, Projektionen, Phantasien, Absichten, Wünsche). Aus den Bildern ist nicht zu ersehen, ob sie Äußeres (das angeblich Wirkliche) oder Inneres (das angeblich Fiktive) vorstellbar machen" (Flusser 1987, S. 143).

Damit verbunden ist die Ablösung der traditionellen linearen Schriftkultur durch eine neue Kultur der informationstechnisch erzeugten Bilder. Das Ende der Geschichte, welches Flusser konstatiert, zeigt sich für ihn beispiel-

---

13 Es ist noch kaum 15 Jahre her als die Pädagogen im Rahmen der Diskussionen um Neil Postmans Buch „Das Verschwinden der Kindheit" (1983) den Unterschied des europäischen öffentlich-rechtlichen Fernsehens zum US-amerikanischen hervorhoben. Insbesondere lobte man die kustodialen Regelungen des ersteren, die gerade für die Kinder einen Schutz bedeuteten. Mittlerweile ist nun allerdings die vielgescholtene „Amerikanisierung" des Fernsehens längst zur Tatsache geworden – wobei es erstaunlich ist, dass dieser rasche Umschwung nicht mehr und wirkungsvolleres Protestpotential mobilisierte.

haft am Modell des Skripts, das – z.B. als Drehbuch für einen Film – zwar noch an die linearen Strukturen literarischer Produktion erinnerte, aber bereits auf eine neue Zeit verweise: Diese lineare Geschichte münde, durch Skripte kanalisiert, in die Bilder, um sich in ihnen in ewiger Wiederkehr des Gleichen programmgemäß zu drehen. Die dramatische Lebensstimmung der Schriftkultur werde durch die programmatische (d.h. durch eine informationstechnisch programmierte) ersetzt: „Die dramatische Lebensstimmung beruht auf dem Glauben an die Einmaligkeit, Unwiderruflichkeit jeder Handlung, daran, dass jede verpaßte Handlung definitiv verpaßt ist. Es ist dies die Stimmung des geschichtlichen Bewußtseins. Die programmatische Lebensstimmung beruht auf dem Glauben an die ewige Wiederkehr des Gleichen, an die Gleichgültigkeit jeder Handlung" (Flusser 1987, S. 133).

Flusser kommt damit zu einer ähnlichen Diagnose, wie die französische Postmoderne, die ebenfalls das Ende der Geschichte und damit der Moderne postuliert. Jean-François Lyotard proklamiert in seinem Bericht über das postmoderne Wissen (1986) das Ende der „großen Erzählungen". Man kann sich demnach heute im wissenschaftlichen Diskurs weder auf die „Dialektik des Geistes" noch auf die „Emanzipation der Menschheit" berufen (Lyotard 1986, S. 175), weil die universellen Prinzipien, auf denen diese beruhten, ihre legitimatorische Kraft verloren haben.

Die theoretische Analyse, wie sie in der postmodernen Philosophie der siebziger und achtziger Jahre formuliert wurde, scheint sich nun aber auch praktisch zu bestätigen. So hatte sich Jean Baudrillard, Soziologe an der Universität Nanterre, schon 1985 über die „göttliche Linke" amüsiert, die sich im mitterrandistischen Frankreich noch eingebunden ins Projekt der Aufklärung und der Moderne fühlte. Doch mittlerweile ist auch auf der politischen Linke diese Gewißheit geschwunden. Dafür stehen nicht nur das Beispiel der italienischen KPI oder der PDS als Nachfolgerin der staatstragenden SED, die sich zu sozialistischen Parteien wandelten. Viel stärker noch betrifft dies die Umwälzungen der marxistisch-leninistischen Systeme des Ostens, welche wenigstens auf dem Papier vorgegeben hatten, das Projekt der Emanzipation des Menschen zur klassenlosen Gesellschaft hin voranzutreiben. Das Amalgam aus sozialistischem Erbe, kapitalistischer Marktwirtschaft und überwunden geglaubtem nationalistischem Gedankengut, das gegenwärtig in diesen Ländern vielerorts zu beobachten ist, übertrifft jedenfalls als Patchwork jegliche Prognose der postmodernen Gesellschaftsanalyse. Es scheint, wie wenn sich die Geschichte aller ihrer Inhalte entleert hätte – und allein die Bewegung und Beschleunigung als immerwährende Präsenz übrig bleiben. Die Konsequenz beschreibt Baudrillard in polemischer Zuspitzung: „Das ist die charakteristische Fettleibigkeit der operationalen Modernität; in ihrem Delirium will sie alles speichern und alles aufzeichnen; ohne irgendeinen Nutzen will sie selbst bis zu den Grenzen der Inventarisierung der Welt und der Information vorstoßen und gleichzeitig eine monströse Potentialität schaffen, von der keine Vorstellung mehr möglich ist und mit der man nicht einmal mehr umgehen kann"

(Baudrillard 1985, S. 32). Das „coole Universum“ entzieht sich in seiner totalen Präsenz und Geschichtslosigkeit den Imperativen der Moderne, der Beherrschbarkeit und dem Fortschrittsglauben zunehmend.

Dennoch wäre es nicht richtig, die Geschichtslosigkeit generell als geltenden Modus des zeitgenössischen Lebensgefühls zu postulieren. So schränkt Lyotard an anderer Stelle ein: „Das soll nicht heißen, dass keine Erzählung mehr glaubwürdig wäre. Unter Metaerzählung oder großer Erzählung verstehe ich gerade die Erzählungen (narrations) mit legitimierender Funktion. Ihr Niedergang hindert Milliarden von kleinen und weniger kleinen Geschichten nicht daran, weiterhin den Stoff täglichen Lebens zu weben.“ (Lyotard 1987, S. 35). Ein postmodernes Geschichtsverständnis bedeutet denn auch nicht primär die Aufhebung der Geschichte, sondern jene eigentümliche Distanzierung, die ein souveränes Verfügen über historische Stile und Versatzstücke und das Spielen mit diesen erlaubt.

Man könnte deshalb als These formulieren: Wenn sich die großen Erzählungen auflösen, so potenzieren sich gleichzeitig die kleinen zu ungeahnter Blüte. Gerade die Medien sind es im Übrigen, welche diese alltäglichen Erzählungen vervielfachen. Noch im Boulevard-Journalismus wird das Sensationelle in den kleinen Geschichten des Alltags, in der Personalisierung auf Stars und persönliche Schicksale täglich neu produziert – als Thrill für den sonst ereignislosen Alltag. Die Biographie von Filmstars, die Herstellung von Prominenz in Illustrierten und Fernseh-Shows, ins Bild gesetzte Lebensschicksale der ferneren und der jüngeren Vergangenheit ersetzen jenen großen historischen Bogen, der nicht mehr möglich ist, um sich selbst der Kontinuität des Lebens und der eigenen Biographie zu versichern. Die Vergangenheit selbst ordnet sich dieser Pluralität von Geschichten unter, wird selbst in der Form einer Story oder eines Dokumentarfilms präsent.

Ähnlich das Internet, wo sich in News-Groups und Mailing-lists die gemeinschaftlichen Erzählungen und Diskurse potenzieren und wo die unzähligen Homepages privater Computer-Freaks die eigene Lebensbiographie in eine narrative Form bringen.

Das Subjekt als Konstrukteur seiner Geschichte

Mit diesen letzten Überlegungen ist ein Zweifel an der These vom Ende der Geschichte gesetzt. Zwar ist es nicht zu bestreiten, dass die Geltungskraft von Geschichtsdeutungen so weit abgenommen hat, dass man nicht mehr ohne weiteres in bestimmte Deutungsmuster einsozialisiert wird; diese sind mit anderen Worten kontingent geworden. Systemtheoretisch könnte man dies mit der zunehmenden sozialen Differenzierung der Gesellschaft erklären. Wie Peter M. Hejl (1994, S. 55) deutlich macht, würden dadurch aus den ihrer Konzeption nach sehr wenig unterschiedenen Gemeinschaftsmitgliedern zunehmend gegenüber den entstehenden Gesellschaften autonomisierte Individuen. Im Rahmen eines selbstorganisierenden Systems würden die durch ursprüngliche Gründe bewirkten Differenzierungen aber ihrerseits wieder zur Ursache weiterer Differenzierungen: Eine Pluralität sozialer Wissensbestände oder Wirklichkeiten entstehe.

Dies kann auch als neue Anforderung für die Indviduen gedeutet werden, Orientierungsleistungen selbst zu übernehmen, die früheren Generationen von normativen Traditionen abgenommen worden waren. Das Subjekt ist nicht mehr Teil einer alles umfassenden Geschichte, sondern es muß sich seine Geschichte selber konstruieren. Aus den unaufhörlich fließenden Informationsströmen, die in Archiven und Arsenalen gelagert sind, versuchen sich die Subjekte (Nationen, Gruppen, einzelne etc.) um den Preis ihrer Identität Geschichten zu konstruieren, oft nur zeitlich beschränkte Collagen, die einem in einer immer prekär bleibenden Art und Weise den Sinn des Lebens versichern. Im Sinne der Enttraditionalisierung des alltäglichen Lebens werden so die stabilen langüberdauernden Gleichgewichte durch instabile ersetzt: Individualität wäre also in sozialer Hinsicht bestimmt durch den Aufbau dynamisch sich verändernder Realitätskonstrukte und Handlungsweisen aufgrund der Teilhabe an verschiedenen sozialen Systemen (so Hollstein-Brinkmann 1993, im Anschluß an Hejl 1987). Dass dies im Übrigen auch Auswirkungen auf die Sozialisation der Individuen und damit auf das Aufwachsen von Kindern und Jugendlichen in dieser Gesellschaft hat, soll im nächsten Kapitel unter dem Stichwort der „Patchwork-Identität" eingehender dargestellt werden.

Im vorliegenden Zusammenhang wäre als Folgerung insbesonders zu betonen, dass die geschilderten Entwicklungen nicht einfach passiv hingenommen werden müssen. Vielmehr ergeben sich damit auch pädagogische Fragestellungen – etwa wie heranwachsende Generationen bei dieser Konstruktion von Geschichten unterstützt werden können, bzw. ob und wie angesichts der Auflösung von Geschichte übergreifende Bögen und wechselseitige Anschlüsse noch zu vermitteln sind. Gerade die Schule wird stärker noch zur Kenntnis nehmen müssen, dass sie das Informationsmonopol im Rahmen der bestehenden Informationsmöglichkeiten des Medienzeitalters längst verloren hat. Auf der anderen Seite wird sie unentbehrlich sein als Institution, die bei der Integration dieses Wissen hilft, etwa indem sie versucht, zwischen Geschichten synthetisierend Zusammenhänge zu schaffen und Brücken zwischen verschiedenen Welt- und Systemdeutungen herzustellen[14].

14 Im neunten Kapitel sollen diese Aspekte des Bildungswesens im Informations- und Medienzeitalter ausführlicher untersucht werden. Aus diesem Grund soll es hier mit einem relativ summarischen Hinweis sein Bewenden haben.

Zur „Wahrheit" der Berichterstattung

Die Kontingenz der Geschichtsdeutungen scheint nun aber die Bedeutsamkeit der Medienrealität für die Menschen noch zu verstärken. Es scheint dem Betrachter oft gar, dass in den Medien das eigentlich Wesentliche stattfinde, während die alltägliche Umwelt zum Unwesentlichen verkümmert. Mit anderen Worten: Da es keine Erzählungen mehr gibt, welche den Lebensentwurf der Menschen – wie früher die Religion oder eine Geschichtskonzeption von der Assoziation und Emanzipation der Arbeiterklasse – bestimmen, und in die man eingebunden ist, klammert man sich an Surrogate, wie sie die Medienwelt vermittelt. So verkehren sich die Relationen: ein Medium wie das Fernsehen scheint besonders geeignet, Relevanzen an sich zu binden und „wahre" und „lebenswichtige" Geschichten zu verkörpern. Die Wirklichkeit dagegen verkümmert zum bloßen Widerschein dieser glitzernden Medienwelt – mit ihren starken Gefühlen und dramatisch inszenierten Lebensschicksalen.

Nur noch selten gibt es Situationen, wo der Vorhang zerreißt und plötzlich das Theater der Illusionen in aller Schärfe zu Tage tritt. Das gilt zum Beispiel für die im ersten Kapitel geschilderte rumänische Revolution, die nicht nur Zeugnis dafür gibt, wie heute die wesentlichen Ereignisse an den Bildschirmen stattfinden. Sie hat nämlich in der Rückschau auch deutlich gemacht, dass die Telepräsenz nicht einfach Wirklichkeit darstellt, sondern als inszenierte Wirklichkeit verstanden werden muß. Wie Anneli Ute Garbanyi (1991) ausführt, hatte die rumänische Fernsehrevolution ihren doppelten Boden: „Doch das, was im rumänischen Fernsehen als Wirklichkeit präsentiert wurde, war nicht immer wahr. Vieles von dem, was in den kritischen Tagen der Revolution an ‚Information' dargeboten wurde, entpuppt sich später als gezielte Desinformation zur Manipulation der Gefühle der Menschen. Dafür gibt es viele Beispiele: Die im Fernsehen gezeigten Leichen von angeblichen Opfern der Securitate auf dem Armenfriedhof von Temesvar etwa waren, wie sich nachher herausstellte, schon einige Zeit vorher eines natürlichen Todes gestorben" (Garbanyi 1991, S. 10; vgl. auch Müller-Ullrich 1996, S. 50).

Damit wird aber auch deutlich, dass der Faktor der politischen Einflußnahme nicht vernachlässigt werden darf. Was James Winter als „normative Konsensus-Theorie" bezeichnet, gilt sicher auch für den Fall Rumänien: „Die Optik des normativen Konsens hält dafür, dass die Medien zusammen mit den anderen hauptsächlichen kulturellen Institutionen dazu dienen, um eine Ordnung zu errichten, die mit den Bedürfnissen und Interessen der dominierenden Gruppen übereinstimmt, und die den ideologischen Effekt der Reproduktion ihrer Hegemonie beinhaltet" (Winter 1993). Dies muß im Übrigen nicht nur über plumpe Methoden der Beeinflussung geschehen, sondern kann durchaus über subtilere strukturelle Mechanismen erfolgen – etwa wenn die maßgeblichen Experten und Gewährspersonen, die in den Medien auftreten, den dominierenden Standpunkt der herrschenden Eliten zum Ausdruck bringen.

Ähnlich desillusionieren andere Beispiel aus der jüngsten Geschichte, etwa die Berichterstattung über den Golfkrieg oder über den Krieg in Bosnien-Herzogowina:

– Der Golfkrieg wurde in den Medien oft als „erster Fernsehkrieg" gefeiert. Bilder etwa von Live-Übertragungen mit Raketenangriffen auf Israel und Saudiarabien durch CNN schufen vor allem in den ersten Tagen diesen Eindruck – etwa wenn ein Reporter mit aufgesetzter Gasmaske den Einschlag von Scud Raketen in Tel Aviv live kommentiert. Ein erstes Erschrecken erfolgte, weil dieser Krieg durch seine Berichterstattung fast wie eine Kopie von Videogames erschien – ein sauberer, von Blutspuren realer Menschen gereinigter Krieg, wo Raketen millimetergenau einschlagen. Die Bilder glichen verblüffend den Computer- und Videospielen dieses Genres; es fehlte nur, dass die Zuschauer die Geschosse mittels Joystick selbst ins Ziel steuern konnten.
  Doch der schmutzige Krieg, in welchem Menschen getötet wurde, ist dadurch nicht wirklich verschwunden. Er wurde lediglich dadurch verdrängt, dass die Simulation eines Krieges mit Mitteln, deren Präzision sich informationstechnischen Methoden verdankt, in den Mittelpunkt gestellt wurde. Nur manchmal wurde plötzlich die zweite blutige Realität deutlich – etwa wenn in Bagdad ein Zivilschutzbunker getroffen wurde, oder wenn nach der Flucht der irakischen Armee aus Kuwait Bilder von einem Kriegsinferno um die Welt gingen, welche das Bild vom „sauberen" Videokrieg widerlegten.
  Doch auch dieser „Krieg in Echtzeit", der den Zuschauer gleichsam im Lehnstuhl „live" am Weltgeschehen teilnehmen ließ war in Wirklichkeit eine in vielen Teilen bewußt erzeugte Illusion. Journalisten berichteten immer wieder, wie stark sie durch die Zensur eingeschränkt worden seien. Vor allem die USA als tonangebender Partner der kriegsführenden Alliierten hatten aus dem Vietnam-Trauma ihre Lehren gezogen. Denn das damalige Desaster wurde von der Führung nicht zuletzt als Resultat einer zu uneingeschränkten Berichterstattung interpretiert.[15] Die ungeschminkt gezeigte Grausamkeit des Krieges erschien in der Rückschau als Ursache jener Demotivierung, welche am Schluß die Amerikaner zum Rückzug bewegte. Diesen Fehler wollte man nicht noch einmal machen, so dass man das Bild des Krieges sorgfältig inszenierte, welches der Öffentlichkeit präsentiert werden sollte. John R. Mc Arthur schreibt in der ZEIT dazu: „Wie ein Soldat feststellte, zielte die Zensurpolitik

15 Wie weit nun allerdings der Vietnam-Krieg wirklich vor allem durch die Medien mitbeeinflußt wurde, indem sie im Gefolge der Tet-Offensive von 1968 auch von den vielen amerikanischen Gefangenen und Ereignissen wie dem My-Lai Massaker berichteten, ist indessen umstritten. Nach Winter (1991) war es eher so, dass die Berichterstattung der Medien und die Öffentlichkeit den Entscheidungen und Haltungen der Administration, des Pentagons, der amerikanischen Eliten und der demoralisierten Truppen nachfolgte.

ebensosehr darauf, den Truppen das Maul zu stopfen, wie den Reportern das Handwerk zu erschweren. Die militärische Führung erinnerte sich nur zu gut daran, dass es während der letzten Jahre des Vietnamkriegs zu Disziplinwidrigkeiten gekommen war, und wollte es deshalb nicht dulden, dass die Mannschaften sich über Politik äußerten oder Zweifel an der Kompetenz ihrer Offiziere anmeldeten" (Mc Arthur 1993, S. 44). Ob allerdings alles mit der Zensur zu erklären ist, welche an sich gutwilligen Medien einen Maulkorb aufsetzte, erscheint indessen ebenfalls fraglich. Wie Winter (1991) bemerkt, erschwert die Zensur zwar die Arbeit der Medien, verhindert aber keineswegs, kritische Fragen zu stellen und Einwürfe zu formulieren. Vielmehr scheinen die Medien – gerade bei politisch brisanten Fragen – in einem Sinne zu funktionieren, welche die herrschenden Gruppen und Eliten stützt bzw. die Medien für deren Ziele im Sinne eines verschwiegenen Einverständnisses zu instrumentalisieren.

- Beispiele für Desinformation gibt es im Golfkrieg viele. So entsprach der Mythos der hochmodernen amerikanischen Waffen nur zum Teil der Realität. Gemäß Theodor Postol vom Massachusetts Institute of Technology (MIT) wurde die Wirksamkeit der Patriot-Raketen und der lasergesteuerten Marschflugkörper weit überschätzt. Der Schaden, den ein Scud-Angriff der irakischen Seite angerichtet habe, sei beim Einsatz der Patriot-Abwehr größer gewesen als zuvor ohne diese Abwehr. Ähnlich problematisch erschienen die Angaben zur Truppenstärke der Iraker. Die Zahlen aus Washington waren stark übertrieben und dies nicht nur in quantitativer Hinsicht. „Indem sie allein die Zahl der irakischen Truppen in den Vordergrund stellten", erklärt Mc Arthur (1993, S. 44), „verschleierten Regierung und gefügige Medien die jämmerliche Kampfqualität der eingezogenen Infanteristen, aus denen die feindlichen Streitkräfte zum größten Teil bestanden."
- Darüber hinaus haben die Medien der USA, wie Winter (1991) festhält, den offiziösen regierungsamtlichen Standpunkt der Bush-Administration in mehreren Hinsichten unkritisch weiterverbreitet bzw. durch die Berichterstattung noch verstärkt, indem sie

  - abschwächende Benennungen für den Krieg benützten. So sprach man in einem klinisch sauberen Sinne von „Operation"; der Golfkrieg begann mit der „Operation Wüstenschild" und ging dann in die Operation „Wüstensturm" über. Stürme aber sind Naturereignisse, die sich der menschlichen Kontrolle entziehen
  - die Iraker und insbesonders Saddam Hussein entmenschlichten, indem sie ihn zum „Satan" und „Hitler" dämonisierten.
  - die Rolle der terroristischen Bedrohung durch Raketen und chemische Waffen von seiten des Iraks hochspielten.
  - den Krieg als letztes Mittel darstellten, nachdem alle diplomatischen Versuche gescheitert seien.

In einem umfänglichen Dossier hält der deutsche Publizist Burkhard Müller-Ullrich (1996) den Medien einen Spiegel von Falschmeldungen und Fälschungen vor. So berichtet er über

- den Holzweg des Waldsterbens – als journalistisches Thema, wo „in blindwütig-verbissenem“ Zusammenspiel von Politik, Wissenschaft und Medien die verblasensten Vermutungen zu anerkannten Axiomen geworden seien;
- die Legende vom Organraub an Kindern, die – obwohl widerlegt – weiterhin durch die internationale Presse wandert;
- die geplante Versenkung der schrottreifen Ölplattform Brent Spar durch Esso, welche von Greenpeace zu einem veritablen Umweltproblem aufgebauscht worden sei;
- den Medienfälscher Michael Born, der deutschsprachigen Fernsehmagazinen erfundene Beiträge wie jenen über den Ku-Klux-Klan in Deutschland unterjubelte – wobei Born im genannten Fall Freunde mit selbstgeschneiderten Kutten ausstaffierte und sie in einer Felshöhle in der Eiffel ablichtete.

In seiner polemisch geschriebenen Philippika kommt Müller-Ullrich zum Schluß, dass wir in einem Desinformationszeitalter lebten: „Die tägliche Quote von Fälschungen und Fehlleistungen ist alarmierend. Anstatt ständig Meldungen in die Welt zu setzen, sollte man sich heute besser darum kümmern, welche aus der Welt zu schaffen“ (Müller-Ullrich 1996, S. 13). Recht hat Müllert-Ullrich, wenn er dabei betont, dass Journalisten in Deutschland heute oft via Internet besser über die Tagesaktualitäten in Washington informiert sind wie jene Kollegen, die dort als Korrespondenten akkreditiert sind. Denn durch die Ablösung vom Ort des Geschehens wird es zunehmend schwieriger, Informationen überprüfbar zu halten. Journalisten sind nach Müller-Ullrich (1996, S. 17) Generalisten, deren Methode die Ad-hoc-Plausbilitätsprüfung sei. Sind sie zudem einer sensationellen Story auf der Spur, vergessen sie schnell jede Vorsicht, um bei der Publikation eines „Primeurs“ die ersten zu sein.

Allerdings ist das nur die eine Seite der Medaille. Gerade das Buch Müller-Ullrichs läßt den Leser am Schluß selbst ratlos zurück. Denn der Autor scheint bei seinen Polemiken auch eigenen Vorlieben zu folgen – etwa wenn Greenpeace oder die Journalisten und Schriftsteller, welche sich für die Autorin Talima Nasrin aus Bangladesch einsetzten, ihr Fett abbekommen. Hier wird deutlich, dass die Frage nach der Wahrheit in einer Gesellschaft, in welcher eine Überfülle von unübersichtlichen und sich widersprechenden Informationen vorliegen, nicht mehr so einfach und schwarz-weiß zu beantworten ist. Auch der Kritiker Müller-Ullrich selektiert sein Informationsmaterial nach durchaus eigenwilligen Kriterien, so dass man sich bei der Lektüre öfters fragt, wie zuverlässig die von ihm gezogenen Schlußfolgerungen denn wirklich sind.

Um so wichtiger erscheint Medienkompetenz, nämlich die Fähigkeit, diesen Schein zu durchschauen. Und das bedeutet nicht zuletzt, die Faszination des Mediums durch eine kritischere und distanzierte Haltung zu ersetzen. Allerdings wäre es aufgrund der in diesem Kapitel dargestellten Überlegungen falsch, zu fragen, wie es denn noch möglich sei, von den Repräsentationen der Medien zu der „eigentlichen Realität" und der Wahrheit vorzustoßen. Meines Erachtens ist das System der Medien nicht auf das Kriterium der Wahrheit – als Verhältnis von Abbild und dahinterstehender „wahrer" Realität – hin orientiert, sondern auf den Austausch von Informationen, der prinzipiell unter den einschränkenden Selektionsmustern von Codes erfolgt[16]. Wer also hinter den Medien die ursprüngliche Wahrheit sucht, wird von vorneherein falsche Ansprüche an diese formulieren, denn die Originale sind genauso inszeniert wie die Abbilder.

Unter dieser Perspektive erscheint denn auch eine Medienschelte fragwürdig, welche – wie bei Müller-Ullrich – an den elektronischen Medien vorab die Verfälschung der Realität moniert. Zwar konstruieren auch Medien Realität; darin sind sie – wie in Abhebung von naiven Abbildtheorien zu präzisieren wäre – nicht von anderen Formen der Wahrnehmung unterschieden, die ebenfalls Selektionen vornehmen, damit sich Gegenstände überhaupt unterscheiden. In diesem erkenntnistheoretischen Sinn kann es allenfalls darum gehen, den Effekt verschiedener Codierungen miteinander zu vergleichen und die unterschiedlichen Perspektiven deutlich zu machen, unter denen Realität dadurch erscheint.[17]

Allerdings wäre das Problem der Verfälschung von Realität noch unter einem zweiten Aspekt zu thematisieren. So können Codierungen auch dazu eingesetzt werden, Realität in einer bestimmten und für die eigenen Anliegen vorteilhaften Weise zu präsentieren. Es handelt sich dabei gewissermaßen um eine Codierung bereits codierter Realität[18], welche auf die Durchsetzung von Interessen bzw. oft auf politische Einflußnahme bezogen ist. Dass dies keine zweitrangige Problematik ist, zeigt sich schon daran, dass es nach Expertenschätzungen gesamthaft höchstens noch 25 Länder sind, in denen frei berich-

---

16 Schmidt/Weißenberg (1994, S. 228) betrachten Objektivität im Journalismus als „intersubjektive Vereinbarung über die Art der Wirklichkeitskonstruktion", die vom System Journalismus erwartet wird.

17 Dennoch würde ich nicht so weit gehen, dass die Zeichen, wie es Lenzen von Erziehungstheorien behauptet, ihre Referenz auf Wirklichkeit verloren hätten und damit Komplexe von Simulakra, Trugbilder und Phantasmagorien bildeten. Anstatt auf Ästhetisierung soll in diesem Zusammenhang an Analyse und – gegebenenfalls – Ideologiekritik festgehalten werden (vgl. Lenzen 1987, S. 41ff.).

18 Als Konkretisierung einer solchen „doppelten Kodierung" könnte auf jenes Konzept der „Mythen des Alltags" (Barthes) verwiesen werden, das im achten Kapitel zur Darstellung kommt (vgl. S. 205f.).

tet werden kann (vgl. Merkert 1992, S. 81). Und noch dort kann die „freie Berichterstattung" – wie das Beispiel des Golfkriegs belegt – strukturell sehr schnell auf einen Konsens der Botschaft von bestimmenden Eliten beschränkt werden. Mediatisierte Realität – ob in der Form von Berichten in Zeitungen, in Zeitschriften oder im Fernsehen – ist zwar immer interpretierte Realität; aber der Massencharakter der heutigen „Mainstream-Medien" erlaubt es besonders gut, Wahrnehmungs- und Interpretationsmuster zu monopolisieren, bzw. Nachrichtenflüsse zu kanalisieren, in manchen Fällen gar zu zensurieren. In diesem Sinne einer „produzierten" Realität, welche bewußt für bestimmte Zwecke „geschaffen" wird, stellt sich denn auch das Problem der Manipulation und der Täuschung für die audiovisuellen Medien in besonderer Schärfe. Denn Bildern vertraut man im ersten Moment oft blind, da der visuelle Eindruck besonders leicht nachprüfbar erscheint. So betont Rainald Merkert: „Dann dominiert die dokumentarische Beweiskraft, der Live-Charakter erweckt den Eindruck der Authentizität. Gerade die Verbindung beider Arten der Weltbemächtigung, von Bild- und Tonsprache, ihr Zusammengehen zu einer neuen Totalsprache macht die Überzeugungskraft der audiovisuellen Medien aus und überdeckt das Wissen von den technischen und dramaturgischen Praktiken, die in das Produkt mit eingegangen sind" (Merkert 1992, S. 83). Besonders suggestiv geschieht dies z.B. im Reality-TV, das vorgebliche Authentizität von Videoaufnahmen durch raffinierte Schnitte mit fast unmerklich einmontierten nachproduzierten Szenen bis zur Unkenntlichkeit vermischt.

Mit diesen Überlegungen kann nun zusammenfassend skizziert werden, woran sich die Vermittlung von Medienkompetenzen auszurichten hätte.

- Einmal ginge es nicht darum, Heranwachsenden hinter der „künstlichen" Realität der Medien eine ursprüngliche und unvermittelte Realität zu zeigen. Vielmehr müßte es ihr Ziel sein, Selektionsleistungen bewußt zu machen und die Codes der Medien lesen zu lernen. Konkret soll dieser Aspekt im achten Kapitel wieder aufgenommen und medienpädagogisch konkretisiert werden.
- Erst auf diesem Hintergrund ist es sinnvoll, medienpädagogisch auch den Aspekt der konstruierten Realität, bzw. der Interessen und Absichten, die mit der „Abbildung" von Realität verbunden sind, in den Blick zu nehmen. Wie das Beispiel der Medienrevolution in Rumänien zeigt, wird es aber dennoch vielfach nicht möglich sein, als „Lösung" die „Realität" in ihrem „wahren Sein" aufzuzeigen. Vielmehr bleiben viele Fragen offen, und man wird als kritischer Leser oder Zuschauer oft nur in der Lage sein, die Standortgebundenheit zu klären und transparent zu machen, wie entsprechende Codierungen erfolgen; im besten Fall können einzelne eindeutige Verfälschungen aufgezeigt werden. Manchmal wird aber auch – wie bei der Lektüre von Müller-Ullrichs Buch – Ratlosigkeit zurückbleiben – was aber immerhin als Beleg dafür dienen kann, dass es gelungen ist, das Medienbewußtsein zu schärfen.

- Drittens ginge es in der Medienpädagogik darum, angesichts der geschichtslosen Präsenz der Medien, immer wieder den Bogen zu einem historischen Bewußtsein zu spannen – etwa in dem Sinne wie Winter (1992) aufzeigt, dass die Strategien der amerikanischen Berichterstattung im Golfkrieg an jene des Vietnam-Kriegs anknüpfen und als Reflex auf diese Erfahrungen zu verstehen sind. Und es wären generell Integrationsleistungen anzustreben, um Heranwachsenden zu helfen, die unsystematisch rezipierten Informationsstücke, die über die Medien täglich aufgenommen werden, auf integrierende Referenzrahmen und Entwicklungslinien zu beziehen.

Aufwachsen in der Erlebnisgesellschaft

Die universelle Beschleunigung und Vermehrung der „Informationsarchive“ ließ uns im letzten Kapitel die Frage stellen, ob die fortgeschrittenen Gesellschaften des Informationszeitalters nicht an einem Punkt angelangt seien, wo alles beliebig, Geschichte geschichtslos und leer geworden sei. Doch meines Erachtens erleben wir heute kein Ende der Geschichte, sondern höchstens jenes der universalen Perspektive; an deren Stelle tritt die Perspektive der individualisierten Subjekte, die sich in die Geschichte entwerfen, souverän über ungleichzeitige Lebensstile verfügen und sich aus deren Versatzstücken ihre eigenen Welten zusammenbauen. Mit anderen Worten: heute muß immer mehr die Ungleichzeitigkeit des Gleichzeitigen ausgehalten werden, die Pluralisierung der geschichtlichen Perspektiven. Dies ist indessen mit mehreren Folgefragen verknüpft, die in diesem Kapitel genauer zu analysieren sind:

- Was bedeutet es für das Bewußtsein, wenn sich der Alltag weitgehend in künstlichen, von Menschen geschaffenen Organisationen und Strukturen abspielt? Welche Erlebnisse treten damit in den Vordergrund des Interesses?
- Bedeutet dies nicht auch, dass sich die existentiellen Perspektiven des Lebens verändern und verschieben, unter denen die Menschen die Welt und ihren Alltag verstehen?
- Wie steht es mit dem Subjekt in dieser Gesellschaft? Angesichts der Enttraditionalisierung der Gesellschaft wäre zu fragen, welche Identitätsentwürfe und -perspektiven im Vordergrund stehen?

Die Medien und ihre gesellschaftliche Interpretation

Die Entwicklung der elektronischen Medien, wie sie im letzten Kapitel geschildert wurde, ist damit auf den gesellschaftlichen Alltag zu beziehen, d.h. es stellt sich die Frage, ob bzw. wie sich im Medien- und Informationszeitalter die Qualität des alltäglichen Lebens verändert hat. Denn die Medien sind in diesen Alltag voll integriert, was sich daran zeigt, dass Medienerlebnisse und -berichte die Erfahrungen des alltäglichen Lebens nachhaltig mitprägen. So ist es heute nicht mehr möglich, von der Perspektive eines „medienlosen" Alltags auszugehen, der frei von den Einflüssen der Medien ist und von ihnen lediglich kolonisiert zu werden droht. Der konkretistische Schein der Ursprünglichkeit[19] – wo der eigene „Augenschein" verläßlicher scheint als die medienvermittelte Information – erweist sich sehr schnell als Trugschluß[20], greift man doch auch im alltäglichen Leben immer wieder auf medial vermittelte Erfahrungen und Beurteilungskriterien zurück: auf Zeitungen, Zeitschriften, durch Medienerlebnisse bestimmte Meinungen von Freunden und Bekannten – aber auch auf Inhalte und Interpretationsmuster, die direkt aus den elektronischen Medien stammen.

Dazu kommt eine zweite Überlegung: Nicht nur hat sich der Alltag durch die Medien verändert; vielmehr geht es in einem weitreichenderen Sinn um die historische Veränderung von Wirklichkeitskonzepten, „an denen die Medien selbst, vor allem aber die Art des Umgangs mit den Medien innerhalb einer insgesamt veränderten sozialen Welt, ihren Anteil haben" (Hurrelmann 1994, S. 398).

Neil Postmans Interpretation der „Geschichte der Kindheit"

Besonders der amerikanische Kulturkritiker und Medienwissenschaftler Neil Postman (1983) artikulierte den Bruch, welcher das Entstehen von Kommunikationsmedien für die gesellschaftliche Entwicklung bedeutete. Er stellte dabei heraus, wie die Medien nach der Erfindung der Buchdruckerkunst die Entwicklung gesellschaftlicher Lebens- und Kommunikationsbedingungen in eigentümlicher Weise zu beeinflussen begannen. War es bei Karl Marx die gesellschaftliche Arbeit gewesen, welche den Rhythmus gesellschaftlicher Entwicklung bis hin zum entwickelten Kapitalismus bestimmte, so folgt dem Postman zwar in einer bestimmten Hinsicht: Auch für ihn sind es Faktoren im Rahmen eines „technischen Interesses" (Habermas), welche die gesellschaftlichen Verhältnisse bestimmen. Aber für ihn sind es nicht die Produktivkräfte in der Sphäre der gesellschaftlichen Arbeit, sondern die Auswirkungen der Kommunikationstechniken, welche entscheidend sind: An die Stelle der Industrialisierung der Arbeit wird jene der Massenkommunikation gestellt. So pflichtet Postman Harold Innis bei, der bei Veränderungen innerhalb von Kommunikationstechniken

19 In diesem Zusammenhang wäre auch nochmals auf die Kritik von seiten des Konstruktivismus zu verweisen: Danach ist dieser Alltag ist nicht einfach natürlich gegebene Lebenswelt, sondern strukturierter Alltag wie es z.B. die Diskussionen um den radikalen Konstruktivismus deutlich gemacht haben: Im Sinne der Autopoiese ist auch der Alltag selbst-erzeugter Alltag (vergl. Varela 1987, S. 119ff.). Als lebendes System beinhaltet er von Anfang an Kognition und damit Beobachtung.

20 So ist auch die Verläßlichkeit unmittelbarer Erfahrung nicht über alle Zweifel erhaben. Selbst der Augenschein kann trügen und subjektiv verfälschte Wahrnehmungen beinhalten.

stets drei verschiedene Wirkungen festgestellt habe: „sie verändern die Struktur der Interessen (der Dinge, über die nachgedacht wird), den Charakter der Symbole (die Dinge, mit denen gedacht wird) und das Wesen der Gemeinschaft (die Sphäre, in der sich Gedanken entwickeln)“ (Postman 1983, S. 34). Maschinen – wie die Druckerpresse – würden zwar von ihrem Erfinder für einen begrenzten und bestimmten Zweck erbaut; sobald sie aber existierten, entwickelten sie ein Eigenleben und seien im Stande, die Denkweisen zu verändern.

Die eben genannte Druckerpresse, und damit die Erfindung des Buchdrucks, erscheint nun bei Postman als jenes technische Mittel, welches den Menschen in den Stand versetzte, sich vom festen sozialen Kontext, der durch die Mündlichkeit der Überlieferungen geprägt war, zu lösen. Sie ermöglichte es, eine Umwelt zu schaffen, in welcher der Individualismus zu einer regulären und akzeptierten psychischen Struktur wurde. Die gesellschaftlichen Auswirkungen zeigten sich gemäß Postman sehr rasch: „Innerhalb von fünfzig Jahren nach der Erfindung des Buchdrucks wurde offensichtlich, dass sich die Kommunikationsumwelt der europäischen Zivilisation auflöste und in veränderter Gestalt neu herausbildete, es tat sich eine Kluft auf zwischen denen, die lesen konnten, und denen, die nicht lesen konnten – diese waren auf ein mittelalterliches Wahrnehmungs- und Interessenmuster beschränkt, während jene in eine Sphäre neuer Tatsachen und Erkenntnisse Eingang fanden. Mit dem Buchdruck vermehrten sich neue Gesprächsgegenstände sehr rasch; aber sie kursierten alle in Büchern oder erschienen zumindest in gedruckter Form“ (Postman 1983, S. 39f.).

Kommunikationstechniken erscheinen in dieser Sichtweise als Techniken der Universalisierung, die den Menschen von beschränkten sozialen Bindungen zu lösen vermögen, ihn von der Vorherrschaft des Unmittelbaren und Lokalen befreien. Schon in diesem Prozeß erscheint jene verführerische Metapher der „künstlichen Realitäten“ als Erklärungsmuster naheliegend – etwa wenn Postman die Bemerkung Lewis Mumfords positiv aufnimmt, dass das Gedruckte eine stärkere Wirkung hinterlasse als das Ereignis selber. Mithin bedeute Existieren: im Druck existieren – während die übrige Welt demgegenüber in den Hintergrund getreten sei (Mumford 1934 S.136). Neben der Überwindung traditioneller (lokaler) Bindungen entwickelten sich aber auch neue gesellschaftliche Segmentierungen; es entstand ein Bildungsbürgertum, das sich über die Zugehörigkeit zu einem Milieu definierte, das Zugang zur schriftlichen Kultur besaß.

Entscheidend für Postmans Theorie wurden aber sozialgeschichtliche Überlegungen zur mentalitätsgeschichtlichen Veränderung von Familie und Kindheit. Er bezieht sich dabei auf sozialgeschichtliche Forschungen zur Kindheit, die den Nachweis versuchen, dass Kindheit eine soziale Konstruktion darstellt und als eigene Entwicklungsphase erst nach dem Mittelalter entstanden ist (vgl. z.B. Ariès 1975, Badinter 1981). Grund dafür ist nach Postman die Erfindung des Buchdrucks, da erst in der literalen Welt Kinder zu Erwachsenen erzogen werden müssen; seither muß man sich den Zugang zu den Geheimnissen der Erwachsenenwelt über das Lesen erst erwerben. Der ganze Diskurs der Familien dreht sich seit damals um das Wohl des Kindes und um sein beschütztes Aufwachsen. Die hohe Zeit dieser Phase einer behüteten Kindheit sieht Postman zwischen 1850 und 1950. In dieser Periode seien erfolgreiche Anstrengungen unternommen worden, um die Kinder aus der Fabrik heraus und in die Schulen zu bringen, ihnen ihre eigene Kleidung, ihr eigenes Mobiliar, eine eigene Kinderliteratur, kinderspezifische Spiele und ihre eigene soziale Welt zu schaffen. Es habe sich das Stereotyp der modernen Familie gebildet – nämlich jener psychische Mechanismus, der es den Eltern ermöglichte, gegenüber ihren Kindern ein hohes Maß an Einfühlung, Güte und Verantwortungsgefühl zu entfalten. Die schwedische Pädagogin Ellen Key (1978) konnte gar um die Jahrhundertwende das „Jahrhundert des Kindes" ausrufen und die Seelenmorde an den Kindern als in der Moderne endlich zu überwindendes Verbrechen geißeln.

In den letzten Jahrzehnten scheint nun aber die behütete Kindheit in den westlichen Gesellschaften zunehmend wieder zu verschwinden, was Postman an einer Vielzahl von Beispielen illustriert: So trügen Kinder ähnliche Kleider wie Erwachsene, sähen ähnliche Filme und hätten Zugang zu allen Geheimnissen der Sexualität und des Erwachsenenlebens, in welche Heranwachsende früher erst schrittweise eingeführt worden seien. Im Hintergrund dieser Entwicklung sieht er die elektronischen Medien des 20. Jahrhunderts und insbesondere das Fernsehen, die sich distanzlos an alle Lebensalter wenden und nicht mehr – wie bei Büchern – mindestens eine Schwelle setzen, die im Rahmen der Sozialisation erst langsam überwunden wird.

Nun kann es in diesem Zusammenhang nicht darum gehen, den kommunikationstheoretisch fundierten Ansatz Postmans zur Sozialgeschichte im Detail darzustellen, und etwa die von ihm vorgenommene Periodisierung, die auf relativ wenig historischen Belegen beruht, im Einzelnen kritisch zu diskutieren. Vielmehr sollen sich die nachfolgenden differenzierenden Überlegungen auf einige wenige zentrale Momente beschränken:

Einmal ist darauf hinzuweisen, dass der Zusammenhang von Druckerpresse und Entdeckung der Kindheit durchaus nicht als direkter und geradliniger Einfluß zu verstehen ist. Postman weist selbst darauf hin, dass man sich dies nicht so vorstellen dürfe, wie wenn die Kindheit aus Gutenbergs Druckerwerkstatt und der Klasse des Schulmeisters voll entwickelt hervorgetreten sei. Wörtlich hält er fest: „Zwar waren diese beiden Faktoren, wie ich zu zeigen versucht habe, für die Ausformung der Kindheit in der modernen Welt von wesentlicher Bedeutung. Aber wie alle Ideen, vor allem solche von internationaler Reichweite, hat auch die Idee der Kindheit zu unterschiedlichen Zeiten für unterschiedliche Menschen Unterschiedliches bedeutet" (Postman 1983, S. 65).

Für Postman bedeuten also die mit der Druckerpresse gegebenen neuen Kommunikationstechniken eine neue Art von regulativen Bedingungen, die strukturbildend auf die Gesellschaft einwirken, dabei aber zu verschiedenen Orten und Zeiten durchaus unterschiedliche Ausformungen bewirken können. Primär ist für ihn das identitätsbildende Moment, das Distanz zur Lebenswelt erlaubt und eine neue Art des Beobachtens einführt – diejenige des isolierten Lesers mit seinem privaten Blick. Dies wirkt sich in der Folge auch auf das Konzept der Kindheit aus: „Denn als die Idee der persönlichen Identität Gestalt annahm, konnte es nicht ausbleiben, dass sie auch für die Kinder Geltung erlangte, dergestalt, dass im 18. Jahrhundert die Bereitschaft, den Tod von Kindern als unvermeidlich, schicksalhaft hinzunehmen (Ariès nennt es die Vorstellung von einem ‚notwendigen Schwund'), kaum noch bestand" (Postman 1983, S. 39).

Vor allem ein Faktor scheint indessen als Gegenspieler der Identitätsbildung die moderne Auffassung der Kindheit zu bedrohen – nämlich die Arbeit, und dabei insbesonders die im Rahmen der Industrialisierung praktizierte Kinderarbeit, die nicht vom Prinzip der selbstgesteuerten Identität, sondern vom äußerlichen Straf- und Disziplinierungsmoment ausging. Postman bezieht sich dabei insbesonders auf die Situation in England, wo man die Kinder der Armen vom 18. Jahrhundert bis zur Mitte des 19. Jahrhunderts einem Schreckensregiment unterworfen habe: über die Arbeitshäuser und Strafanstalten, über die Textilfabriken und Gruben, über den Analphabetismus und den Mangel an Schulen. Sozialhistorische Untersuchungen im deutschsprachigen Raum zeigen im Übrigen, dass auch hierzulande die Entwicklung nicht viel anders verlief. Belege dafür finden sich z.B. bei Erna M. Johansen, die – bezogen auf Deutschland – für das 19. Jahrhundert resümiert: „Schätzungsweise gab es in dieser Zeit und auch noch zu Beginn des 20. Jahrhunderts etwa mindestens eine Million voll arbeitender Kinder – in gewerblichen Betrieben, in der Heimarbeit, der Landwirtschaft, im Handel und in den Dienstleistungsbereichen" (Johansen 1978, S. 91, vgl. auch Kuzczinsky 1968).

Dann habe indessen die Kindheit den „Heißhunger" des industrialisierten England nach Arbeitskräften überstanden: „Dies gelang ihr nicht zuletzt deshalb, weil Bürgertum und Oberklasse in England die Idee der Kindheit am Leben erhielten, forderten und ausweiteten" (Postman 1983, S. 67). Ob diese vorwiegend auf ideologischen bzw. mentalitätsgeschichtlichen Momenten beruhende Begründung ausreicht, ist indessen zu bezweifeln. So müßten hier im Gegensatz zu Postmans Analyse in erster Linie die Veränderungen der Produktivkräfte, bzw. der industriellen Basis in die Analyse einbezogen werden, welche die Kinderarbeit zunehmend fragwürdig und überflüssig machten. Je stärker zudem in der gesellschaftlichen Arbeit der Faktor Ausbildung zu zählen begann, desto wichtiger wurden auch in der Sphäre der Produktion Momente von Qualifikation und Selbststeuerung.

Zusammenfassend ließe sich deshalb festhalten: Postman sieht in seiner Analyse die Medien zu stark als verursachenden Faktor gesellschaftlichen Wandels. Es mag zwar richtig sein, dass das Medium Fernsehen im Sinne einer gegenseitigen Resonanz besonders eng mit aktuellen gesellschaftlichen Trends verbunden ist; doch dies rechtfertigt eine monokausale Darstellung der gesellschaftlichen Entwicklung nicht. So gewinnen bei ihm in der Entwicklungsgeschichte der „behüteten" Kindheit bis hin zum 20. Jahrhundert die Medien ein übermäßiges Gewicht; dies schlägt sich dann noch verstärkt im zweiten Teil seiner Analyse nieder – dort, wo es um das von ihm beklagte „Verschwinden der Kindheit" geht.

Das Verschwinden der Kindheit

Das „Verschwinden" der Kindheit in den letzten Jahrzehnten ist bei Postman nicht allein ein gesellschaftliches Faktum, sondern es ist von allem Anfang an mit einer grundlegenden Bewertung verknüpft, einem nostalgisch verklärenden Blick auf die Zeit der behüteten Kindheit und des „vorelektronischen Zeitalters". Dahinter steht ein gebrochenes Verhältnis zum technischen Fortschritt – vor allem im Hinblick auf die kulturellen Folgen, die mit der Entwicklung der elektronischen Medien und hier besonders mit der Entwicklung des Fernsehens im 20. Jahrhundert verbunden sind. Damit scheint jene Kultur des Aufwachsens im geschützten Rahmen der Familie zerstört zu werden, die sich in den letzten Jahrhunderten historisch durchgesetzt hatte und es erlaubte, die „Geheimnisse" des Erwachsenseins vor den Kindern zu bewahren. Die Distanz, die in den Augen Postmans mentalitätsgeschichtlich für die Unterscheidung von Kindern und Erwachsenen konstitutiv ist, scheint sich zunehmend aufzulösen. Der vermeintliche technische Fortschritt industrialisierter Kommunikation erweist sich damit kulturell immer mehr als Rückschritt – ein Thema das auch im nachgeschobenen Postman-Bestseller „Wir amüsieren uns zu Tode" (1985) eine zentrale Rolle spielt.

Das Unheil nimmt für Postman seinen Lauf im Gefolge zweier gegenläufiger Entwicklungen, die im 19. Jahrhundert zu beobachten sind: Einerseits seien zwischen 1850 und 1950 in den USA immense Anstrengungen unternommen worden, um eine literarische Kultur zu schaffen und die Werte einer an Buch und Schrift orientierten Mentalität zu propagieren. „Aber genau zur gleichen Zeit bildeten die Elektrizitätsgeschwindigkeit und das massenhaft produzierte Bild eine Allianz, um diese Anstrengungen und die aus ihnen resultierende Mentalität zu untergraben" (Postman 1983, S. 89).

Vor allem das Fernsehen ist es, welches nach Postman dazu führt, dass die historische Grundlage, auf der die Trennung zwischen Kindheit und Erwachsenenalter beruhte, wieder zu verfallen beginnt. Dies begründet er an erster Stelle mit einer neuen Form des unmittelbaren Zugangs zu Informationen. Denn das Lesen sei eine schwierige Sache gewesen, das verlangt habe, sich behutsam auf die Regeln einer komplexen logischen und rhetorischen Tradition einzulassen. Die dazu notwendige Kulturtechnik hätten sich die jungen Menschen erst schrittweise erwerben müssen, so dass man zum Beispiel nicht habe erwarten können, dass ein Kind mit acht Jahren die New York Times oder Platons Staat gelesen habe.

Das Fernsehen entzog dann jedoch jeglicher Informationshierarchie die Grundlage, da alle gleichermaßen Zugang zu den von ihm vermittelten Inhalten haben. Gemäß Postman bietet denn auch das Fernsehen „eine ziemlich primitive, freilich unwiderstehliche Alternative zur linearen, sequentiellen Logik des gedruckten Wortes und tendiert dazu, die Härten einer an der Schrift orientierten Erziehung irrelevant zu machen" (Postman 1983, S. 93). Bei Bildern gebe es kein ABC; man benötige zu ihrem Verständnis keinen Unterricht wie in Grammatik, Rechtschreibung oder Wortkunde. So bewahren die elektronischen

Medien keine Geheimnisse, während die Kindheit in der Nachfolge einer romantisierenden und mystifizierenden Verklärung gerade darin ihr konstituierendes Moment hatte und ein Aufwachsen in Unschuld ermöglichte, wo Nicht-Wissen das Kind vor dem Ernst und der Grausamkeit des Lebens bewahrte. Das Verschwinden der Kindheit jedoch bedeute – so Postman (1983, S. 101ff.) – weit mehr als dass die Kindheit bloß ihre „Unschuld" verloren habe – ein Ausdruck, der zu euphemistisch sei für eine Entwicklung, welche in mehreren Hinsichten schwerwiegende Konsequenzen zur Folge habe:

- Seit dem Mittelalter sei die Ansicht allgemein verbreitet gewesen, dass gewalttätige, sexuelle und egoistische Strebungen für Kinder eine Gefahr darstellten, vor der man sie zu bewahren habe – da Kinder, wie man angenommen habe, noch nicht über genügend Selbstbeherrschung verfügten. Deshalb habe die langsame und schrittweise sich vollziehende Einprägung von Schamgefühlen einen bedeutsamen und zugleich heiklen Bestandteil für die traditionelle Erziehung des Kindes gebildet. Heute aber werde die Idee des Schamgefühls verdünnt und ausgehöhlt.
- Parallel dazu verlören die Höflichkeitsformen als äußerer sozialer Ausdruck der „Zivilisierung" (Elias) des Menschen ihre Bedeutung: Tischsitten, gesittetes Sprachverhalten, Kleidersitten – alles Zeichen dafür, dass man gelernt habe, sich zu beherrschen. Als Beispiel dazu betrachtet Postman das Sprachverhalten: „Es ist noch nicht lange her, da gebrauchten Erwachsene bestimmte Wörter nicht in Anwesenheit von Kindern, und umgekehrt erwartete man von diesen, dass sie solche Wörter nicht in Anwesenheit von Erwachsenen gebrauchten" (Postman 1983, S. 105).
- Das Verschwinden der Kluft zwischen den Generationen führe zur generellen Herausforderung der Autorität: Denn in dieser „neuen" Welt des Medienzeitalters verfügten die Erwachsenen nicht über mehr Autorität als die Jungen; alle gehörten ja letztlich der gleichen Generation an.
- Wo in diesem Sinne indessen alle Geheimnisse aufgedeckt seien, gebe es auch keine Neugier mehr. Denn Staunen sei nur dort möglich, wo die Welt der Erwachsenen von jener der Kinder unterschieden sei, und sich die Kinder durch ihre Fragen den Zugang zur Welt erst suchen müßten. „Wenn die Medien beide Welten miteinander verschmelzen, wenn die vom noch ungelüfteten Geheimnis ausgehende Spannung abnimmt, verändert sich das Staunen selbst. An die Stelle der Neugier tritt Zynismus oder, schlimmer noch, Arroganz" (Postman 1983, S. 107).
- Aber auch Gewalt und moralische Unzulänglichkeiten spielten sich über das Fernsehen vor den Augen der Kinder ab – z.B. im Zentrum der TV-Nachrichten-Shows. War dies möglicherweise beim Erscheinen des Buches von Postman noch ein Phänomen, das vor allem im US-amerikanischen Fernsehen zu beobachten war, so haben seither die europäischen und deutschsprachigen Sender nachgezogen. Im Zeitalter von Boulevardmagazinen wie Explosiv, Brisant oder taff sind auch bei uns die Morde, Unfälle und Sensationen attraktiv geworden, die vom Fernsehen

erfolgreich ausgestrahlt werden, weil sie scheinbar aus jenem Stoff gemacht sind, der das Leben schrieb. Wiederum plädiert Postman dagegen, alle Geheimnisse vorschnell zu enthüllen. Auch wenn es scheinheilig sei, die ‚Tatsachen' der Gewalttätigkeit und der moralischen Unzulänglichkeit von Erwachsenen vor Kinder zu verbergen, so sei dies dennoch ratsam. Weil diese „Scheinheiligkeit" dazu angetan sei, die kindliche Entwicklung zu stärken, sei sie keineswegs eine Untugend.

Auf einzelne der eben dargestellten Phänomene, die Postman für den gegenwärtigen Wandel im Aufwachsen von Kindern heranzieht, soll in späteren Kapiteln dieses Buches noch zurückgekommen werden. Hier sei zum Schluß nochmals die Hauptthese verdeutlicht, die Postman mit der Entwicklung der elektronischen Medien verbindet: Danach verschwimmen die Generationengrenzen und Kinder werden immer mehr zu „kleinen Erwachsenen". Als Belege dafür nennt Postman: „die Angleichung von Kindern und Erwachsenen in Geschmack und Stil sowie der sich wandelnde Blickwinkel, aus dem soziale Institutionen, wie das Recht, die Schule oder der Sport die Kinder wahrnehmen. Und es gibt inzwischen Indizien von der ‚harten' Art – Zahlen über Alkoholismus, Drogenkonsum, sexuelle Aktivitäten, Kriminalität usw., die auf ein Verblassen des Unterschieds zwischen Kindheit und Erwachsenenalter schließen lassen" (Postman 1983, S. 137).

Nun liegt es mir ferne, die Thesen Postmans und die darauf hindeutenden Fakten widerlegen zu wollen. Ein kritischer Ansatz gegenüber Utopien eines elektronischen Zeitalters, die darin per se den technischen Erfindungsgeist und Fortschritt der Menschheit feiern, erscheint durchaus gerechtfertigt. Ihnen ist entgegenzuhalten, dass der ungebrochene Fortschrittsglaube der Moderne schon deshalb an Überzeugungskraft verloren hat, weil dieser „Fortschritt" – etwa im Bereich der Ökologie oder der Atomtechnologie – seinen unbezahlbaren Preis hat. Auch was Postman an gesellschaftlichen Veränderungen der Kindheit beschreibt, läßt sich an sich durchaus belegen (vgl. dazu auch die ähnlichen Aspekte im weiteren Rahmen des unten ausgeführten Konzeptes der „Erlebnisgesellschaft": S. 81ff.). Problematisch scheint mir indessen die konservative Bewertung, die er damit verbindet. Der Postmansche Theorieansatz folgt darin einerseits dem Muster kritischer Theorie, wie sie die Frankfurter Schule entwickelte, indem Postman zu zeigen versucht, wie sich die technische Vernunft in ihren Folgen zerstörerisch gegen sich selbst und die gesellschaftlichen Verhältnisse wendet. Daraus entsteht indessen auf der anderen Seite ein eigentümlich romantisierender Blick, mit dem die traditionelle bürgerliche Familie der Mittelschicht verklärt und zum idealen Setting für den Sozialisationsprozeß von Kindern stilisiert wird.

Im Grunde bleibt Postmans Kritik auf halbem Weg stehen – etwa wenn man sie mit dem Ansatz Paul Virilos (1989) vergleicht, der in seiner Einschätzung einer generellen „gesellschaftliche(n) Beschleunigung" von ähnlichen Positionen ausgeht. So bezieht sich Postman auf den elektromagnetischen Telegraphen als „erstes Kommunikationsmedium", mit dessen Hilfe eine Botschaft eine höhere Geschwindigkeit erreichen konnte als der menschliche Körper: „In der Zeit vor dem Telegraphen konnten alle Botschaften, auch die in schriftlicher Form, nur so schnell übermittelt werden, wie sich der Mensch fortzubewegen vermochte. Der Telegraph nun beseitigte mit einem Schlag Zeit und Raum als Dimensionen menschlicher Kommunikation und entkörperlichte damit die Mitteilung in einem Maße, das weit über die Körperlosigkeit des geschriebenen und des gedruckten Wortes hinausging. Es versetzte uns in eine Welt der Gleichzeitigkeit und Augenblicklichkeit, die den menschlichen Erfahrungsraum sprengte“ (Postman 1983, S. 84).

Radikaler als Postman findet nun aber Virilo in der Geschwindigkeit ein Movens gesellschaftlicher Entwicklung, das direkt zur Freisetzung von Gewalt bis hin zur Laserwaffe und zur absoluten Höchstgeschwindigkeit und Zerstörung führt. Für ihn gibt es denn auch keinen Unterschied zwischen dem audiovisuellen Medium und dem – von ihm als „dromovisuell“ bezeichneten – Automobil mehr. Vielmehr sind für ihn beides „Geschwindigkeitsmaschinen“. Und sie sind unterschiedlos Kommunikationsmittel, da sie durch Erzeugung von Schnelligkeit zur Vermittlung beitrügen und ineinander übergingen. Vermittlung aber finde – im Gegensatz zu McLuhans „Massagebotschaft“ – „weder durch Übertragungs- und Kommunikationsmittel der geschriebenen oder gesprochenen Sprache noch durch das Bild statt, die wirksamer oder unwirksamer sind als das Manuskript oder die Druckerpresse, *die Vermittlung ist eine Frage schneller Kontaktaufnahme der Gesprächspartner*, wobei letztlich die Verschiedenartigkeit der (audiovisuellen, automobilen...) Kommunikationsmittel kaum eine Rolle spielt, da alle zu ‚Kommunikationsmitteln der Vernichtung‘ geworden sind“ (Virilo 1989, S. 150).

Damit ist Virilos Ansatz zutiefst pessimistisch – etwa wenn er die Beschleunigung bis zu ihrem vermeintlichen anthropologischen Ursprung zurückverfolgt – der Bewegungsfreiheit, welche die lasttragende Frau dem jagenden Mann verschafft habe. So weist Virilo hintersinnig darauf hin, dass diese Freiheit keine ‚Muße‘ bedeutet habe, sondern – über das ursprüngliche Jagen hinaus, eine Befähigung zur Bewegung, zum Krieg verschafft habe. Von Anbeginn scheint also Geschichte bereits auf ihre Vernichtung hin angelegt gewesen zu sein.

Indem Virilo keine vorschnelle Lösung aus dem Arsenal der Vergangenheit hervorzaubert, scheint mir sein Entwurf konsequenter angelegt als jener von Postman. Letzterer scheint vor solchen bedrohlichen und beängstigenden Szenarien zurückzuschrecken, indem er in der Hoffnung lebt, die überkommenen Verhältnisse neu beleben zu können. Der Preis dafür liegt in einer verdinglichenden Idealisierung der bürgerlichen Familie, gleichsam als „natürliches“ Milieu für gelingende Sozialisationsprozesse. Unterschlagen wird hingegen, dass die traditionelle bürgerliche Familie in ihrer Enge und mit ihren verdrängten Konflikten durchaus umstritten ist. So war auch die Fixierung des Kindes auf die Rolle des „unschuldigen Kindes“ eine problematische Konzeption, welche diesem fälschlicherweise nicht nur jede sexuelle Regung absprach, sondern es auch unter die uneingeschränkte Autorität der Eltern stellte.

Arbeit und Kommunikation

Die im letzten Abschnitt dargestellten Ansätze zur Beschreibung der Gesellschaftsentwicklung scheinen mir nun allerdings mit einem Grundproblem behaftet. Sie gehen von einem einzelnen innovativen und damit führenden Prinzip aus, an dem sich die gesellschaftliche Entwicklung abarbeitet, sei dies – wie im klassischen Marxismus die Arbeit, oder die Kommunikationstechniken, bzw. das Prinzip der Bewegung/Geschwindigkeit. Damit wird jenen vermuteten oder realen Auswirkungen, die von dem jeweiligen Prinzip hergeleitet sind, eine besonders durchschlagende und ungebremste Wirksamkeit zugesprochen. Denn es gibt keine anderen Kräfte, die mäßigende oder vielleicht sogar gegenläufige Einflüsse ins Spiel bringen könnten. Doch meines Erachtens sind Arbeit im Sinne der Produktion und Kommunikation zwei Quellen dieser Entwicklung, die gerade in ihrer Interaktion zu betrachten sind – etwa im Zusammenwirken von Veränderungen der Arbeitsformen, die zusammen mit den neuen Kommunikationstechniken zu jener Form der Gesellschaft führten, die man gegenwärtig als „Informations-, Risiko- oder Erlebnisgesellschaft" bezeichnet. In diesen Zusammenhang wird im Übrigen auch das Moment der „Beschleunigung" zu stellen sein, das den Modus der zeitlichen Entwicklung kennzeichnet, aber nicht einfach als erstes und von allen inhaltlichen Bestimmungen ausgenommenes Bewegungsprinzip betrachtet werden darf.

Das Besondere der Entwicklung der letzten Jahrzehnte ist denn auch gerade darin zu sehen, wie sich Arbeit und Kommunikation im beschleunigten gesellschaftlichen Wandel zu durchdringen beginnen. Kommunikation und die damit verbundenen Techniken (Medien, Public Relations-Tätigkeiten, Computertechnologie, Datenfernübertragung etc.) werden immer stärker zu einer der wesentlichsten Produktivkräfte des ausgehenden 20. Jahrhunderts. Dem entspricht auf der Ebene gesellschaftlicher Arbeit, dass diese sich immer stärker von der Industriearbeit zu kommunikationsgestützter Planung und Überwachung von Steuerungsprozessen bzw. zu einem hochgradig kommunikationstechnisch organisierten Dienstleistungsbereich hin verändert. Gerade diese zunehmende gegenseitige Durchdringung läßt nun aber idealisierte Gegenentwürfe nicht mehr zu, die sich entweder an Utopien handwerklicher oder industrialisierter Arbeit orientieren oder sich – wie Postman – auf den idealisierten Kommunikationsmodus der bürgerlichen Familie zurückbeziehen.

Die „Enttraditionalisierung der Gesellschaft"

Dass die alten Modelle gesellschaftlicher Analyse nicht mehr greifen, darauf nehmen verschiedene neuere gesellschaftstheoretische Ansätze Bezug – etwa Ulrich Becks Versuch, eine „Risikogesellschaft" auf dem Weg in eine andere Moderne zu beschreiben (vgl. Beck 1986). So weist Beck nach, wie stark sich die Gesellschaft von den Modellen traditioneller Klassengesellschaften entfernt hat. Zwar seien die Relationen sozialer Ungleichheit in der Nachkriegsentwicklung der Bundesrepublik weitgehend konstant geblieben; dennoch hätten sich die Lebensbedingungen der Bevölkerung radikal verändert. Er bezeichnet dies als „Fahrstuhl-Effekt", wonach die „Klassengesellschaft" insgesamt eine Etage höher gefahren werde: „Es gibt – bei allen sich neu einpendelnden oder durchgehaltenen Ungleichheiten – ein *kollektives Mehr* an Einkommen, Bildung, Mobilität, Recht, Wissenschaft, Massenkonsum. In der Konsequenz werden subkulturelle Klassenidentitäten und -bindungen ausgedünnt oder aufgelöst" (Beck 1986, S. 122).

Insbesondere ist dieser gesellschaftliche Wandel unter dem Stichwort der „Enttraditionalisierung" zu sehen, nämlich dass die Menschen zunehmend aus jenen Bindungen freigesetzt sind, die früher mit der Vergesellschaftung einhergingen – seien dies soziale Klassen, religiöse Bindungen, der Zusammenhalt durch Familie und Nachbarschaft. Traditionen und Werte, welche das Individuum früher in soziale Gemeinschaften einbanden, scheinen sich buchstäblich zu verflüchtigen und setzen das Individuum frei – in einem Maße, das weit über jene klassische Freisetzung des Bürgers aus den ständischen Verhältnissen der vorindustrialisierten Epoche hinausreicht. In diesen Zusammenhang wäre auch das von Postman herausgestellte „Verschwinden der Kindheit" zu stellen, das dann nicht mehr so einseitig auf die Geschichte der Kommunikationsmedien bezogen wäre. Jedenfalls würde dies bedeuten, dass auch das Fernsehen mehr Symptom als Ursache der Entwicklung ist, wonach das Modell der traditionellen Kindheit sich gegenwärtig auflöst.

Allerdings ist diese Ausdifferenzierung von Individuallagen nicht schon mit gelungener Emanzipation in eins zu setzen: Vielmehr ist sie verbunden mit Tendenzen der Institutionalisierung und Standardisierung von Lebenslagen: „Die freigesetzten Individuen werden arbeitsmarktabhängig und *damit* bildungsabhängig, konsumabhängig, abhängig von sozialrechtlichen Regelungen und Versorgungen, von Verkehrsplanungen, Konsumangeboten, Möglichkeiten und Moden in der medizinischen, psychologischen und pädagogischen Beratung und Betreuung" (Beck 1986, S. 119). Und noch eines wäre anzufügen: die Freisetzung des Menschen aus traditionellen Bindungen und der damit einhergehende Individualisierungsschub bedeutet auch nicht eine Art Selbsterzeugung des Menschen nach dem Muster individualistischer Lebens- und Verhaltensprinzipien. Vielmehr handelt es sich um eine Veränderung von Gesellschaftsformationen, die dem Konzept des Individuums einen neuen Platz anweist und damit auch neue Formen von Bindung impliziert[21]. Individualisierung ist dementsprechend nicht nur von ihren „psychologischen" Komponenten her zu verstehen, vielmehr betrifft sie verschiedenste gesellschaftliche Sphären wie Arbeit, Recht, Bildung etc.

21 In diesem Sinne wäre auf die Konzeption der Erlebnisgesellschaft (Schulze 1992) oder das Modell der Patch-Work-Identität hinzuweisen, auf die im Rahmen dieses Kapitels noch zurückzukommen sein wird.

Wie Freisetzung immer auch mit neuen Standardisierungen, Einschränkungen und Zwängen verbunden sind, soll im Folgenden für einige der wesentlichen Bereiche etwas ausführlicher dargestellt werden, die im Zentrum dieser Arbeit stehen:

- *Die Medien:* Die Vervielfachung von Informationsangeboten im Rahmen der sog. „Liberalisierung des Medienmarktes" geht parallel zu einem Konzentrationsprozeß, der seinerseits große Meinungs- und Medienmonopole schafft und damit auch Einschränkung bedeutet. Aber auch die Orientierung der Programme an den Einschaltquoten führt dazu, dass Abweichungen vom Durchschnittsgeschmack, dessen Erwartungen zuverlässig zu erfüllen sind, eher Seltenheit haben[22]. Analog dazu ist die Freisetzung zum Konsum für den einzelnen Nutzer mit neuen Zwängen verbunden: einmal mit der Notwendigkeit, zwischen Angeboten zu wählen, auch wenn dies gerade deshalb so schwierig ist, weil sich diese Angebote wenig unterscheiden. Dann aber auch mit dem generellen Anspruch, „informiert" zu sein – und das heißt: bestimmte Medienereignisse nicht verpassen zu dürfen, um in einer Informationsgesellschaft „kommunikationsfähig" zu bleiben. Gerade wenn es – wie im zweiten Kapitel dargestellt – manchmal scheint, wie wenn die Medienrealität die „eigentliche" Realität wäre, so kann man sich dementsprechend diesen Medien auch immer weniger entziehen.
- *Der berufliche Bereich:* Die damit verbundenen Freisetzungen des Individuums beziehen sich zum Beispiel relativ zum Beruf und zum Betrieb: Berufliche Qualifikationen und Karrieremuster büßen ihre Sicherheit und die damit verbundene gesellschaftliche Absicherung weitgehend ein, weil man nicht mehr sicher sein kann, ob das ihnen zu Grundeliegende Qualifikationsprofil ein ganzes Arbeitsleben überdauert. Generell werden berufliche Orientierungen darüber hinaus durch Faktoren wie eine Flexibilisierung der Erwerbsarbeitszeit und die Dezentralisierung des Arbeitsortes beeinflußt. Bezieht man in solche Überlegungen zudem jenes System „flexibel-pluraler Unterbeschäftigung" (Beck 1986, S. 222) ein, mit dem versucht wird, die Folgen einer beträchtlichen Sockelarbeitslosigkeit abzumildern, wird eines deutlich: Der Beruf ist nicht mehr geeignet, jene Basisidentität für den Menschen zu liefern, wie dies früher der Fall war – nach dem Muster: Wenn wir den Beruf eines Gegenübers kennen,

22 Hans Meiser, Redakteur der Reality-TV Sendung „Notruf" erklärt dazu in einem Interview: „Also ich bin Journalist und dazu stehe ich auch. Auf der anderen Seite bin ich bei einem privaten Sender, der natürlich Einschaltquoten machen muß. Wenn Einschaltquote da ist, dann kann er Werbung verkaufen; wenn Werbung da ist, kommt Geld in die Kassen. Zum einen wird das Geld wieder in das Programm gesteckt und zum anderen kassieren natürlich die Gesellschafter. Insofern, wenn einer sagt, er macht eine Sendung und braucht keine Einschaltquote, dann ist das dummes Zeug, dann frage ich mich, was machen die dann mit unseren Gebühren bei den Öffentlich-Rechtlichen" (zit. nach Wegener 1994, S. 28).

wissen wir, wer er „ist". Diese wechselseitige Identitätsschablone, die insofern Stabilität verbürgte, als sie den Menschen in ihren persönlichen Bedürfnissen und Fähigkeiten einzuschätzen erlaubte und ihn einer sozialen Schicht zuordnete, fehlt heute immer stärker. Immer mehr ist es denn auch die anwachsende Freizeit, welche Identitäten prägt. Ja, es werden darin sehr oft Aktivitäten aufgesucht und mit identifikatorischen Zeichen (passender Kleidung, Gestik und Auftreten) besetzt, welche eine bewußt gewählte Identität des einzelnen unterstreichen sollen. Nicht zu unterschätzen ist in diesem Zusammenhang der Einfluß der Medien: Sie liefern jene Schemen, Schablonen und Typisierungen, nach welchen man sich diese Identitäten „zusammenbaut". Auch dies geht indes nicht ohne Zwänge; sind wir doch gleichsam „verurteilt" dieses Spiel mitzuspielen. Zusammenfassend betont Ulrich Beck: „Der einzelne wird zwar aus traditionalen Bindungen und Versorgungsbezügen herausgelöst, tauscht dafür aber die Zwänge des Arbeitsmarktes und der Konsumexistenz und der in ihnen enthaltenen Standardisierungen und Kontrollen ein. An die Stelle *traditionaler* Bindungen und Sozialformen (soziale Klasse, Kleinfamilie) treten *sekundäre* Instanzen und Institutionen, die den Lebenslauf des einzelnen prägen und ihn gegenläufig zu der individuellen Verfügung, die sich als Bewußtseinsform durchsetzt, zum Spielball von Moden, Verhältnissen, Konjunkturen und Märkten machen" (Beck 1986, S. 211).

– *Die Kindheit:* Das Gesagte gilt auch für die Kindheit, die sich jener Freisetzung aus traditionellen Bindungen ebenfalls nicht entziehen konnte. Die äußere Autorität der Eltern hat abgenommen, und man billigt den Kindern viel stärker als früher eine eigene Meinung zu. Und gerade weil die Eltern nicht mehr selbstverständliches Vorbild sind, suchen Kinder in den Medien Modelle auf, um Normen und Wertmaßtäbe zu vergleichen. Allerdings sind auch die Prozesse nicht einfach als „Befreiung" zu verstehen. So sind eine Reihe von neuen Zwängen entstanden, welche das Heranwachsen seit dem 2. Weltkrieg immer nachhaltiger prägten. Zu verweisen wäre in diesem Zusammenhang auf die Arbeit von Hans-Günter Rolff und Peter Zimmermann (1990), in welcher die beiden Autoren darstellen, wie sich die Kindheit bzw. der Sozialcharakter in diesem Jahrhundert – und speziell nach dem 2. Weltkrieg – verändert hat. Die Autoren betonen dabei insbesondere, wie die Steigerung der Arbeitsleistung heute zunehmend durch Rationalisierung und Intensivierung betrieben werde, was zu einer Bedeutungszunahme des wissenschaftlichen Managements führe. Insbesondere sei damit auch verbunden, dass sich Industrialisierung als Prinzip immer stärker in den Dienstleistungsbereich hineinverschiebe: „Die Entwicklung nahm in den 60er Jahren einen nahezu dramatischen Verlauf. In diesem Jahrzehnt – in welchem wir auch die Entstehung des neuen Sozialcharakters registrieren – wurde die Mechanisierung der Büros in großem Maßstab ausgeweitet. Schnelldrukker und automatische Datenverarbeitung führten zu einer Umwandlung der Büroarbeit nach dem Schema der Industrialisierung" (Rolff/Zimmermann 1990, S. 146).

In diesem Zusammenhang habe sich aber auch die Art und Weise verändert, wie Kinder ihre Umwelt wahrnehmen: So erfordere es die Industrialisierung der Zeit, dass die Kinder schon früh ihre Bedürfnisse, ihre individuellen Rhythmen und ihre spontane Lust in externe Zeitvorgaben einfügten – was am augenfälligsten in Institutionen wie Kindergarten und Schulen geschehe. Allerdings wäre hinzuzufügen, dass auf der anderen Seite mit der wachsenden Freizeit ein Bereich immer größere Aufmerksamkeit findet, der gerade die spontane Lust unter dem Anspruch von Action und Spannung zu betonen scheint. Doch in Wirklichkeit sind auch die Bedürfnisse nach Abenteuer und außergewöhnlichen Erlebnissen standardisiert und genormt. Gerade der Widerspruch zwischen Industrialisierung und der vermeintlichen Freiheit einer Wahl unterschiedlichster Erlebnisangebote, die jedoch ihrerseits wieder marktmäßig angeboten werden, scheint besonders charakteristisch für die heutige Gesellschaft zu sein.

Zentral ist in diesem Zusammenhang der Begriff des „Erlebnisses". So wird es nach Bachmair gerade in der Beschäftigung mit der Massenkommunikation evident, dass die Beziehung zwischen Individualisierung, Öffentlichkeit und Privatheit nicht primär mit Beziehungsformen wie Absprechen, Begründen oder Aushandeln verbunden sei – sondern mit „Erleben", „und zwar einem Erleben über die bewegten Bilder von Fernsehen, Video, Display" (Bachmair 1996, S. 106). Ausführlicher soll diese Problematik anschließend im Rahmen von Überlegungen zur „Erlebnisgesellschaft" (Schulze 1992) aufgenommen werden.

Die Veränderungen betreffen indessen neben dem Zeit- auch das Raumerleben. So halten Rolff/Zimmermann fest: „Die Vergrößerung und Verinselung des Raums zwingen sie, Wegzeiten oder Öffnungszeiten, Termine sowie im Fall des Transports durch die Mutter, deren Zeitplan zu berücksichtigen. Kinder leben mit Zeitplanung, Terminkalender und Zeitmangel – ein Effekt der Industrialisierung der Zeit" (Rolff/Zimmermann 1990, S. 14). Auch dies ist Folge einer „Gobalisierung", nämlich dass Kinder und Jugendliche, wie Dieter Baacke (1997, S. 63) treffend festhält, aus den öffentlichen Räumen zunehmend verdrängt werden. Globalisierung bedeute danach keineswegs, dass der öffentliche Raum allen in gleicher Weise „global" zur Verfügung steht. Das Gegenteil sei richtig, der Lebensraum von Kindern und Jugendlichen sei beschränkt und verinselt.

Das Projekt der Erlebnisgesellschaft

Wenn im Rahmen der bisherigen Überlegungen ein gesellschaftlicher Individualisierungsschub konstatiert wurde, so stellt sich die Frage, was das für die bisherigen Formen sozialer Bindung bedeutet. Vorab ist dies mit Hinblick auf den Begriff der sozialen Schichten bzw. Klassen zu untersuchen, die im Selbstverständnis der entwickelten bürgerlichen Gesellschaften wesentliche Ordnungs- und Machtfaktoren darstellten. Generell dürfte jedenfalls der ursprüngliche – durch ökonomische Verhältnisse bestimmte Begriff der sozialen Schicht an Bedeutung eingebüßt haben, wodurch sich die Frage ergibt, was „Schichtung" für die gegenwärtige Gesellschaft noch bedeutet.

Außen- und innengeleitete Lebensperspektiven

In diesem Zusammenhang hat Gerhard Schulze mit seiner empirisch abgestützten Arbeit zur „Erlebnisgesellschaft" (1992) einige Überlegungen vorgelegt, die sich sehr gut in den hier entfalteten Rahmen einfügen lassen. Auch das Konzept der „Erlebnisgesellschaft" knüpft bei jener Entwicklung an, die als Enttraditionalisierung der Gesellschaft und als Subjektivierung, bzw. als Individualisierungsschub gekennzeichnet wurde. Nach Schulze haben als Folge davon innenorientierte Lebensauffassungen, die das Subjekt selbst ins Zentrum des Denkens und Handelns stellen, die früheren außenorientierten Lebensauffassungen verdrängt. Typisch für unsere Kultur sei das Projekt des – innengesteuerten – schönen Lebens, verbunden mit Erlebnisrationalität, bzw. der Funktionalisierung der äußeren Umstände für das Innenleben. Schulze erläutert: „Bei einer außenorientierten Lebensauffassung gilt beispielsweise das Ziel, Kinder zu haben, dann als erreicht, wenn die Kinder existieren, bei einer innenorientierten Lebensauffassung erst dann, wenn sie die Eltern glücklich machen oder ihnen wenigstens nicht zu sehr auf die Nerven gehen. Oder: Ob ein Auto fährt (außenverankertes Ziel) können alle beurteilen; ob man dabei ein schönes Fahrgefühl hat (innenverankertes Ziel), muß jeder für sich entscheiden" (Schulze 1992, S. 37). In vielen Bereichen sei nun jedoch außenorientiertes Handeln zurückgegangen und innenorientiertes vorgedrungen: bei der Kleidung, dem Essen, den Gartenarbeiten, bei Partnerschaften, beim Kinder haben, bei der Instandhaltung der Wohnung, bei dem Beruf, der Bildung, beim Transport etc. Nicht zuletzt die Modelle in den Medien repräsentieren Wünsche und Einstellungen, die einem innengeleiteten Lebensprojekt entsprechen: Das Wunderauto „KITT" in Knight Rider, das Lebensgefühl von Miami Vice, Träume und Hoffnungen wie sie in der Teenie-Serie Beverly Hills 90210 (Titel einer Folge: „Jeder Traum hat seinen Preis") dargestellt werden, gehören ebenso dazu, wie jene vom Standpunkt einer auf Lebenssicherung bezogenen Leistung sinnlosen Aufgaben, die in Sendungen wie „Wetten, dass" zu erfüllen sind. Ihren Sinn erhalten diese denn auch durch den Thrill, den sie vermitteln, durch die Perspektive des außergewöhnlichen und nie da gewesenen Erlebnisses. So verbreiten die Medien unaufhörlich die Botschaft der innengeleiteten Modernisierung und tragen Entscheidendes zu deren Durchsetzung bei.

Während in der außenorientierten Gesellschaft Knappheit bestimmend war, um physisch zu überleben und das Leben zu sichern – wobei eine existentielle Bedrohung immer als gegeben anzusehen war –, ist es heute der Überfluß, der zur überwiegenden alltäglichen Erfahrung geworden ist: „nicht nehmen, was zu bekommen ist, sondern wählen müssen, nicht Versorgung, sondern Entsorgung“ (Schulze 1992, S. 68). Früher wurden die Menschen in bestimmte soziökonomische Lagen hineingeboren, die den Horizont ihrer Möglichkeiten bestimmten: Ihr Handeln war in vielerlei Hinsicht ein physisches „Einwirken“, indem der tägliche Bedarf – Kleider, Schuhe, Nahrung, Möbel, Werkzeuge etc. – zu einem großen Teil erarbeitet wurde (nicht besorgt und entsorgt). Selbst das Vergnügen mußte erarbeitet sein; wollte man unterhalten werden, mußte man dafür selbst etwas tun.

Demgegenüber erscheint in einer Gesellschaft des Überflusses das Wählen als dominierender Modus: Nach Schulze (1992, S. 207) substituiert dieser allmählich die Modi des Begrenzens quer durch die Lebensbereiche hindurch. Die Abhängigkeit von Situationen wird um so schwächer, als man sich diesen immer leichter durch Situationswechsel entziehen kann. Verbleibe man indessen in einer Situation, so wirke diese um so nachhaltiger, da man ihren Einfluß oft bewußt aufsuche und sich ihm mit höherer Freiwilligkeit aussetze. Auch dieses Wählen bedeutet indes nicht allein Freisetzung, sondern letztlich auch Zwang: „Täglich stehen wir vor der Notwendigkeit der freien Wahl: Kleidung, Essen, Unterhaltung, Information, Kontakte usw. Fast immer sind jedoch die Gebrauchsunterschiede der Alternativen bedeutungslos. Waschmittel X wäscht so gut wie Waschmittel Y; Beförderungsprobleme lassen sich gleich gut mit verschiedenen Autos lösen; für das körperliche Empfinden ist es gleichgültig, ob man dieses oder jenes Hemd anzieht. Wir spüren die Folgen unserer Entscheidungen nicht auf der Ebene des primären Nutzens, denn dieser ist selbstverständlich. Fehlentscheidungen tun nicht weh, oft kann man sie sofort revidieren. Unsere objektive Lebenssituation, soweit sie in Verfügungschancen über Gegenstände und Dienstleistungen besteht, zwingt uns dazu, ständig Unterscheidungen nach ästhetischen Kriterien zu treffen. Erleben wird vom Nebeneffekt zur Lebensaufgabe“ (Schulze 1992, S. 55).

Damit ist das Konzept einer Erlebnisgesellschaft beschrieben, die nach dem Muster eines Projektes des schönen Lebens funktioniert und ästhetischen Kriterien eine hervorgehobene Bedeutsamkeit zumißt. Das „Schöne“ werde zwar außen verankert, in Gegenständen und Situationen; dennoch handle es sich bei solchen Zuschreibungen um eine Tätigkeit des Bewußtseins, unabhängig von objektiven Eigenschaften der erlebten Wirklichkeit. „Ästhetisierung“ heißt deshalb nicht, dass man sich generell vermehrt „Höherem“ zuwendet, sondern ist eine Bewußtseinsqualität, die sich auf Gartenzwerge, Video-Clips und Werbespots, das Design des Autos und das persönliche Outfit ebenso beziehen kann wie auf Theater-Erlebnisse und den Besuch einer Kunst-Galerie. Mit Bezug auf die Subjekte ist damit der persönliche Geschmack zu einer neuen Leitkategorie geworden. Nach Baacke (1997, S. 24) ist es denn gerade die Feier des persönlichen Geschmacks, welcher heute die Auswahl aber auch die Produktion von Wahrnehmbarem bestimmt.

Die gesellschaftlichen Milieus

Auf der Folie dieser Grundbegriffe der Schulzeschen Arbeit sollen nun elementare Züge des gegenwärtigen gesellschaftlichen Wandels skizziert werden. Sie finden darin ihren Kern, dass neue Formen gesellschaftlicher Segementierung zunehmend die orts- und statuszentrierten Milieus ersetzen, bei denen die Außenorientierung auf eine Wirklichkeit außerhalb des Subjekts hin als Perspektive bestimmend war. Dabei ist davon auszugehen, dass wir uns gegenwärtig im Stadium einer Übergangsgesellschaft befinden, in welcher die alten außengeleiteten Weltsichten ebenso wie neuere innenorientierte Verhaltensweisen eine Rolle spielen. Diese beiden Formen des Weltbezugs werden bei Schulze denn auch für das Modell der gesellschaftlichen Segmentierung bestimmend; wichtiger als das zwar in Teilen – vor allem der außenorientierten Milieus – immer noch bedeutsame, aber sich generell immer stärker auflösende traditionelle Schichtungs- oder Klassenmodell.

Deutlich wird dies, wenn man den Zusammenhang zwischen Ich-Welt-Bezug und gesellschaftlichen Milieus genauer betrachtet. Wie das nachstehende Schema zeigt, unterscheidet Schulze grundsätzlich zwischen weltverankertem und ichverankertem Weltbezug. Diesen zugeordnet erscheinen „normale existentielle Problemdefinitionen", unter denen ein Basisinteresse an der Welt formuliert ist, sowie „primäre Perspektiven", unter denen diese wahrgenommen werden:

Normale existentielle Problemdefinition	**Primäre Perspektive**	
Streben nach Rang	Hierarchie	A
Streben nach Konformität	soziale Erwartungen	weltverankerter Ich-Welt-Bezug
Streben nach Geborgenheit	Bedrohung	
Streben nach Selbstverwirklichung	Innerer Kern	ichverankerter Ich-Welt-Bezug
Streben nach Stimulation	Bedürfnisse	

Quelle: Schulze 1992, S. 237).

- Mit dem weltverankerten Ich-Welt-Bezug sind verbunden: das Streben nach Rang, nach Konformität und Geborgenheit. Darin eingebunden erscheinen Basiseinstellungen von einer vorgegebenen Struktur der Welt:

eine hierarchische Ordnung von oben nach unten, ein Maßstab sozialer Erwartungen (von „erlaubt“ und „verboten“), ein Grundgefühl von Schutz und Bedrohung. Das Tun des einzelnen ist darauf bestrebt, einen vorteilhaften Platz in dieser Ordnung zu erreichen.

– Umgekehrt wird beim ichverankerten Modell nicht das Ich der Welt zugeordnet, sondern letztere dem Ich: Die Welt gilt als variabel und muß dem Subjekt angepaßt werden – in einem Spiel mit fließenden und unsicheren Regeln, wo neue Erfahrungen unter dem Gesichtspunkt der subjektiven Relevanz ausgewählt und interpretiert werden. Kennzeichnend dafür sind das Streben nach Selbstverwirklichung und Stimulation.

Diese Kombinationen von „normaler existentieller Problemdefinition“ und „primärer Perspektive“ werden dann in einem nächsten Schritt unterschiedlichen gesellschaftlichen Milieus zugeordnet, was eine Klassifikation in fünf unterschiedliche Milieus ergibt:

Weltverankert:

Niveaumilieu (Streben nach Rang, Hierarchie),
Integrationsmilieu (Streben nach Konformität, soziale Erwartungen),
Harmoniemilieu (Streben nach Geborgenheit, Bedrohung).

Ichverankert:

Selbstverwirklichungsmilieu (Streben nach Selbstverwirklichung, innerer Kern),
Unterhaltungsmilieu (Streben nach Stimulation, Bedürfnisse).
(vgl. dazu Schulze 1992, S. 270)

Zu dieser Unterscheidung von Milieus sind zwei Aspekte noch genauer auszuführen:

Erstens sind sie eng mit alltagsästhetischen Schemata verbunden, welche als Präferenzen von bestimmten Gruppen darüber informieren, wie bestimmte ästhetische Wahlmöglichkeiten in der Gesellschaft eng zusammengehören, etwa die Vorliebe für klassische Musik, der Besuch von Ausstellungen und die Lektüre bestimmter anspruchsvoller Zeitschriften (vgl. dazu ausführlich Schulze 1992, S. 142ff.):

– Das *Hochkulturschema* schöngeistiger Erfahrungen (Theater, klassische Musik, Kunst), das vom traditionellen Bildungsbürgertum herzuleiten ist und auf der Idee des Verfeinerten, Kultivierten, Gebildeten beruht. Es erscheint geprägt von einer Zurücknahme des Körpers, konzentriertem Zuhören und stillem Betrachten, versunkenem Dasitzen. Heftige körperliche Reaktionen sind eher verpönt und nur konventionelle zugelassen am Ende einer Darbietung (Klatschen, Bravo- und Buh-Rufen. Dieses Hochkulturschema fügt sich dem Niveaumilieu, z.T. dem Selbstverwirklichungsmilieu ein.

- Das *Trivialschema* bezieht sich auf vergnügungsorientierte Anspruchslosigkeit und Massengeschmack. Dazu gehören Blasmusik und deutsche Schlager, Heimatromane, Gartenzwerge und Komödienstadl. Für dieses Schema gibt es vor allem abschätzige Bemerkungen: Kitsch, Rührseligkeit, Geschmacklosigkeit, Spießigkeit. Der Körper spielt hier eine aktivere Rolle – vor allem im Sinne ruhiger und rhythmischer Bewegung, die z.B. musikalischen Formen wie Blasmusik, Marschmusik und Operettenmelodien entspricht. Im Gegensatz zum hochkulturellen Prinzip der Variation elaborierter Strukturen geht es hier um die Wiederholung des Gewohnten und Schlichten, kurz: um Gemütlichkeit. Milieumäßig organisiert man sich nach dem Trivialschema vorab im Harmoniemilieu, während das Integrationsmilieu im Übergangsbereich von Trivial- und Harmonieschema anzusiedeln ist, sich also einmal mehr nach „oben", dann wieder mehr nach „unten" orientiert.
- Das *Spannungsschema* bezeichnet Schulze als das historisch jüngste der alltagsästhetischen Schemata. Noch bis zum Ende der fünfziger Jahre sei es allenfalls Merkmal halbstarker Subkulturen gewesen. Immer mehr sei es dann zu einem dominierenden Muster der Massenkultur geworden; abzulesen etwa an der Ablösung traditioneller Varianten des Paartanzes durch neue, impulsive Tanzstile (Rock'n Roll, Twist etc.): „Mit der Temposteigerung und Enthemmung der Bewegung ging auch eine Individualisierung des Tanzens einher, die ihren Abschluß in der heute dominierenden freien tänzerischen Selbstinszenierung gefunden hat. Das Auto begann zum Massenartikel zu werden, Telefon und Medien eroberten die Haushalte, der Nachkriegsboom lief auf Hochtouren, die Geschwindigkeit des Alltagslebens wuchs" (Schulze 1992, S. 154). Zeitgenössische Beispiele für das Spannungsschema zu finden ist so leicht, dass sich diese fast in allen Sphären des alltäglichen Lebens förmlich aufdrängen: Rap und Rollbrettfahren, Mountain-Bike und Spielhallen-Feeling, Bungee-Springen, Ferienerlebnisse im Club Méditerranée, Karate, Joggen und Fitneß-Training. Auch die Entwicklung der elektronischen Medien ist mit ihrer Betonung der Geschwindigkeit, den vermehrten Reizen, den actionorientierten Inhalten und rasanten Schnitten eng damit verknüpft.
  Das Spannungsschema bezieht Neugier und Freude am Unerwarteten ein, es geht um Ausagieren von Spannung und um Action. Feindbilder geben denn auch die Etablierten und Langeweiler in verschiedensten Varianten ab: biedere Familienväter, Strandurlauber, Reihenhausbesitzer, gemütliche Dicke etc. Zu finden ist das Spannungschema vor allem in dem Unterhaltungs- und dem Selbstverwirklichungsmilieu.

Die Zunahme des Spannungsschemas seit dem Ende des zweiten Weltkriegs ist direkt mit der immer stärkeren Etablierung einer „Erlebnisgesellschaft" verbunden, die sich auf die Unterhaltungs- und Selbstverwirklichungsmilieus stützt. Diese Entwicklung ist mit einer Segmentierung der Gesellschaft verbunden, die sich am Merkmal des Alters orientiert. Nach den empirisch erhärteten Ergebnissen der Schulzeschen Studie – entstanden im Rahmen einer Repräsentativstichprobe für das Gebiet der Stadt Nürnberg – gilt: Wer zu den Unter-40jährigen gehört, zeigt tendentiell Affinitäten zu den Verhaltensmustern und -einstellungen dieser „neuen" Milieus. Diese Altersgrenze ist aber durchaus noch nicht konstant; sie verschiebt sich altersmäßig gegen „oben", je älter jene Generationen werden, die bereits mit dem Spannungsschema groß geworden sind. Ob dieser Prozeß altersmäßig auch noch in Zukunft weiter geht, oder ob sich eine neue Altersgrenze zwischen Älteren und Jüngeren definitiv einpendelt, ist indessen gegenwärtig nicht abzusehen.

Treffen diese Befunde Schulzes zu, lassen sich zwei wesentliche Folgerungen für den intergenerationellen Zusammenhang ziehen: Einmal läßt sich ein direkter Bezug zu Neil Postmans Behauptung herstellen, wonach die Kindheit zunehmend verschwinde. Dies muß wohl so sein, wenn sich die traditionelle Altersdifferenzierung auflöst – zugunsten einer Segmentierung in „Jüngere" und „Ältere", die sich vor allem an der Grenze von 40 Jahren festmacht. Auch wenn sich in der Zeitspanne der ersten vierzig Lebensjahre mit Sicherheit wiederum neue Binnengliederungen ergeben dürften, die ihrerseits auf psychologische und soziologische Parameter zu beziehen wären, tragen die alten Unterscheidungen von Kindheit, Jugend und Erwachsenenleben nicht mehr. Insbesondere gibt es im Spannungsschema ein grundlegendes Set von Präferenzen, das gleichsam generationenübergreifend Kinder und Erwachsene bis Vierzig miteinander verbindet. Beide suchen gleichermaßen fasziniert die Erlebniswelten von Einkaufs- und Freizeitzentren auf, schwärmen für Schwarzenegger und andere „coole Typen" aus Action-Filmen, sehen Urlaub vor allem als Konsum von Ferienangeboten an, wo dauernd etwas „laufen" muß.

Zweitens bedarf auch die Entwicklungsphase des Jugendalters einer Neubewertung – als Grenze zwischen Kindheit und Erwachsensein, wo man traditionellerweise seine Identität als Erwachsener erhielt. Wenn das damit verbundene „Moratorium" (Erikson) wegfällt, weil zwischen Kindern – Postmans „kleinen Erwachsenen" – und jungen Erwachsenen kein tiefgreifender Unterschied mehr besteht, könnte man allenfalls fragen, ob sich auch die spezifische Orientierungskrise in der Lebensphase verschoben hat – vielleicht zu einer Verschärfung jener Krise in der Mitte des Lebens hin, die man als „midlife crisis" zu bezeichnen pflegt. Dies scheint im Übrigen schon deshalb plausibel, weil in der Zeit um das vierzigste Lebensjahr vielen Erwachsenen erstmals bewußt wird, dass ihre körperlichen Kräfte abnehmen, Spannung und Action nach den immer gleichen – sich „tot laufenden" – Prinzipien funktionieren, und sie die damit verbundenen Ansprüche nicht mehr voll zu erfüllen vermögen (bzw. nicht mehr erfüllen wollen).

Fünf Milieubeschreibungen im Anschluß an Schulze

Um die Darstellung zur Erlebnisgesellschaft abzurunden, sollen im Folgenden die Überlegungen Schulzes zusammenfassend in anschaulicher Form illustriert werden. Dabei beziehe ich mich auf Merkmale zur Zusammensetzung der verschiedenen Milieus, die Schulze aus seiner empirischen Untersuchung zusammenträgt und quasi idealtypisch darstellt (vgl. dazu sein 6. Kapitel, Schulze 1992, S. 277ff.). Anschließend wird dann die Rolle der Medien in einem eigenen Abschnitt nochmals konzentriert herausgearbeitet.

1. Niveaumilieu

Allgemeines: älter (über 40) und gebildet, beruflich z.B. älteres Personal des pädagogischen und akademischen Bereichs; Nähe zum Hochkulturschema und Distanz zum Trivial- und zum Spannungsschema, orientiert auf: Kontemplation.

Präferenzen: Konzert, Museum, Oper, Theater u.ä.; klassische Musik, moderne E-Musik, Jazz; anspruchsvollere Zeitungen (Zeit, Spiegel); Bücher lesen, Sprachen lernen, Fortbildung; Fernsehpräferenzen: politische Diskussionen, Zeitgeschichte, intellektuelle Orientierung etc.
Distanzierungen: Handarbeiten, Basteln, Auto und Motorrad pflegen, Trivialliteratur, Schlager, Rockmusik, Regenbogen- und Boulevardpresse, Volksmusik und -theater etc.

2. Harmoniemilieu

Allgemeines: älter (über 40) und geringere Bildung, beruflich z.B. ältere Arbeiter, Verkäuferinnen, Rentner und Rentnerinnen; Nähe zum Trivialschema; Distanz zum Hochkulturschema (überwiegend auch zum Spannungsschema), orientiert auf Gemütlichkeit.

Präferenzen: häufiges Fernsehen: lokale Sendungen, Volkstheater, Fernseh-Shows, Quiz, Heimat- und Naturfilme, Unterhaltungssendungen, Volksmusik, deutscher Schlager; Auto und Motorrad pflegen, Wohnung und Garten verschönern, Boulevard und Regenbogenpresse, Saubermachen, etwas Gutes kochen usw.
Distanzierungen: Suche nach Abwechslung, Sport und Fitneß, klassische Musik, Rock und Pop, intellektuelle Orientierung, gehobene Presse, Modezeitschriften, Theater, Schauspiel, gehobene Literatur, Kultur, Ausgehen, Nachtlokale usw.

3. Integrationsmilieu

Allgemeines: älter (über 40) und mittlere Bildung, mittlere Angestellte und Beamte; Nähe zu Hochkultur- und Trivialschema, überwiegend Distanz zum Spannungsschema, orientiert auf Gemütlichkeit und Kontemplation.

Präferenzen: Mischung von Präferenzmustern der „gebildeten" und der „ungebildeten" Milieus. Reparaturen in Haus und Wohnung, Fernsehen, Unterhaltungsmusik, Trivialliteratur und -unterhaltung, aber auch: E-Musik, Jazz, Schauspielhausbesuch, Oper, „gehobene" Literatur etc.
Distanzierung: Ebenfalls eine Mischung verschiedener Präferenzmuster. Zum Beispiel: Jazz-Festivals, „gehobene" Presse wie Zeit und Spiegel, zu „extreme" moderne E-Musik, neue Kulturszene, aber auch: Heimatfilme, Boulevardpresse, Auto und Motorrad pflegen, Rock, Pop, Kino, Diskotheken, Nachtclubs, Kneipenszene, Action.

4. Selbstverwirklichungsmilieu

Allgemeines: jünger (unter 4o) und mittlere oder höhere Bildung, beruflich oft soziale, pädagogische und therapeutische Berufe, Studenten, „Yuppies"; Nähe zum Spannungs- und Hochkulturschema, Distanz zum Trivialschema; orientiert auf Action und Kontemplation.

Präferenzen: Neue Kulturszene (Theater, Jazz), Pop, Rock, Folk, Sport (Tennis, Skifahren, Surfen) Stadteilzentren, Sachliteratur, Musikhören, Abwechslung, Rockkonzerte und -festivals, Modezeitschriften, Kneipen, Diskotheken, Ausgehen, Selbsterfahrung, Fernsehen: Wissenschaft, Technik, Zeitgeschichte, Politik, intellektuelle Orientierung, „gehobene" Presse, Ausstellungen, klassische Musik, Schauspiel, usw.
Distanzierung: Fernsehen: Talkshows, Naturfilme, Unterhaltungssendungen, Volkstheater und -musik, Heimatfilme, Trivialliteratur, Boulevardzeitungen, Regenbogenpresse, deutscher Schlager, Blasmusik, Saubermachen, usw.

5. Unterhaltungsmilieu

Allgemeines: jünger (unter 40) und geringe Bildung, beruflich oft jüngere Arbeiter und Arbeiterinnen, Verkäuferinnen; Nähe zum Spannungsschema, Distanz zu Hochkultur- und Trivialschema; orientiert auf Action.

Präferenzen: mit Auto und Motorrad durch die Gegend fahren, Sportszene, Ausgehen im Vergnügungsviertel, Boulevardzeitung, Video sehen, amerikanische Krimis, Actionfilme, Autorennen, Zeichentrickfilme, Sportzeitschriften, Volksfestszene, Pop, Rock und deutscher Schlager, Ausgehen, Abwechslung, Kneipen, Diskotheken, Trivialliteratur, Regenbogenpresse, Sport und Fitneß, etc.
Distanzierung: politische Diskussionen, klassisches oder modernes Theater, Oper, „gehobene" Literatur, Hochkulturszene, Jazz, „gehobene" Literatur, etc.

Medien, Erlebnisgesellschaft und Populärkultur

Bereits an verschiedenen Stellen wurde deutlich, dass den elektronischen Medien innerhalb dieser Milieus eine wichtige Rolle zukommt. Das zeigt sich darin, dass Schulze immer wieder Fernseh- und Medienpräferenzen beizieht, um charakteristische Züge der einzelnen Milieus zu beschreiben (vergl. z.B. auch S. 81f. in der vorliegenden Arbeit). So können die Medien über darin dargestellte Personen und Situationen Modelle anbieten, welche diese Milieus stabilisieren helfen, indem z.B. bestimmte Sendungen geeignet sind, milieuspezifische Gemeinschaften zu bilden und zu unterstützen – etwa jene Gemeinschaften[23] des Integrationsmilieus, die sich zum Musikantenstadl versammeln oder jene Gruppen innerhalb des Spannungsschemas, die sich um Action- oder Kung Fu-Filme, aber auch um multimedial vermarktete Kinderfilme wie Knight Rider oder die Turtles scharen.

Es wäre allerdings falsch, den Einfluß der Medien ausschließlich im Zusammenhang mit den auf Unterhaltung und Spannung ausgerichteten „neuen" Milieus zu sehen. Ein Medium wie das Fernsehen, das sich so stark nach Einschaltquoten ausrichtet, ist bestrebt, mit seinen Angeboten – bis hin zu eigentlichen Minderheitenprogrammen – alle Milieus an sich zu binden. Wer sich dem Hochkulturschema zugehörig fühlt, findet Diskussionssendungen für seine Informations- und Kulturbedürfnisse: gehobene Filme, Zeitdokumentationen zu Politik, Wirtschaft und Kultur, klassische Konzerte, das literarische Quartett mit Marcel Reich-Ranicki[24] etc. Aber auch die Über-40jährigen aus dem Harmonie- und Integrationsmilieu stellen ein Publikum dar, das bevorzugt mit Angeboten bedacht wird. Gerade dieses ältere Publikum bleibt stärker zuhause als die Repräsentanten der „neuen Milieus" und damit vor dem Fernseher – bei den Samstagabend-Shows, Musikantenstadl, Glücksrad, Heimatfilmen, Volkstheater und beim Fernseh-Krimi (sofern er nicht zu actionorientiert ist).

Generell könnte man zudem festhalten, dass die Printmedien noch eher darauf ausgerichtet sind, die Ansprüche des gehobenen Publikums des Niveaumilieus zu erfüllen. Tageszeitungen mit Hintergrundberichten und Feuilleton, Wochenzeitschriften wie Zeit, Focus und Spiegel gehören dazu. Denn Lesen erfordert jene Distanzierung und angestrengte Auseinandersetzung mit einem Text, die diesem Publikum geläufig ist. Allerdings gibt es daneben mit den Boulevard-Zeitungen, den stärker bildorientierten Illustrierten, den Zeitgeist-Magazinen auch Textsorten, welche viel mehr auf die Stimulierung von

---

23 Es handelt sich hier gewissermaßen um virtuelle Gemeinschaften, die sich meist direkt nie kennenlernen, aber dennoch präsent sind – etwa indem sich die Boulevardmedien und Illustrierten daran orientieren und über Sendungen und beteiligte Personen ihrerseit breit berichten. Nur in Ausnahmefällen wird diese Virtualität durchbrochen – dann etwa wenn sich die Fans von Knight Rider zu einem Konzert des leibhaftigen David Hasselhoff im Konzert treffen.

24 Hier könnte man sich allerdings mit Berechtigung fragen, ob diese Sendung mit ihren Showelementen und den Diskutanten als begnadeten Selbstdarstellern, denen die besprochene zeitgenössische Literatur oft in erster Linie die Stichworte für ihren Hahnenkampf liefert, nicht schon sehr stark auf das Spannungsschema der Erlebnisgesellschaft hin ausgerichtet ist.

Gefühlen, auf Personalisierung und auf die Befriedigung des ungestillten Erlebnishungers ihres Publikums bezogen sind.

Gerade die elektronischen Medien (Film, Video, Fernsehen) scheinen strukturell stärker den Erlebnisgewohnheiten der spannungs- und actionorientierten Milieus zu entsprechen. Denn sie verfügen durch das Prinzip der laufenden Bilder über Handlungsstränge, die sie beliebig gestalten und durch Schnittfolgen mit Rasanz und Tempo versehen können. Und es ist möglich, neben der digitalen Kommunikation auch verstärkt die analoge Ebene einzubinden, was etwa bei den Nachrichtensendungen zu heftigen Diskussionen über Sinn und Unsinn des „Infotainment" geführt hat, also über jene Form der Berichterstattung, die mit starken Reizen, Gefühlen und erlebnisorientierten Elementen arbeitet. Auch hier wird durch Dramatisierung und die damit verbundene Dynamisierung Spannung erzeugt, bzw. das Tempo der Sendung erhöht. Dieter Lesche, Chefredakteur von RTL, betont in diesem Sinn: „In einem modernen, attraktiven Fernsehen müssen die Informationen kitzlig und hautnah sein... mit dem Kick der Unmittelbarkeit.... Politische Information muß sinnlich sein, sie muß uns anmachen.... Was uns bewegt, das muß gezeigt werden.... Es muß Tempo sein und darf nicht eine Sekunde langweilig sein" (zit. nach Wegener 1994, S. 73).

Nun kann man es zwar auf dem Hintergrund der Milieuanalyse von Schulze bedauern, dass in den Medien die distanziert anzueignenden Texte des Hochkulturschemas durch solche neuen „populären" Textformen abgelöst werden. Dennoch helfen gerade diese neuen Formen einer Populärkultur den Individuen, sich ihre Umwelt anzueignen, sich darin zu orientieren und sie zu ihren alltäglichen Erfahrungen in Beziehung zu setzen. Denn diese sind dabei auf „Material" angewiesen, das in ihre diskursiv und ästhetisch strukturierte Subjektivität einzuklinken vermag. In diesem Sinne betont Mikos: „Nicht nur Musik und Mode, sondern auch Filme, Fernsehsendungen, Internet, Cyberspace, Comics und zahlreiche andere Formen populärer Produkte und Medien können so identitätsstiftende und subjektkonstituierende Funktion übernehmen" (Mikos 1997, S. 56).

Vor allem Autoren wie John Fiske (1987, 1989) haben in Rahmen der „British Cultural Studies" versucht, die „populären Texte"[25] zu rehabilitieren, indem sie deren Bedeutung für die „Leser" betonen. Nach dieser Auffassung sind die Ausdrucksformen der populären Kultur nicht einfach als „verdummend" und zur Passivität führend einzuschätzen – erfolgreich von denen ins Leben gerufen, welche an unkritischen Konsumenten für ihre Produkte interessiert sind. Demgegenüber betont Storey (1996, S. 5), es sei zwar nicht abzu-

25 Fiske geht von einem erweiterten Textbegriff aus, der auch Fernsehfilme, oder Alltagsgüter wie Jeans oder Barbiepuppen als semiologisch zu entschlüsselnde Ereignisse faßt (indem z.B. mit dem Produkt „Jeans" eine Vielzahl von Bedeutungen wie „Ausdruck des amerikanischen Traums", „Wilder Westen" etc. verbunden sind). Evident ist hier der Zusammenhang zu den von Schulze ins Zentrum gestellten „Erlebnisqualitäten".

streiten, dass die Populärkultur auch passiv konsumiert werde, sie könne aber ebenso dazu genutzt, werden, die Schwachen in der Gesellschaft (also gerade auch: Kinder und Jugendliche) zu stärken und dem dominierenden Weltverständnis Widerstand entgegenzusetzen.

Denn diese Texte der Populärkultur scheinen besonders geeignet, die Wünsche, Sehnsüchte und Bedürfnisse der Menschen zu artikulieren – so zu sein wie die Stars in Beverly Hills 90210, mit Jeans ein Stück individueller Freiheit zu verwirklichen, wie Bart in den „Simpsons" ein ungezogenes Kind sein zu dürfen, gegen das die Erwachsenen keine Chance haben etc. Charakteristisch ist für solche „polysemischen" Texte, dass sie in ihrer Struktur „offen" angelegt sind. Das heißt, sie bieten als „producerly texts" (Fiske 1989, S. 104) vielfältige Interpretationsangebote, die von den „Machern" nicht zu kontrollieren sind. Mit anderen Worten: Die Menschen produzieren mit den Produkten der Populärkultur ihre eigenen Bedeutungen, die dann wieder von den Medien aufgegriffen werden. Dabei gibt es zwar oft „offizielle" Bedeutungen eines Fernsehereignisses – etwa den Grand Prix Eurovision als Familienunterhaltungssendung des Fernsehens. Diese können aber unterlaufen werden – etwa durch Fangruppen, welche damit ganz andere gruppenspezifische Bedürfnisse verwirklichen (vgl. Moser 1999).

Populärkultur ist in diesem Sinne, wie Mikos festhält, „einer der wesentlichsten Kampfplätze um symbolische Gewalt als ständiges Wechselspiel zwischen Macht und Widerstand, Disziplin und Disziplinlosigkeit, Ordnung und Unordnung, Regelhaftigkeit und Spontaneität – und damit ein Wechselspiel sozialer Kräfte und Verhältnisse. Sie wird von den Menschen gemacht, und zwar an der Schnittstelle zwischen Alltagsleben und dem Konsum der Produkte der Kulturindustrie (Mikos 1994, S. 21).

Das ästhetische Erleben und die aktive Aneignung von populärkulturellen Elementen des Alltags mit ihren Motiven wie Spaß, Vergnügen und Unterhaltung sind eigentlich nur zwei Seiten derselben Medaille. Sie verschmelzen dort, wo Medientexte in alltagskulturellem Ereignismanagement aufgehen. Man muß hier nicht allein an Events wie die Berliner Love Parade oder das öffentlich zur Schau gestellte Break Dancing von Jugendlichen denken. Auch viele Kinderzimmer entsprechen, wie Bachmair am Beispiel von Jonas deutlich macht, diesem Modell ganz genau:

> „Jonas arrangiert in seinem Zimmer Medien wie die Poster und noch vieles andere, fügt als reflexive Leistung seine Medienerlebnisse hinzu und mischt sich auf diese Weise eine Art „eigenen Text", den er im Interview mit Hilfe seiner Zimmerausstattung erläutert. Im weiteren Verlauf des Interviews berichtet er z.B. von seinem SuperNintendo und den Spielen, die er dazu hat. So erzählt er, dass er mit größeren Jungen wetteifert, wer die meisten Spiele hat. Er leiht sich von ihnen aber auch Spiele aus. Dann setzt er sich auf seine Bettcouch und holt ein Kuscheltier nach dem anderen, die auf seinem Bett herumliegen. Er hat, wie er sagt, zwanzig Stück davon, die er, bis auf einen Löwen, alle mit ihrem von ihm verliehenen Namen benennt. Zum Schluß zeigt er einen Tyrannosaurus Rex, den er mit seinem Vater zu bauen begonnen hat. Dazu besitzt er einen Baukasten. Er hat aber auch ein Quartett mit Dinosauriern. Nur den Film durfte er noch nicht sehen. Zu Jonas' textuellem Angebot aus der Fülle der Spiel-, Medien- und Freizeitangebote gehören

natürlich auch seine Anziehsachen, mit denen er möglicherweise zeigt, wie wichtig ihm Sport oder auch sein Musikstil (Michael Jackson oder der Rap) ist" (Bachmair 1997, S. 15).

Kinder und Jugendliche in der Mediengesellschaft

Im Rahmen dieses Buches kann es nicht darum gehen, die typologische Struktur zu überprüfen oder weiter auszuarbeiten, die Gerhard Schulze mit seinen Milieusegmentierungen zu beschreiben versucht. Vielmehr ist einmal davon auszugehen, dass sein Grundansatz und die damit verbundenen Veränderungen gesellschaftlicher Verhältnisse generell in eine zutreffende Richtung weisen. Dies angenommen ist nun wieder verstärkt auf das Aufwachsen von Kindern und Jugendlichen in einer Gesellschaft zurückzukommen, in welcher

- die traditionellen Normen und Werte an Legitimations- und Überzeugungskraft verloren haben,
- Mobilität und Bewegung im Sinne einer generellen Beschleunigung den Lebensalltag zunehmend bestimmen,
- das Spannungsschema – also das Lebensgefühl von Action, Thrill und Stimulation – den persönlichen Verhaltensstil der Menschen immer mehr prägt.

In diesem Zusammenhang soll hier von der These ausgegangen werden, dass diese Momente auch die Kindheit und das Aufwachsen immer mehr bestimmen. Theoretisch wäre etwa an Hermann Giesecke (1985) zu erinnern, der in seinem Essay „Das Ende der Erziehung" die Postmansche These vom Ende „der Kindlichkeit des Kindes" aufnimmt und einen Funktionsverlust der familiären Erziehung feststellt – konkret beschrieben als „verloren gegangene Macht über die Zukunft der Kinder, die Dominanz der Sozialisation durch Massenmedien und Gleichaltrige auf Kosten persönlich verantworteter Erziehung" (Giesecke 1985, S.77). Die Familie ist damit in Zugzwang geraten; sie verändert ihren Charakter, ist weniger „introvertiert" und dafür „offener" gegenüber ihrer Umwelt. Vorrang vor der emotionalen Intensität der Familienmitglieder untereinander bekommt nach Giesecke die soziale Bedeutung der Familie – als „‚Tätigkeits- und Interessengemeinschaft' ihrer Mitglieder, die im Idealfalle dabei einander unterstützen und ermutigen" (Giesecke 1988, S. 83). So tritt die Familie etwa vom Schuleintritt an immer mehr als „sozialer Heimathafen" in Erscheinung. Von ihm aus gehen die Mitglieder – auch schon die Kinder – in die Gesellschaft hinaus und leben dort ihr eigenes Leben. Nach Giesecke bedeutet dies einen Prozeß der frühen Emanzipation der Kinder von ihren Eltern und umgekehrt der Eltern von ihren Kindern: „Die Familie verliert auf diese Weise ihre basale Ausschließlichkeit, das heißt Erfahrungen, Selbstbild, Identität ihrer

Mitglieder werden von Kindheit an nachhaltig auch außerhalb der Familie geprägt" (Giesecke 1988, S. 84).

Giesecke stellt dies als allgemeinen Trend heraus, ungeachtet der Tatsache, dass eine große Zahl von Kindern noch unter relativ traditionellen Erziehungsbedingungen aufwachse. Besonders der sozialökologische Rahmen der Region beeinflußt das Aufwachsen zum Teil noch stark. So kommen Dieter Baacke u.a. (1989, S. 95) zum Schluß, dass z.B. die Medienangebote kommerzieller Art und die Angebote der öffentlichen Jugendarbeit höchst unterschiedlich seien. Das Dorf sei auch in dieser Hinsicht „strukturschwach", und die Differenzen des Rezeptionsverhaltens seien beträchtlich: Das Leben der Dorfjugendlichen „ist familienorientiert und relativ undifferenziert, während es in der Stadt eher einen öffentlichen, nervösen, strukturierten Charakter hat. Das Medienhandeln der Stadtjugend ist in weiten Teilen von dem reichhaltigen kommerziellen Medienangebot bestimmt" (Baacke u.a. 1989, S. 95). Doch obwohl Discos, Jugendtreffs und Kinos auf dem Land fehlen, lassen die Imperative der Erlebnisgesellschaft auch die ländlichen Verhältnisse nicht unberührt. Gerade die Massenmedien sind es denn auch, welche Wertvorstellungen und Einstellungen ohne Rücksicht auf räumliche Distanzen transportieren. Wo in den entferntesten Bergtälern Satellitenschüsseln installiert sind (vgl. Moser 1990), erscheint es jedenfalls plausibel, dass auch dort Kinder mit den Turtles, Beverly Hills 90210, der Mini-Playback-Show, den neusten Action- und Karatefilmen aufwachsen. Und auch bei den Musikstilen stehen Rock und Pop in der Beliebtheit weit vor ländlicher Volksmusik (die nach Schulze denn auch eher im älteren „Harmoniemilieu" der Über-40jährigen zu lokalisieren ist). Mag sein, dass in ländlichen Verhältnissen elterliche Autorität und dörfliche Kontrolle noch stärker verankert sind; doch sobald die Jugendlichen nach der Volksschule mit Mofa und Auto mobil werden, entziehen sie sich – z.B. am Wochenende – diesem Milieu, indem sie sich in den Freizeit-Szenen der größeren Städte bewegen und sich an denselben subkulturellen Orientierungen ausrichten wie ihre städtischen Altersgenossen.

Die Bonstetten-Studie

Wie sich indessen der Wandel in den familiären Verhältnissen für Kinder in den aufsteigenden Milieus der Mittelschicht auswirkt, die an gesellschaftlichen Trends besonders aktiv teilnehmen und für ihre Kinder keine Chance verpaßt sehen wollen, zeigen Ergebnisse einer eigenen Untersuchung im schweizerischen Bonstetten (Moser 1992). Die Gemeinde mit 2738 Einwohnern (1990) liegt ca. 10 km von Zürich entfernt im Grünen. Prägend sind mittelständische Einwohner und ein überproportionaler Anteil an Einfamilienhäusern. Bonstetten ist durch eine S-Bahn an die Großstadt Zürich angebunden, verfügt über einen Autobahnanschluß und eine gut ausgebaute regionale Infrastruktur: Einkaufs- und Fitneßzentren, Sport und Trainingsmöglichkeiten, Weiterbildungsmöglichkeiten gibt es in großer Zahl – sofern man mobil und nicht allein auf die eigene Gemeinde beschränkt ist. Was die Medien betrifft, so ist Bonstetten seit 10 bis 12 Jahren verkabelt; die Bewohner können also auf ein umfangreiches Angebot von Fernsehsendern zurückgreifen.

Eine Vollerhebung bei den Volksschülern (erste bis sechste Klasse der Primarschule), die einen Rücklauf von 95 Prozent der verteilten Fragebogen erbrachte, sollte aufzeigen, wie Kinder unter solchen Bedingungen aufwachsen – insbesondere mit Bezug auf das Konzept der Familie als „sozialer Heimathafen". Im Zentrum der Untersuchung stand der Freizeitbereich[26] also jene selbstbestimmte Zeit, welche neben den Anforderungen von Elternhaus und Schule zur freien Verfügung der Kinder steht. Hier machen sie einen wesentlichen Teil ihrer Erfahrungen und nehmen Beziehungen zu Erwachsenen und Gleichaltrigen auf, die sie oft in ihren Werten und Einstellungen nachhaltiger beeinflussen als die traditionellen Erziehungsinstitutionen. In diese Richtung weisen folgende Ergebnisse der Untersuchung:

– Das Engagement außerhalb der Familie ist schon bei 6-12jährigen sehr hoch. Nur 14,04 Prozent der befragten Schüler waren weder in Kursen noch in Vereinen engagiert. Dabei war die Palette der Freizeitbetätigungen insgesamt äußerst breit, was darauf hindeutet, dass der Reiz des Neuen und Ungewöhnlichen durchaus ein Moment sein kann, welches bei Freizeitpräferenzen mitspielt. Genannt wurden: Pfadfinder, Fußballclub, Geräteturnen, Turnverein, CVJM bzw. CVJF, Jugend- bzw. Mädchenriege, Hornussen, Tennis, Sonntagsschule, Jugendgottesdienst, Skiclub, Jungschar, Badminton, Crawlkurs, Leichtathletik, Freizeitclub, Budo, Karate, Ballett, Schwimmen, Rock and Roll, Tanzkurs, Kung-Fu, Schwimmen, Gitarre, Flöte, Schlagzeug, Cello, Klavier, Geige, Judo, Reiten, Zusammenspielgruppe, Streichergruppe, Klarinette, Querflöte, Handorgel, Panflöte, Ukulele, Jugendmusik, Conga, Orchester, Gymnastik, Basteln, Englisch- bzw. Italienischkurs, Trompete, Chor, Malen, Kinderzirkus, Kornett.

  Gegenüber früheren Generationen zeigt sich ein außerordentlich breitgefächertes Spektrum von Freizeitbeschäftigungen. Auffallend sind die vielen unterschiedlichen Musikinstrumente, aber auch exotische Kampfsportarten und privater Fremdsprachenunterricht. Gleichzeitig können die Antworten bereits auf einen Beleg für die These von „sozialen Heimathafen" hinweisen. Denn deutlich wurde in der Untersuchung die große Mobilität schon der Kinder zwischen 7 und 12 Jahren. Man sucht sich seine Freizeitbeschäftigungen – unter aktiver Mitwirkung der Eltern (und insbesondere der Mütter), die dann Chauffeur spielen – nicht mehr nur

26 Einen zweiten Schwerpunkt dieser Studie bilden Nutzungsdaten der verschiedenen Medien. Auf diesen Teil der Untersuchung wird im nächsten Kapitel zurückzukommen sein.

am Wohnort aus, sondern weicht notfalls auf Nachbargemeinden oder gar die nahe Großstadt Zürich aus.

– Überhaupt üben die großen Orte und Einkaufszentren in der Umgebung eine starke Sogwirkung aus:
Auf die Frage: „Wie häufig bist Du in den letzten zwei Wochen in Zürich, Steinhausen, Affoltern, Spreitenbach, Zug gewesen?" ergaben sich folgende Antworten:

kein Mal	32,77 Prozent
1-2 Mal	46,81 Prozent
3-5 Mal	15,74 Prozent
mehr als 5 Mal	2,98 Prozent
keine Antwort	1,70 Prozent

Für rund zwei Drittel der Schüler scheint es also üblich, mindestens einmal in vierzehn Tagen einen größeren Ort zu besuchen. Fast ein Fünftel der Befragten waren mehr als zwei Mal unterwegs. Wozu man hin geht, ist nach den Nennungen eindeutig: Einkaufen, Herumbummeln. Konsumbedürfnisse, sich in den Schaufenstern über das Angebot orientieren, nehmen also schon für die Kinder einen großen Stellenwert in der Freizeit ein. Wer Schuhe, Kleider, eine CD kaufen möchte, oder wer Paßfotos benötigt, ergreift die Gelegenheit und macht – zum Teil mit den Eltern oder Geschwistern – einen Ausflug in die Stadt. Mit weitem Abstand folgen danach Aktivitäten wie: Angehörige und Verwandte (Großeltern, den geschiedenen Vater, Onkel) oder den Vater am Arbeitsplatz besuchen, Arzt- oder Zahnarztbesuch, Musikstunde, Englischkurs, Fußballspielen, Schwimmen, Tennis, Essen gehen bei McDonalds, Zirkus-, Puppentheater-, Kino- oder Zoobesuch.

– Dazu kommt, dass der Urlaub heute zum überwiegenden Teil (54,04 Prozent) im Ausland verbracht wird; aber auch über Mittag sind die Kinder immer weniger zuhause (in der Schweiz kennt man die Ganztagesschule, wobei die Kinder im allgemeinen in der Mittagspause nach Hause gehen). Immerhin 42,75 Prozent der Befragten verbringen den Mittag mindestens einmal pro Woche auswärts. Dies entspricht dem Trend, dass Mütter früh wieder teilzeitmäßig in den Beruf einsteigen und auch sonst eine Sphäre mit eigenen Aktivitäten außer Haus für sich beanspruchen.

– Im weiteren wurde die Belastung der Kinder durch die Schule (Hausaufgaben, Nachhilfe, Therapien) untersucht. Immerhin ein Viertel der Kinder gab an, dafür mehr als eine halbe Stunde, in Einzelfällen eine Stunde und mehr, zu benötigen. Dabei wächst die Belastung mit dem Alter an: Bei den Kindern, die angaben, 30-45 Minuten für ihre Hausaufgaben zu benötigen, waren lediglich 22 Prozent unter 11 Jahre alt. Bei denjenigen, die mehr als 45 Minuten dazu brauchten, waren alle ausnahmslos 11 Jahre oder mehr alt. Recht hoch ist zudem die Zahl der Kinder, die zusätzlich noch Therapien oder Nachhilfe für sich beanspruchen. So besuchten 11,06 Prozent eine Therapie, 9,36 Prozent Nachhilfestunden, was zusammengenommen bedeutet, dass mehr als ein Fünftel der Kinder zusätzlich zum Schulunterricht spezielle Fördermaßnahmen benötigten.

Damit ist ein wesentlicher Teil der organisierten Freizeit der Kinder beschrieben. Generell zeigt sich daran, dass heutige Kinder durch Schule und Freizeit kaum weniger belastet sind als ihre Eltern. Auch sie benötigen heute oft einen Terminkalender, um die Woche zu planen. Bei einer Minderheit von Kindern, die nebeneinander eine Unmenge von Aktivitäten betreiben, ist ein beträchtlicher Freizeitstreß abzusehen. In der Untersuchung wären dazu z.B. die folgenden vier Kinder zu zählen:

- Mädchen, 9jährig: Mädchenriege (2 Std. pro Woche), Geräteturnen (2 Std.), Crawlkurs (2 Std.), Trommeln (1 Std.), Flöte (1 Std.), Hausaufgaben (30 Min. pro Tag).
- Junge, 12jährig: Pfadfinder (4 Std.), Kunstturnen (2 Std.), Sonntagsschule (1 Std.), Freizeitclub (1Std.), Klarinette (1 Std.), Hausaufgaben (30 Min. pro Tag).
- Mädchen, 10jährig: Ballett (3 ½ Std.), Schwimmen (1 Std.), Piccolo (50 Min.), Klavier (50 Min.), Rock and Roll, Kung-Fu.
- Junge, 7jährig: Kunstturnen (2 Std.), CVJM (3 Std.), Musikschule (1 Std.), Hausaufgaben (40 Min. pro Tag).

Unterschiedlich ist aber auch die Intensität, mit welcher einzelne Aktivitäten betrieben werden. Meist handelt es sich um eine bis zwei Stunden in der Woche, bei den Pfadfindern und ähnlichen Gruppen um einen Nachmittag. In einigen Fällen erhält man indessen den Eindruck, dass ein ausgedehntes Training absolviert wird, welches die betroffenen Kinder recht stark absorbierten dürfte. So wurden zum Beispiel genannt: Kinderzirkus Robinson (8 Std.), Leichtathletikverein (6-7 Std.), Ballett (3½ Std.), Fußballclub (4-6 Std.)

Dies alles entspricht den Imperativen einer Erlebnisgesellschaft, welche den Modus des Wählens in den Vordergrund stellt, und wo schon Kindern und Jugendlichen immer mehr und stärkere Reize angeboten werden, je exotischer und ungewöhnlicher, desto besser. Es scheint zudem so, wie wenn diese Freizeittätigkeiten oft auch das Selbstbild der Kinder und Jugendlichen prägen (vgl. auch die Ausführungen zur Patchwork-Identität, S. 97ff.). Denn damit kann man sich von anderen Kindern unterscheiden und sich hervortun. Dies ist sozialisatorisch schon deshalb wichtig, weil es in der Berufswelt immer schwieriger wird, Tätigkeiten nach hierarchischen Kriterien leistungsorientiert abzustufen. So benutzt man zur Unterscheidung vermehrt Freizeitaktivitäten, um sich rangmäßig einzustufen. Oder man erhofft sich aus dem Freizeitbereich heraus eine Anreicherung an Karriere- oder Lebenschancen (um später vielleicht einmal aus einer sportlichen oder musischen Karriere finanziellen Profit zu ziehen).

Letztlich weisen die dargestellten Muster nochmals auf das veränderte Raum- und Zeitgefühl hin, das in jenen Milieus, welche mit erlebnisgesellschaftlichen Orientierungen verbunden ist, dominiert. Entfernungen sind geschwunden und die Mobilität stark angewachsen. Eine direkte Folge davon ist die Tatsache, dass schon bei Volksschulkindern die Zeit immer knapper wird. Subjektiv widerspiegelt sich dies darin, dass sich schon bei Kindern das Zeitgefühl beschleunigt hat, indem die Tage voll mit Aktivitäten ausgefüllt sind, und es nur eines zu vermeiden gilt: die Langeweile. Aber auch räumlich leben heutige Kinder in einer quasi „anderen" Welt. Denn es gibt nicht mehr den Nahraum, in welchem sich ein Kinderleben ganzheitlich und konzentriert abspielte. Dieser geschlossene Alltag scheint immer mehr überzugehen in einen funktionalisierten Alltag, der Orte bezeichnet, an denen bestimmte Tätigkeiten stattfinden. So entsteht eine Art Landkarte von biographisch bedeutsamen Plätzen, zwischen denen man hin und her pendelt. Im Sinne der Metapher vom „sozialen Heimathafen" ist es ein „verinseltes Dasein"; man geht vom Heimathafen aus und reist von einer Insel zur anderen, um bestimmte Angebote wahrzunehmen. Was dadurch verloren geht, ist ein ganzheitlicher Raum, weil der Weg zwischen den Inseln bedeutungslos wird (vgl. dazu Rolff/Zimmermann 1990, S. 139). Das gilt im Übrigen nicht weniger für das Erwachsenenleben, das sich ebenso „verinselt" zwischen Vergnügungsmeile, Einkaufszentren und -straßen, Ferienorten etc. abspielt.

Mobilität von Jugendlichen in Basel-Gundeldingen

Dass es sich im Fall der Bonstettener Ergebnisse nicht um zufällige Veränderungen von Kindheit und Jugend handelt, bestätigt eine Studie des geographischen Instituts der Universität Basel bei 253 Jugendlichen im Alter von 14-17 Jahren, die im Basler Quartier Gundeldingen lebten. Darin ging es insbesonders um die Mobilität der Jugendlichen, ihre Bewegung im Raum des städtischen Quartiers. Auch hier zeigt sich die verstärkte Mobilität heutiger Jugendlicher und die Verinselung der Bewegungsabläufe, die sich über verschiedene „Nischen" im Wohnquartier erstreckt, welche von Jugendlichen als Treffpunkte benutzt werden (z.B. Hinterhofeingänge, Rampen zu Unterführungen, Baumgruppen, Vorgartenabgrenzungen oder Straßenkreuzungen). So heißt es im Bericht: „Die Bewegungsachsen der befragten 14-17jährigen Jugendlichen verlaufen z.T. engmaschig (von Nische zu Nische im Wohnquartier), nicht aber in engen Grenzen. Der Bewegungsraum reicht über das Wohnquartier hinaus in die City wie auch in grüne Stadtrandbezirke hinein. Die genannten Nischen befinden sich oft an den Hauptachsen zwischen Schulort, Wohnort und den Orten der organisierten Freizeit" (Basler Freizeitaktion 1991, S. 11).

Ähnlich wie in der Bonstetten-Untersuchung wird auch bei den um mehrere Jahre älteren Gundeldinger Jugendlichen ein volles Tagesprogramm festgestellt. Gegen 50 Prozent der Befragten verrichten in ihrer Freizeit bereits Lohnarbeit. Dazu kommt auch hier ein großes Ausmaß von organisierten, kursähnlichen Aktivitäten. Zusammenfassend schreiben die Autoren: „Freizeit wird selten als wirklich freie Zeit verstanden, sondern als Element eines strukturierten Tagesplans. Folglich werden zusätzliche Aktivitäten von den Jugendlichen oft als Streß empfunden. Das Ausschöpfen ihrer Mobilität ist eine der letzten Möglichkeiten, unabhängig zu sein. Sie gelangen dabei an Orte, an denen eine Erlebniswelt besteht, in die sie nur noch hineinzutauchen brauchen“ (Basler Freizeitaktion 1991, S. 12).

Deutlich macht die Untersuchung, was Mobilität für diese Jugendlichen bedeutet – nämlich außer Haus und unterwegs sein zu den Nischen, die Jugendlichen im Stadtquartier zur Verfügung stehen. Diese Nischen werden von ihnen genau beobachtet und regelmäßig bzw. systematisch angelaufen: „Dabei wird geschaut, ob gerade jemand dort ist, um informelle Kontakte aufnehmen zu können (‚news‘ zu erfahren). Ihre Bewegungsräume entstehen also aus dem Bedürfnis nach Kommunikation und Information. Dies führt die Jugendlichen fast täglich – z.T. mehrmals pro Tag – zu ausgedehnten Reisen in die City, um ‚dabeizusein‘ oder um in Gruppen in grüne und freie Stadtrandgebiete zu ziehen, wo sie Raum für Bewegung und Spiel vorfinden“ (Basler Freizeitaktion 1991, S. 11). Gegenüber den kleineren Kindern zeigt sich hier gewiß ein Mehr an selbständiger Mobilität. So legen die Jugendlichen gemäß den Autoren dieser Untersuchung in kurzer Zeit oft große Distanzen zurück – sei es mit dem Fahrrad oder dem Mofa. Wird bei den Kleineren noch mehr kontrolliert, oder führen die Eltern selber die Kinder vermehrt herum, so verleiht die Bereitschaft, mobil zu sein und selbst entscheiden zu können, welche Richtung man einschlägt, den Schülern und Schülerinnen ein starkes Gefühl von Selbständigkeit und erlebter Freiheit.

Man kann sich fragen, wie dieser Trend zur Mobilität und zur früheren Emanzipation von der Familie einzuschätzen ist. Gewiß hängt er mit jenem tiefgreifenden Wandel der Familienstrukturen zusammen, der dazu führte, dass rund ein Drittel aller verheirateten Paare wieder geschieden werden und sehr viele Kinder damit rechnen müssen, nicht in jener Familienkonstellation groß zu werden, in die sie hineingeboren wurden. So erhalten sie im Verlauf ihrer Kindheit möglicherweise nicht nur neue Väter und Mütter, sondern auch neue Brüder und Schwestern. Ist die Familie aber in diesem Sinne von einer ökonomischen Gemeinschaft immer stärker zu einer instabilen gefühlsorientierten Gemeinschaft geworden, wo man sich wieder trennt, wenn die Gefühle erkaltet sind, so bedeutet das auch, dass es problematisch sein kann, wenn man sich zu stark an diese bindet. Denn um so schmerzvoller wird man den Verlust erleben.

Zudem ist nirgends bewiesen, dass die Sozialisationsbedingungen der traditionellen Kleinfamilie ein optimales Milieu des Heranwachsens garantieren. Sind es doch erst einmal nichts als Vorurteile, wenn generell behauptet wird, dass es Kindern schlechter geht, deren Mütter nicht den ganzen Tag zuhause seien, oder wenn Scheidungsfamilien mit dem Label des „broken home“ etikettiert werden, wo Kinder prinzipiell gefährdet seien. Dieser Mythos der Kleinfamilie ist nicht zuletzt von psychoanalytischer Seite gestützt worden, wo die Triebdynamik mit ihren entsprechenden väterlichen und mütterlichen Identifikationen schon in ihrer Konstruktion auf die vollständige bürgerliche Kleinfamilie als Sozialisationsagentur hin angelegt war. Demgegenüber wäre angesichts der immer häufigeren Fälle von Familien-Konstellationen, die von der früheren Normalität abweichen, festzuhalten, dass auch die neuen Formen des Heranwachsens Chancen bieten, indem sie gegenüber der emotionalen Enge mancher traditioneller Kleinfamilien offenere und differenzierte Beziehungen ermöglichen. Auch wenn Scheidung und Trennung für Heranwachsende oft schwierig zu verarbeiten sind, muß dies nicht bedeuten, dass die Folgen nur negativ sind und Stieffamilien oder Familien mit einem Elternteil lediglich als defizitärer Beziehungsmodus zu verstehen sind.

Ähnliches gilt für die Pädagogik: Im Gegensatz zur Postmanschen Verklärung der Kleinfamilie formuliert Giesecke seine These von der früheren Emanzipation der Kinder nicht konservativ – in einem Sinne, dass man unter allen Umständen versuchen müsse, die „Geheimnisse" einer kindlichen Kindheit zu bewahren; vielmehr versucht er, differenzierend abzuwägen und aus pädagogischer Perspektive auch Chancen einer „entkindlichten" Kindheit herauszustellen. So weist er darauf hin, dass die traditionelle Ideologie der Familie mit der darin eingeschlossenen Betonung des emotionalen Zusammenseins nicht nur Vorteile in sich barg (vergl. Giesecke 1985, S. 87ff.). Bei der These, wonach emotionale Intensität, die ja oft auch in Überbehütung umschlug, besonders wichtig sei für Kinder, handle es sich um eine Erfindung der Erwachsenen, nicht der Kinder. Die Dunstglocke der Psychologisierung, die inzwischen über der Familie liege, habe den Blick für ein angemessenes Verständnis von ‚pädagogischer' Verantwortung getrübt, nämlich für das, was Eltern wirklich vermöchten und was nicht. Keine noch so gute Erziehung habe je garantieren können, dass die Kinder später glücklich und erfolgreich seien, oder habe mit Sicherheit verhindern können, dass sie unglücklich oder kriminell wurden.

Mit anderen Worten: Das Ideal der traditionellen Familie als gleichsam natürliches Biotop für die Kindererziehung, kann sich leicht auch als Überforderung für die Beteiligten erweisen, weil daran emotionale Erwartungen und Perfektionsansprüche geknüpft werden, die im Alltag scheitern müssen. Giesecke setzt daneben eine Funktionsbeschreibung der „modernen Familie", die auch von Beziehungskonstellationen zu erfüllen sind, die nicht nach dem Muster der traditionellen Kleinfamilie organisiert sind: „Nicht die emotionale Intensität der Beziehungen innerhalb der Familie beziehungsweise zum Kind ist für seine Entwicklung das Wichtigste – die kann ihm bei Übertreibung eher schaden, insofern es ihr ohnmächtig gegenübersteht –, sondern die *soziale Zuverlässigkeit*. Kinder brauchen eine Familie – oder eine entsprechende Sozialform – als eine Art von ‚sozialem Heimathafen', als eine soziale Organisation also, zu der sie *unbedingt* gehören, aus der ihnen keine Entfernung oder Entlassung droht, in der sie selbst eine feste Position haben und die Kontinuität verspricht: morgen wird es genau so sein, wie es gestern war" (Giesecke 1985, S. 88).

Aspekte der Identitätsentwicklung

Nicht nur die Familie hat sich in den letzten Jahren gewandelt, auch das Muster der mit dem Aufwachsen verknüpften Lebensphasen hat sich verändert – was im Folgenden am Beispiel jenes charakteristischen Übergangs von der Kindheit zum Erwachsenenstatus dargestellt werden soll, der mit dem Begriff des „Jugendalters" bezeichnet wird. Insbesonders war die klassische Theorie der Identitätsentwicklung eng mit dessen Heraufkunft verbunden, wobei diese Lebensphase nach neueren Forschungen allerdings eine neuzeitliche Errungenschaft darstellt. Jugend als Moratorium zwischen Kindheit und Erwachsenenstatus, wo man sich ausprobieren und sich selbst werden konnte, wie es Erik Erikson (1966) beschrieb, kannten frühere Generationen höchstens als Privileg von höheren Schichten. Im allgemeinen verlief der Übergang ins Arbeitsleben abrupt – und wie die bis zum Ende des 19. Jahrhunderts übliche Kinderarbeit belegt, durchaus nicht an jener Grenze zwischen Jugendlichen- und Erwachsenenalter entlang. Wie Jürgen Zinnecker (1985) herausstellt, wurde die klassische Definition von Jugend über literarisierte Vorbilder aus höheren Schichten hinaus erst nach dem 2. Weltkrieg zum vorherrschenden gesellschaftlichen Entwicklungsmuster.

Auf dem Hintergrund des gesellschaftlichen Wandels der letzten Jahrzehnte scheint sich nun aber für das Jugendalter erneut ein tiefgreifender Wandel abzuzeichnen. Denn wenn sich die entscheidende Altersgrenze in der Erlebnisgesellschaft auf das vierzigste Jahr hin verlegt, so dürften sich 14- und 30jährige in vielerlei Hinsicht näher stehen als 30- und 50jährige. Es mag deshalb so erscheinen, dass „Jugend" als realisiertes Modell eines Generationenübergangs nur wenige Jahre lang bestimmend war und heute wieder durch neue Sozialisationsmuster abgelöst wird. Wie sich dies in der Theoriedebatte der letzten Jahre spiegelt, soll im Folgenden genauer dargestellt werden, wobei am Schluß im Zusammenhang mit Überlegungen zur „Patch-Work-Identität" wiederum auf die verstärkte Erlebnisorientierung heutiger Heranwachsender Bezug genommen werden soll.

Die Identitätsentwickung nach Erikson

Nach der klassischen Auffassung Eriksons (1966) kommt der Lebenskrise am Ende der Kindheit, der Adoleszenz, für die Ich-Entwicklung eine herausragende Funktion zu. Der Heranwachsende erhält im Rahmen eines „psychosozialen Moratoriums" die Gelegenheit, sich durch freies Rollen-Experimentieren zu erproben und durch dieses Experimentieren seine unverwechselbare Erwachsenenidentität zu finden. Dieser Prozeß ist in einem besonderen Maße konfliktreich, muß man doch die Kindheit auf eine ungewisse Zukunft hin verlassen. Nach Erikson ist es eine normative Krise, d.h. eine normale Phase vermehrter Konflikte, charakterisiert durch eine scheinbare Labilität der Ichstärke und gleichzeitig durch ein hohes Wachstumspotential, was bis zu Formen der Rollendiffusion gehen könne und zum Hinauslehnen der Jugendlichen über seelische Abgründe.

Aus seiner klinischen Erfahrung beschreibt Erikson Extremfälle psychopathologischer Identitätsstörungen, welche junge Menschen daran hindern, sich die von ihrer Gesellschaft vorgesehene institutionelle Karenzzeit zunutze zu machen. An diesen Fällen läßt sich auch ablesen, welche Krisen – in abgeschwächter Form – generell für die Jugendphase typisch sind. So wird z.B. der Zustand akuter „Identitätsdiffusion gewöhnlich dann manifest, „wenn der junge Mensch sich vor eine Häufung von Erlebnissen gestellt fühlt, die gleichzeitig von ihm die Verpflichtung zur physischen Intimität (die keineswegs immer deutlich sexuell sein muß), zur Berufswahl, zu energischer Teilnahme am Wettbewerb und zu einer psychosozialen Selbstdefinition fordern“ (Erikson 1966, S. 155).

Weitere Dimensionen dieser Krise können sein: Ein Intimitäts-Problem, indem der Jugendliche sich isoliert fühlt und lediglich in der Lage ist, sehr stereotype und formale Beziehungen zu anderen Menschen aufzunehmen; eine „Dissuasion“ der Zeitperspektive, indem sich der junge Mensch gleichzeitig fast babyhaft jung und zugleich uralt fühlt; eine Dissuasion des Werksinnes, welche unfähig macht, sich auf irgendwelche Arbeit zu konzentrieren, bzw. sich in eine exzessive und selbstzerstörerische Beschäftigung mit einseitigen Dingen auswächst; die Flucht in eine negative Identität, indem man sich allem widersetzt, was die Familie oder die Umgebung als gute, wünschenswerte Rollen nahelegen (vgl. dazu ausführlich Erikson 1966, S. 153ff.). Dennoch sollte es einem durchschnittlichen Jugendlichen möglich sein, diese Krisen zu überwinden und gestärkt daraus hervorzugehen, in dem Sinne, dass man sich im Durchgang durch die Jugendphase eine stabile Erwachsenen-Identität erwirbt.

Ursprünglich scheint dieses Modell des Übergangs vor allem auf reflektierende Jugendliche der Mittelschichten hin entwickelt worden zu sein, die noch nicht in den Arbeitsprozeß eingegliedert waren – also etwa auf den Prototyp grüblerischer Gymnasiasten, die in ihren ersten lyrischen Versuchen zwischen Omnipotenz und totaler Verlassenheit schweben, romantisierend von ihrer ersten Liebe schwärmen und die Suche nach dem Sinn ihres Lebens zelebrieren. Nach dem zweiten Weltkrieg schien es mit zunehmenden Bildungsansprüchen, dass dieses Modell der Sozialisation für eine immer größere Zahl von Heranwachsenden – weit über die traditionelle Gymnasiastenkultur hinaus – zutreffe. Als medial stilisierter Protagonist solcher Jugendlicher auf der Suche nach sich selbst (und in der Auseinandersetzung mit unverständigen Eltern) mag James Dean gelten (etwa in: „Denn sie wissen nicht, was sie tun“).

So vertritt Jürgen Zinnecker (1985) die These, dass eine Realgeschichte von Jugend erst in den fünfziger Jahren dieses Jahrhunderts begonnen habe.

Ein psychosoziales Moratorium im Sinne Eriksons, das Platz zur Gestaltung des eigenen Tagesablaufs und wenigstens der kurzfristigen Zukunft ermögliche, sei weder in der Lebensgestaltung noch in der frei verfügbaren Zeit der Jugendlichen in den 50er Jahren möglich gewesen. Erst das Zeitbudget der Jugendgeneration in den 80er Jahren läßt „das Aus- und Erleben eines psychosozialen Moratoriums zu. Als Beispiel aus unserer Jugendstudie können wir die bevorzugten Freizeittätigkeiten der Jugendlichen heute und damals nehmen. Die Jugendgeneration der 80er Jahre verzeichnet ein ausdifferenziertes Spektrum von Interessen und Wünschen für ihre Freizeit, die Jugendlichen der 50er Jahre – sowohl aus objektiver wie aus subjektiver Sicht – versperrt waren“ (Zinnecker 1985, S. 38).

Zur Kritik am klassischen Identitätskonzept

Wie weit die Jugendzeit jedoch heute noch durch Krisen bestimmt ist, erscheint in der Forschung umstritten. So geht James S. Coleman (1984) im Gegensatz zu Erikson davon aus, dass die Adoleszenz eine Periode relativer Stabilität darstellt. Zwar ist auch er davon überzeugt, dass während des Jugendalters Anpassungsleistungen nötig sind. Dennoch bedingt dies nicht eine tiefgreifende Identitätskrise. Vielmehr formuliert Coleman eine „Focal-Theorie“ der sequentiellen Differenzierung und Abarbeitung von Krisen, wonach Jugendliche diese Anpassung über eine ganze Reihe von Jahren ausdehnen, indem sie Probleme wie Ängste vor Zurückweisung durch Gleichaltrige, Ängste vor heterosexuellen Beziehungen, Konflikte mit den Eltern etc. zu unterschiedlichen Zeitpunkten angehen. Bewältigung von Konflikten bedeutet also nicht den Durchgang durch eine tiefgreifende Krise, sondern „dass sie das dadurch bewältigen, dass sie sich immer nur einem Problem zu einer Zeit zuwenden“ (Coleman 1984, S.66).

Im deutschsprachigen Raum wäre in diesem Zusammenhang auf die empirischen Arbeiten von Döbert/Nunner-Winkler (1975) und von Nunner-Winkler (1985) zu verweisen. Nunner-Winkler (1985) besteht zwar im Grundsatz auf der Krisenhaftigkeit der Adoleszenz, zeigt aber auf, dass solche Krisen auf verschiedene Weise – eher ausagierend oder reflektierend – abgearbeitet werden können. Und sie macht deutlich, dass Krisen in unterschiedlichen Stadien der Adoleszenz manifest werden können – etwa wenn sie feststellt, dass die von ihr untersuchten 14-15jährigen Jugendlichen deutlich weniger (nur 1/3) Krisensymptome als die älteren Jugendlichen benannten. Nunner-Winkler kommentiert: „In der Gruppe der jüngeren Befragten sind also vermutlich ‚krisenfreie‘ Jugendliche enthalten, die im Verlauf ihrer weiteren Entwicklung durchaus noch eine heftige Krise erfahren mögen“ (Nunner-Winkler 1985, S. 51f.). Zusammenfassend scheint mir dies darauf hinzuweisen, dass Adoleszenzerfahrungen unterschiedlich verarbeitet werden, oft nicht im Rahmen der einen großen Adoleszenzkrise, sondern indem Krisen sequentiell abgearbeitet werden – wobei eine beträchtliche Anzahl von

Jugendlichen keine größere Krise durchmachen. Vielleicht werden für manche von ihnen Orientierungs- und Anpassungskrisen erst später – zur Lebensmitte hin – virulent.

Aber auch die Bedeutung der Krise ist – je nach Kreis der Jugendlichen – sehr unterschiedlich. Am Beispiel der Einstellung zur Bundeswehr arbeitet Nunner-Winkler (1985) heraus, dass die besser gebildeten männlichen Jugendlichen mit einer mehr reflektorischen Krisenerfahrung sich gegen gesellschaftlich vorgegebene Prioritätensetzungen wenden, wonach Menschenleben zur Verteidigung bestimmter Lebensformen einzusetzen sind. Gegenüber dieser gesellschaftskritischen Einstellung wehren sich die weniger gebildeten Jugendlichen[27], welche ihre Adoleszenzkonflikte durch Ausagieren bearbeiten, vor allem gegen die Zumutungen, welche mit Rollen in totalen Institutionen verbunden sind. Ihnen geht es also nicht um Gewissenskonflikte, sondern um konkrete Pflichten und Forderungen, die mit der Soldatenrolle verknüpft sind: sie wollen sich nicht der Kommandogewalt unterordnen oder verwehren sich gegen den Drill.

Noch weiter reicht die Kritik Jürgen Zinneckers. Er geht zwar – wie weiter oben dargestellt –, von der These aus, wonach die Realgeschichte des Jugendalters erst in den 50er Jahren beginne, fügt aber im Nachsatz hinzu, dass diese damit auch gleich am Ende angekommen sei; denn die fünfziger Jahre seien gleichzeitig „der Anfang vom Ende der Jugend" (Zinnecker 1985, S. 39). Insbesondere könne man heute kaum noch behaupten, dass Jugend in einem pädagogisch behüteten Schutzraum stattfinde; sie sei gegenwärtig weder pädagogische Provinz noch psychosoziales Moratorium. Analog zu Gieseckes These von der immer früheren „Emanzipation" der Kinder von der Familie betont Zinnecker: „Jugendliche befreien sich aus gewissen pädagogischen Kontrollen des Elternhauses, ‚geheime Miterzieher', wie es zeitgenössisch hieß, melden sich zu Wort und wollen Jugendliche früh und gründlich in die gesellschaftliche Pflicht nehmen" (Zinnecker 1985, S. 40).

Aufgrund der von ihm geleiteten Shell-Jugendstudien kommt Zinnecker überdies zum Schluß, dass Jugendliche in den 80er Jahren Erfahrungen um Jahre früher machen wie die Generation der 50er Jahre. Dies betrifft zum Beispiel erste sexuelle Erfahrungen oder die Erfahrung der Tanzstunde als Initiationsritus. Während in den 50er Jahren die Jungen zwischen dem 16. und dem 20. Altersjahr, die Mädchen zwischen dem 17. und dem 20. Altersjahr erste Erfahrungen mit dem andern Geschlecht machten, hat sich dieser Zeitraum in den 80er Jahren um mehrere Jahre nach unten verschoben: „Jungen sammeln laut eigenen Angaben erste Erfahrungen zwischen dem 14. und 17. Altersjahr, Mädchen zwischen dem 15. und 18. Lebensjahr. Zur Tanzstunde gehen heutige Jugendliche – es sind damals wie heute rund 50 Prozent – durchschnittlich zwei Jahre früher. Besonders bei Mädchen hat

27 An diesem schichtspezifischen Bezugsraster fällt auf, dass es in seiner Unterscheidung analog zu jenen Haltungen ausfällt, die Schulze (1992) mit dem Selbstverwirklichungs- und dem Unterhaltungsmilieu (vgl. S. 79 in diesem Buch) charakterisiert.

sich das Alter vorverlegt (von 16 auf 14 Jahren)“ (vergl. Zinnecker 1985, S. 41).

Stellt man in diesem Sinne die klassische Grenze zwischen Jugendlichen und Erwachsenen in Frage, so ist allerdings zu beachten, dass die Aufweichung nicht nur „von unten“ erfolgt. Verschiebt sich nämlich die Alterssegmentierung auf neue Grenzlinien hin, so bedeutet dies, dass auch von dem Segment der Erwachsenen, welches den jüngeren Milieus zugerechnet wird, ein entsprechender Druck ausgeht. In diesem Sinne wäre die Beobachtung Zinneckers zu interpretieren, wonach die Erwachsenen zwischen 45 und 54 die große Überraschung der „Jugendstudie 84“ gewesen seien. Im Vergleich zu ihrer eigenen Jugend in den 50er Jahren habe diese Generation nachgelernt. Heute seien diese Erwachsenen z.T. an manchen Fragen interessierter und informierter, sie seien modischer ausgerichtet und äußerten sich in ihren Einstellungen liberaler als in ihrer eigenen Jugend. Sogar der Anteil derer, die selbst Sport treiben, sei im Alter von 50 Jahren höher als in der Zeit um das zwanzigste Lebensalter. So kommt Zinnecker zum Fazit: ‚Alt‘ im heutigen Sinn wirken die Jugendlichen der 50er Jahre. Die Erwachsenen der 80er Jahre sind in unserer Untersuchung der heutigen Jugendgeneration viel näher als ihrer eigenen Jugendzeit“ (Zinnecker 1985, S. 42f.).

Auch dies stellt die Adoleszenz als eine Art Initiationsritus von Jugendlichen in die Welt der Erwachsenen in Frage. Denn offensichtlich ist diese Erwachsenenwelt selbst von Werten der Jugendlichkeit geprägt, und viele jüngere Erwachsene fühlen sich den Jugendlichen in ihren Lebensstilen näher verbunden als den älteren Erwachsenengenerationen. In ähnlichem Sinn betont Dieter Lenzen (1991), dass die ausbleibenden Transitionsriten von Lebensphase zu Lebensphase die Menschen gleichsam mental in der ersten Lebensphase zurückhielten. Dies bedeute eine strukturelle Expansion der Kindheit in unserer Kultur: „Auch dort, wo Menschen der westlichen Industrienationen die extrem verlängerte Phase des Ausbildungsprozesses hinter sich gelassen haben, versuchen sie wenigstens symbolisch, sich die Attribute der Jugendlichkeit zu sichern, angefangen von der Selbstdarstellung des ‚jugendlichen‘ Körpers bis zur Erzwingung eines ‚jugendlichen‘ Lebensstils aus spezifischen Vergnügungen, Reisen, Promiskuität usw.“ (Lenzen 1991, S, 45).

Damit wären wir wieder nahe bei den Überlegungen zur Erlebnisgesellschaft angelangt; scheint es doch plausibel, dass Jugendlichkeit für die Älteren zu einem positiven Wert wird, wenn sich diese selbst bis zu einem gewissen Grad den neuen action- und spannungsorientierten Milieus zugehörig fühlen. Im Sinne Colemans könnte dies zudem bedeuten, dass auf dem Hintergrund der gemeinsamen alltagsorientierenden Einstellungsschematas auch die Orientierungskrisen im Übergang von der Kindheit zum Jugendalter biographisch weiter erstreckt werden können und sich nicht auf die Zeitspanne des klassischen Jugendalters im zweiten Lebensjahrzehnt beschränken müssen.

Eine zweite mehr psychologische Linie der Kritik, die mit den bisher diskutierten Befunden im Grundsatz weitgehend übereinstimmt, wäre anhand jener Arbeiten zu diskutieren, die seit der Mitte der siebziger Jahre den Narzißmus in den Mittelpunkt ihrer Betrachtungen zur Jugendforschung stellten und dabei die Theorie vom „neuen Sozialisationstyp“ formulierten (vgl. Ziehe 1975). Auch in dieser Diskussion geht es um den Generationenwandel, allerdings unter der kritischen Perspektive der an den Idealen der 68er Bewegung orientierten Linken. Insbesondere erwies es sich in den siebziger Jahren, dass die nachwachsende Generation die Revolte der Achtundsechziger nicht mehr mitzutragen begann. Die damalige „linke“ Pädagogik, welche in ihrer Kritik spätkapitalistischer Verhältnisse insbesondere die Schulkritik einbezogen hatte und davon ausgegangen war, dass Emanzipation vor allem durch das „verordnete, kasernierte, entfremdete Lernen“ verhindert werde, war mit einer neuen Schülergeneration konfrontiert, die auf solche Thesen nicht mehr anzusprechen schien. Der moralische Diskurs der enttäuschten Linken machte daraus schnell eine Schuldzuschreibung: „Vom autoritären Scheißer zum oralen Flipper“ lautete das einprägsame Motto, welches Herbert Stubenrauch prägte. Und er beschrieb diese „neue“ Jugend in einer psychoanalytischen Terminologie, die hinter ihren sublimen theoretischen Begriffen nur schwer die pure Enttäuschung versteckte: „Nicht mehr gilt offenbar der klassische Freud-Satz: ‚Wo Es war, soll Ich sein‘ und seine Ergänzung: ‚Wo Über-Ich war, soll Ich werden‘, die den politischen Kampf z.B. der Studentenbewegung als zielgerichtete Revolte auch kennzeichneten. Sondern: unmittelbare Bedürfnisbefriedigung hier und jetzt (‚Hab keinen Bock drauf‘ – ‚Mir stinkt's‘ – ‚Scheiße‘ – ‚Politisierung über den Bauch‘ usw.) setzt für relativ kurze Zeit produktive Energie in Bewegung, die, sobald sie auf eine dieser Bewegung sich versperrende Realität trifft, über blinde Wut in lähmende Apathie umschlägt. Sie wollen, können nicht, aber sind bedürftig, wie alle, die unter diesem ‚Heranwachsen im Widerspruch einer kapitalistischen Warengesellschaft‘ leiden, die ‚sich einbringen‘, um zu ändern, die ‚kaputt machen wollen, was sie kaputt macht‘ und dabei wider Willen zu Kaputtniks werden und gemacht werden“ (Stubenrauch 1975, S. 10).

Bewußt ist diese Passage ausführlich wiedergegeben worden; denn mit der plakativen Zuteilung von „gut“ und „böse“, „progressiv“ und „reaktionär“, wird unversehens deutlich, wie stark diese Kritik an den neuen Sozialisationsmustern der Jugendlichen von ideologischen Gesichtspunkten her bestimmt war. Schließlich erscheinen hier die Achtundsechziger als ichstarke Persönlichkeiten, während ihre jüngeren Nachfolger es nicht mehr schaffen, die Energie des „Es“ in ein „Ich“ umzuwandeln. Andere Autoren argumentieren subtiler; dennoch scheinen im Konzept des „neuen Sozialisationstyps“ generell ähnliche Argumentationsmuster durch.

Dabei wäre erst einmal zu fragen, ob Identitäten früher wirklich „stabiler“ waren. Ist es nicht eher zu vermuten, dass es sich um ein in psychoanalytischer Begrifflichkeit verbrämtes Vorurteil handelt, wenn aus einer veränderten psycho-strukturellen Entwicklung gleich auf eine Abschwächung des Ichs gefolgert wird, die in ihren Konsequenzen schon fast Lebensuntüchtigkeit unterstellt? So heißt es bei Döpp: „Was diesen ‚neuen Sozialisationstyp' vom ‚klassischen' Genitalcharakter unterscheidet, ist nicht nur seine psychostrukturell narzißtische Dominanz; er unterscheidet sich auch durch eine veränderte (geschwächte) Funktion des Ichs. Die Schwächung des Ichs und ein vom Ich ‚abgekoppeltes' Ich-Ideal mit extrem hochfliegenden Ansprüchen geben diesem Typus – im Unterschied zum autoritären Charakter – ein hohes Maß an struktureller Flexibilität bzw. erzeugen einen Mangel an psychostruktureller lebenslanger Konsistenz" (Döpp 1975, S. 25).

Narzißmus als Problem der gegenwärtigen Form der gesellschaftlichen Sozialisation hat auch Richard Sennett (1983) in seiner Studie zum Verfall und Ende des öffentlichen Lebens diagnostiziert. Vor allem hat er das Anwachsen einer „intimen" Einstellung zum Leben beobachtet, die zu einem Bestreben führe, sich über das Erlebnis menschlicher Wärme und in der Nähe zu anderen zu definieren. Weil wir dahin gekommen seien, psychologische Wohltaten in allen unseren Erfahrungsbereichen zu erwarten, komme es uns vor, als lasse uns die Außenwelt, die „objektive" Welt im Stich; sie wirke schal und leer. Damit aber hebt sich die Grenze zwischen privater und öffentlicher Sphäre auf. Die Gesellschaft erscheint nur so weit als „bedeutungsvoll", wie sie mit den psychischen Kriterien der „Intimität" in Übereinstimmung zu bringen ist. Den „Verfall einer öffentlichen Lebenswelt" sieht Sennett etwa in der Politik: „Uns mag klar sein, dass die Aufgabe eines Politikers darin besteht, Gesetze zu entwerfen und sie auszuführen, aber seine Arbeit beginnt uns erst zu interessieren, wenn wir die Rolle der Persönlichkeit im politischen Kampf wahrnehmen. Einen politischen Führer, der sich um ein Amt bewirbt, nennt man ‚glaubwürdig' oder legitim', man sieht also darauf, was für ein Mensch er ist, statt darauf, wie er handelt und welche Programme er vertritt" (Sennett 1983, S. 16). Und auch bei Sennett scheint die „narzißtische Charakterstörung" letztlich das Individuum zu lähmen: „Die ständige Steigerung der Erwartungen, so dass das jeweilige Verhalten nie als befriedigend erlebt wird, entspricht der Unfähigkeit, irgend etwas zu einem Abschluß zu bringen. Das Gefühl, ein Ziel erreicht zu haben, wird vermieden, weil dadurch das eigene Erleben objektiviert würde, es würde eine Gestalt, eine Form annehmen und damit unabhängig vom Selbst Bestand haben" (Sennett 1983, S. 376).

Sowohl die bundesrepublikanische Narzißmus-Debatte der siebziger Jahre wie Sennetts Kritik an der „Tyrannei der Intimität" haben gemeinsam, dass sie gleichsam eine psychologisierende Gesellschaftskritik versuchen, nachdem die ökonomisch-marxistische der Achtundsechziger-Generation nicht mehr zu greifen schien: An die Stelle von Prozessen des ökonomischen Kreislaufes, welche Emanzipation verhindern, treten nun diejenigen eines Kreislaufes psychischer Energie (bzw. mangelnder Energie). Verführerisch erscheint daran, dass diese Theorie durch viele Beispiele aus der empirischen Lebenserfahrung gestützt erscheint. Doch trotz der scheinbaren Plausibilität stellt sich die Frage, ob die dargestellten Phänomene allein aufgrund der psychischen Dynamik von narzißtischen Störungen zu erfassen sind. So fällt auf, dass sich viele dieser Merkmale auch auf dem soziologischen Hintergrund des Konzeptes einer Erlebnisgesellschaft erklären lassen. Wer sich aufgrund einer innengeleiteten Lebensperspektive am Modus des Wählens orientiert, rechnet die Dinge erst einmal seinem Ich zu, ist also primär an sich selbst und nicht an den „Objekten" interessiert. Es zählen für ihn konkrete sinnliche Erfahrungen in ihrer Einmaligkeit und weniger eine kontemplative Haltung, bzw. universalistische Qualitäten.

Dennoch muß dies nichts mit Störungen zu tun haben, welche durch die ihnen zugeschriebenen Eigenschaften einen fast krankhaften Touch erhalten. Allenfalls könnte man mit Thomas Ziehe eine gewisse „Früherwachsenheit" diagnostizieren, die aus dem Verschwimmen der früheren Generationsgrenze resultiert und in der „Unterstrukturiertheit" einen gegenläufigen Pol erhält: „Eine Lehrerin lädt Schüler des 12. Jahrgangs zu sich nach Hause ein, man will etwas kochen. Von den zehn Eingeladenen kommen nur fünf, davon drei erheblich später am Abend, das geplante Menü bricht still in sich zusammen. ‚Vergessen' sagen die anderen später, alle durchwegs freundlich. Ich bin mir bewußt, dass die jugend-advokatorische Diagnose linker Provenienz solche Unstrukturiertheit nicht selten als ermutigendes Signal einer Zivilisationsverweigerung deutet. Aber das hat mich noch nie überzeugt, zumal ich von genügend Jugendlichen weiß, die über die eigene Desorganisiertheit durchaus nicht glücklich sind" (Ziehe 1989, S. 63).

Möglicherweise zeigt sich an solchen Szenen auch eine gewisse Überforderung von Jugendlichen, wenn sie früh aus jenem Schonraum gerissen werden, der die Generationen zuvor nur schrittweise in die Gesellschaft entlassen hatte. Schließlich ist letztlich der Zwang des Wählens auch eine mühselige und streßbeladene Aufgabe: In der Erlebnisgesellschaft ist immer etwas los, man sollte überall dabei sein und darf sich nichts entgehen lassen. Das Paradoxe ist aber – und die Einsicht dazu muß meist erst mühsam erworben werden – dass man gerade dann vieles und wichtiges verpaßt, ja manchmal eigentümlich gelähmt erscheint, wenn man sich auf nichts mehr „richtig" einlassen kann.

Dennoch erscheinen jene impliziten Vorwürfe der Narzißmus-Debatte, wonach das starke Ich der traditionellen Sozialisation immer stärker aufgelöst würde, weit überzogen. Wenn etwa Döpp (im weiter oben wiedergegebenen Zitat) behauptet, strukturelle Flexibilität erzeuge einen Mangel an „psychostruktureller lebenslanger Konsistenz", so steckt darin bereits zum vorneherein ein Ressentiment gegen flexible Haltungen, die mit dem Geruch des Unpolitischen, Kompromißhaften verbunden scheinen. Demgegenüber ist vorerst einmal schlicht – und ohne Wertung – zu konstatieren, dass wir von einer zunehmenden Flexibilisierung der Ich-Strukturen auszugehen haben. Dass die „Beweglichkeit" von Triebkräften durchaus im positiven Sinne zur Lösung von Konflikten beitragen kann, hat im Übrigen schon Erikson gesehen. So schreibt er an einer Stelle: „Die Adoleszenz ist eine Krise, in welcher das Gefühl der Peinigung durch innere und äußere Forderungen oft nur bewältigt werden kann, wenn die Abwehrkräfte beweglich sind; der junge Mensch muß sich durch immer neue Experimente einen Weg suchen, auf dem er sich am besten betätigen und ausdrücken kann“ (Erikson 1966, S. 146).

Die Patchwork-Identität

Diese Flexibilisierung der Ich-Strukturen ist nun aber weniger von einem normativen Standpunkt her zu betrachten; viel wesentlicher erscheint mir, dass sie einen adäquaten Ausdruck für jene Anforderungen darstellt, welche die heutigen Lebensformen von den Heranwachsenden (wie auch von den Erwachsenen) verlangen. Denn wenn es früher noch möglich war, in Überwindung des Zustands der Unsicherheit und Orientierungssuche ein stabiles Gleichgewicht zu finden, indem man sich selbst in seinem Bezug zur Umwelt „lebenslang“ als „die- oder derselbe“ zu definieren vermochte, ist dies heute aus gesellschaftlichen Gründen immer schwieriger geworden. Man könnte sich sogar fragen, ob eine zu starre Identität nicht sogar kontraproduktiv wäre. Nur stichwortartig seien einige der erschwerenden Faktoren genannt:

- Berufliche Perspektiven sind angesichts des technologischen Wandels keine Lebensperspektiven mehr; vielmehr ist es zunehmend nötig geworden, flexibel mit Berufsidentitäten umzugehen und diese über Prozesse des Um- und Neulernens ein- oder mehrmals in seinem Erwachsenenleben zu verändern.
- Infolge der geschrumpften Arbeitszeit bestimmen sich die Menschen heute oft viel stärker durch die Freizeit wie durch den Beruf. Dies gilt auch von der Intensität her, mit welcher Aktivitäten besetzt und gelebt werden, indem oft das schöne Leben nach Arbeitsschluß an erster Stelle steht, um sein „eigentliches Ich“[28] zu beweisen (eher als verwegener Motorradfahrer, als Disco-Queen oder als begeisterter Surfer wie als braver Mathematik-Student oder als Bürofachkraft).
- Traditionen lösen sich zugunsten eines Wert- und Normenpluralismus auf. Daraus resultieren widersprüchliche Anforderungen an den einzelnen; je nach Situation, in welcher man sich bewegt, sollte man „ein anderer“ sein.

---

28 Das bedeutet selbstverständlich nicht, dass die berufliche Stellung unwichtig geworden wäre. Denn der Beruf schafft ja materiell erst die Voraussetzung, um an den oft teuren Aktivitäten der Freizeitgesellschaft zu partizipieren. Schließlich gehört es dazu, dass man die teuren Getränke in der In-Bar oder den Disco-Eintritt für die Freundin bezahlen kann. Man trägt auch vorwiegend entsprechende Marken-Kleidung und muß jenes Mountain-Bike unbedingt besitzen, das schon fast in der Preislage eines Kleinwagens liegt.

– Die Welt ist zunehmend unübersichtlich geworden; einfache Antworten, die dem eigenen Leben langfristige Orientierungslinien vermitteln könnten, findet man in einer komplexen Welt kaum mehr.

Angesichts solcher Perspektiven sind immer wieder Anpassungsleistungen notwendig; denn die einmal vorgenommenen Identifikationen tragen nicht mehr über das ganze Leben hinweg. Es muß für den einzelnen möglich sein, widersprüchliche Anforderungen an sich selbst flexibel auszubalancieren. Auf einen Nenner gebracht: eine instabile Balance des zwischen den eigenen Forderungen und der Umwelt vermittelnden Ichs erscheint in vielen Situationen angemessener als ein starres und stabiles Gleichgewicht, das auf die Umwelt erst dann reagiert, wenn die Katastrophe schon vorprogrammiert ist. In diesem Sinne müßte man heute eher von einer „Patchwork-Identität" (Elkind) ausgehen, also von einer Identität, welche gleichzeitig oder rasch hintereinander auf widersprüchliche Rollenerwartungen reagieren muß – wie zum Beispiel bei einem Jugendlichen, der sich in Diskussionen für Umweltschutz einsetzt, sich aber mit 18 gleich ein Motorrad wünscht, gegen die Polizei schimpft und dennoch leidenschaftlich gerne Krimis am Fernsehen schaut. Obwohl er die steifen Umgangsformen der „Spießer" haßt, besucht er gleichzeitig einen klassischen Tanzkurs, identifiziert sich daneben aber auch mit den Stars der Rap-Musik.

Unter solchen Bedingungen einen biographischen Lebenszusammenhang aufrechtzuerhalten und zu koordinieren, erfordert besondere Leistungen – man könnte dies als Aufrechterhaltung bzw. Balancierung eines instabilen Gleichgewichts bezeichnen. Es muß verhindert werden, dass am Schluß die einzelnen Teilrollen diffundieren bzw. dass multiple Persönlichkeiten entstehen, wie sie in der Psychiatrie beschrieben werden. Im Rahmen einer qualitativen Befragung von zwanzig Studenten und Studentinnen eines Seminars an der Universität Münster (Westfalen), welche dazu dienen sollte, präzisere Hypothesen zum Konzept der Patchwork-Identität zu generieren, wurden folgende Strategien erfaßt, die verlorene Kohärenz künstlich wiederherzustellen, bzw. mit dem instabilen Gleichgewicht zu leben:

– Die einzelnen Teilrollen, die jemand zu übernehmen hat, werden nicht mehr daraufhin überprüft, ob sie zur Kernidentität „passen", um sie dann zu integrieren oder als nicht-passend zu verwerfen. Vielmehr werden sie auseinandergehalten und je nach Situation unabhängig voneinander aktualisiert. Dazu gehört etwa die Aussage einer Studenten, wonach man herumexperimentiere, bis „man das richtige" gefunden habe – wobei nicht wichtig sei, ob sich alles miteinander vertrage. Weiterhin verdeutlicht auch folgendes Zitat diese Haltung: „Mit unterschiedlichen Bekannten gehe ich verschieden um. Dabei verlasse ich nicht meinen Standpunkt, drifte aber dennoch von ihm ab, um mit diesen Leuten auch wieder das Erlebnis zu erfahren: Wir sind einer Meinung." Gerade diese Aussage verdeutlicht, wie schwierig es im Einzelnen sein kann, von einem Standpunkt situationsflexibel abzuweichen, ihn aber dennoch auf irgendeine Weise durchzuhalten.

- Widersprüche werden stehen gelassen und – wenn nötig – durch „Hilfskonstruktionen" argumentativ überbrückt (nach dem Motto: „Ich möchte mich nicht einseitig festlegen"; „verschiedene Situationen stellen unterschiedliche Anforderungen"). Dazu gehört z.B. jene Passage in der Antwort eines Studenten zur Legitimation der Bundeswehr, wo deren Notwendigkeit „bei allen Schwächen und Mängeln" zugestanden wird – um dann noch eine *utilitaristische* Komponente hinzuzufügen: Schließlich sei sie „letztlich auch die Grundlage des Studiums". Utilitaristisch ist auch die Argumentation im Kosten-Nutzen-Schema: „Der Kosten-Nutzen-Effekt ist nicht unwichtig; mein persönliches Interesse spielt mit, und ein großer Anteil ist Notwendigkeit, der ich gern entspreche (wobei ich ihr auch den Tribut zollen muß)." Eine andere Studentin setzt auf *Dezision*, bzw. die bloße Kraft der persönlichen Entscheidung: „Wenn ich auf Widersprüche stoße, entscheide ich mich. Ich kann mir nicht vorstellen, in einem derartigen Widerspruch zu leben." Oder man deklariert *Inkonsequenz* als läßliche Sünde, mit der gut zu leben ist („ein Ausrutscher"). Schließlich könne man sich der Konsumgesellschaft ohnehin nicht entziehen.
- Widersprüchliche Anforderungen werden räumlich und zeitlich unabhängig voneinander abgearbeitet, indem sie in verschiedene Szenen verlegt und zeitlich hintereinandergeschaltet werden. Dazu gehören Aussagen wie diejenige, dass unter der Woche bei Freunden andere Werte Geltung hätten als am Wochenende bei den Eltern zuhause. So meint ein Student: „Wenn ich mit Freunden einmal eine Vorlesung blocke, erfahren es meine Eltern nicht." Jemand nennt auch das Jobben, wo auf dem Bau oder beim Ernten in der Landwirtschaft ganz andere Kriterien gälten als im Studium.
- Im Rahmen dieser Untersuchung nicht abgefragt, aber dennoch wichtig erscheint eine weitere Strategie: Teilidentitäten werden an äußerlich sichtbare ästhetisierte Attribute bzw. „Stile" gebunden (Kleidung, Accessoires, bestimmte Gegenstände wie Motorrad, Surfbrett, Mountain-Bike). Damit wird Identität auf plakative Weise sinnlich wahrnehmbar. Sie muß weder hinterfragt noch problematisiert werden – auch wenn sich dahinter ein erhebliches Maß an Unsicherheit verbergen sollte. Insbesondere ist es dann aber auch möglich, mittels Austausch der Attribute eine neue „Identitätsrolle" zu besetzen. Ein Beispiel dafür wäre etwa der kaufmännische Lehrling, der nach Arbeitsschluß Anzug und Krawatte auszieht und sich in einen Freizeit-Punker verwandelt – aber auch der brave Familienvater, der am Wochenende zum Motorrad-Freak „mutiert".

Dass diese Patchwork-Identität auch ihre Schattenseiten hat – gerade bei Jugendlichen, welche mit der damit verbundenen Verunsicherung nicht fertig werden und daraus Fluchtmöglichkeiten suchen (z.B. in die Drogen oder in die einfachen Gewißheiten von fundamentalistischen Überzeugungen) braucht nicht eigens betont zu werden. Der amerikanische Psychologe David Elkind, der den Begriff des „Patchwork-Selbst" in die Diskussion eingeführt hat, sieht diesen jedenfalls unter dezidiert negativen Prämissen. Er befürchtet, dass Jugendliche überfordert sind, wenn Wertmaßstäbe, Haltungen und Gewohnheiten in dieser Form im Konflikt miteinander stehen: „Jugendliche mit einem Patchwork-Selbst benehmen sich oft, als müßten sie sich immer und überall entscheiden, ob sie den Anforderungen anderer nachgeben oder für sich selbst einstehen sollen. Zudem ist ihre Selbstachtung gering, weil sie sich selbst nicht leiden können, wenn sie nachgeben, aber auch nicht, wenn sie sich anderen gegenüber behaupten“ (Elkind 1990, S. 234). Dem wäre indessen entgegenzuhalten, dass – wie am Beispiel der Münsteraner Studierenden dargestellt – Jugendliche und junge Erwachsene durchaus Strategien finden, um Situationen von Unsicherheit souverän zu bewältigen. Und auch die mangelnde Selbstachtung scheint nicht unbedingt ein zentrales Problem des Aufwachsens in der Erlebnisgesellschaft zu sein; gibt es doch gerade unter Jugendlichen eine eigentümliche Lust an der ästhetischen Stilisierung von Rollen und Identitäten.

Ernster zu nehmen ist die Kritik am Zusammenhang von Streß und Patchwork-Selbst, den Elkind (S. 1990, S. 234) herstellt. Denn wenn in der Erlebnisgesellschaft immer stärkere Reize aufgesucht werden, um sich innenorientiert die Konzeption eines „Ich“ entwerfen zu können, und wenn der Mangel an überdauernder Orientierung zu innerer Leere anwächst, dann bedeutet das, dass man rastlos unterwegs ist, um zu starken Erlebnissen zu kommen – die dann am Schluß doch nicht befriedigen. Schon Schulze hat in seinen Ausführungen zur Erlebnisgesellschaft darauf hingewiesen: „Erlebnisorientierung wird zum habitualisierten Hunger, der keine Befriedigung mehr zuläßt. Im Moment der Erfüllung entsteht bereits die Frage, was denn als nächstes kommen soll, so dass sich Befriedigung gerade deshalb nicht mehr einstellt, weil die Suche nach Befriedigung zur Gewohnheit geworden ist“ (Schulze 1992, S.65).

Zusammenfassung

Zum Schluß dieses Kapitels soll nochmals ein konzentrierender Bogen von der Medienentwicklung bis zur Herausbildung von Erlebnisgesellschaft und „neuen“ Identitäten geschlagen werden. Bezieht man sich auf die Überlegungen Neil Postmans, so stellt der Faktor „Kommunikation“ und dessen Technisierung durch vermittelnde Medien den bestimmenden Antrieb dar, der dazu führte, dass die behütete Kindheit des 19. und 20. Jahrhunderts wieder zu verschwinden beginnt. Die Theorie der Erlebnisgesellschaft stellt diese Entwicklung indessen auf einem breiteren Hintergrund ökonomisch-kulturellen Wandels dar. Bezieht man nämlich die ökonomischen Veränderungen der letzten Jahrzehnte ein, dann zeigt es sich, dass unter Bedingungen, wo die Arbeitsperspektiven des einzelnen im technologischen Wandel nicht mehr Perspektiven für das ganze Leben abgeben, und wo der gelernte Beruf oft schon wenige Jahre später massiven Qualifikationsumschichtungen unterworfen ist, die Flexibilisierung von Identitäten eine angemessene Strategie ist. Aus demselben Grund erscheint es auch rational für das Selbstkonzept der Individuen, wenn sie Identitäten stärker mit Freizeitaktivitäten verknüpfen, die heute oft eher noch langfristige Perspektiven abgeben wie Berufsrollen.

Die Abwertung der Arbeitssphäre für die Bildung von Identitäten wird zudem strukturell durch die generelle Tendenz zur Verkürzung der Arbeitszeit unterstützt, wie auch durch die Ausdehnung der Lebensphase von Bildung und Ausbildung, die sich immer mehr ins dritte Lebensjahrzehnt hinein ausdehnt – je wichtiger in Zeiten langfristiger Sockelarbeitslosigkeit Bildung als Parkplatz für einen Teil der aktiven Arbeitsbevölkerung wird, bzw. je stärker der Wunsch nach einer weiterführenden Ausbildung in immer breiteren Schichten der Bevölkerung an Boden gewinnt.

Dies alles sind Gründe, welche das von Postman beklagte „Verschwinden" der Kindheit mitbeeinflussen. Denn damit verliert der Einschnitt zwischen Kindheit und Erwachsenenalter an gesellschaftlicher Bedeutsamkeit. Kinder wie der pfiffige Kevin im amerikanischen Spielfilm „Home Alone" haben sich damit herumzuschlagen, dass ihre Eltern weiterhin von der Annahme ausgehen, dass ein 10jähriger ein Kind sei (vgl. dazu: Steinberg/Kincheloe 1997, S. 17). Der „Einstieg" ins Erwachsenenleben erscheint indessen nicht mehr als eine klar identifizierbare Grenze, die mit bestimmten Formen der Initiation zu verknüpfen ist; vielmehr wird er unscharf und fließend: Wann wird man erwachsen: mit der politischen Mündigkeit, beim Einstieg in einen Beruf, oder – im Fall von Studenten – erst nach einem Fachhochschul- oder Universitätsstudium? Oder gibt es noch andere Kriterien, die dafür in Anschlag gebracht werden können?

Wo indessen solche Grenzen verschwimmen, wird es auch immer schwieriger, Felder zu definieren, in denen klare Unterschiede zwischen Kindheit und Erwachsenenleben bestehen geblieben sind. Der Bereich des Wissens und der „Geheimnisse" des Erwachsenenlebens ist denn auch automatisch in die Erosion der alten Generationenunterschiede hineingerutscht. Postman ist zuzustimmen, wenn er beobachtet, dass die elektronischen Medien zur Auflösung dieser Grenzen beitragen, indem sie Kindern und Erwachsenen unterschiedslos Zugang zu ihren Programmen gewähren. Die Medien sind denn auch mit ein Faktor, dass Kinder heute nicht mehr so einfach von den spezifischen Themen der Erwachsenenwelt (wie z.B. Sex, Pornographie, Krieg und Politik) ferngehalten werden können – wie es auch kaum mehr in der Hand von Eltern und Erziehern liegt, sie in ihrer Entwicklung „dosiert" und schrittweise an die einstmaligen „Tabuzonen" heranzuführen.

Allerdings darf dies nicht so interpretiert werden, wie wenn die elektronischen Medien allein die Verursacher der „Entkindlichung" der Kindheit wären, bzw. „Schuld" für die Zerstörung einer spezifischen Kinderkultur zu übernehmen hätten. Denn durch die frühe Emanzipation der Kinder von der Familie (Giesecke) und die damit verbundene verstärkte generelle Mobilität der Kinder wird das traditionelle Bewahrkonzept der Kindererziehung mindestens genauso herausgefordert. Auch wenn die Medien es am handgreiflichsten demonstrieren, dass die „Geheimnisse" der Erwachsenenwelt gefallen sind, so steht dahinter die allgemeine Haltung, Kinder nicht mehr so lange in der Illusion einer bewahrenden oder – despektierlicher ausgedrückt – einer „heilen" Welt zu belassen.

Dass das Fernsehen in den letzten Jahren als „Tabubrecher" besonders heftig in die pädagogische Diskussion geriet, erscheint dennoch kaum überraschend – zumal die Ausdehnung der Programmvielfalt durch die privaten Sender nicht unbedingt mit einer Verbesserung der Qualität der Fernsehprogramme einherging. Zudem dürfte gerade das Fernsehen den Eindruck der Aufweichung klarer Wertorientierungen und Grenzlinien mit seinen buntschillernden Programmen gefördert haben: Tagesschau, Talkshows und Dokumentationssendungen konfrontieren die Zuschauer oft innert weniger Minuten mit verschiedensten Werthaltungen und Einstellungen. Nebeneinander kommen die Überzeugungen wertkonservativer Traditionalisten und Anhänger sexueller Libertinage zu Wort. Konservative Nationalisten folgen auf Linke, Skinheads und Grüne. Dabei geht es kaum noch darum, im Sinne eines traditionellen Bildungsmediums den Zuschauern Hilfe bei der Beurteilung der Welt und ihrer Phänomene zu geben; vielmehr interessieren schrille, auffallende Positionen oder die Art und Weise, wie Meinungsstreit mit Rhetorik, aber auch mit Gebrüll und persönlichen Beleidigungen ausgefochten wird, während die einzelnen Meinungen inhaltlich belanglos werden. In einer Welt der dominierenden Innenorientierung geht es eben viel mehr um die Souveränität (das „Wie"), mit der eine Botschaft „hinübergebracht" wird, als um die Aussagen und Inhalte (das „Was"). So scheinen die Fernsehdiskussionen heutzutage eher dem Muster des unterhaltenden Infotainments – mit seinen starken Reizen – zu folgen als dem traditionellen sonntäglichen Frühschoppen, wie ihn Werner Höfer einmal moderierte.

Nicht zu unterschätzen ist zudem auch die Funktion der Medien, Modelle und Beispiele für jenes schöne Leben zu liefern, das mit der Erlebnisgesellschaft verbunden ist. Das Action-Schema, wie es Gerhard Schulze (1992) formuliert, ist nicht nur in Karatefilmen, Action-Serien und Krimis wie Miami Vice präsent. Dazu gehört das Lebensgefühl der Beschleunigung, das gerade in Sendungen für jüngere Zuschauersegmente präsent ist – prototypisch verkörpert im Video-Clip oder auch in Werbebotschaften, welche für eine Geschichte meist kaum mehr als eine halbe Minute zur Verfügung haben. Aber auch Serienfilme treiben mit ihren Action-Elementen und der Unterbrechungswerbung die Storys immer wieder in kürzerem Abstand zu Höhepunkten, wobei die Rasanz des Geschehens durch die verwendeten Schnitttechniken und einen vorwärtstreibenden Musikteppich noch erhöht wird.[29] Ob „A-

29 Auch dieser Musikteppich hat im übrigen seine alltägliche Entsprechung – im Walkman, der überall hin mitgeführt wird oder in der allgegenwärtigen Hintergrundmusik in Einkaufszentren.

Team", „Baywatch" oder „Beverly Hills 90210", die dort präsentierten Typen und Lebensgefühle scheinen jener Form des Lebens zu entsprechen, wie sie im Selbstverwirklichungs- und im Unterhaltungsmilieu beschrieben sind.

Gerade in solchen Sendungen finden sich auch für das Verschwinden der Kindheit vielerlei Belege. Fast symbolisch wird es in der Mini-Playback-Show als Verwandlung nachvollzogen: Erst unterhält sich die Moderatorin mit dem Kind, das dann anschließend durch eine Zauberkugel entschwindet, um gestylt auf sein Idol als „kleiner Erwachsener" wieder zu erscheinen, wobei es sich bis in die letzte Gestik und Mimik hinein mit diesem identifiziert. Sechs- bis Siebenjährige verwandeln sich so in Sekunden vom „unschuldigen Kind" in sexbetonte Stars aus der Popwelt. Dazu kommt die generelle Abschwächung des Unterschieds zwischen Kinder- und Erwachsenensendungen. So richten sich die von Kindern bevorzugten Serien wie Knight Rider, Airwolf oder Batman nicht allein an die heranwachsende Generation, sondern an ein breites Vorabendpublikum, das Kinder und Erwachsene unterschiedslos vereint. Hier kommt zum Tragen was Fiske (1989) die „Polysemie" eines offenen Programms nennt. Es handelt sich bei solchen Sendungen gewissermaßen um eine „Speisekarte", aus der unterschiedliche soziale Schichten und Generationen die ihnen gemäße Lesart auswählen können.

Viele der Sendungen des Kinder- und Jugendprogramms zeigen auch die Destruktion des bürgerlichen Ideals der Familie auf – mit schwachen Vätern und Müttern, die an ihren Gören verzweifeln. Schon in einer Fernsehserie wie „Alf" ist das Konzept der überlegenen Erwachsenen passé. Der Vater in dieser Familiensendung ist bezeichnenderweise Sozialarbeiter, ein hilfloser Helfer, der meist erfolglos versucht, seine Vorstellungen von Erziehung gegenüber seinen Kindern durchzusetzen. Alf dagegen, der Außerirdische vom Planeten Melmac, ist ein „ewiges" Kind, das für Action und Spannung sorgt. Daran könnte man den Streit fortsetzen, ob die Kindheit verschwindet, oder ob sich die Erwachsenenwelt vekindlicht. Behütet im Sinne traditioneller Erziehungskonzepte ist Alf jedenfalls nicht, sondern er versucht, mit List und Ausreden die Tücken des Alltags zu meistern – ob er von Familie Tanner zum Psychiater geschleppt wird, alles Mögliche aus Versandkatalogen bestellt oder ob er seine Nächsten wieder einmal mit seiner Lust auf ein Katzenmenu schockiert. Noch einen Schritt weiter in der Demontage der traditionellen Familie gehen „Die Simpsons", jene schrill gestaltete amerikanische Cartoon-Serie, in welcher die naiven Eltern gegenüber ihren cleveren Kindern schon zum vorneherein den Kürzeren gezogen haben. Erziehung als Vermittlung der „guten Sitten" des täglichen Lebens durch Ältere an die jüngere Generation scheint hier in ihrer Hohlheit entlarvt – und schon deshalb nicht mehr tragfähig, weil sie an den Kindern selbst scheitert, welche die Diskrepanz zwischen Schein und Wirklichkeit längst durchschaut haben.

Gerade die überzogene und humorlose Weise, wie konservative Kritiker auf solche Sendungen reagieren, belegen, wie gefährlich das Fernsehen manchen Vertretern traditioneller Positionen des Erziehens erscheint. Werner Glogauer, Pädagogik-Professor aus Augsburg, kommentiert „Die Simpsons":

Die Autoren „verfolgen die Absicht, Bildung systematisch zu entwerten und umzudeuten. So wird Barts Entmutigung als eine Tugend dargestellt, wenn er sagt: ‚Ich bin ein Versager, ja Mann, aber ich bin stolz darauf.‘ Anknüpfend an Vorurteile gegenüber Wissenschaft und eine um sich greifende Bildungsfeindlichkeit – ‚zu viel denken ist ungesund‘ (2. Folge) –, werden die ‚Genies‘ der zweiten Folge als kaltherzig, neunmalklug und arrogant dargestellt. Sie produzieren sich mit unsinnigen Fertigkeiten (z.B. Rückwärtssprechen) und haben das einzige Ziel, besser zu sein als die anderen und diese zu übervorteilen. Dazu paßt auch die von Vater Homer für seinen Sohn bestimmte Lebensperspektive: ‚Vielleicht machst du mal das, wovon alle Simpsons seit Generationen träumen: jemanden kräftig übers Ohr hauen‘“ (Glogauer 1993, S. 157).

Glogauer beweist mit seiner unfreiwillig komischen Attacke auf eine ironisch- persiflierende Fernsehserie, dass eine bloße Verteidigungshaltung gegenüber den veränderten Einstellungen zur Erziehung nicht ausreicht. Denn wenn sich Kinder heute früher von ihren Elternhäusern emanzipieren und immer früher mit anderen Wert- und Normvorstellungen in Berührung kommen, so heißt dies auch, dass die elterlichen Erziehungsvorstellungen sich schnell dem Vergleich mit alternativen Möglichkeiten ausgesetzt sehen. In diesem Zusammenhang kann es ein Verdienst solcher Sendungen sein, dass sie den Blick von Kindern und Erwachsenen gegenüber wenig legitimierten Autoritäten schärfen. Im Zeitalter von Alf und den Simpsons dürfte es denn auch immer schwieriger werden, ungedeckte Autoritätsvorstellungen in den Familien zu praktizieren, da diese von den Medien fortlaufend destruiert werden. Man mag dies als subversiv gegenüber nichtsahnenden Eltern und Erziehern kritisieren, welche in ihren Erziehungsvorstellungen durch das Fernsehprogramm unterlaufen werden. Doch wer befürchtet, dadurch seiner erzieherischen Autorität verlustig zu gehen, muß sich die Frage gefallen lassen, ob er nicht erst seine Vorstellungen von Erziehung zu hinterfragen hätte, bevor er sich der Medienschelte hingibt.

Die Medien und das Heranwachsen der Kinder

Im letzten Kapitel ging es um allgemeine Zusammenhänge zwischen Medienentwicklung und Sozialisation. Insbesondere wurde der gesellschaftliche Wandel und damit verbunden der Wandel intergenerationeller Entwicklungsmuster in den Mittelpunkt gestellt. Dabei ging der Rahmen der Erörterungen indessen bewußt über den engen Rahmen der Medien hinaus, um den Bezug zu Phänomenen wie der Erlebnisgesellschaft oder der Patchwork-Identität herzustellen. Im Folgenden soll der Blick nun aber im Speziellen auf die Medienforschung und ihre Resultate gerichtet werden. So sollen Fragen der Mediennutzung und der Wirkungsforschung behandelt werden – letzteres auf dem Hintergrund der wachsenden Kritik, welcher dieser Ansatz in den letzten Jahren ausgesetzt war. Geht die Wirkungsforschung oft von einem Ansatz aus, welcher die Rezipienten als passive Objekte der Medien betrachtet, so wird vor allem im letzten Teil dargestellt, wie sich Kinder aktiv „Fernsehfähigkeiten" aneignen.

Methodologische Vorbemerkung zur – pädagogisch orientierten – Medienforschung

Noch heute wird in praktischen Erziehungsratgebern die These vertreten, dass den Medien – und hier vorab dem Fernsehen – spezifische Wirkungen auf die Zuschauer zugeschrieben werden können. So behauptet etwa Reinhard Abeln (1989) in einer einschlägigen Broschüre, die Fülle der Informationen, die tagtäglich durch das Fernsehen vermittelt werde, bedeute für die Kinder eine Überflutung von Reizen, denen sie schutzlos ausgeliefert seien. Wörtlich heißt es: „Kleinkinder leben noch in einer sehr begrenzten Welt. Ihr Erfahrungsbereich ist eng, und die Wirklichkeit erschließt sich ihnen nur schrittweise – entsprechend ihrem entwicklungsbedingten Fassungsvermögen. Wenn sie jedoch vor dem Bildschirm sitzen und wahllos (unkontrolliert) sehen, dann brechen Dinge über sie herein, die sie ihrem kindlichen Erfahrungsbereich nicht einordnen können, die sie verwirren und verstören, die ihnen jedenfalls die Orientierung erschweren" (Abeln 1989, S. 18).

In solchen Überlegungen zur Überflutung durch Reize sind häufig vier Argumentationslinien miteinander verknüpft:

- Einmal wird der extensive Fernsehkonsum kritisiert, der dazu führt, dass sich Kinder täglich mehrere Stunden solchen – schädlichen – Reizen aussetzen.
- Zweitens gehen solche Thesen davon aus, dass Kinder noch kaum Mechanismen entwickelt haben, um sich diesen Reizen zu entziehen. Sie lassen sich also schutzlos von den Angeboten berieseln – mit Folgen, die tief in ihr seelisches Gleichgewicht eingreifen. Kinder werden gemäß Sabine Jörg dadurch passiv und bewegen sich nur noch an der Oberfläche der Phänomene: „Aber Kinder werden durch die Abspaltung von Sehen und Tun viel zentraler getroffen: In der untätigen Rolle des Zuschauens wird ihr Selbstwertgefühl untergraben“ (Jörg 1987, S. 70).
- Drittens wird befürchtet, dass die frühe Konzentration auf visuelle Reize zu einer Verarmung der Sprachfähigkeit führt. Nochmals Sabine Jörg: „Was wird aus Kindern, die behaglich im Fernsehsessel hocken und andere reden lassen? Sie werden sprachfaule Abnehmer der Ware Wort und Bild“ (Jörg 1987). Direkte Kommunikation wird also durch medial vermittelte und passive Kommunikation ersetzt, was die aktive Auseinandersetzung mit Sprache zumindest behindert.
- Viertens erfolge durch die künstliche Welt der Medien eine Abwertung von Primärerfahrungen, die für die Entwicklung der Kinder von zentraler Wichtigkeit seien. Die Welt werde immer stärker über das Fernsehen erfahren und nicht mehr über das eigene Handeln.

In der wissenschaftlichen Diskussion wurde das Modell der klassischen Wirkungsforschung indessen zunehmend in Frage gestellt. Sander/Vollbrecht (1987, S. 15) stellen die damit verknüpften Annahmen dar:

- Kommunikationsvorgänge werden als asymmetrische Interaktionen definiert, wo ein aktives Kommunikationssubjekt Stimuli aussendet, auf welche dann die Rezipienten als passive Kommunikationsobjekte reagieren.
- Vorausgesetzt wird, dass *ein* Individuum mit *einem* Medienangebot zusammentrifft. Dabei werden die Medieninhalte als einzelne, getrennte Stimuli betrachtet, um die Wirkungen möglichst unabhängig von den übrigen inhaltlichen Kontexten untersuchen zu können.
- Man betrachtet Kommunikation häufig als intendiert: „Sie geschieht absichtlich und zielgerichtet, will bestimmte Wirkungen erreichen“ (Sander/Vollbrecht (1987, S. 15).
- Betont wird der episodische Charakter von Kommunikationsvorgängen: Verschiedene Kommunikationsepisoden haben eine voneinander isolierte und unabhängige Wirkung.

Ursprünglich schien der Wirkungsansatz schon deshalb plausibel, weil er der primären Fragestellung der an Medienforschung besonders interessierten Medienproduzenten entsprach: Wie wirken die durch Medien vermittelten Reize auf die Rezipienten (vgl. Hunziker 1988, S. 22). In den letzten Jahren geriet dieses Modell indessen zunehmend unter Kritik, da es die Wirklichkeit zu stark vereinfache und kaum zuverlässige Ergebnisse erbracht habe. Nicht zuletzt ist schon der Begriff der „Wirkung" ein komplexes Konstrukt: „Aus ihrer Komplexität folgt, dass das, was mit dem globalen Begriff der Wirkung bezeichnet wird, in Wahrheit ein nicht bis ins letzte zu entwirrendes Geflecht ist von Wirkung, Gegenwirkung, Wechselwirkung, von Neben-, Mit- und Nachwirkung, von kurzfristigen und langfristigen, von offenen und latenten, von kognitiven und emotionalen, von teils einander verstärkenden, teils einander neutralisierenden Wirkungen" (Merkert 1992, S. 27).

Empirische Forschung, die auf diesem Ansatz basiert, beruht damit auf einem reduzierten und oft kraß vereinfachenden Wirklichkeitsverständnis. Im Sinne der Luhmannschen Überlegungen zur Systemtheorie (vgl. Luhmann 1985, S. 77ff.) unterstellen solche Theorien das psychische Modell einer Trivialmaschine – mit einem Output der in einem berechenbaren Verhältnis zum Input steht. Dagegen wäre daran festzuhalten, dass psychische Systeme (und das gilt schon für Kinder) niemals Trivialmaschinen sind, sondern ihre Reaktion auch durch Selbstreferenz ermitteln. Niklas Luhmann betont im Hinblick auf erziehenden Unterricht, was auch für Medienwirkungen gilt: Die psychischen Systeme „befragen sich selbst, was von einem Input zu halten ist und können auf den gleichen Input das eine Mal so, das andere Mal anders reagieren" (Luhmann 1985, S. 82).

Mit anderen Worten: In der klassischen Medienforschung ist es um die Prognosefähigkeit ihrer Aussagen schlecht bestellt. Im besten Fall kann noch versucht werden, Korrelationen zwischen Verhaltensaspekten herzustellen, doch auch hier mit zweifelhaftem Ergebnis. Denn fälschlicherweise werden solche Korrelationen häufig ohne methodische Absicherung im Sinne von Ursachen interpretiert. Kausalketten werden zudem willkürlich abgeschnitten oder einseitig zugerechnet, während im Grunde genommen genausogut der Umkehrschluß gezogen werden könnte. So ist es nicht selten, dass Isolation und Passivität dem hohen Fernsehkonsum angelastet werden, während es vielleicht umgekehrt Isolation und Passivität sind, welche erst den Konsum verursachen (vgl. dazu auch Sander/Vollbrecht 1987, S. 16).

Bestätigt werden diese kritischen methodologischen Überlegungen durch den Stand der Medienforschung: Trotz unzähliger empirischer Untersuchungen – allein die Publikationen zu den massenmedial verbreiteten Gewaltdarstellungen werden auf eine Zahl zwischen 2500 und 3000 geschätzt (vgl. Kunczik 1987) – ist der Forschungsertrag gering geblieben und kaum über Spekulationen hinausgekommen. Verläßliche Ergebnisse finden sich nämlich für die wenigsten Fragestellungen zu den Reaktionen auf mediale Einflüsse.

Seit den fünfziger Jahren ist nun allerdings die traditionelle Wirkungsforschung immer stärker verdrängt bzw. differenziert worden – in Richtung von Auffassungen, welche mehr die aktive Haltung der Rezipienten betonen. Man wandte sich einer funktionalen Betrachtung der Medien zu, dem sogenannten „Uses and Gratifications Ansatz“. Im Mittelpunkt stand damit nicht mehr die Frage: „Was tun die Medien mit den Menschen?“ sondern: Was tun die Menschen mit den Medien“ (vgl. Katz 1959). Damit wurden diese aus der ihnen unterstellten Rolle passiver Zuschauer herausgelöst. War vorher der aktive Einfluß der Rezipienten eher als etwas für die Forschung Hinderliches angesehen worden, so wird selektives Wahrnehmen jetzt als völlig normale und selbstverständliche Voraussetzung des Medienkonsums betrachtet. Und es kommt in den Blick, dass Medien unterschiedliche Bedürfnisse befriedigen, bzw. dass verschiedene Individuen oder Gruppen aus Medienangeboten auch einen unterschiedlichen Nutzen ziehen können.

Dennoch ist auch der „Uses and Gratifications-Ansatz“ seit den siebziger Jahren zunehmend als Verengung kritisiert worden. Dabei ist allerdings die Kritik selbst von neuen Forschungsinteressen her formuliert; d.h. ihr Ansatzpunkt ist bereits mit neuen forschungsmethodischen Konzepten verbunden. So sollen im Zusammenhang mit der Diskussion um den „Uses and Gratifications-Ansatz“ denn auch die wichtigsten aktuellen Richtungen als Konsequenz dieser Kritik kurz skizziert werden:

1. Wie Sander/Vollbrecht deutlich machen, wird im Nutzen-Konzept den Medienrezipienten nicht ein freier, eigenverantwortlicher Status zugebilligt; vielmehr meint Nutzen in diesem Ansatz als Auswahl –, Entscheidungs- und Wirkungs-Kriterium immer einen *funktionalen* Nutzen – also einen Nutzen außerhalb der eigenen Definition, etwa für physisches und psychisches Wohlbefinden, Umweltanpassung oder Notwendigkeiten, die gesellschaftlich vorgegeben sind (vgl. Sander/Vollbrecht 1987, S. 19f.).

Gerade innenorientierte Motivationen, die auch den Nutzen als eine Variable behandeln, dürften unter solchen Prämissen nur schwer zu erfassen sein. So wird denn auch im Sinne sozialpsychologischer Überlegungen, welche bei der Konstruktion sozialer Realitäten die Individuen und deren Interpretation von Realität als konstitutiv ansehen, zunehmend gefordert, verstärkt miteinzubeziehen, wie Subjekte Medienereignisse verarbeiten. Forschungsmethodisch bedeutet dies, dass qualitative und interpretative Methoden der Sozialforschung in den Vordergrund treten, da sie eher geeignet scheinen, subjektive Verarbeitungsweisen zu erschließen. So möchte Ben Bachmair mit einer „interpretativen Medien- und Kommunikationsforschung“ untersuchen, wie „Kinder aus dem Fernsehen sich das herausbrechen, was sie zur symbolischen Bearbeitung ihrer handlungsleitenden Themen brauchen“ (Bachmair 1984, S. 6). Ähnlich schreiben Helga Theunert u.a. zu ihrer Untersuchung über die Verarbeitung von Fernsehinhalten durch Kinder: „Wäre nach dem ‚Was‘ und nur nach dem ‚Rezipieren‘ gefragt worden, wir hätten die vorliegenden Untersuchungen wiederholen können. Wir hätten uns des so gut bewährten und statistisch vielseitig verrechenbaren Fragebogens bedient. Wir hätten erfaßt, was welche Kinder wann sehen und wie sie es beurteilen. Aber wir wollten eben nach dem ‚Wie‘ und dem ‚Verarbeiten‘ fragen und auf solche Fragen geben statistische Methoden keine Antwort. Wir mußten uns also anderer Methoden bedienen, solcher nämlich, die es erlauben, die Oberfläche zu durchstoßen und nicht allein herauszufinden, was von außen zu sehen ist, sondern wie es zustandegekommen ist und vor allem wie es mit anderen Einflußfaktoren zusammenspielt“ (Theunert 1992, S. 209).

Es geht also um Ansätze, wie sie in der Diskussion um das Konzept der biographischen Forschung und ihrem Zusammenhang zur qualitativen Sozialforschung erörtert werden (vgl. Kohli 1981). Sander/Vollbrecht sprechen in diesem Zusammenhang von „medienbiographischen Ansätzen“, bei denen untersucht werde, welchen Anteil Medien an der individuellen Konstruktion und Rekonstruktion einer Biographie hätten. Positiv ist dabei sicher einmal, dass eine ganze Reihe neuer Fragestellungen und methodischer Zugriffe in den Blick der Medienforschung kommen: offene und narrative Interviews, teilnehmende Beobachtung, tiefenhermeneutische Interpretationskonzepte, Fallanalysen etc. Zudem wird auch verstärkt untersucht, wie Medien biographisch wichtige lebensweltliche Voraussetzungen des Alltags und des Tagesablaufs beeinflussen.

Forschungsmethodisch stellen sich damit allerdings auch alle jene Fragen, welche in der Diskussion um eine qualitative Forschung (vgl. dazu zum Beispiel Flick 1995, Moser 1999 und die Ausführungen auf S. 159ff.) eine Rolle spielen, die über subjektivistische Interpretationen hinaus eine objektive Absicherung ihrer Resultate erreichen will. Nicht zu übersehen ist jedenfalls, dass im Gefolge der Hinwendung zu qualitativen Ansätzen auch die Anzahl von Arbeiten angestiegen ist, die impressionistisch und an Einzelfällen Ergebnisse ausweisen, welche dann unvermittelt zu allgemeinen Einsichten generalisiert werden. Nicht zuletzt wäre Aufenanger zuzustimmen, der kritisiert: „Denn was nützt einem das beste Datenmaterial, wenn die Frage der Auswertung unklar bleibt und ohne Blick auf einen intersubjektiv teilbaren Standard beantwortet wird“ (Aufenanger 1988, S.190).

2. Der Nutzen-Ansatz hat bei der Abschätzung von Medienwirkungen zwar Bedürfniskonstellationen von Rezipienten abgefragt, dabei aber den Einfluß unterschiedlicher Medieninhalte unterschätzt. Justin Lewis kritisiert in diesem Sinne, dass auch in diesem Ansatz die Medieninhalte und die Ziele, die von den Produzenten verfolgt werden, kaum vorkommen. Es fehle also eine Analyse, wer etwas sagt, und wie es gesagt wird (vgl. Lewis 1990, S. 159). Lewis plädiert für einen semiotischen Ansatz und schreibt: „Semiotik ist die Untersuchung der Bedeutungen – welche Bedeutungen mit den Dingen verbunden werden, warum diese Bedeutungen zugeschrieben werden, und wie sie zugeschrieben werden“ (Lewis 1990, S. 159). Voraussetzung einer solchen Betrachtungsweise ist, dass es keine „natürliche“ Beziehung zwischen Dingen und Bedeutungen (Konzepten, die wir benützen, um das „Ding“ zu verstehen) gibt. Bedeutungen werden vielmehr als abhängig von unserer Beziehung zu den Dingen, von unserer Position in der Welt und von unseren Konzepten, mit denen wir die Welt verstehen, gesehen.

Es geht also um „kulturelle Codes“ mit denen wir unsere Welt erkennen bzw. „konstruieren“. So verweist Lewis auf den Code des Kricketspiels, den wir kennen müssen, um zu verstehen, was sich auf dem Bildschirm abspielt, wenn ein solches Spiel übertragen wird. Und wir müssen auch wissen, dass die mysteriöse Stimme, die von irgendwoher zu uns spricht, die Stimme eines Kommentators ist, welcher uns Zuschauenden das Spiel erläutert. Der Begriff des kulturellen Codes verweist im Übrigen darauf, dass damit eine Ausweitung des traditionellen Textbegriffs verbunden ist: Nicht nur Sprache, sondern auch die visuellen Elemente stellen bedeutungstragende Zeichen dar, die von den Rezipienten zu decodieren sind. So betont Christian Doelker (1989) in seinem Buch zur „Kulturtechnik Fernsehen“: „Entsprechend sind die Verarbeitungsprozesse, also der Begriff des ‚Lesens‘ auf Bild und Ton anwendbar: Wie Sätze werden auch Bildaussagen und Tongebilde ‚gelesen‘ In den folgenden Kapiteln wird deshalb die Bild-Ton-Wort-Darbietung auf dem Bildschirm als audiovisueller Text (AV-Text) bezeichnet, und der Zuschauer oder Rezipient wird auch immer als ein ‚Leser‘ eines solchen Textes aufgefaßt“ (Doelker 1989, S. 24).

Aus dieser semiotischen Perspektive können wiederum recht unterschiedliche Forschungsprogramme entwickelt werden:

- Einmal folgt daraus, dass kulturelle Codes nicht einfach als natürliche Schemata zur Aneignung von Welt vorgegeben sind; denn Objekte, Gerüche, Bilder und Töne bedeuten an sich erst einmal gar nichts. Die entsprechenden Bedeutungsschemata müssen vielmehr in der Entwicklung der Heranwachsenden erst erworben werden. Gegenüber den Theorien der Reizüberflutung bedeutet dies erst einmal, dass diese Reize nicht einfach auf ein schutzlos ausgeliefertes Objekt treffen. Die Bilderflut des Fernsehens erhält erst dann Bedeutung, wenn die Bilder durch die kognitiv-emotionalen Schemata eines rezipierenden Subjekts angeeignet werden können. Im Sinne Doelkers handelt es sich denn auch um Kulturtechniken, welche Zuschauende zu lernen haben, oder, wie es Máire Messenger Davies (1989, S. 72) formuliert, um „televiewing skills“.
- Ein weites Feld öffnet sich für Fragen, wie Fernsehsendungen die Rezipienten ansprechen, bzw. wie sich diese damit – zum Teil unterschiedlich, je nach gelernten Codemustern – auseinandersetzen. So wäre zu untersuchen, wie die Bedeutungssysteme, welche den einzelnen Menschen zur Verfügung stehen, abhängig sind von sozialen Bedingungen – etwa von unterschiedlichen Familiensituationen, Schichtzugehörigkeiten oder sozialen Erfahrungen. Hierhin gehört zum Beispiel die weiter unten zu erörternde „Wissenskluft-Hypothese“ wonach sich Kinder aus verschiedenen Schichten unterschiedlich mit Fernsehangeboten auseinandersetzen (können). Oder es kann darum gehen, die Anforderungen zu präzisieren, die mit den neuen Codes der elektronischen Medien verbunden sind (vgl. die Arbeit von Reid (1991) zum „Internet Relay Chat“). Dazu gehört aber auch die Vermutung von Detlev Schnoor (1992, S. 92), dass

Texte, weil unvollständiger als Bilder, von den Kindern verstärkt eigenständige Leistungen erfordern, um Code und Inhalt zu verknüpfen und semantisch zu entziffern. Besonders wichtig ist zudem auch eine genauere Analyse fernsehspezifischer Code-Mittel. So spielt in der Untersuchung von Ress (1990) über die Faszination von Horror-Videos die Analyse filmsprachlicher Mittel eine wichtige Rolle: Einstellungen, zeitliche Dauer von Filmsequenzen, Geräusche, Musik, Beleuchtung, Masken- und Tricktechnik etc. Mit solchen Untersuchungen könnte deutlich gemacht werden, wie die spezifischen Strategien filmischer Ansprache auf die Rezipienten wirken, wie diese intendiert sind, aber auch wie sie dann verarbeitet werden.

3. Kritisiert wird am Nutzen-Ansatz, dass er die Alltagswelt zu stark unter eine einzige Perspektive stellt und die vielfältigen und komplexen Bezüge zwischen Umwelt und Rezipient zu stark vereinfacht. Vor allem medienökologische Ansätze betonen, wie wichtig es wäre, die Einbettung der Medien in den räumlichen und sozialen Kontext nicht zu vernachlässigen. Medien werden genutzt im Zusammenhang mit Freizeitaktivitäten, sie gehören als ein – je nachdem wichtigeres oder unwichtigeres Element – in den Kontext übergreifender Sozialräume wie Stadtteile, soziale Milieus, Erlebniswelten, Nachbarschaften. Obwohl diese Räume primär oft auf andere Aktivitäten hin konzipiert sind, muß es interessieren, welches darin die Funktion der Medien ist (vgl. Sander/Vollbrecht 1987, S. 33ff.).

Dass diese Beziehung zur Umwelt im Übrigen nicht allein reaktiv, sondern durchaus konstruktiv zu verstehen ist, indem Medien Szenen und Umwelten mitgestalten, darauf hat Joshua Meyrowitz (1987) hingewiesen. Die These des Nutzen-Ansatzes, wonach die Menschen die Medien selektiv nutzten und damit auf sie einwirkten, verdecke, wie fundamental die Medien an der Veränderung der Lebenswelt beteiligt seien. Meyrowitz stellt fest: „Die Fernsehforschung ist bisher so beschränkt, dass sie das elektronische Medium lediglich als neue Verbindung zwischen schon vorher existierenden Umwelten betrachtet. Eine solche Forschung ignoriert die Möglichkeit, dass elektronische Medien, wenn sie einmal weit verbreitet sind, neue soziale Umwelten schaffen können. Solche Umwelten können unser Verhalten verändern, und zwar unabhängig von den jeweiligen Medien-Inhalten" (Meyrowitz 1987, S. 22). Obwohl Meyrowitz hier möglicherweise die Medieninhalte unterschätzt und verkennt, dass Verhaltensveränderungen wohl auch mit den Inhalten zu tun haben, lenkt seine These auf einen wichtigen Gesichtspunkt hin. Ohne die Medien als einzige Triebkraft zu dämonisieren, wie es bei Postman geschieht, ist es wichtig, ihre Rolle im gesellschaftlichen Wandel herauszuarbeiten – wie es im letzen Kapitel versucht wurde.

In diesem Zusammenhang wäre inbesondere auch der Forschungsansatz der „British Cultural Studies" zu stellen. Sein Begründer Stuart Hall „übernimmt vom ‚Uses and Gratification'-Ansatz die Vorstellung von einem aktiven Zuschauer, der in Auseinandersetzung mit der Zeichenstruktur der medialen Botschaften Bedeutungen schafft" (Winter 1995, S. 83). Wesentliche Stichworte sind für dieses Forschungsprogramm der „aktive Leser" und – als Pendant dazu – die semiologische Offenheit von Texten, die mehrere Lesarten zulassen. Dazu wird die „Intertextualität" von Texten herausgestellt, nämlich die Bezüge, welche einen Medientext mit anderen Texten verbinden (etwa wenn ein Werbespot Elemente eines Hollywood Western aufnimmt). Bekannt geworden innerhalb dieses Forschungskonzeptes sind etwa Radways Studie zu weiblichen Leserinnen von Liebesromanen (Radway 1984), Fiskes Untersuchungen zur Fernsehkultur (Fiske 1987) oder Jenkins Untersuchungen zu Fankulturen (Jenkins 1992).

Ein Überblick über Resultate der Medienforschung

Nach den methodologischen Rahmenüberlegungen soll es nun darum gehen, Ergebnisse der Medienforschung im Einzelnen vorzustellen. Angesichts der unüberschaubaren Fülle der Resultate, welche indessen wenig Definitives erbracht haben, ist es notwendig, selektiv vorzugehen. Einen ersten Überblick über die Aufnahme der Medienangebote vermitteln Nutzungsstudien; dann wird es aber auch um stärker theoretisch fundierte Ansätze gehen, die den Anspruch stellen, Medienrealität zu *erklären*. In diesem Zusammenhang soll speziell auf einige Ansätze Bezug genommen werden, die in der deutschsprachigen Diskussion immer wieder thematisiert werden.

Zur Fernsehnutzung durch Kinder und Heranwachsende

Einen ersten Überblick über die Nutzung verschiedener Medien durch Kinder und Heranwachsende geben Nutzungsstudien, die oft auch im Auftrag von Programmanbietern erstellt wurden (vgl. z.B. Aregger/Steinmann 1989). Weil die Einschaltquoten immer mehr auch programmbestimmend wirken und z.B. auch für den Verkauf von Werbeminuten entscheidend sind, besteht an entsprechenden Informationen ein starkes Interesse. Immer neue Studien sind zudem auch deswegen erforderlich, weil die Medienlandschaft in den letzten Jahren einem raschen Wandel unterlag:

- Neue Medien (CD, Mini-Disc, Game-Boy etc.), die aufkamen, veränderten immer wieder Nutzungsgewohnheiten;
- durch die Öffnung für private Anbieter im Fernseh- und Radiobereich ergaben sich große Verschiebungen in den Medienpräferenzen;
- die Verbreitung von elektronischen Geräten – etwa von CD-Spielern, Videogeräten, Zweit-Fernsehgeräten, Computern etc. – hat (auch bei Kindern) sehr stark zugenommen und damit die Nutzung bestimmter Medienangebote stark erweitert.

Der Unterschied zur Generation der Eltern und Großeltern wird deutlich, wenn man sich vergegenwärtigt, dass sich die Durchsetzung des Fernsehens in den Haushalten über mehr als 10 Jahre erstreckte. Nach Stückrath/Schottmeyer (1967, S. 19) fand sich 1953 in 31 Schulen (je 18 Klassen mit 30 Schülern) erst ein Schüler mit hauseigenem Empfangsgerät; 1957 gab es dann pro Klasse zwei Besitzer; 1959 kamen bereits ein Drittel der Schüler aus Familien mit Fernsehgeräten, 1964 waren es dann mehr als drei Viertel.

Ende der 80er Jahre verändert sich die Ausstattung der Haushalte mit elektronischen Geräten dagegen in einem rasantem Tempo. Dies belegen folgende Zahlen: Waren 1987 noch rund 30 Prozent der Haushalte mit Videorecordern und 13, 5 Prozent mit Heimcomputern ausgestattet, so hatten nach einer Untersuchung von Werner Glogauer (1993, S. 9) 1990/91 bereits 65 Prozent einen Videorecorder und über 40 Prozent einen Computer. Ähnlich rasch verbreitete sich der „Game-Boy": „Als der Game-Boy 1991 gerade auf den Markt gekommen war, und wir unsere Untersuchungen bei den 6-8jährigen Kindern durchführten, besaßen ihn 11% als eigenes Gerät. Inzwischen haben etwa 30% der Kinder einen Game-Boy im Gebrauch" (Glogauer 1993, S. 10). Imponierend ist auch die Steigerung der Anzahl von Kindern, die einen eigenen Fernseher besitzen, wie man beim Vergleich verschiedener Untersuchungen der letzten fünf Jahre sehen kann. Noch in der Studie von Steinmann/Aregger von 1989 verfügen erst 3,1 Prozent der Schweizer Kinder über ein eigenes Fernsehgerät (Steinmann/Aregger 1989, S. 7). In meiner eigenen Untersuchung in der Gemeinde Bonstetten vom Winter 1991 waren es bereits sieben Prozent und nach Glogauer besitzen schon 34 Prozent der von ihm befragten 9-10jährigen ein eigenes Fernsehgerät (vgl. Glogauer 1993, S. 11). Dazu kommt neuerdings immer stärker auch der Computer. Nach Schmidbauer/Löhr stehen mindestens ein PC in 54 Prozent und zusätzlich ein Gerät, das dem Jugendlichen selbst gehört, in 16 Prozent der Haushalte: „Das sind", so die Autoren, „wenn man diesen Wert – der wie der erstgenannte die Haushalte aller 1060 Befragten zur Grundlage hat – auf die PC-Haushalte umrechnet, gut 30 Prozent" (Schmidbauer/Löhr 1997, S. 29). Beobachtungen zeigen überdies schon bei 7-8jährigen Kindern, dass sie den alten Computer geschenkt erhalten, wenn sich die Eltern einen neuen anschaffen.

Insgesamt deutet das Zahlenmaterial darauf hin, dass im Gefolge der massiven Verbilligung von kleinerformatigen Fernsehgeräten und anderen elektronischen Geräten immer mehr Kinder eigene Geräte besitzen. Dies deutet besonders beim Fernsehen auf einen eigentlichen Dammbruch gegen die Konzepte der traditionellen Medienpädagogik hin. Erzieherisch setzt diese nämlich oft verteilungstheoretisch an, indem bislang für mehrere Sehinteressen nur ein Gerät zur Verfügung stand. Eltern und Kinder sollten sich auf diesem Hintergrund auf bestimmte Programmangebote einigen, was automatisch mitbedingte, dass man miteinander über die bevorzugten Fernsehsendungen und ihre Vor- und Nachteile ins Gespräch kam.

Hatten die Eltern bis zum Ende der achtziger Jahre bei diesen erzieherischen Überlegungen mitgezogen, so wird in Zukunft die Medienpädagogik kaum mehr damit arbeiten können: Denn die Alternative zur Notwendigkeit, sich über Angebote zu einigen oder die täglichen Streitereien auszuhalten, liegt auf der Hand: die Anschaffung mehrerer Geräte, um endlich seine Ruhe zu haben. So ist es denn auch abzusehen, dass unter Mithilfe der Geräteproduzenten, die immer preiswertere Geräte anbieten, in naher Zukunft die Mehrheit der Kinder und Jugendlichen die von ihnen gewünschten Programme am eigenen Bildschirm verfolgen werden. Es steht im Übrigen zu vermuten, dass bei dieser Entwicklung auch die Ausdehnung der Programmangebote durch die privaten Fernsehsender mitspielen. Denn mit den immer zahlreicheren Alternativen wird auch die Einigung über die gemeinsam anzuschauende Sendung immer schwieriger, so dass es oft die „einfachere“ Lösung darstellt, ein Zweitgerät für die Kinder anzuschaffen.

Mit den privaten Sendern ist bereits eine weitere gravierende Veränderung im Medienbereich angesprochen. Seit das öffentlich-rechtliche Fernsehen sein Monopol verlor, haben die privaten Fernsehsender sprunghaft an Reichweite gewonnen. 1993 hat RTL in Deutschland sogar ARD und ZDF in der Beliebtheit überholt und sich an den ersten Platz gesetzt. Diese Entwicklung ist nicht zuletzt durch die junge Generation eingeleitet worden, wo das von den öffentlich-rechtlichen Sendern vertretene „Qualitätsprogramm“ durch Serien meist amerikanischer Provenienz in die Defensive geriet. In der deutschsprachigen Schweiz tauchten die Privaten (SAT 1 und RTL) noch in der 1989 veröffentlichten Studie von Aregger/Steinmann (1989, S. 101f.) nicht einmal auf. Neben dem schweizerischen Fernsehen DRS werden ARD, ZDF und ORF geschaut. Wesentlich anders sehen die von Feierabend/Windgasse (1997, S. 8) analysierten Resultate der GfK Fernsehforschung von 1996 für Deutschland aus: An einem durchschnittlichen Wochentag war PRO 7 mit einem Marktanteil von 17, 2 Prozent vor RTL (16, 1 Prozent) bei Kindern am erfolgreichsten. Dann folgen Super RTL (12 Prozent) vor RTL 2 (11, 3 Prozent); erst auf dem fünften Rang findet sich die ARD (8,5 Prozent) vor SAT1 mit 8,3 Prozent und ZDF (6, 1 Prozent). Einen ähnlichen Eindruck vermitteln die von Kindern genannten Präferenzen für bestimmte Sendungen. Auch hier sind Unterhaltungsfilme der privaten Sender auf den Spitzenplätzen. Nach van Eimeren/Löhr (1991) zeigte eine Hitliste der beliebtesten Sendungen, dass sich bei den öffentlich-rechtlichen Programmen mit Ausnahme von ‚Alf‘ keine der von ihnen gesendeten Serien unter den ersten zehn Plätzen plazieren konnte. In der GfK-Untersuchung von 1996 ist bei den 6-13jährigen der Fußball an der Spitze. Nach Feierabend/Windgasse wurden aber auch die Abenteuer von Asterix „mit großer Begeisterung auf SAT1 verfolgt, gleiches gilt für die ‚Mini-Playback-Show‘ auf RTL. Eine Vielzahl der ausgewiesenen Plätze der Top 100 wird dabei nicht von einzelnen Sendungen, sondern von den sie unterbrechenden Werbeinseln speziell auf SAT 1 und RTL eingenommen“ (Feierabend/Windgasse 1997, S. 13).

Jedenfalls hat das Kinderprogramm mit seinen anspruchsvollen Produktionen generell an Boden verloren. Am ehesten konnte sich noch die „Sendung mit der Maus“ (ARD) halten, die bei den 3-5jährigen 1996 die erfolgreichste Sendung war. Dies bestätigt tendenziell die Thesen einer Forschungsgruppe aus Münster, wonach „das Kinderprogramm nur noch bei den Kleinsten, bei denen im Kindergartenalter, genügend Anklang findet. Je älter die Kinder sind, um so strikter bevorzugen sie Action-, Abenteuer-, Fantasieprogramme, oder auch Zeichentrickfilme (à la He-Man, Batman oder Turtles). Die beschaulichen, pädagogisch oder auch lustig gestalteten Kinderprogramme finden unter ihnen immer weniger Fans“ (Paus-Haase 1991, zit. nach Kübler 1992).

Sehr oft untersucht worden ist die Fernsehdauer. Bonfadelli/Saxer berichten im Rahmen einer Untersuchung an 348 15jährigen Schülern aus der Stadt Zürich die folgenden Ergebnisse (TV-Konsum in Minuten pro Tag):

mehr	8 Prozent
150 Minuten	6 Prozent
120 Minuten	11 Prozent
90 Minuten	13 Prozent
60 Minuten	21 Prozent
30 Minuten	20 Prozent
15 Minuten	15 Prozent
weniger	11 Prozent

Während nach dieser Studie immerhin 21 Prozent der Mädchen und 29 Prozent der Knaben zwei und mehr Stunden fernsehen (Bonfadelli/Saxer 1986, S. 92ff.) schreibt Werner Glogauer zu seiner Studie: „Fast ein Viertel (24,8%) der 9-10jährigen Großstadtschüler sieht sehr lange fern, täglich über drei Stunden bis zu fünf Stunden, und mehr. Rund 70% (69,8%) gaben an, schon sehr spät ferngesehen zu haben, also bis 22.00 Uhr, Mitternacht und darüber hinaus“ (Glogauer 1993, S. 16) Tiefer liegen die Werte in der Bonstetten-Studie (Moser 1992, S. 25): mit 22, 5 Prozent zwischen einer und zwei Stunden und lediglich 3,8 Prozent über zwei Stunden pro Tag.

Unter anderem dürften die Unterschiede in den Resultaten auch durch die Befragungsweise selbst herrühren So wurde in der Bonstetten-Studie nach dem „gestrigen Fernsehkonsum“ gefragt und nicht nach Durchschnittswerten. Je nach Attraktivität der am Stichtag gezeigten Sendungen ist zu vermuten, dass die Resultate unterschiedlich ausfallen. Auf der anderen Seite dürften Kinder, die nach dem „durchschnittlichen Konsum“ gefragt werden, oft nur sehr unpräzise Zeitangaben zustandebringen. Trotzdem kann man zusammenfassend folgern, dass viele Kinder täglich bis gegen zwei Stunden vor dem Fernseher sitzen – was bedeutet, dass dieses Medium einen großen Einfluß auf die Freizeitgestaltung nimmt.

Umstritten ist in diesem Zusammenhang, ob durch die Verkabelung die Sehdauer noch zunimmt. Bettina Hurrelmann (1989) hat in der Mitte der achtziger Jahre im Rahmen des Dortmunder Kabelpilotprojektes diesbezüglich eine erhebliche Zunahme der Fernsehdauer festgestellt. Diese war um so größer, je jünger die Kinder waren. Es ist allerdings zu fragen, ob dabei auch mitspielte, dass die privaten Sender und das Kabelfernsehen zum Untersuchungszeitpunkt noch neu und ungewohnt waren. Jedenfalls gibt es Stimmen, die seither eher eine Normalisierung – mit leicht steigender Tendenz infolge des höheren Fernsehkonsums von Kindern aus Ostdeutschland – konstatieren. So zeigte die gesamtdeutsche Beobachtung der Sehdauer durch die GfK-Fernsehforschung seit 1992 für die 3-13jährigen bis 1995 eine weitgehende Stabilität der Sehdauer: „Schlüsselt man die jüngsten Zuschauer nach Altersgruppen auf, so zeigt sich vor allem für die 6-9jährigen eine erstaunliche Stabilität bei der Zuwendung zum Fernsehen, wobei auch der 1996 gemessene Wert unter dem aus dem Jahr 1992 bleibt. Bei den 3-5jährigen ist ein kontinuierlicher Anstieg der Sehdauer im Zweijahresrhythmus zu verzeichnen. 1992/93 wurde eine gute Stunde am Tag ferngesehen, 1994/95 stieg dieser Wert dann um 10 Minuten an. Sollte sich dieser Trend fortsetzen, dann ist bei dieser Altersgruppe im laufenden Jahr ein ähnlicher Wert wie 1986 (81 Minuten) zu erwarten" (Feierabend/ Windgasse 1997, S. 3). Ebenfalls leicht angestiegen ist die Sehdauer der 10-13jährigen Kinder, von 111 Minuten (1992) auf 120 Minuten (1996).

Nun sagen alle diese statistischen Untersuchungen an sich noch wenig über die Qualität des Fernseh-Angebotes aus, und sie lassen auch offen, wie Kinder diese Fernsehangebote verarbeiten, bzw. welchen Stellenwert sie für die Kinder einnehmen. Dennoch dienen sie oft als Munition in pädagogisch motivierten „Anti-Fernseh-Feldzügen". Glogauer (1993, S. 17) gelingt es sogar, die Kategorien seiner Forschungsarbeit mit Wertungen zu versehen – etwa wenn er die 6-8jährigen einteilt in:

Exzessivseher	20 Prozent
Vielseher	18 Prozent
Durchschnittsseher	35 Prozent
Wenigseher	16 Prozent
Nichtseher	6 Prozent

Die Tendenz seiner Darstellung kommt schon in einem Zwischentitel seiner Arbeit zum Ausdruck: „Schädliche Folgen übermäßigen Fernsehens: Bewegungsstau plus gewalttätige Darstellung" (Glogauer 1993, S. 20). Bewiesen wird damit allerdings kaum etwas, da es sich um Interpretationen handelt, was die Folgen z.B. des „Viel- und Exzessivsehens" sein könnten. So heißt es etwa apodiktisch: „Langes Sitzen vor dem Fernsehen muß zwangsläufig den Bewegungsorganismus schädigen, und wie Mediziner immer wieder feststellen, zu Stoffwechselerkrankungen, und dann z.B. zu Verstopfungen führen, zumal während des Fernsehens viel geschleckt wird. Stoffwechselerkrankungen können über einen längeren Zeitraum Organschäden zur Folge haben" (Glogauer 1993, S. 21). In diesem Tenor geht es weiter – bis hin zur Behauptung, dass durch das Fernsehen die Lesefähigkeit und Lesebereitschaft beeinträchtigt würden.

Im Sinne einer Bewahrpädagogik liegt denn auch die Folgerung nahe, dass Heranwachsende vor solchen Auswirkungen geschützt werden müssen. Allerdings wäre zu fragen, ob hinter solchen Schreckensbildern nicht auch die Ängste von Erwachsenen stehen, die in ihrer Kindheit noch nicht gelernt hatten, mit diesem Medium umzugehen, und nun ihre Unsicherheit mit Ablehnung kaschieren. Jedenfalls gibt es andere Positionen, welche Heranwachsenden durchaus einen verantwortungsvollen Umgang mit Medien zubilligen. Nach Dieter Baacke benutzen junge Leute unterschiedliche Medien insgesamt flexibel, vielseitig und zu verschiedenen Zwecken; sie hätten keine Berührungsängste vor neuen Techniken, und entsprechend seien medienpädagogische Themen für sie kein interessantes Thema (vgl. Baacke 1991, S. 263f.).

Mit anderen Worten: Vor allem Jugendliche sind in der heutigen Gesellschaft zu kompetenten „Medienprofis" geworden, die sich nicht einseitig aufs Fernsehen konzentrieren, sondern eine Vielzahl von Medienangeboten nutzen: Kino, Diskotheken, Platten- und CD-Läden, Videotheken, Spielhallen etc. Je mehr sie zudem aus den Familien hinauswachsen, desto wichtiger werden andere – außerhäusliche – Angebote der Freizeit- und Erlebnisgesellschaft anstelle des Fernsehens für sie. Nach Bonfadelli (1986 a) verbringen die heutigen Jugendlichen und jungen Erwachsenen einen viel größeren Anteil ihrer freien Zeit außer Haus als früher, nämlich unter der Woche 43 Prozent und an Samstagen 47 Prozent. Das Fernsehen selbst scheint in dieser Lebensphase eher wieder an Attraktivität zu verlieren. In diesem Sinne wäre es auch zu interpretieren, dass für einen Viertel der Jugendlichen das Kino der wichtigste mediale Freizeitort darstellt (Baacke u.a. 1989, S. 264, oder dass der Wunsch nach einem eigenen Fernseher bei Jugendlichen über Vierzehn wieder abnimmt (vgl. Jugend-Media-Studie 1980, S. 121).

Aspekte der Nutzung auditiver Medien

Nicht zuletzt wäre auf den Rundfunk hinzuweisen, der bei den heutigen Mediendiskussionen zugunsten des Fernsehens oft zu unrecht in den Hintergrund gerückt ist. Ganz im Gegenteil dazu betont Baacke (1988), dass die auditiven Medien (Radio, Schallplatten, CD, Kassetten, Walkman) die eigentlichen Leitmedien der Jugendlichen seien. Dies bestätigen die Nutzungsdaten. Marlies Nowottnick (1989, S. 52) kommt etwa zum Ergebnis, dass laut Selbsteinschätzung knapp 90 Prozent der von ihr Befragten täglich oder mehrmals pro Woche als regelmäßige Hörfunknutzer anzusehen seien. Dieses Resultat trifft sich mit meiner Bonstetten-Studie, die zeigt, wie mit dem Altersanstieg die Radionutzung zunimmt. Danach hören über die Hälfte der befragten Schülerinnen und Schüler jeden Tag Radio, und diese Zahl steigt von 44 Prozent der 7jährigen bis zu 80 Prozent der mehr als 12jährigen an (Moser 1992, S. 30; vgl. auch Aregger/Steinmann 1989, S. 54). Um diese Beliebtheit des Hörfunks zu verstehen, können folgende Gründe in Betracht gezogen werden:

- Radio bedeutet als Alternative zum Fernsehen ein Stück Mobilität und Loslösung von der Familie: Man kann auch unterwegs – mit Ghetto-Blaster oder Walkman – Rundfunk und Kassette hören. Während man meist zuhause und im Familienkreis fernsieht[30], kann man Radio allein oder mit Freunden hören. Gerade soziale Bedürfnisse Heranwachsender können also eng mit dem Radiohören verbunden sein.

  Der Rundfunk ist in seiner Entwicklung immer stärker zum „Musikmedium", „mood manager" und „Ratgeber" geworden (Schill 1998, S. 19). Gemäß Klingler (1996, S. 24) bevorzugen rund zwei Drittel aller Kinder Musiksendungen gegenüber Wortsendungen. Demgegenüber weist Merkert (1992, S. 15) darauf hin, dass Vorträge noch 1925 einen Viertel des Programmvolumens aller deutscher Sender ausgemacht hätten, schon 1939 aber nur noch 4,1 Prozent. Heute dagegen macht der Tonträgermarkt dem Hörfunk die Rolle des „Geschichtenerzählens" immer stärker streitig, bzw. löst ihn darin ab (Klinger 1996, S. 29). Denn Hörkassetten sind jederzeit verfügbar und können immer wieder von neuem abgespielt werden.

  Im Leben von Jugendlichen spielt Musik generell eine große Rolle, indem man sich mit der Vorliebe für bestimmte Musikstile gruppenspezifisch zuordnen oder abgrenzen kann. Dazu kommt, dass die Rockmusik, wie Nowottnick deutlich macht, viel mit jugendlichem Lebensgefühl zu tun hat: „Melodie und Klang kommen einem natürlichen Bedürfnis nach Kreativität und Ausdrucksvielfalt entgegen, im Rhythmus zeigen sich Bewegung und Abwechslung, das Metrum wirkt als Stimulierung von außen (Nowottnick 1989, S. 611). Die Klanggestaltung in der Rockmusik schöpfe dem Drang nach Tonalität entsprechend die Breite des Frequenzbandes weit aus; lasse der Hörer die Musik mit voller Lautstärke auf sich wirken, so höre er sie nicht nur, sondern erlebe die damit verbundenen Vibrationen zusätzlich über den Tastsinn.
- Zur Körpererfahrung, wie sie mit der Musik verbunden ist, gehören auch der Tanz und das Bewegen dazu – und damit die Welt der Discos und Parties, die vor allem auf jene Jugendliche und junge Erwachsene zugeschnitten ist, die innenorientierten Lebensauffassungen folgen, wie sie Schulze (1992, vgl. S.72) kultursoziologisch im Auge hat.
- Stars, Bands und Hits bilden einen wesentlichen Bestandteil der Erlebniskultur von heutigen Jugendlichen, um die sich Gefühle und Gespräche häufig drehen. Mit dieser sind denn auch vielerlei Identifikationsmöglichkeiten und ästhetische Stiladaptionen (über Kleidung, Haarschnitt, Accessoires etc.) verbunden.

---

30 Dass dieser Aspekt angesichts der zunehmenden Zweit- und Drittfernseher bald nicht mehr eine so große Rolle spielt, soll in diesem Zusammenhang nur angedeutet werden (vgl. auch S. 125).

Es sind aber nicht nur die Heranwachsenden, welche sich mit Attributen des Rundfunkprogramms, bzw. mit bestimmten Sendungen identifizieren; die Programmgestalter wiederum nehmen in ihrer Sprache bewußt auf jugendkulturelle Elemente Bezug. In diesem Zusammenhang ist nochmals auf die Studie von Marlies Nowottnick (1989) Bezug zu nehmen, in welcher sie die Sprache der Rundfunksendungen untersucht und sich dabei insbesonders auf Programme der Sender NDR2, SWF3, NDR1, S3, ffn, RIAS2 und SFB2 bezieht. Dabei stellt sie in den untersuchten Sendungen verschiedenste jugendsprachliche Elemente fest (vgl. im Einzelnen: Nowottnick 1989, S. 283ff):

- Ein jugendsprachliches Prinzip der Hyperbolisierung mit Steigerungsausdrücken wie: Knaller, Knüller, die Tops des Jahres, irre, mörderisch, die phänomenalste Show, wahnsinnig toll, tierisch abzocken, ne Super Sahnescheibe.
- Der Einbezug jugendsprachlicher Ausdrücke als Stilmarkierung: Penne, Power, Piste, Feeling, Kiez, Disco-Fetzer, kein Bock haben, angesagt sein, drauf sein, astrein, geil, relaxen, beamen.
- Sprachliche Formulierungen, in denen der „Jugendton" in der Sprache von Rundfunksendungen für Jugendliche nachempfunden wird: Verstärkungen und Dehnungsphrasen wie „oder so", Ad-Hoc-Bildungen aus der Situation („Wir lesen die also durch, blätter, blätter", „Bau vor einer Staustelle", „zum Bleistift" (zum Beispiel), „happy Metal" (Heavy Metal).

Allerdings findet diese Aufnahme jugendsprachlicher Elemente an dem übergeordneten Kriterium der Verständlichkeit über die Schichten und Gruppen hinweg ihre Grenze. Deshalb bilde die Standardsprache das Zentrum, auf das sich alle Varietäten als Leitvarietät bezögen. Damit sei Mediensprache deutlich auf Standardsprache bezogen und könne zum Teil (etwa bei Nachrichten) auch ganz in ihr liegen. Moderation dagegen, „als das in den Magazinsendungen zentrale Textsortenbündel, und die aus verschiedenen Textsorten schöpfenden Wortbeiträge beziehen zahlreiche Elemente aus den Varietäten Umgangssprachen, Fachsprachen und Gruppensprachen ein" (Nowottnick 1989, S. 56). In den Rundfunksendungen für Jugendliche bildet dementsprechend die Ebene der Umgangssprache die Basis, oft ergänzt durch Elemente aus der Gruppensprache der Jugendlichen. Stark geprägt wird der dabei verwendete Jugend-Wortschatz über das Thema der Rock- und Popmusik, das vom Fachwort bis zum Rockszene-Jargon reicht. Im Rahmen eines solchen „Varietäten-Mix" erscheint es einleuchtend, dass die Moderatoren zwischen dem Bezug zur Zielgruppe und der allgemeinen Öffentlichkeit Kompromisse eingehen müssen; es „entstehen ‚Stilbrüche' insofern, als verschiedene Sprachformen heterogen verknüpft werden, beispielsweise ein einzelner umgangssprachlicher Ausdruck in standardsprachlicher Umgebung erscheint" (Nowottnick 1989, S. 307).

Mit der Aufnahme solcher jugendsprachlicher Elemente wirkt nun aber im Rückbezug das entsprechende Medienangebot auch wiederum normierend auf die Sprachgewohnheiten der Jugendlichen, die über das Medium erfahren, was Modeausdrücke sind, bzw. wie man als Angehöriger diese Gruppe zu sprechen hat. Und man könnte hinzufügen, dass dies – in einer Gesellschaft, die „Jugendlichkeit" als Wert auch bei weit älteren Erwachsenen besetzt – nicht nur für Jugendliche gilt. So meint Nowottnick (1989, S. 332), dass die Übernahme jugendsprachlicher Ausdrücke und Prinzipen in die Mediensprache eine beschleunigte Ausbreitung gruppensprachlicher Elemente über die Gruppe hinaus bedeutet, was im Bereich der Jugendsprache mit der allgemeinen Tendenz zum „Jugendstil", einer generellen Puerilisierung der Gesellschaft verbunden sei. Allerdings seien auch solchen Tendenzen Grenzen gesetzt, da viele Elemente der Jugendsprache nicht mediengeeignet seien, so dass mit einer generellen Vereinnahmung der Jugendsprache durch die Medien nicht zu rechnen sei.

Insgesamt zeigt es sich, dass Fragen wie diejenige zum Verhältnis von Mediensprache und Sprachverhalten von Jugendlichen differenziert zu betrachten sind – unter Berücksichtigung eines verflochtenen Verhältnisses von Wechselwirkungen. In diesem Sinne ist einmal die pädagogische Kritik verfehlt, wonach mit den modernen Medien ein Sprachzerfall[31] verbunden sei – etwa im Gegensatz zur Lesekultur. Wie Nowottnick in ihrer Untersuchung deutlich macht, handelt es sich nicht einfach um eine Verflachung, sondern um das Umgehen mit sprachlichen Varietäten auf dem Hintergrund der Standardsprache. Der souveräne Umgang damit, das „Switchen" zwischen verschiedenen Ebenen und der kreative Sprachwitz vieler jugendsprachlicher Anleihen verbieten es, generell von einem defizitären Modus der Sprachverwendung zu sprechen.

Zudem zeigt die Arbeit von Nowottnick, dass die Sogwirkung des Medium – trotz seiner Funktion als Leitmedium – schnell seine Grenzen findet. Denn die Beliebtheit des Mediums Rundfunk verdankt sich nicht zuletzt der Tatsache, dass es keine totale Aufmerksamkeit und Zuwendung erfordert. So betonen 17 Prozent der von ihr Befragten, dass man beim Radiohören *etwas anderes dabei tun, nebenbei hören oder das Radio im Hintergrund laufen lassen könne*. Man kann also das Radio sehr leicht mit Nebenbeschäftigungen verbinden: Hausaufgaben und Hausarbeiten erledigen, bei Handarbeiten, Hobby und Geselligkeit mitlaufen lassen etc. (vgl. Nowottnick 1989, S. 58f.)

Nun eignet sich das ausschließlich auditive Medium des Rundfunks gewiß besonders gut als Hintergrundmedium. Doch auch dem Fernsehen gelingt es nicht, die Zusehenden gänzlich in seinen Bann zu ziehen. Sander/Vollbrecht fassen entsprechende Studien zusammen: „Fast 60% der Kinder, die nach 18 Uhr – in der Regel mit den Eltern – vor dem Fernseher sitzen, schauen nicht ausschließlich und konzentriert fern, sondern spielen (50%)

31 Das Verhältnis von Sprache und Lesen ist auch in der Diskussion um die Einflüsse des Fernsehens auf Heranwachsende immer wieder zum Thema gemacht worden; es wird zum Beispiel auch von der weiter unten dargestellten „Wissenskluft-Hypothese" aufgenommen (vgl. S. 139ff.).

oder essen Abendbrot (10%)“ (Sander/Vollbrecht 1987, S. 61).[32] Nach Neverla (1992) passen Fernsehnutzung und solche Sekundärtätigkeit (sie nennt v.a. Hausarbeiten wie Bügeln) wegen ihren offenen Zeitgestalten gut zusammen: „Sie sind in Dauer, Abfolge und Lokation flexibel handhabbar. Fernsehen kann je nach Bedarf begonnen oder beendet werden, es kann mit hoher Konzentration verfolgt werden, mit oszillierender Aufmerksamkeit oder fluktuierender Aufmerksamkeit oder als Hintergundkulisse“ (Neverla 1992, S. 1992). Sendungen mit Seriencharakter und immer wieder ähnlichen Szenen sind dabei geradezu prädestiniert, ein oszillierendes Verhalten zu unterstützen, wie es eine Zuschauerin am Beispiel des Stickens schildert: „Beim Sticken, zum Beispiel die großen weißen Flächen, da braucht man nicht extra aufzupassen. Da kann man mit einem Auge Fernsehen anschauen. Und dann, wenn‘s richtig spannend wird, dann hör ich‘s Sticken auf. Aber wenn das so dahinplätschert, mein Gott, da brauch ich nicht zehn Minuten das im Fernsehen zu zeigen, das ist für mich uninteressant. Aber die interessanten Szenen, also sagen wir, wenn’s im Edgar Wallace der Auflösung zugeht, das schau ich mir schon an“ (nach: Neverla 1992, S. 187).

Aussagen der Wirkungsforschung

Wirkungsbehauptungen, wie sie zu Anfangs dieses Kapitels (vgl. S. 117ff.) wiedergegeben wurden, bleiben auf der Stufe von Common-sense-Argumenten, die aus einem vorwissenschaftlichen Empfinden heraus plausibel erscheinen. Sie lassen sich oft sehr gut mit Nutzungsdaten verbinden und scheinen durch diese gestützt zu werden. Doch trotz dieser scheinbaren Plausibilität läßt sich im Grunde aus der Verrechnung von Sehdauer oder quantifizierten Nutzungsgewohnheiten sehr wenig ableiten.

Seriöser sind dagegen Studien, welche Medienwirkungen über entsprechende methodische Arrangements und Forschungsstrategien festzumachen versuchen. Häufig diskutiert werden in diesem Zusammenhang die Untersuchungen Hertha Sturms (1985, 1987) zur „fehlenden Halbsekunde“. Sie geht von einem Konzept formaler medienspezifischer Angebotsweisen aus – nämlich davon, dass das ‚Wie‘ des Transports von Inhalten entscheidend für die Medienwirkungen sei. Insbesonders nimmt Sturm einen starken wirkungsrelevanten Unterschied zwischen lebensrealer und medienvermittelter Wahrneh-

32 Auch dieser Befund kann indessen doppeldeutig interpretiert werden – einmal als Beleg dafür, dass die Rezipienten dem Sog des Mediums weit weniger ausgeliefert sind, als dies von Kritikern befürchtet wird. In diesem Sinne wurde eben im Rahmen der vorliegenden Arbeit argumentiert. Auf der anderen Seite könnte man nun aber auch einwenden, dass durch die Aufspaltung der Aufmerksamkeit auf verschiedene gleichzeitige Aktivitäten Heranwachsende immer weniger im Stande seien, konzentriert und mit ungeteilter Aufmerksamkeit zu lernen; Nervosität und Flüchtigkeit des Tuns seien die Folge. Beides mag „richtig“ sein; und je nach Perspektive des Interpreten wird mehr die eine oder die andere Seite in den Vordergrund gestellt.

mung an. So ermöglicht es die alltägliche (nicht-medienvermittelte) Wahrnehmung immer wieder, sich durch kurze Pausen – ein paar Halbsekunden – sich auf Kommendes einzustellen. Dies gelte indessen für medienvermittelte Wahrnehmung nicht: „Da sind solche ‚Halbsekunden-Pausen' zumeist nicht gegeben und zwar wegen der formalen medienspezifischen Angebotsweisen, also wegen Um- und Überblendungen, Schnitten, Schwenks, Zooms, Kamera-Umsprüngen, Umsprüngen von Bild auf Wort und Wort auf Bild. Wir alle kennen die raschen, unvorhergesehenen Szenen-, Situations- und Standortwechsel ohne jede Pause des Übergangs" (Sturm 1987, S. 92f.). Die hohe Bildrasanz, die darin zum Ausdruck komme, bedeute, dass der Zuschauer nicht mehr mitkomme; man werde von Bild zu Bild, von Situation zu Situation getrieben.

Als Folge davon diagnostiziert Hertha Sturm den „Verlust der inneren Verbalisierung des Zuschauers" (Sturm 1987, S. 93). Durch die Überforderung durch die Bilder verstumme er in seiner inneren Benennung: die Bilder könnten nicht mehr behalten und verstanden werden. Als Beleg für die Wirkungen dieser Bildrasanz weist Sturm auf eigene Studien hin, welche zeigen, dass Fernsehen zu einer hohen physiologischen Erregung führen kann, indem sich Puls- und Herzschlag, der galvanische Hautwiderstand und das EEG ändern. Dies kann – so die Autorin – zu Erinnerungs- und Verständnisblockaden führen. Denn je höher die physiologische Erregung sei, desto schlechter könne man verstehen oder sich erinnern. Umgekehrt aber sei es auch schwierig, abzuschalten. So hätten Untersuchungen an Studenten gezeigt, dass emotionale Radio- und Fernseheindrücke über Wochen stabil bleiben, auch wenn die Inhalte schon weitgehend vergessen seien: „Der Gefühlseindruck wirkt also noch, wenn längst vergessen wurde, was der einzelne Akteur inhaltlich gesagt hat" (Sturm 1975, S. 53).

Aus solchen Befunden zieht Hertha Sturm weitreichende Konsequenzen. Erst weist sie auf den psychologischen Sachverhalt hin, dass Entwicklung für ein kleines Kind bedeute, seine erst undifferenzierten Lust- und Unlustgefühle durch Benennung und Kategorisierung zu differenzieren. Weil diese innere Verbalisierung durch die Medien verhindert werde, zieht sie nun aber den Schluß: „Sind nun Jugendliche und Kinder – insbesondere die Vielseher, die drei bis vier Stunden und mehr am Tag sich Laufbilder ansehen – vorab Situationen ausgesetzt, die eine Benennung der Gefühle nicht zulassen, dann brauchen wir uns nicht zu wundern, wenn sie auf die Dauer, und mir fällt kein anderes Wort ein, zu emotionalen Krüppeln herangebildet werden, weil eine Gefühlsdifferenzierung nicht möglich ist" (Sturm 1987, S. 96).

Pädagogische Konsequenz wäre denn auch ein Fernsehen, das die Heranwachsenden nicht überfordert und durch eine „zuschauerfreundliche Mediendramaturgie" die Rasanz der Bilderfolgen abmildert und so die innere Verbalisierung des Geschehens ermöglicht. Gegenüber den privaten Sendern, deren Serien aus vorwiegend amerikanischer Produktion dem Modell sehr oft entsprechen, welches Sturm zeichnet, ergibt sich eine Legitimation des traditionellen Kinderprogramms der öffentlich-rechtlichen Anstalten, welches eher solchen Kriterien der Zuschauerfreundlichkeit entspricht. Jedenfalls erscheint es so, dass Untersuchungen wie diejenige von Hertha Sturm gerne herangezogen werden, wenn es um Argumente für ein Bildungsfernsehen geht, das pädagogischen Kriterien genügen soll.

Einen Schritt über diese Überlegungen hinaus weisen die Untersuchungen von Gavriel Salomon (1987). Bei ihm erscheinen die Rezipienten nicht mehr wehrlos der Rasanz von Bilderfolgen ausgesetzt. Vielmehr möchte Salomon mit seinen Arbeiten demonstrieren, wie das aktive Verhalten die eigenen Medienerfahrungen mitbeeinflußt (vgl. Salomon 1987, S. 79ff.). In diesem Sinne wendet er sich gegen die These, wonach die übermächtigen Medien die passiven, naiven und hilflosen Menschen ohne weiteres zu beeinflussen im Stande sind. In seinen Untersuchungen vergleicht Salomon israelische und amerikanische Fernseherfahrungen und betont die qualitativen Unterschiede, wie ferngesehen wird: In Israel würden die Kinder in der Schule die Fernsehabenteuer des Vortags diskutieren; und nicht zuletzt sähen die Familien das Fernsehprogramm zusammen durch und diskutierten es unter sich. Ganz anders in den USA: „Im Vergleich dazu sahen die amerikanischen Kinder beim Fernsehen eher gedankenlos (mindless) zu und verließen sich sozusagen darauf, dass ihnen das Fernsehen Vergnügen mache, ohne ihre geistigen Fähigkeiten zu beanspruchen. Sie waren gedankenlose, automatische Fernsehkonsumenten“ (Salomon 1987, S. 81). Daraus folgert Salomon, dass nicht das Medium Fernsehen an und für sich die gedankliche, tiefere Verarbeitung verhindere, sondern die vorgefaßte Meinung, das Medium verdiene eine solche Aufmerksamkeit nicht.

Auch hier wird pädagogisch argumentiert: es sei nämlich darauf hinzuwirken, dass die Kinder die notwendige geistige Anstrengung in der Verarbeitung aufbrächten. Damit möchte Salomon den negativen Wirkungen des Fernsehens entgegenhalten, die er unter den Begriff des „Tropfeneffektes“ faßt: nämlich die oft unerwünschte Assimilation von Ideen, Wahrnehmungen, Einstellungen und Erwartungen, die kontinuierlich und tropfenweise immer wieder unterschwellig vermittelt werden. Zusammenfassend heißt es zu einer zum Zeitpunkt des Erscheinens des zitierten Aufsatzes noch nicht publizierten Studie: „Die Moral dieser noch nicht publizierten Studie ist, dass ein bewußtes Herangehen an Fernsehsendungen die möglicherweise negativen Konsequenzen des Tropfen-Effekts verhindert und positives Lernen durch das Medium erleichtert“ (Salomon 1987, S. 87).

Es fällt auf, wie stark Sturm und Salomon im Namen einer pädagogischen Verantwortung argumentieren, die sie aus ihren Forschungsarbeiten ableiten. Dabei erscheinen ihre Folgerungen durchaus kompatibel: Bewußtes Herangehen an Fernsehsendungen und die Möglichkeit inneren Verbalisierens könnten die Eckpunkte einer pädagogischen Präventionsstrategie gegen unerwünschte Medienwirkungen bilden. Doch an beiden Ansätzen und ihren theoretischen Konstrukten kann man von verschiedener Seite kritische Einwände formulieren:

- Emotionen erscheinen in dieser Optik eher als etwas Gefährliches, die der Kontrolle durch die rationale Vernunft bedürfen. Geschieht dies nicht, überläßt man sich der Triebhaftigkeit, dem gedankenlosen Dahinleben. Im schlimmsten Fall unterlaufen unkontrollierte Emotionen die bewußte Aneignung von Welt und lassen keinen Platz mehr für die kritische Aneignung und Auseinandersetzung mit ihr. Wenn also die elektronischen Medien stark emotional besetzte Medien sind, so heißt das auch, dass sie in demselben Maß unheimlich werden. Denn sie scheinen jene Seite des Menschen zu unterstützen, die sich der Vernunft entzieht. Dabei stellt sich allerdings die Frage, ob Emotionalität und Rationalität in diesem Sinne als einander entgegengesetzte Kräfte gesehen werden müssen, bzw. ob sie sich gegenseitig nicht auch stützen könnten. Und man müßte sich zudem auch fragen, ob emotionale Erfahrungen nicht auch eine Art intuitiven Wissens darstellen können, die für das Leben wichtig sein könnten und zusammen mit rationaler Überlegung erst so etwas wie praktischen Alltagsverstand zustande bringen.
- Generell wäre zudem zu überlegen, ob die Sturmsche Form der Kritik nicht implizit von traditionellen bildungsbürgerlichen Standards her argumentiert und damit die in diesem Milieu lokalisierten Vorurteile gegenüber „niedriger" Unterhaltung konserviert. Pädagogisch zu rechtfertigen ist danach vor allem, was zur Belehrung und Bildung dient. Wo dagegen Emotionen und Gefühle im Zentrum stehen, müssen diese über „innere Verbalisierung" kontrolliert werden. Dabei könnte es durchaus sein, dass unterhaltende Sendungen andere Funktionen erfüllen, die mit solchen Kriterien nicht erfaßt werden. Insbesondere müßten dabei aber auch inhaltliche Kriterien berücksichtigt werden – also die Frage, warum Kinder bestimmte Inhalte aufsuchen, bzw. welche Bedürfnisse diese erfüllen. Auf einige Untersuchungen, die in diese Richtung weisen, soll im nächsten Kapitel eingegangen werden.
- Es ist jedenfalls zu vermuten, dass sich Salomon und Sturm – wie viele andere Kritiker des Fernsehens – am Modell einer literarisch gebildeten, distanziert reflektierenden Vernunft orientieren. Fernsehen sollte danach denselben Verarbeitungsmustern folgen wie die traditionellen Leseerfahrungen. Dabei ist diese Voraussetzung problematisch: Möglicherweise folgt das Verstehen von Fernsehsendungen anderen kulturellen Codes wie dasjenige von sprachlichen Texten. Wissenschaftliche Untersuchungen gehen indessen sehr oft von einem an der Sprachlogik orientierten Textmodell aus. Die Untersuchten müssen das Gesehene linear wiedergeben und daraus sprachlich eine Erzählung formen. Es mag dann nicht verwundern, dass solche Projektanlagen die Überlegenheit der Sprache als Modus von Realitätsverarbeitung erweisen. In diesem Sinne kommen z.B. Saxer/Bonfadelli zu folgendem Ergebnis: „Das Dilemma von Informationssendungen mit Unterhaltungscharakter besteht also darin, dass die Sendungen zwar zum Zuschauen motivieren und als interessant empfunden werden, dass die unterhaltenden Elemente aber u.U. von der zu

vermittelnden Information eher ablenken und so die Informationsaufnahme behindern“ (Bonfadelli/Saxer 1986, S. 171).

- Ob jedes Denken nach dem Muster der inneren Verbalisierung zu erfolgen hat, wäre anhand der Erfahrungen mit den elektronischen Medien neu zu bedenken. Eine Umwertung hat z.B. Vilém Flusser versucht, indem er postuliert, unter dem neuen Gesichtspunkt der Informatik müsse man auch neu denken lernen: „Mindestens zwei Dinge sind für dieses Umlernen des Denkens charakteristisch. Erstens, dass wir nur Bilder und nichts als Bilder denken, denn alles, was wir Wahrnehmung nennen – seien sie äußere oder innere –, sind nichts als im Gehirn komputierte Bilder. Zweitens, dass das Denken kein kontinuierlicher, diskursiver Vorgang ist: Das Denken ‚quantelt'“ (Flusser 1987, S. 142).

Ohne in diesem Zusammenhang die Überlegungen Flussers konzeptuell weiterzuverfolgen, wäre mindestens darauf hinzuweisen, dass es auch konventionellere Arbeiten gibt, welche die Unterstützung des Lernens durch filmische Mittel unterstreichen. Patricia M. Greenfield (1987, S. 23ff.) weist zum Beispiel auf den Faktor der „visuellen Bewegung“ hin, die das Fernsehen charakterisiere. Bewegung helfe den Kindern beim Lernen, weil sie die Aufmerksamkeit auf den Bildschirm lenke; und sie erleichtere es, Information über Handlung ins Gedächtnis zurückzurufen. Kinder aus Grundschulklassen könnten sich besser an Handlungen aus einer erzählten Fernsehgeschichte erinnern, als wenn ihnen die gleiche Erzählung aus einem Bilderbuch vorgelesen werde. Die Fernsehversion verdeutliche diese Handlungen visuell, mache sie explizit, während sie in der Bilderbuchversion nur implizit anschaulich seien. Zudem benutzten Kinder, welche die Fernsehversion sahen beim späteren Nachdenken und Reflektieren über die Geschichte viel mehr Begriffe, welche die Bewegung thematisierten. Ähnlich die Resultate aus einer eigenen Untersuchung: Eine Gruppe von 14 Kindern im Vorschulalter beschäftigte sich mit einer Sandmännchen-Geschichte. Dabei wurde einer Gruppe die Geschichte vorgelesen, während die anderen sie sahen (wobei der Text gleichzeitig durch einen Sprecher im Hintergrund wiedergegeben wurde). Obwohl für die Altersgruppe der Vorschulkinder bestimmt, hatten beide Gruppen große Schwierigkeiten, auch nur eine knappe und grobe Nacherzählung zustandezubringen. Immerhin gelang dies der „Fernsehgruppe“ besser, obwohl die Geschichte selbst nicht unbedingt eine „Bebilderung“ zum Verständnis erforderte. Zusammenfassend wäre denn auch zu vermuten, dass die bildliche Anschauung hilft, eine Geschichte zu verstehen und den Handlungsablauf zu reproduzieren.

Meutsch u.a. (1990, S. 63), die eine Reihe ähnlicher Untersuchungsreferate zitieren, sehen eine Erklärung darin, dass Bilder einen „Schemakontext“ erzeugten, in den die sprachlichen Informationen integriert werden können. Zudem kann die visuelle Präsentation auch Aspekte zusätzlich hervorheben. So konnte L. Brown anhand des Märchens „Der Fischer und seine Frau“ zeigen: Kinder, welche eine Fernseh-Version der Geschichte gesehen hatten, konnten dank der visuellen Technik eher den moralischen Gesichtspunkt der Geschichte erkennen – nämlich dass es sich um eine Frau handelte, die niemals genug bekommen konnte, ungeachtet der Anzahl der Wünsche, die ihr erfüllt wurden (zit. nach Messenger Davies 1989, S. 74).

Auch wenn in diesem Zusammenhang der Darstellung von Studien zur Medienwirkung vor allem das Fernsehen als jenes Medium, das im Zentrum der Medienforschung steht, zur Sprache kommt, so wäre es ohne Schwierigkeit möglich, auf analoge Argumentationen z.B. für den Bereich des Rundfunks oder der Videospiele zu verweisen. Dies kann exemplarisch am Befund von Jürgen Fritz demonstriert werden, wonach Videospiele für Kinder und Jugendliche vornehmlich Streß bedeuteten – ein Theorem, das in vielem zu Sturms Überlegungen analog erscheint. Wie diese argumentiert Fritz physiologisch; „Generell läßt sich sagen, dass das Videospiel offensichtlich anstrengt, Kräfte und Energien kostet. Dieser Kräfteabbau scheint bei Älteren stärker einzutreten als bei Jüngeren, bei ‚Profis' schwächer als bei ‚Saisonspielern'. Für die weitaus überwiegende Mehrheit der Jugendlichen ist das Videospiel eine ausgesprochene Streßsituation, die mehr den Arbeits- und Leistungscharakter betont als Erholung und Muße; mithin: verdammt anstrengend" (Fritz 1985, S. 77).

Auch er bezieht sich auf physiologische Fakten – vor allem auf die Analyse von Bildserien. So zeige die Beobachtung von Videospielern, dass diese meist sehr angespannt seien und von ihrer Gestik und Mimik her den Eindruck starker Konzentration zeigten. Auffällig sei die Zungenbewegung. Dies wird mit dem Verweis darauf erklärt, dass das Videospiel die Möglichkeiten zur körperlichen Abreaktion nicht bereitstelle, die sonst mit intensiven Anstrengungen wie Laufen, Schlagen und Klettern verbunden seien. Fritz beschreibt den gehemmten Funktionsablauf: „Der Körper bereitet sich auf eine starke körperliche Aktivität vor. Diese kann jedoch nicht ausgeführt werden. Der Spieler hat lediglich die Möglichkeit, seinen Joystick spielbezogen zu handhaben. Dabei muß er seine innerliche Erregung dämpfen, um im Spiel zu bleiben. Dies führt zu einer inneren Anspannung, die durch autonome Signale ablesbar ist. Eines dieser Signale ist das Lecken der Lippen. Im Zustand der Anspannung haben wir eine geringere Speichelproduktion. Der trockene Mund bewirkt, dass wir unsere Zunge bewegen" (Fritz 1985, S. 78).

Nun mögen Video-Spiele für den traditionellen Typ der Wirkungsforschung noch am ehesten geeignet sein, da sich hier die Medienwirkung – wenigstens in ihren kurzfristigen Folgen – am eindeutigsten auf verursachende Reize zurückbeziehen läßt. So erscheint es auf den ersten Blick einsichtig, wenn Jugendliche solche Videospiele als anstrengend empfinden und auf Nachfrage antworteten, dass sie sich nach ein- bis zweistündigem Spielen sehr erschöpft fühlten (vgl. Fritz 1985, S. 76).

Auch hier stellt sich jedoch die Frage, ob Kinder und Jugendliche dem Sog der Medien wirklich in einer so passiven Rolle gegenüberstehen, bzw. ob sie es nicht auch gelernt haben mit solchen Anspannungen umzugehen. Lust an neuen Herausforderungen und das ungefährliche Ausagieren von Risikobereitschaft dürften ebenfalls Motive sein, welche hier in Rechnung zu stellen sind. Für Fritz geht es hingegen vor allem um die Dämpfung von Gefühlswahrnehmungen, um wach und aufmerksam, aber nicht emotionalisiert zu spielen. Im Umgang mit dem Computer, also mit einer Maschine, müßten die Spieler lernen, selbst wie eine Maschine zu reagieren: „Und das heißt: ohne Gefühl, absolut perfekt und automatisch. Die Spieler müssen mit dem Computer ‚verschmelzen': Sie lenken nicht nur das Raumschiff sie *sind* das Raumschiff. Jeder Gedanke außerhalb des Spiels führt unweigerlich zum Ende der Spielsequenz. Als Videospieler muß man die Welt ausgrenzen – auch die eigene Welt der Gefühle. Innerlich gelassen sein, cool zu sein, ist der Schlüssel zum spielerischen Erfolg" (Fritz 1985, S. 83).

Damit mögen Motive angesprochen werden, die für Videospieler eine Rolle spielen können – zumal man es im Videospiel buchstäblich in der Hand hat, eine „Welt" zu beherrschen und zu kontrollieren, während dies im realen unübersichtlichen Alltag kaum der Fall ist. Dennoch entwirft Fritz ein zu verzerrtes Bild, in welchem das Medium die Spieler im Griff zu haben scheint; und es scheint mir auch zu einseitig, in den Videospielen „Medien für die Einübung von Verhaltensweisen in einer computerisierten Gesellschaft zu vermuten, in welcher der Mensch auf seine maschinenhaften Fähigkeiten reduziert erscheint" (Fritz 1985, S. 87).

Wenn Fritz im gleichen Atemzug betont, dass die Spieler im Videospiel die Grundthemen ihrer Selbsterfahrung und ihrer Begegnung mit der Welt „nachspielen" könnten, so verengt er diese These insofern wieder, als das Medium dazu offensichtlich nur den einen Rahmen der maschinenhaften Fähigkeiten zur Verfügung stellt. Meines Erachtens müßte in diesem Zusammenhang stärker auf die Interpretationen der spielenden Subjekte Bezug genommen werden, auf die entwicklungsbezogenen und individuellen Bedürfnisse, welche mit dem Spielen verfolgt werden. Erst dann könnten die Videospiele im Sinne von Sonden in Anspruch genommen werden, mit der man – wie Fritz an derselbe Stelle betont, Einblicke in die Psyche des Menschen und die innere Struktur dieser Gesellschaft gewinnen könnte.

Die Wissenskluft-Hypothese

Im Zusammenhang mit der Wirkungsforschung wurde u.a. diskutiert, wie weit sich das Fernsehen im Sinne eines Bildungsmediums zu verstehen hätte, bzw. die Fähigkeit zur inneren Verbalisierung durch häufigen Fernsehkonsum beeinträchtigt werden könnte. Die Frage nach dem Zusammenhang von sprachlichen Fähigkeiten und Medienkonsum wird nun, basierend auf einer etwas veränderten Interessenlage, von der stärker soziologisch argumentierenden Wissenskluft-Hypothese nochmals aufgenommen. Dabei wird das Modell der Wirkungsforschung in einer entscheidenden Hinsicht überwunden; es wird nämlich angenommen, dass verschiedene Gruppen von Rezipienten Fernsehen unterschiedlich wahrnehmen und verarbeiten. Das bedeutet aber gleichzeitig, dass das Fernsehen Kommunikationsbarrieren sozialer Art verstärkt. So geht die Wissenskluft-Hypothese davon aus, „dass es vor allem die Gut-Informierten sind, die vom bestehenden Informationsangebot zu profitieren vermögen, und dass sich so die Wissenskluft zwischen den Gut- und den Schlecht-Informierten tendenziell eher vergrößert" (Bonfadelli/ Saxer 1986, S. 12). Die Folge davon sei, dass es nicht ausreiche, eine optimale gesellschaftliche Kommunikation mit einem möglichst großen Angebot an Informationen sicherzustellen. Denn das Problem bestehe ja gerade darin, dass Motivationen und Fähigkeiten der Bürger unterschiedlich seien, um dieses Angebot sinnvoll und optimal zu nutzen.

In ihrer Untersuchung an Zürcher Jugendlichen können Bonfadelli/Saxer (1986) die Wissenskluft-Hypothese mindestens tendenziell stützen. So ergibt sich beim Lesen eine klare und starke Beziehung zwischen Buch und schulischer Bildung sowie der Schichtzugehörigkeit der Eltern: „Mittelschüler und Jugendliche aus der oberen Mittel- und Oberschicht lesen deutlich mehr als Realschüler und solche mit Eltern aus der Mittel- oder Unterschicht" (Bonfadelli/Saxer 1986, S. 65). Ebenfalls schichtspezifisch ausgeprägt ist das Nutzungsverhalten beim Fernsehen, wo Mittelschüler (Gymnasiasten) die tiefste TV-Frequenz haben (vgl. Bonfadelli/Saxer 1986, S. 151). Generell zeigt sich, dass Schüler mit Eltern aus der Unter- oder oberen Mittelschicht das Fernsehen beträchtlich häufiger nutzen als ihre Kameraden aus der oberen Mittel- und Oberschicht.

Im weiteren untersuchen die Autoren in derselben Studie eine medienpädagogische Sendung zur Fernsehkrimi-Reihe Derrick auf die Frage hin, was die Jugendlichen daraus gelernt hätten. Sie kommen zum Ergebnis, dass nur 4 Prozent der Realschüler (tieferes Schulniveau) einen hohen, 51 Prozent dagegen einen sehr tiefen Wissensstand haben. Umgekehrt ist der Wissensstand bei 45 Prozent der Mittelschüler hoch und nur bei 7 Prozent tief (Bonfadelli/Saxer 1986, S. 151f.). Hervorgehoben wird von den Autoren zudem der Faktor des Leseverhaltens, wenn sie formulieren: „Das habituelle Lesen scheint einen signifikanten Einfluß auf die Informationsaufnahme und die damit einhergehenden Lernprozesse zu haben. Für das Lernen beim Fernsehen aber ist es offenbar unwichtig, ob jemand regelmäßig oder weniger regelmäßig fernsieht. Habituelle Fernsehnutzung scheint demnach weder die Fertigkeiten im Umgang mit dem Medium Fernsehen zu verbessern, noch zu einer informationsbetonten Sehmotivation beizutragen" (Bonfadelli/Saxer 1986, S. 155). Besonders deutlich sei der Einfluß des regelmäßigen Lesens beim Struktur- und Hintergrundwissen, das durch die Sendung vermittelt worden sei. Hier mache das Lesen rund 15 Prozent der erklärten Varianz aus. Im Gegensatz zum Lesen korreliere häufiges Fernsehen immer negativ mit dem aufgenommenen Wissen (vgl. Bonfadelli/Saxer 1986, S. 172).

Damit legt die Wissenskluft-Hypothese nahe, dass die Informationsaufnahme nach dem Motto funktioniert: Wer schon hat, dem wird gegeben. Wer also höheren Bildungsschichten entstammt, bzw. in anspruchsvolleren Schulformen unterrichtet wird, der ist eher im Stande, aus Fernsehsendungen zu lernen. Er wird sein Wissen vermehren und seine Fähigkeiten verbessern, Informationen aufzunehmen. Saxer (1987, S. 136) faßt die Konsequenzen an anderer Stelle zusammen, indem er hervorhebt, dass mehr Medieninformation nicht mehr Wissen für alle bedeute. Vielmehr eigneten sich Bevölkerungssegmente mit höherem sozio-ökonomischem Status und höherer formaler Bildung diese zusätzlichen Wissensangebote schneller an als die anderen – mit dem Resultat, dass die Wissenskluft[33] zwischen ihnen zu- statt abnehme.

Diese Resultate machen an sich auf ein wichtiges Faktum aufmerksam: Bildungschancen erscheinen im Rahmen der Nutzung elektronischer Medien nicht einfach ausgeglichen. Allerdings setzen die Autoren mit dieser Argumentation implizit auch voraus, dass das Fernsehen ein Bildungsmedium darstellt, bzw. dass Lesen und Fernsehen letztlich beide darauf abstellen, Informationen zu vermitteln. Auf diesem Hintergrund muß man sich denn auch nicht wundern, dass das Fernsehen das unterlegene Medium darstellt, da das Modell des Wissenserwerbs generell aus der Sphäre der distanzierten und sprachlich gebundenen Informationsvermittlung stammt, der das Modell des Lesens prototypisch entspricht. Es kann deshalb nicht verwundern, dass jene Schüler, die generell einen kognitiven Stil des Lernens bevorzugen – Mittelschüler und Gymnasiasten also –, auch Fernsehsendungen leichter auf diese Weise zu verarbeiten im Stande sind.

Doch Fernsehen besteht als Medium nicht einfach aus bebildertem Text. Wer fernsieht, macht andere Erfahrungen, als derjenige, der liest; seine Erlebnisse sind von einer unterschiedlichen Qualität. So war es etwas ganz anderes, wenn man die Öffnung der Berliner Mauer und die ersten Ostberliner, die nach „drüben“ kamen, „live“ am Fernsehen erlebte, als wenn man am Tag darauf die Berichte in den Zeitungen darüber las. Insbesondere ist das Fernsehen ein Medium, das es erlaubt, viel stärker auch mit Emotionen zu arbeiten und die Zwischentöne der Gefühle zum Ausdruck zu bringen, die im schriftlichen Text höchstens sehr indirekt mitgesetzt sind. Joshua Meyrowitz hat zur Verdeutlichung versucht, die Watzlawicksche Kommunikationstheorie (Watzlawick 1969) heranzuziehen und dessen Unterscheidung zwischen digitaler und analoger Kommunikation aufzunehmen. Während digitale Kommunikationsformen „Inhalts-Botschaften“ übermitteln, geht es in analogen Ausdrucksformen um „Beziehungs-Botschaften“: „Digitale Kommunikation kann allgemein von Dingen handeln, während analoge Botschaften eher enthüllen, wie die Person, von der die Botschaft ausgeht, gefühlsmäßig auf Menschen und Dinge um sie herum oder angesichts digitaler Botschaften, die sie spricht oder hört, reagiert“ (Meyrowitz 1987, S. 80).

33 Ähnlich kann auch mit Hinblick auf den Computer argumentiert werden, der in den letzten Jahren zu einem Bildungs- und Lernmedium par excellence avanciert ist. Gerade weil die Befürchtung besteht, dass Kinder aus höheren Schichten häufiger schon zu Hause mit diesem Medium in Kontakt kommen, wird in letzter Zeit verstärkt mit der Forderung nach einem Ausgleich der Chancen durch die Schule argumentiert.

Nun kann und muß es auch im Fernsehen um Inhalte gehen. Doch dies darf nicht bedeuten, dass die analogen Elemente der Kommunikation prinzipiell nur als problematische Unterhaltungsaspekte oder Elemente einer unzulässigen Boulevardisierung angesehen werden. Vielmehr handelt es sich hier um medienspezifische Ausdrucksmöglichkeiten, die auch im positiven Sinne eingesetzt werden können und müssen – und oft sogar den spezifischen Reiz der audio-visuellen Medien ausmachen. So kann das Fernsehen ein Objekt oder eine Person mit einer so breiten Palette von Zwischentönen und manchmal sogar implizit widersprüchlichen Botschaften präsentieren, wie es in verbalen Beschreibungen niemals möglich ist. Nun mögen in manchen Sendungen analoge Elemente so weit ausgereizt werden, dass dies geschmacklos und voyeuristisch erscheint. Doch insgesamt sind – wie Meyrowitz (1987, S. 80) ausführt – ironischerweise die Botschaften, wie sie die elektronischen Medien liefern, sowohl direkter wie mehrdeutiger, „natürlicher" und weniger präzise.

Aus diesen Gründen wird man die Bedeutung solcher audio-visuellen Botschaften verfehlen, wenn man sie ausschließlich nach dem Muster digitaler Kommunikation interpretiert und damit dann oft gleich auch deren Mehrdeutigkeiten und „Oberflächlichkeiten" kritisiert. Meyrowitz ist demgegenüber der Auffassung, für die Art, wie elektronische Medien ihre Botschaften präsentierten, gebe es kein Äquivalent in der linguistischen Grammatik oder der syllogistischen Logik. Will man deshalb der Botschaft audio-visueller Medien gerecht werden, so ginge es im Mindesten darum, jene spezifischen Codes in die Überlegungen miteinzubeziehen, die in Gesten, in der Rhetorik, im emotionalen Ausdruck verankert sind und über Sprache hinausweisen. Solche „neuen" Fähigkeiten, die nicht im Rahmen eines Modelles literarischer Bildung verankert sind, erscheinen für das Leben in einer Gesellschaft, die durch elektronische Medien geprägt ist, zunehmend wichtiger.

Die Wissenskluft-Hypothese belegt dagegen im Grunde eine Selbstverständlichkeit: Wer literarisch gebildet ist, dürfte auch am ehesten fähig sein, das Fernsehen im Sinne digital verankerter Interpretationsmuster zu nutzen. Nun dürfte daran zwar richtig sein, dass kritische Medienkompetenz – als wünschenswertes Ziel der Medienerziehung – die Fähigkeit zur Distanzierung und Reflexion beinhaltet. So betont auch Detlev Schnoor (1992, S. 94) den Zusammenhang von Fernsehen und Lesen, wenn er vermutet, dass sich für Kinder die viel lesen, auch die Möglichkeit eröffne, sich aktiv und kreativ mit Fernsehbildern auseinanderzusetzen. Letzteres müßte das Ziel der Entwicklung von Medienkompetenz sein, wie sie Schnoor in Anknüpfung an Umberto Eco formuliert – nämlich als Chance, sich der Ideologie der Massenkultur durch die Herausbildung unbefangener alternativer und individuell geprägter Codes zu entziehen. Gegen die Strategie der Massenmedien, Botschaften möglichst redundant zu machen, dass deren Aufnahme nach vorher festgelegten Plänen gesichert sei, wäre die „pragmatische Energie des semiotischen Bewußtseins" zu setzen (vgl. Schnoor 1992, S. 94).

Indem sich Schnoor jedoch bei diesen Überlegungen recht eng von Bonfadellis Überlegungen zur Wissenskluft-Hypothese leiten läßt, überschätzt auch er den Anteil des literarischen Modells an der Herausbildung von kritischer Medienkompetenz. Darüber hinaus wäre die Frage nach einem Modell der Medienkompetenz zu stellen, welches auch die analogen Anteile miteinbezieht, ohne sie zu diskreditieren. Dies ist jedoch gerade im Kreise von Intellektuellen, die es gewohnt sind, sich in literarisch-diskursiven Milieus zu bewegen, schwierig: „Die Tatsache, dass es unmöglich ist, viele der präsentativen Botschaften des Fernsehens in diskursive Sprache zu übersetzen, erklärt vielleicht, warum das Fernsehen von vielen Intellektuellen so abschätzig betrachtet wird. Doch die meisten Botschaften in Unterhaltungssendungen sind zwar kaum ‚realistisch‘ oder ‚von erzieherischem‘ Wert, jedenfalls was die konventionellen (diskursiven) Vorstellungen angeht, doch sie übermitteln den Zuschauern realistische Bilder und Geräusche von Menschen und Orten. Diese präsentativen Symbole füttern uns mit ‚Erfahrungen‘ statt mit diskursivem Wissen“ (Meyrowitz 1976, S. 81).

Im siebten Kapitel sollen diese Fragestellungen unter medienpädagogischen Aspekten wieder aufgenommen werden. Dort geht es um die Frage, wie solche medienpädagogischen Kompetenzen im Rahmen didaktischer Arrangements entwickelt werden können. In diesem Kapitel soll nun aber noch genauer dargestellt werden, wie Kinder und Heranwachsende mit und an den Medien wachsen und lernen. In diesem Zusammenhang wird nicht zuletzt zu überlegen sein, auf welche Weise sie ihre Kompetenzen im Rahmen der Auseinandersetzung mit Medien entwickeln und erweitern. Mit anderen Worten: es soll ein kurzer Überblick über die Entwicklung der Fernsehfähigkeiten gegeben werden, soweit dies auf dem Hintergrund des gegenwärtigen wissenschaftlichen Standes möglich ist.

Die Entwicklung von „Fernsehfähigkeiten“ (televiewing skills)

Die Untersuchungen zur Entwicklung der Art und Weise, wie Kinder ihre Medienkompetenz erweitern und „Fernsehfähigkeiten“ entwickeln, nehmen häufig in ihrer Grundorientierung auf die Entwicklungspsychologie Jean Piagets Bezug. Dieser hatte die menschliche Entwicklung im Rahmen der gegenläufigen Prozesse von Akkommodation und Assimilation als aktive Auseinandersetzung mit der Welt geschildert und nicht einfach als bloße Anpassungsleistung. Gerade in der Auseinandersetzung mit einfachen Wirkungsmodellen erscheint es denn auch wichtig, von allem Anfang an die selektive Zuwendung und Verarbeitung von Realität – auch von Fernsehrealität – zu betonen.

Vorauszuschicken ist allerdings, dass auch eine solche Entwicklungsperspektive einseitig ausgelegt werden kann. So entwickelt Hertha Sturm auf dem Hintergrund der Piagetschen Entwicklungspsychologie einen rezipientenorientierten Ansatz, mit dem sie zu belegen versucht, dass der Faktor Verständnis vor allem abhängig sei von Art und Zahl der Bezüge, mit denen ein Mensch umzugehen vermöge (vgl. Sturm 1987, S. 104ff.). Kinder zwischen 4 und 7 Jahren vermöchten danach zum Beispiel nur jeweils einen Bezug zu verstehen. Auf Fernsehen, Film und Video übertragen, bedeute dies: Auch längere und schwierigere Geschichten könnten dann – und nur dann – von Vorschulkindern verstanden werden, wenn sie einseitig und unidirektional angeboten würden, also ohne Szenen- und Standortsprünge, Schnitte, Schwenks, Umsprünge von Wort auf Bild und umgekehrt.

Mit Experimenten, bei denen Kindern eine Geschichte präsentiert wurde, glaubt Sturm dies praktisch nachweisen zu können, und sie schließt daraus: „Nimmt ein Medienangebot keine Rücksicht auf Intelligenzetappen und Verständnisstruktur der Zuschauer, dann nehmen diese aus der Fülle der Bild-Wort-Angebote das heraus, was sie gerade verstehen. Eine Verständniserweiterung findet nicht statt" (Sturm 1987, S. 197). Diese Überlegung ist auf der einen Seite gewiß richtig; Medienangebote können Kinder überfordern, wenn sie über jene formalen Verstehensstrukturen nicht verfügen, die zum Verständnis nötig sind.

Allerdings erscheint mir der Ansatz Sturms insofern auch problematisch, als er aus Schwierigkeiten, die Kleinkinder mit mehreren gleichzeitig angebotenen Perspektiven haben, im direkten Schluß ein allgemeines pädagogisches Postulat ableitet. So müßte man sich genauer vergegenwärtigen, was „Verstehen" eines Medienangebotes bedeutet, und ob es notwendig ist, dass immer alles verstanden wird – oder ob es der Rezipient gar nicht darauf anlegt, sondern sich damit begnügt, bestimmte Aspekte herauszufiltern. Faszinierend ist für ein Kind vielleicht im Moment nicht die narrative Konstruktion der Geschichte, sondern die Art und Weise, wie der Held der Geschichte dargestellt wird, die Musik, bestimmte wiederkehrende Schlüsselszenen etc. Jedenfalls erscheint es mir als zu statisch, wenn Sturm in Anknüpfung an Piagets Konzept des „ursprünglichen Egozentrismus" allein den Aspekt der Überforderung betont. Es stimmt zwar mit dessen Beobachtungen überein, wonach zum Beispiel beim Gruppenspiel jedes Kind die Regeln auf seine Weise auslegt und damit „gewinnt". Und Piaget selbst folgert daraus: „Deshalb sind auch die Methoden der Gemeinschaftsarbeit bei Kleinkindern zum Scheitern verurteilt" (Piaget 1972, S. 179).

Während hier, wie bei Sturm, zum Ausdruck kommt, dass Kinder auf Grund ihres Entwicklungsniveaus bei der Wahrnehmung von Realität festgelegt sind, betonen neuere Ansätze den dynamischen Charakter von Entwicklung. Einmal könnte man auf Bruners These (1968) Bezug nehmen, wonach das Kind die Welt in jedem Stadium der Entwicklung auf charakteristische Weise sieht und sich selbst erklärt. Man könnte also vermuten, dass Kinder durchaus auch Fernsehrealität auf eine für sie sinnvolle Art und Weise verarbeiten – auch wenn dies nicht im Sinne eines „Erwachsenenverständnisses" erfolgt. Zudem muß der Erwerb von neuen kognitiven Strukturen der Weltaneignung auch als aktiver Prozeß gesehen werden. Gerade die Konfrontation mit komplexen Strukturen hat für Kinder etwas Herausforderndes. Mit anderen Worten: Sturm überschätzt den Faktor „Objekt" und unterschätzt damit gleichzeitig die Rolle des aneignenden Subjekts in der Entwicklung. Medienangebote können Entwicklungsprozesse auch dadurch herausfordern, dass sie Reize zur Verarbeitung anbieten, die über eine bestehende Entwicklungsstufe hinausweisen. Auch aus komplexeren Mediendarstellungen, so lautete die Gegenthese, können Kinder unter gewissen Bedingungen durchaus das für sich herausziehen, was für sie wichtig ist.

Aus dieser doppelten Perspektive von Assimiliation und Akkomodation sollen im Folgenden einige Resultate zur Entwicklung von Fernsehfähigkeiten dargestellt werden. Es kann im Rahmen dieses Buches allerdings nur um eine knappe Zusammenfassung gehen, indem einzelne wichtige Dimensionen herausgegriffen werden. Vollständig dürfte dieser Überblick schon deshalb nicht sein, weil es eine Flut von einzelnen empirischen Untersuchungen zu Teilaspekten gibt (vor allem im angelsächsischen Raum). In diesem Zusammenhang interessiert jedoch weniger ein möglichst vollständiger Literaturüberblick; vielmehr soll versucht werden, anhand empirischen Materials wesentliche theoretische Perspektiven zu beschreiben.

Die ersten Fernseherfahrungen

Im ersten Lebensjahr stehen Kinder in der sensomotorischen Phase ihrer Entwicklung. Durch Saugen und Greifen nehmen sie Kontakt zur Umwelt auf. Sie erfahren die Welt über unreflektierte Aktivität; allmählich erwerben sie dann Denkschemata, die sie für ihre Handlungen einsetzen. Piaget bezeichnet diese „sensomotorische Assimilation" als eine „kopernikanische Revolution im kleinen": Während am Beginn dieser Entwicklung das Kind alles auf sich oder genauer gesagt, auf seinen Körper zurückführt, gliedert es sich am Ende, das heißt, wenn Sprache und Denken einsetzen, bereits praktisch, als Element oder Körper unter die anderen ein, eine Welt, die es sich nach und nach aufbaut, und die es von da an als außerhalb von sich existierend empfindet" (Piaget 1972, S. 193).

Wie sich in dieser Entwicklungsphase die Beziehung von Kindern zum Fernsehen entwickelt, läßt sich insbesondere an US-amerikanischen Studien nachzeichnen – wobei dies kein Plädoyer für einen so frühen Fernsehkonsum darstellen soll. Denn in den USA (wie auch in Japan) beginnt der systematische Fernsehkonsum häufig viel früher als bei uns (vgl. dazu Böhme-Dürr 1988, S. 63ff.). Schon in der zweiten Hälfte des ersten Lebensjahres schauen in den Vereinigten Staaten Kinder täglich ein bis zwei Stunden fern. Dieser Fernsehkonsum steigt vom zweiten bis zum fünften Lebensjahr von zwei auf vier Stunden an. Ähnlich in Japan: Hier sind Babies zwischen vier und zwölf Monaten 1 Std. 4 Minuten vor dem Fernseher; Einjährige 2 Std. 24 Min. und Zweijährige bereits 2 Stunden.

Dabei reagieren die Kleinen bereits mit etwa sechs Monaten auf Variationen von Bild- und Tondarbietungen, während absichtsvolles Zuschauen im Alter von ca. zweieinhalb Jahren einsetzt (vgl. Meutsch u.a. 1990, S. 36). Lemish/Rice (1986) haben dazu sechzehn Babies im Alter von sechseinhalb bis neunundzwanzig Monaten über längere Zeit mittels

Beobachtungen, Befragungen und Tagebuchaufzeichnungen untersucht. Dabei stellten sie fest, dass Babies vor dem ersten Geburtstag bereits durch Zufall Ein- und Ausschaltknöpfe und Fernbedienungen entdeckten. Während sie im ersten Lebensjahr noch damit herumspielten und sich vor allem an ihrem Können erfreuten, begannen sie im zweiten Lebensjahr absichtlich verschiedene Knöpfe zu drücken, um bestimmte Programme zu sehen. Mit Jean Piaget könnte man dies als Entwicklung „zirkulärer Reaktionen" interpretieren. Das Baby gibt sich nicht damit zufrieden, einfach Bewegungen zu reproduzieren, die zu einem interessanten Effekt geführt haben: „Es variiert sie nunmehr absichtlich, um die Ergebnisse dieser Variationen zu studieren, und betreibt auf diese Weise richtiggehende Forschungen oder Experimente, ‚um zu sehen' (Piaget 1972, S. 196).

Damit nun aber „interessante Effekte" überhaupt als solche erkannt werden können, bedarf es weiterer Entwicklungsvoraussetzungen. In diesem Zusammenhang soll näher auf zwei Dimensionen eingegangen werden: Objektkonstanz und Aufmerksamkeit. So berichtet Lemish (vgl. Böhme-Dürr 1988, S. 66), dass Babies den Bildschirm berühren, wobei sie dies im ersten Lebensjahr ganz unabhängig vom gezeigten Programm tun. In der ersten Hälfte des zweiten Lebensjahres dagegen faßten sie nur bestimmte Figuren – wie Big Bird aus der Sesamstraße – an. Je älter die Kinder würden und je medienerfahrener sie seien, desto seltener wollten sie Personen und Tiere auf dem Bildschirm berühren und küssen. Dieses Verhalten der Babies versucht man durch den Erwerb von Objektkonstanz zu erklären: Allmählich erkennen die Kleinkinder, dass sich die Personen, Tiere und Figuren auf dem Bildschirm von ihnen unterschieden. Erst wollten sie diese noch „*wahr*-nehmen" und „be-*greifen*", später wählen sie absichtsvoll, was sie sehen möchten. Diese Entwicklung ihrer Bildschirmberührung deckt sich mit psychologischen Beobachtungen. Karin Böhme-Dürr kommentiert: „Bis zum Alter von zwölf Monaten suchen Babies versteckte Objekte ungezielt an verschiedenen Orten. Zwischen zwölf und achtzehn Monaten schauen sie dort nach, wo sie das Objekt zuletzt gesehen haben, und erst mit achtzehn Monaten können sie sich Verstecke mental vorstellen" (Böhme-Dürr 1988, S. 66).

Mit der Objektkonstanz sind verschiedene wichtige Voraussetzungen für das Fernsehen verbunden (vgl. dazu Davies 1989, S. 12f.):

- Einmal erwerben Babies damit – ungefähr um den ersten Geburtstag herum – die Fähigkeit, Bilder eines Objekts zu erkennen und zu realisieren, dass es sich um Bilder und nicht um die Dinge selbst handelt. Dies hängt im Übrigen nicht primär mit dem Fernsehen zusammen, sondern mit der Tatsache, dass Babies in der westlichen Welt von allem Anfang an von Bildern umgeben sind und deshalb solche Fähigkeiten schon früh entwickeln müssen.
- Bedeutet Objektkonstanz zu erkennen, dass ein Objekt auch dann noch da ist, wenn man es nicht sehen kann, so gilt Analoges für Fernsehbil-

der: Geht das Fernsehbild von einem entfernt aufgenommenen Bild einer Figur, z.B. von einem Teddybär, mit einem Schnitt in eine Nahaufnahme über, fehlt erst einmal der Bewegungsablauf dazwischen. Kinder müssen erst lernen, dass es sich um denselben Teddybär handelt. Dass es hier noch lange zu Unsicherheiten kommen kann, belegt eine Studie zu Verhaltensreaktionen von Kindern auf die amerikanische Fernsehserie „The Incredible Hulk". Bruce Banner, der Filmheld, sieht in diesen Filmen wie ein normaler Mensch aus. Nur wenn er ärgerlich ist, verwandelt er sich in „Hulk", ein gräßliches grünes Monster. Beide Identitäten des Protagonisten werden durch verschiedene Schauspieler dargestellt, wobei der Film jedoch die Illusion vermittelt, der Held verwandle sich vor den Augen der Zuschauer in ein grünes Ungeheuer. Drei- bis Fünfjährige neigten nun dazu, den Serienhelden mit seinen zwei Identitäten und Erscheinungsbildern als ganz verschiedene Menschen zu sehen. Dagegen faßten die Neun- bis Elfjährigen, die von ihrer Entwicklung her das Stadium konkreter Operationen erreicht hatten, Bruce Banner und Hulk als eine Person auf (vgl. Greenfield 1987, S. 26).

Die Aufmerksamkeit für das Fernsehgeschehen

Untersucht wurde auch, was die Aufmerksamkeit von Kindern bei Fernsehsendungen besonders erregt. Nach Bryant/Anderson (1983) üben formale fernsehspezifische Merkmale wie Schnitt, Zoom, Überblendung, Musik- und Texteinblendungen, elektronisch-visuelle Spezialeffekte, Trickfilm usw. eine besonders steuernde Wirkung auf kindliches Sehverhalten aus. Darstellungsmittel, welche die Aufmerksamkeit stark stimulieren, sind gemäß Meutsch u.a. (1990):

- lebhafte Musik,
- Toneffekte,
- Kinderstimmen (im Gegensatz zu Erwachsenenstimmen),
- ungewöhnliche Stimmen,
- häufiger Sprecherwechsel,
- ein hohes Maß an physischen Aktivitäten und Aktionen,
- häufiger Szenenwechsel,
- visuelle Spezialeffekte.

Solche formalen Züge erhalten nach Huston/Wright (1983) eine besondere wahrnehmungsmäßige Anziehungskraft, d.h. sie veranlaßten die Kinder durch ihre Intensität und ihren Überraschungscharakter, sich dem Bildschirm zuzuwenden und vom Mediengeschehen Notiz zu nehmen. Vor allem sehr kleine Kinder werden erst einmal durch solche formalen Effekte beeinflußt; erst wenn sie älter werden, lernen sie, dass Darstellungsmittel wie Szenenwechsel oder laute Musik mit Entwicklungen im Ablauf einer Geschichte bzw. mit dem Inhalt verknüpft sind.

Dies muß im Übrigen mit der Art und Weise im Zusammenhang gesehen werden, wie Kinder fernsehen. Jedenfalls wäre es falsch, vorauszusetzen, dass Kinder unablässig und wie gebannt auf das Medium fixiert sind. Sie sind nicht unbedingt „konzentrierte Zuschauer", die sich nichts entgehen lassen, sondern sie sind oft zerstreut oder abwesend oder lassen das Geschehen nur am Rande „mitlaufen". Nach Cullingsford (1984) fließt vieles am Fernsehen an den Kindern vorbei, und sie sind oft weniger aufmerksam, je länger sie sehen. Vielmehr sind sie gleichzeitig oft noch mit anderen Dingen beschäftigt (vgl. Dorr 1986, S. 106): Sie spielen, rutschen auf dem Sessel oder Fußboden umher, essen und trinken etwas etc. So sind oft sogar „Vielseher" nicht unbedingt exzessive Seher, wenn man die Zeit berücksichtigt, in welcher sie sich wirklich auf das Fernsehen konzentrieren. Anderson u.a. (1985) fanden zum Beispiel, dass ein Kind, das fast 40 Stunden pro Woche vor dem Fernseher verbrachte in Tat und Wahrheit nur 3 1/2 Stunden aufmerksam zuschaute.

Zum Schluß wäre noch auf das Verhältnis zwischen visuellen und auditiven Effekten hinzuweisen. So wurde eine Gruppe von Kindern zwischen drei und fünf über eine Periode von drei Stunden untersucht. Dabei konnte festgestellt werden, dass Audio- oder Toneffekte das beste Mittel waren, um die Aufmerksamkeit der Kinder zu gewinnen, während visuelle Attribute eher geeignet waren, die Aufmerksamkeit der Kinder zu erhalten. Mit anderen Worten: Gewisse Veränderungen im gesprochenen Dialog, Toneffekte oder Musik im Hintergrund konnten das Kind dazu ermuntern, seinen Blick auf den Bildschirm zu richten; aber dieser Blick konnte nur verlängert werden, wenn das, was geschah, visuell von Interesse erschien (nach: Gunter/ McAleer 1990, S. 36).

Die Unterscheidung von Realität und Fiktion

Oft diskutiert wird die Frage, inwieweit kleine Kinder schon in der Lage sind, Realität und Fiktion voneinander zu unterscheiden, bzw. zu erkennen, dass es sich bei Filmen, Fernsehen und Video um eine künstliche Realität handelt. Dies könnte Heranwachsenden um so schwieriger fallen, als – wie im zweiten Kapitel dargestellt – die Grenzen zwischen „künstlicher" und „realer" Welt zunehmend verschwimmen. Oder man könnte sich an anekdotische Reminiszenzen erinnern, wie jene, wonach zum Beispiel der Schauspieler Robert Young während der ersten fünf Jahre seines Engagements in der Fernsehserie Marcus Welby über eine viertel Million Briefe erhielt, worin er meistens um ärztlichen Rat angegangen wurde (Gunter/McAleer 1990, S. 42). Man mag sich fragen, ob alle diese Zuschauer – übrigens hauptsächlich Erwachsene und keine Kinder – den Unterschied zwischen Rolle und Person eines Schauspielers nachvollziehen konnten.

Dennoch beginnt eine grobe Unterscheidung zwischen Fiktion und Realität schon in frühem Alter Gestalt anzunehmen. Nur sehr kleine Kinder glauben, dass kleine Leute im Fernseher wohnten, und sie haben Schwierigkeiten sich vorzustellen, wie die Plastikleute da hinein kommen. Nach Böhme-Dürr (1988, S. 70) geben sie an, dass diese durch die Steckdose schlüpfen, um im Fernsehapparat zu wohnen. Und sie glauben, dass eine Fernsehfigur sie sehen kann, bzw. dass Ereignisse auf dem Bildschirm sich auf dieselbe Weise abspielen wie im „richtigen" Leben. Aimée Dorr beschreibt ein Erlebnis mit einem ihrer Kinder: „Als mein älterer Sohn drei war, und zusammen mit seinem Vater ein Fernsehinterview mit mir anschaute, sagte er plötzlich: ‚Mama, schau her! Mama! Mama! Schau!' Mein Sohn ging ärgerlich aus dem Zimmer, da ich nicht imstande war, ihm zu antworten" (Dorr 1986, S. 53).

Böhme-Dürr (1988, S. 68ff.) führt solche Erfahrungen auf die „egozentrische" Haltung zurück, welche Kindern in der frühen präoperationalen Phase (zwischen zwei und vier Jahren) zueigne. In diesem Alter seien sie nicht fähig zu „dezentrieren" und mehr als einen Aspekt zu einem Zeitpunkt zu beachten (vgl. auch die Thesen von Hertha Sturm, S.144). D.h. sie können nur an sich denken und sind unfähig, die Perspektive eines anderen zu übernehmen. Wie Grant Noble betont, führen sich Kinder deshalb oft selbst in den Film ein oder vermischen Elemente eigener Phantasie mit der Filmhandlung. Als er in einer Untersuchung ein Kind über den tschechischen Trickfilm Scarecrow befragte, in welcher eine Katze versucht, das Ei eines Vogels zu stehlen, antwortete es: „Ich schmeckte die Katze." Oder in einem anderen Film zählte ein Mädchen John zu den Akteuren – das Nachbarskind (vgl. Noble 1975, S. 90).

Dazu kommt, dass zwischen zwei und vier Jahren noch Animismus, Artifizialismus und Realismus vorherrschen: – nämlich der Glaube, dass alles in der Natur mit Leben oder Absicht erfüllt ist, wie es selbst (Animismus), und die Vorstellungen, dass Menschen die Natur erschaffen haben (Artifizialismus), bzw. dass alles, was für das Kind real ist von andern geteilt wird (Realismus). So sind oft noch 6-7jährige davon überzeugt, dass Träume von außen kommen, und deshalb auch von anderen Menschen wie der Mutter beobachtet werden können (vgl. z.B. Oerter 1969, S. 312ff.). Genau diese Aspekte findet Böhme-Dürr bei Kleinkindern wieder: „Den Kleinen zufolge sind Fernsehfiguren mit Leben erfüllt (Animismus), von Menschen gemacht (Artifizialimus) und fühlen und handeln genauso wie das Kind selbst (Realismus).

Diese „magische Bildschirmrealität" wird jedoch – sobald sich die Kinder dem Schulalter nähern – zunehmend durch „realistischere" Konzepte abgelöst. So können sie schon vor dem Schuleintritt unterscheiden, welche ihrer Lieblingsprogramme „real" oder „fiktiv" sind. Sie identifizieren Cartoons als fiktiv und Nachrichten als „real", können aber bei weniger eindeutigen Sendungen noch verunsichert sein (Dorr 1983). In einer weiteren Studie konnten 58 Prozent der befragten 5-6jährigen nicht verstehen, dass Fernsehrollen durch Schauspieler dargestellt werden; auch 29 Prozent der 8jährigen verstanden dies noch nicht, während 45 Prozent keine Probleme damit hatten und 26 Prozent wenigstens ein teilweises Verständnis zeigten. Bei den 11-12jährigen war das Verständnis bei 65 Prozent vollständig (Fernie 1981). Jedenfalls nehmen Kinder ab acht Jahren des Fernsehen nur noch selten als „magisches Fenster" wahr. Sie verstehen, dass Programme hergestellt und „gemacht" sind (Hawkins 1977). Allerdings kann es immer noch zu „Irrtümern" über den Charakter des Gesehenen kommen. Je realitätsnäher aber die Figuren in Action-Serien sind, desto eher wird ihnen – so Aufenanger u.a. (1996) auch in fiktionalen Kontexten eine Realität unterstellt.

Dies muß indessen nicht nur mit Wahrnehmungsprozessen und -strukturen zu tun haben. Vielmehr haben Kinder oft auch noch keine ausreichende Kenntnisse darüber, wie Fernsehproduktionen entstehen, und welche Techniken dazu benutzt werden. Dies erfordert oft komplizierte Beurteilungen, die von verschiedensten Überlegungen und Schlüssen abhängig sind: So können Stunts, Kamera-Tricks oder die Kostüme Hinweise auf einen Mangel an Realitätsgehalt geben. Kinder wissen, dass es ein Auto wie in Knight Rider nicht gibt – und sind gleichzeitig doch wieder verunsichert, weil es ja Autos geben soll, wo Bordcomputer mit Sprachfähigkeiten ausgerüstet sind (vgl. Moser 1991). Oft versuchen Kinder bei ihrem Urteil, sich in ihrer Einschätzung nach drei Kategorien zu richten: Sie unterscheiden „Aktuell-Vorgegebenes" (ob der Fernseh-Inhalt in der realen Welt existiert) von Möglichem (was geschehen könnte) und von Unmöglichem. Nach „Aktuell-Vorgegebenem" unterscheiden Kinder aller Alterstufen. Jüngere Kinder beziehen sich sehr oft auf das Mögliche, während die Beurteilungen nach dem Kriterium des Unmöglichen mit dem Alter ansteigen (Gunter/McAleer 1990, S. 44). Damit aber sind wir nicht mehr weit von jenen Fragen entfernt, die auch von Erwachsenen kaum noch beantwortet werden können: Ist ein Ausschnitt aus den Nachrichten „live" gefilmt, oder gestellt, ist eine Reality-TV-Show wirklich so real, wie sie sich gibt? Aber auch die soziale Umgebung kann Realitätswahrnehmungen beeinflussen – etwa wenn gezeigt werden konnte, dass isolierte Kinder eher dazu tendieren, Fernsehsendungen als real anzusehen wie gesellige Kinder (Schlaff 1980, S. 63).

Verstehen von Handlungsabläufen und Geschichten

Die Frage nach den Inhalten kann noch viel elementarer gestellt werden: Wieweit sind Kinder wirklich fähig, Geschichten, die ihnen am Fernsehen präsentiert werden, zu folgen und die Handlungsabläufe zu verstehen? Es handelt sich dabei um eine komplexe Aufgabe, zu der Kinder über verschiedene Fähigkeiten verfügen müssen:

- Sie müssen die Segmentierung des Ereignisablaufs in einzelne Einstellungen verstehen.
- Es muß gewährleistet sein, dass sie sich auf die „wesentlichen" Aspekte konzentrieren können.

– Es muß möglich sein, nicht explizit aufgeführte Handlungsteile zu rekonstruieren (vgl. Meutsch u.a. 1990, S. 37).

Vorschulkinder haben dabei allerdings noch große Schwierigkeiten. 4-5jährige Kinder können zwar isolierte Episoden oder Szenen aus Sendungen wiedergeben, sie sind aber nicht im Stande, alle Elemente einer Geschichte zu einem Ganzen zusammenzuschnüren (Gunter/McAleer 1990, S. 37). Die bereits erwähnte eigene Untersuchung, bei welcher Vorschulkinder eine Sandmännchen-Geschichte reproduzieren sollten, ergab ähnliche Resultate. Eine selbständige Reproduktion der Geschichte war nicht möglich. Erst nach intensivem Nachhaken durch die Interviewer, brachten einige Kinder eine knappe und grobe Nacherzählung zustande. So heißt es in der Transkription eines Interviews:

Interviewer: Nun erzähl mal, was du gerade geguckt hast.

Kind: Sandmännchen.

I.: Dann erzähl uns die Geschichte doch noch mal.

K.: Hmm, Sandmännchen.

I.: Ja, und was genau:

K.: Ein Trecker, ein Schwein, eine Katze, Hühner und ein Hahn und ein Haus und sonst nichts mehr.

I.: Sonst nichts mehr?

K.: Nee.

I.: Hat das Schwein auch geturnt?

K.: Wohl.

I.: Weißt du auch, warum das Schwein geturnt hat?

K.: Nee.

I.: Hinterher waren da doch noch zwei Schweine. Was war das denn für ein zweites Schwein?

K.: Weiß ich nicht mehr.

Dieser Ausschnitt unterstreicht das Problem, inwieweit Kinder in diesem Alter fähig sind, einen Handlungsablauf chronologisch zu gliedern, zu verstehen und dann zu reproduzieren[34]. Viel eher ist davon auszugehen, dass die Chronologie noch eine untergeordnete Rolle spielt. Vielmehr beziehen sich Kinder auf einzelne Szenen, Bilder, Farben, Töne etc. Diese bleiben

34 Eine Unsicherheit besteht allerdings bei solchen Interviews darin, dass die befragten Kinder ihre Seherlebnisse erst versprachlichen mußten. Das von ihnen gezeigte Verständnis wurde erst auf dieser Grundlage erhoben. So muß bei der Interpretation des Fernseherlebens diese Fähigkeit der Versprachlichung ebenfalls mitberücksichtigt werden.

vor allem im Gedächtnis: das Haus, das Schwein Rosa, die Katze, der Trecker. Oder es werden von anderen Kindern Situationen wie „Schlafen“ und „Fressen“ genannt. Auch Farben wie das „rosa“ Schweinchen werden erinnert. Mit anderen Worten: das Verstehen der Kinder ist zu Beginn stark *szenisch* gebunden; erst langsam entwickelt es sich zu einem chronologischen Verständnis von Handlungsabläufen.

Das mag auch erklären, warum schon im beginnenden Schulalter Sendungen wie „Knight Rider“ oder „A-Team“ so beliebt sind. Denn von den oft sehr komplexen Geschichten her dürften diese auch für acht- und neunjährige Kinder kaum verständlich sein. So setzt z.B. eine Folge von Knight Rider vielfältige Kenntnisse über das amerikanische Gewerkschaftswesen voraus, die kaum von Erwachsenen erwartet werden dürfen. Doch darum geht es überhaupt nicht: Vielmehr interessieren die Kids Szenen wie die Verfolgungsjagden oder das Wunderauto, das eine Schlucht überspringt. Diesem „szenischen Verstehen“ kommt der Seriencharakter der Sendung entgegen, indem immer wieder ähnliche Situationen vorkommen, deren Wiedererkennen den Reiz dieser Sendung ausmacht. Ähnlich hilft auch die recht grobschlächtige und stereotype Charakterisierung der Handlungscharaktere (nach dem Schema von gut und böse) bei der szenischen Identifikation.

Das Fortschreiten des Verständnisses läßt sich anhand von Untersuchungen Grant Nobels noch etwas detaillierter nachzeichnen. Er berichtet von einer Studie, in welcher der Prix Jeunesse Siegerfilm „Patrick and Putrick“, ein Puppenfilm von 15 Minuten, in 127 Einheiten unterteilt wurde. 6jährige Kinder konnten davon 11,5 und 7-8jährige Kinder 12,5 wiedergeben, während es bei den 6jährigen lediglich sechs Einheiten waren. Bei Nachfragen nach 7 zentralen Sequenzen konnten 5jährige durchschnittlich 1,5 in der richtigen Reihenfolge wiedergeben, während es bei den 6-8jährigen 3,5 waren. 5jährige scheinen danach noch nicht fähig, eine Filmgeschichte zu verstehen, die Geschichte zum Anfang zurückzuverfolgen und den „roten Faden“ der Geschichte zu verfolgen, währenddem dies bei 6-8jährigen schon häufiger der Fall ist (vgl. Noble 1975, S. 92).

Erst langsam werden Kinder zudem fähig, bei handelnden Personen auch Motive zu erkennen. So untersuchten Leifer/Roberts (1972), wann Kinder die Motivationen und Konsequenzen von aggressiven Akten in Unterhaltungssendungen verstehen: 5jährige beantworteten 33 Prozent der Multiple-Choice-Fragen richtig, bei den 8jährigen waren es 50 Prozent, bei den 11jährigen 75 Prozent und bei den 18jährigen 95 Prozent. Ähnlich faßt Dorr (1986) verschiedene Studien zusammen. Danach waren Kinder unter 10 nicht im Stande, sich auf Motive zu beziehen, nachdem sie ein elf Minuten langes Programm verfolgt hatten. Bei den 10jährigen gelang dies der Hälfte, bei der 13jährigen zwei Dritteln. Ebenfalls belegten Untersuchungen, wie die Fähigkeit von Kindern bis zum 10. Lebensjahr anstieg, charakterliche Fähigkeiten oder Gefühle einzuschätzen. Aimée Dorr faßt zusammen: „Motive, Absichten, Gefühle, Kontext, Orientierung, Geschichte und Charakter der Handelnden sind selten ein Bestandteil der Auffassungs-Modelle von 8jährigen und jüngeren Kindern. Erst mit wachsendem Alter verfügen sie über mehr Elemente (vor allem Motive und Gefühle) von Handlungsstrukturen, und sie gehen davon aus, dass die einzelnen Handlungselemente miteinander verknüpft sind" (Dorr 1986, S. 47).

Wie diese Fähigkeiten nun bei der Bewältigung alltäglicher Entwicklungsaufgaben eingesetzt werden, bzw. was Kinder konkret mit den von ihnen bevorzugten Sendungen verbinden, das soll im nächsten Kapitel dargestellt werden. Zentral wird es hier um die Subjekte des Fernsehkonsums und ihre Bedürfnisse bzw. Intentionen gehen. Diesem Erkenntnisinteresse entspricht, dass damit vorwiegend Studien angesprochen sind, die auf dem Hintergrund qualitativer und hermeneutischer Forschungsinteressen entstanden.

Die Verarbeitung von Medienerlebnissen

Bevor inhaltlich präziser zu beschreiben ist, wie Kinder Medienerlebnisse – vorab im Bereich des Fernsehens – verarbeiten, erscheint es notwendig, noch etwas detaillierter herauszuarbeiten, auf welche Sendungen sich ihre Fernsehpräferenzen beziehen. Dabei fällt auf, dass jüngere Untersuchungen (vergl. z.B. Paus-Haase 1992, Theunert u.a. 1992, Moser 1992) zu weitgehend übereinstimmenden Ergebnissen gelangen: Kinder bevorzugen vorwiegend Unterhaltungsendungen. Von den Genres her überwiegen Abenteuer, Action, Spaß und Spannung – letzteres z.T. auch in Form von Gruselfilmen. So halten Theunert u.a. (1992, S. 34ff.) fest, dass die jüngeren Kinder Spaß und Spannung vor allem in Animationsserien und -filmen finden, daneben aber auch in Kindermagazinen. Bei den Actionfilmen und Familienserien trennen sich hingegen der Geschmack von Jungen und Mädchen: „Die Jungen nennen neben den Actionserien häufig auch Actionfilme, während das Thema Familie überwiegend die Mädchen interessiert" (Theunert u.a., S. 35). Ähnliche Resultate führen die Forschergruppe um Ingrid Paus-Haase (1992) dazu, dass sie ihre Untersuchung vorwiegend auf die Analyse von Action-Serien und Zeichentrickserien beziehen, die ebenfalls oft Action-Elemente enthalten.

Deutlich werden diese Vorlieben auch an Präferenzlisten von Sendungen. So zeigt etwa meine eigene Bonstetten-Untersuchung (Moser 1992, S. 27) folgendes Bild: Als Spitzenreiter werden genannt: Baywatch und A-Team; Dann folgen Sendungen wie Trio mit vier Fäusten, Knight Rider, CHiPs, Turtles, Disney Club, Duck Tales, Trick 7 Trickfilm-Show, Gutenacht Geschichten, Praxis Bülowbogen, 21 Jump Street, Wetten das, Mini Playback Show. Ähnlich kommen Egbringhoff u.a (1992) zu folgender Reihung: 1. Knight Rider, 2. Batman, 3. Sesamstraße, 4. Duck Tales, 5. Alf, 6. Schlümpfe, 7. Maus, 8. Li La Launebär, 9. He-Man, 10 Airwolf. Generell ist dazu anzumerken: Die Namen der einzelnen Serien mögen sich ändern – je nachdem, welche Sendungen zum jeweiligen Untersuchungszeitpunkt gerade gesendet wurden, die allgemeine Tendenz bleibt dieselbe.

Im Zusammenhang mit den Kinderprogrammen sollen vier Aspekte besonders hervorgehoben werden:

- Bei vielen der genannten Sendungen handelt es sich nicht um eigentliche Kindersendungen. So sind bei der Befragung von Egbringhoff u.a. (1992) unter den zehn am häufigsten genannten Sendungen immerhin vier – nämlich Knight Rider, Batman, ALF und Airwolf – nicht in erster Linie für Kinder konzipiert. Wie stark sich hier – im Sinne der Postmanschen These vom Verschwinden der Kindheit – die Grenzen aufgeweicht haben, zeigt sich, wenn man weitere Sendungen, die Kinder sehen, in die Überlegungen miteinbezieht: Action-Spielfilme im Abendprogramm, Unterhaltungsshows und Quizzsendungen, Sportübertragungen etc. Hier wird ein starker Kontrast zur Kinder- und Jugendliteratur deutlich, wie er vor allem in der Bonstetten-Untersuchung (Moser 1992, S. 33) zutage trat: Während beim Video- und Fernsehkonsum kinderspezifische Angebote kaum mehr im Mittelpunkt stehen, hat sich die Kinder- und Jugendliteratur als Ausdruck einer spezifischen Kinderkultur halten können. Hier werden nach wie vor Titel genannt wie: Winnetou I und II, Pippi Langstrumpf, Lederstrumpf, Paddington Bär, Felicitas und das Geheimnis im Keller, Der rote Seidenschal, Die drei Esel und der Elefant, Rößlein Hü etc.
- Kinderserien sind oft einer starken Stereotypisierung der Geschlechter unterworfen. Das zeigt sich schon an den unterschiedlichen Vorlieben von Jungen und Mädchen für bestimmte Sendungen. Generell kann beobachtet werden, dass Jungen eher die Orientierung an Spannung und Action betonen, während für Mädchen das soziale Zusammenleben und daraus entstehende Probleme interessant sind. Diese Tendenz kommt schon im Titel der Studie von Theunert u.a. (1993) zum Ausdruck, die überschrieben ist mit: „‚Einsame' Wölfe und ‚Schöne Bräute'". So findet man unter den männlichen Charakteren listige und mutige Helden, während entsprechende Vorbilder bei den Mädchen meist fehlen.

  Allerdings ist diese geschlechtsspezifische Ausrichtung nicht immer gleich eindeutig. So berichtet Götz (1997, S. 28) von einer Untersuchung, wonach die Sendung „Wer ist hier der Boß?" in einem Programmfeld mit ausgesprochen hohen Marktanteilen bei Mädchen stand, während sie gleichzeitig bei PRO 7 in einem vermehrt von Jungen genutzten Umfeld plaziert war. Wenn zudem die These von den aktiven Zuschauern stimmt, dann muß es nicht heißen, dass diese die Rollenbilder einfach übernehmen. Im Sinne der Gender-Theorie postuliert etwa David Buckingham: „Anstatt die Männlichkeit als etwas Fixes oder Gegebenes zu betrachten, schlage ich vor, dass diese, wenigstens bis zu einem gewissen Ausmaß, in der sozialen Interaktion und im Diskurs aktiv definiert und konstruiert wird" (Buckingham 1993, S. 92). In seiner Untersuchung belegt er mit Beispielen, wie Kinder durchaus differenziert und kritisch zu den Geschlechterrollenklischees in den Medien Stellung beziehen. Dennoch bleibt die Darstellung der Geschlechter in den Kinderserien ein Ärgernis. Insbesondere fehlen starke Mädchen wie Pippi Langstrumpf, die positive Identifikationsfiguren für das weibliche Geschlecht abgeben könnten.

- Es mag für Pädagogen beruhigend wirken, dass auch Programmangebote wie „Sesamstraße" oder „Die Sendung mit der Maus" nach wie vor bei Kindern auf Widerhall stoßen. Generell kann dies nicht darüber hinwegtäuschen, dass das traditionelle Kinderfernsehen mit seinen pädagogisch-didaktischen Qualitätsansprüchen deutlich an Boden verloren hat und z.T. in den entsprechenden Altersgruppen deutlich zum Minderheitenprogramm geworden ist. Manche der in pädagogisch guter Absicht produzierten Sendungen haben Mühe beim jungen Publikum. So kommentieren Egbringhoff u.a. die „Bettkantengeschichten": „Abgeschlagen auf Rang 45 landete die bei Medienpädagogen und Erziehern gleichermaßen anerkannte Sendereihe: ‚Das läßt sich ja sooo ziehen!' – Seine Arme waren Lars (6) gar nicht lang genug, um zu zeigen, *wie* langweilig er das nun wirklich fand. Ein schlimmes Urteil für die *Bettkantengeschichten* von einem, der wie Lars zu den Kennern der Programmszene zählt; zu jenen Kindern, die sich ihre Kompetenz bei der Beurteilung von Programmen in unzähligen Stunden vor dem Fernseher erworben haben" (Egbringhoff u.a. 1992, S. 48).
- Ähnlich finden sich auch Kindernachrichtensendungen nicht unter den beliebtesten Sendungen, welche Kinder nennen. Zwar waren die Nutzungszahlen während der Pilotphase von „logo", den Kindernachrichten im ZDF, relativ hoch (70% der befragten Kinder hatten die Sendung mindestens einmal pro Woche gesehen, und 50% gaben ihr eine gute, 30% eine mittlere Bewertung). So mögen diese Sendungen bei 9-11jährigen Kindern durchaus ein Stammpublikum gefunden haben. Es ist indessen zu vermuten, dass vor allem jüngere Kinder diese Sendungen nur deshalb „mitnehmen", weil sie an den vorausgehenden oder nachfolgenden Programmen interessiert sind (dazu: Schmidbauer 1993, S. 13). Mit Bezug auf „Junior Clip", die Nachrichtensendung des Bayerischen Fernsehens, schreibt Karin Böhme-Dürr, welche Kinder beim Zuschauen beobachtete: „Doch das Interesse, das bei den politischen und ökonomischen Lead-Nachrichten ohnehin schwach ist, läßt immer mehr nach. Ungeniert blättern Steffi, Dilara und Celina während der Sendungen in ihren Sticker-Alben und tauschen Kaugummibällchen aus. Das Desinteresse der Mädchen ist auf mangelndes Verständnis zurückzuführen" (Böhme-Dürr 1993, S. 8.). Denn solche Sendungen benutzen oft eine Sprache, die mit schwierigen Sprachkonstruktionen durchsetzt ist und ein breites Vorwissen verlangt. Zum Schluß muß wohl auch hinzugefügt werden, dass sich durch die „neuen" Sendungen der Privaten – auch bei Erwachsenen – „Fernsehgewohnheiten" verändern, indem Infotainement gefragt ist, was den am Modell der Erwachsenennachrichten orientierten Kindernachrichtensendungen zusätzliche Schwierigkeiten bereiten wird, ihr Publikum zu erreichen.

Allerdings wäre es falsch, das „Qualitätsfernsehen" mit seinen pädagogischen Intentionen prinzipiell auf ein Segment langweiliger und unattraktiver

Sendungen zu reduzieren. Jedenfalls stellt sich in diesem Zusammenhang schnell die Frage, was denn unter „Qualität" zu verstehen sei, bzw. ob Unterhaltungsbedürfnisse nicht zu schnell abgewertet werden, wenn es um die Frage von pädagogischen Maßstäben geht. „Bildend" muß nicht unbedingt nur der Ernst und die trockene Vermittlung von Inhalten sein, die nach erzieherischen Kriterien ausgewählt wurden. Gehrke/Hohlfeld (1992, S. 25) machen auf diesen Punkt aufmerksam, wenn sie betonen, dass sich das Kinderfernsehen nach den Bedürfnissen der kindlichen Rezipienten zu richten habe, und dass die Mischung aus Unterhaltung und Information stimmen müsse. Dabei habe das Fernsehen in seiner Funktion als Geschichtenerzähler die kognitiven und emotionalen Teilinhalte in Einklang zu bringen.

Dies zu erfüllen kann indessen aus zwei Gründen schwierig werden: Einmal sind die Begriffe „kindernah" oder „kindgemäß" selbst mehrdeutig. Gehrke/Hohlfeld (1992, S. 25) machen darauf aufmerksam, dass diese Begriffe zwar ein klares Verständnis von dem suggerieren, was für Kinder gut ist und von ihnen gern gesehen wird. Im Grunde handle es sich aber lediglich um Worthülsen, da sich die Experten in der Diskussion um das Kinderprogramm, seine Inhalte und deren Bedeutung kaum einig seien. Zweitens stellt sich die Frage, ob das, was für Kinder in Wirklichkeit „bildend" ist, immer mit dem übereinstimmt, was Pädagogen als dafür erachten. So betonen Gehrke/Hohlfeld, dass sich das Kinderfernsehen auch nach den Bedürfnissen der Rezipienten zu richten habe, die daraus ihre eigenen, für sie im jeweiligen Moment wichtigen Erfahrungen gewinnen: „Für Kinder ist das Eintauchen in die Welt der Vorstellungen eine Arbeit an ihrer Realität, ein Hilfsmittel zur Bewältigung alltäglicher Probleme" (Gehrke/ Hohlfeld 1992, S. 25). Was dies für die Medienrezeption konkret bedeutet, soll im weiteren Verlauf dieses Kapitels herausgeschält werden.

Zur Rekonstruktion intersubjektiver Bedeutungszusammenhänge

Die neueren methodologischen Ansätze im Umkreis qualitativer Forschung, auf die wir in diesem Kapitel an vielen Stellen rekurrieren werden, betonen stärker als die früheren quantitativ-empirischen Ansätze, dass die Rezeption von Medienereignissen kein passiver Vorgang ist, sondern spezifische – kognitive, emotionale und soziale – Verarbeitungsleistungen von Seiten der Rezipienten erfordert. Forschungsstrategisch greifen sie auf jene Ansätze und Überlegungen zu einer qualitativ-rekonstruktiven Sozialforschung zurück, die seit einigen Jahren im weiteren Bereich der Sozialwissenschaften diskutiert werden (vergl. Mayring 1990, Flick 1995, Moser 1999). Hier erscheinen Bedeutungen als Ergebnis von Interaktionsprozessen und nicht als Signale, auf welche Rezipienten zu „reagieren" haben (vgl. Charlton/Neumann 1990 S. 31ff.). Mit anderen Worten, es gibt danach keine Medienwirkungen an sich; im Sinne von Rogge (1992, S. 56) werden Sendungen, Themen oder

Helden für einen Rezipienten erst bedeutsam, wenn er ihnen eine Bedeutung zuweist. „Subjektiv“ ist ein solcher Zugang, indem die Deutungsmuster von Rezipienten Teil der Analyse der Forschenden werden. Die präzise Beobachtung des Medienumgangs von Kindern soll Aussagen über deren Erfahrungen, Ängste und Phantasien ermöglichen. Dennoch möchte diese Forschung nicht „subjektivistisch“ im Sinne individueller Beliebigkeit von Verhaltensinterpretationen und Deutungsmustern erscheinen. Wesentlich erscheint es vielmehr, Bedeutungen zu „objektivieren“, sie rekonstruktiv und intersubjektiv überprüfbar auf die darin verborgenen Motive hin auszulegen. In diesem Zusammenhang ist etwa der Ansatz einer objektiven Hermeneutik diskutiert worden, wie sie Oevermann u.a. (1976) konzipiert haben. Rekonstruktive Verfahren sollen hier in einer streng geregelten Form die Analyse von (subjektiven) Bedeutungen ermöglichen, um hinter diesen allgemeine, objektive Sinnstrukturen zu erschließen.

Die Durchsicht von Medienprojekten, die auf diesem Hintergrund arbeiten, zeigt indessen, dass solche Programme einer objektiven Hermeneutik erst ansatzweise eingelöst werden. Vorzug und Nachteile dieses Forschungsansatzes werden etwa bei Rogge (1992) deutlich, der sich bewußt auf einen Ansatz qualitativer Analyse stützt und in didaktischer Absicht narrativ argumentiert. Der Autor selbst unterstreicht, er wolle wissenschaftliche Erkenntnisse in Geschichten aus dem Kinder- und Familienalltag kleiden: „Gerade das Geschichtenerzählen ist in Wissenschaft, Pädagogik und Erziehung immer mehr in Vergessenheit geraten. Dabei bündeln Geschichten Lebenserfahrungen, lassen sich in Geschichten Erkenntnisse sinnlich-konkret nachvollziehen“ (Rogge 1992, S. 10f.).[35] Zur konkreten Durchführung seines Programms ist denn auch anzumerken, dass gerade die konkrete Anschaulichkeit den Interpretationen des Autors ihre besondere Plausibilität verschafft. Dies gilt im Übrigen nicht nur für Rogge, sondern für viele ähnliche Arbeiten.

Dennoch müssen an solche Untersuchungen methodisch zwei kritische Anfragen gerichtet werden – *erstens* die Frage, wie weit – trotz aller methodischen Absicherungsversuche – aus einzelnen Fällen auf überzeugende Weise generalisierbare Aussagen gewonnen werden können, und *zweitens* das Problem, ob nicht die Inhalte als Forschungsgegenstand hinter der strukturellen Analyse von Interpretationsleistungen der Zuschauer verschwinden.

zu 1): Generell erscheint es, dass trotz aller Versuche, Interpretationen zu objektivieren, dieses Unterfangen oft nur teilweise gelingt. Trotz aller gegensätzlichen Beteuerung wird diese Problematik traditioneller Hermeneutik nicht wirklich überwunden. Sogar wenn mehrere Einzelpersonen – im Sinne „kommunikativer Validierung“ – zur Absicherung an der interpretativen Arbeit

---

35 Das Buch Rogges ist auch als „Ratgeber“ deklariert; von dieser didaktischen Intention her dürfte das Verfahren des „Geschichtenerzählens“ denn auch angemessen sein. Wie weit allerdings die Plausibilität solcher Interpretationen den Kriterien einer wissenschaftlichen Absicherung genügt, scheint mir teilweise fraglich.

beteiligt sind, muß dies nicht verbesserte Objektivität bedeuten, vielmehr können sich die im Rahmen der Untersuchung verwendeten Gruppenstandards auch systematisch verzerrend auswirken. Ähnlich kann die verstärkte Anbindung von Interpretationen an theoretische Konstrukte und Modelle die gegenseitigen Bezüge zwar intern besser überprüfbar machen. Nur setzen diese Konstrukte die zu interpretierenden Gegenstände selbst wieder unter bestimmte Prämissen, welche die Forschungsarbeit normativ regulieren und damit eine Immunisierung gegen Kritik zur Folge haben können. Mit anderen Worten: auch wenn das Methodenbewußtsein in den letzten Jahren gewachsen ist und qualitative Forschungsansätze heute bewußter methodisch reflektiert werden, verbleiben die Resultate dennoch häufig auf einer Ebene der Plausibilität – was die Grenzen des Unterfangens deutlich sichtbar werden läßt.

Es scheint mir jedenfalls, dass der Versuch, „Objektivierung" über bestimmte methodische Standards der interpretativen Arbeit zu erreichen, oft schnell an methodische Grenzen stößt. Möglicherweise sind deshalb mehrperspektivische Ansätze verheißungsvoller, die versuchen, auf ihren Gegenstand im Sinne der Triangulation (vgl. Lamnek 1993, S. 248ff.) mit unterschiedlichen methodischen Verfahren zuzugreifen, um in der gegenseitigen Konfrontation von Methoden übergreifende Deutungsmuster und Interpretationsfolien zu entwickeln. In diesem Sinne ist zum Beispiel die Arbeit von Theunert u.a. (1992) zu verstehen, auf die inhaltlich weiter unten (S. 178ff.) einzugehen ist. Methodisch basiert diese Untersuchung u.a. auf einem komplexen Forschungsarrangement, welches einen Fragebogen (an 96 Kindern), einen Kurzaufsatz (an 66 Kindern), ein Rollenspiel (mit 30 Kindern) und ein Einzelinterview mit 7 Kindern beinhaltet. Die Autoren vergleichen ihre Forschungen mit dem Entdecken einer Stadt. Dem Entdecker tue sich langsam auf, dass das Häusermeer in Wirklichkeit ein eigener, lebendiger und sich wandelnder Organismus sei; er bewege sich Schritt für Schritt vom Großen, in Straßen und Plätzen Wohlgeordneten, aber noch sehr Unverständlichen in das Kleine, Lebendige, in das Eigene und Typische der Stadt. „Einen ähnlichen Weg", schreiben sie dann, „sind wir bei der Erforschung der kindlichen Wahrnehmung und Verarbeitung von Fernsehinhalten gegangen. Wir haben erst das Gesamte aufgenommen und sind über weitere Schritte bis hin zum Exemplarischen gelangt" (Theunert u.a. 1992, S. 213).

zu 2): Aus der konzeptuellen Anlage mancher qualitativer Forschungsvorhaben könnte man einen generellen Subjektivierungs-Vorwurf formulieren – nämlich, dass die Strukturen der Medienangebote und die Inhalte von Fernsehsendungen generell beliebig werden. Denn es scheint allein noch auf die von den Rezipienten subjektiv mit Medienereignissen verbundenen Motive anzukommen. Nach Stefan Aufenanger (1988) handelt es sich um ein voluntaristisches Modell des handelnden Menschen, nach dem es den Subjekten freigestellt sei, sich die medialen Strukturen anzueignen oder nicht. Dagegen hält Aufenanger fest: „Hier scheint es mir angemessener, dieses Modell um die Annahme der Wirksamkeit von Strukturen zu erweitern. Danach muß es auch Fälle geben, in denen Strukturen der Medien oder Strukturen in Medien wirken und Veränderungen bei dem rezipierenden Subjekt hervorrufen" (Aufenanger 1988, S. 198).

Eine ähnliche Problematik ergibt sich für die Inhalte: In einer Fernsehserie wie „Knight Rider" wären sie dann nur so weit interessant, als sie Rückschlüsse auf die Verarbeitungsweise der Kinder, die solche Filme sehen, zulassen. „An sich", als spezifisches Medienereignis mit einer bestimmten Erzählhandlung und einer inhaltlichen Problematik kommen sie in der Analyse kaum mehr vor. Nun mag man gegen diese Kritik einwenden, dass es bei solchen Serienfilmen mit ihrer konfektionierten Machart auf die spezifischen Inhalte gar nicht ankomme. Dennoch darf dies nicht dazu führen, dass der zu Grunde liegende „Medientext" sich gleichsam subjektivistisch auflöst; vielmehr gibt es Gründe dafür, dass ein Rezipient ein bestimmtes Medienereignis auswählt, bzw. ihm spezifische Bedeutsamkeiten zuordnet. Und weiterhin ist anzunehmen, dass diese Gründe wiederum mit den Inhalten und den ästhetischen Kriterien der Vermittlung eng zusammenhängen. So ist es denn keineswegs beliebig, ob Kinder ihr entwicklungspsychologisches Problem der Ablösung vom Elternhaus auf die Power Rangers, Pippi Langstrumpf oder die Simpsons beziehen.

Auf dem Hintergrund dieser methodischen Vorüberlegungen sollen im Folgenden einige Arbeiten, die im Rahmen qualitativer Forschungsmethodologie entstanden sind, inhaltlich dargestellt werden. Dabei soll insbesondere der neue Zugriff, der durch diese Forschungsrichtungen möglich wird, belegt werden.

Audio-visuelle Medien als „soziale Regulatorien"

Im Rahmen qualitativer Untersuchungen wird der Forschungsgruppe um Charlton/Neumann (1990, S. 37) mit ihrer „strukturanalytischen Rezeptionsforschung" attestiert, eines der elaboriertesten methodischen Konzepte vorgelegt zu haben (vgl. Aufenanger 1988, S. 197). Inhaltlich versuchen sie, in ihrer Freiburger Längsschnittuntersuchung die sozialisationstheoretische Bedeutung der Medienrezeption herauszuarbeiten[36]. Dabei wurden sechs Kinder im Alter von 2 1/2 bis 6 1/2 Jahre im Verlauf von fast zwei Jahren regelmäßig in einem Abstand von drei Wochen von zwei BeobachterInnen für mehrere Stunden besucht. Die Resultate führen wie eine Sonde in verschiedene Dimensionen des Rezeptionsverhaltens ein:

---

36 Konkret lauten die Forschungsfragen: „Stellen Medienerfahrungen im Leben von Vorschulkindern eher eine Hilfe oder eine Belastung dar? Kann der Umgang mit Medien einen entwicklungsfördernden Einfluß auf Kinder haben? Welche Bedeutung haben Medien für die Eltern-Kind- bzw. Geschwister-Kind-Beziehung? Dabei soll jedoch nicht einseitig nach einem Einfluß des Mediums auf den kindlichen Rezipienten gefragt werden (Medien als Verführer), sondern es ging zumindest gleichberechtigt um die Frage, inwiefern bereits Kinder Medien instrumentell zur Verfolgung ihrer Zwecke einsetzen können" (Charlton/Neumann 1990, S. 37).

- *Initiative zum Mediengebrauch:* Diese ging mehrheitlich vom Kind aus.
- *Soziale Bedeutung des Mediengebrauchs:* Hier wurde untersucht, wie die Mediennutzung Sozialkontakte verändert – etwa ob der Fernsehkonsum als Surrogat für fehlende Sozialkontakte zu interpretieren sei. Letzteres scheint jedoch keineswegs der Fall zu sein; führten die Kinder doch in rund 60 Prozent der ausgewerteten Situationen durch die Mediennutzung eine Veränderung oder Bestärkung vorhandener Kooperationsformen herbei. Sehr häufig veränderten oder bekräftigten sie zudem den gemeinsamen Aufmerksamkeitsfokus. Das Medium dient nach den Autoren als Stichwortgeber für eine Neugestaltung der Zusammenarbeit oder wurde oft auch zur Dialogsteuerung eingesetzt.
  Gleichzeitig benutzten die Kinder das Medium zur Selbstbehauptung oder zur Unterordnung, indem sie Kompetenz oder Überlegenheit bewiesen, Stimmung kontrollierten, sozialen Druck ausübten, sich dem Einfluß anderer durch die Mediennutzung entzogen, sich dem Beobachterinteresse an Medien fügten. Oft auch fanden sich Elemente emotionaler Beziehungsregulierung. So benutzten Kinder die Medienrezeption, um körperliche Nähe herzustellen, Nähe zu vermeiden, sich selbst mit Bezug zum Thema mitzuteilen, von sich bzw. vom eigenen Thema abzulenken, emotionale Gemeinsamkeit herzustellen.
  Diese Beziehungsregulierung muß indessen keineswegs bewußt geschehen. Vielmehr handelt es sich um Nutzungsstrategien, die meist unbewußt realisiert werden, aber faktisch eine Neugestaltung der Interaktion mit sich bringen.
- *Die eigenen Entwicklungsthemen:* Rezipienten nehmen Medieninhalte perspektivisch wahr. Sie suchen darin persönliche „Themen" auf – nämlich die Welt, wie sie unter dem Blickwinkel ihrer Bedürfnisse und Wünsche erscheint. Bei Kindern ist dies mit persönlichen oder normativen „Entwicklungsaufgaben" verknüpft: „Solche Aufgaben stellen z.B. die Loslösung und Individuation, der Erwerb einer Generations- und Geschlechtsrolle oder das Einleben in die Institution Kindergarten dar" (Charlton/Neumann 1990, S. 45). Die Untersuchung bestätigte diese Hypothese, indem sie aufzeigte, wie stark die ausgewerteten Medienrezeptionssituationen mit der persönlichen Thematik des jeweiligen Kindes zusammenhingen.

Zusammenfassend betonen Charlton/Neumann als Ergebnis ihrer Studie gegenüber der traditionellen Wirkungsforschung den aktiven Part der Rezipienten: „Schon Vorschulkinder gebrauchen die Massenmedien als soziale Regulatorien. Sie setzen Medien ein, um ihre aktuelle soziale Situation zu beeinflussen, um frühere soziale Erfahrungen neu zu durchdenken, um sich auf künftige Interaktionen vorzubereiten" (Charlton/Neumann 1990 S. 50).[37]

37 In einem sehr weiten Sinn könnte man auch solche Ansätze einem „Nutzenansatz" zuordnen. Allerdings geht der „Uses und Gratifications"-Ansatz von allgemeinen Bedürfnissen aus, die unabhängig von hermeneutischen Interpretionen – im allge-

Wie dieser Forschungsansatz, der – ähnlich wie die „British Cultural Studies“ – die Verarbeitung von Medienerlebnissen als konstruktiven Akt betrachtet und auf dieser Grundlage die gegenseitige Interaktion zwischen Medien und Rezipienten untersucht, konkret funktioniert, zeigt die Forschergruppe um Ben Bachmair und Michael Charlton an detailliert ausgearbeiteten Fallinterpretationen auf. So beziehen sie sich z.B. auf die Kommunikation in einer Arbeitsgruppe einer dritten Grundschulklasse, welche ein Unterrichtsprojekt „Weltraumreise“ durchführte. Inhaltlich knüpfte das Projekt u.a. an der zum Zeitpunkt der Untersuchung aktuellen Fernsehserie „Captain Future“ an. Ziel war es, handlungsleitende Themen herauszuarbeiten und die Frage zu beantworten: „Werden Fernseherlebnisse oder die symbolische Struktur eines Fernsehfilms (Figuren, Handlungsmuster der Figuren, Dramaturgie des Films usw.) zu Interpretationsmustern für die Erlebnis- und Handlungsweise der Kinder?“ (Bachmair 1990, S.107).

In einer Gruppe von zwei Jungen und zwei Mädchen konnten verschiedenste Bezüge im Konflikt zwischen den beiden Geschlechtern ermittelt werden, die im Projekt durch verschiedene geschlechtsspezifische Arbeitsstrategien zum Ausdruck kamen. Am Schluß gelingt es den Mädchen, die Lehrerin auf ihre Seite zu ziehen, indem die Jungen aus der Gruppe ausgeschlossen werden und eine eigene Arbeitsgruppe bilden: „Die Jungen lösen für sich diesen Konflikt, indem sie sich Omnipotenz- und Kampfmittel basteln und damit Raumweltpolizei zur Abwehr der ‚Monster von Megara‘ spielen. Vermutlich holen sie sich damit auf der Phantasieebene ihres Spiels Raumweltpolizisten zur Hilfe, nachdem die Mädchen – auf der Realitätsebene des Unterrichts – die Lehrerin, quasi als Unterrichtspolizistin, zur Konfliktregelung hinter sich gebracht hatten. Damit gelingt es den Jungen sehr wohl, ihr Thema auszudrücken und spielend die Gruppenbeziehung weiterzuentwickeln. Als Raumweltpolizisten wehren sie immer wieder Angreifer ab, solange bis sie sich im Aktionsspiel ausagiert haben“ (Bachmair 1990, S. 116f.).

Wie ein Kind in einem Fernsehfilm Figuren und Szenen findet, die ihm helfen, seine Gefühle und Bedürfnisse besser zu verstehen und damit den Alltag zu bewältigen, beschreiben Orlik u.a. (1990) im gleichen Buch anhand eines Fallbeispiels zur Fernsehserie Pumuckl – der Lieblingssendung des fünfjährigen Paul. Er wurde im Rahmen der Freiburger Längsschnittuntersuchungen beobachtet und phantasierte dabei mehrere Pumuckls, die anwesend seien und ihm Angst einjagten. Sie sind für Paul unberechenbar und bedrohen ihn zusammen mit bedrohlichen Tieren wie Wölfen und Kraken – bis hinein in seine Träume. Für die Autoren stellt die Auseinandersetzung Pauls mit Pumuckl und den Tierphantasien einen Entwicklungsschritt dar. Gerade Tiersymbole stellten Symbolisierungen der kindlichen Vitalität dar: „Die Gefühle der Hilflosigkeit und Angst, die Kinder im Traum Tieren gegenüber

meinen über quantifizierbare Studien – zu erfassen sind. Zudem muß die Untersuchung von Verarbeitungsprozessen nicht allein auf Nutzenaspekte bezogen bleiben.

erleben, werden in ihrem Alltag durch die vielfältigen emotionalen Anforderungen ausgelöst, die sowohl aus ihrer psychischen Innenwelt als auch aus ihrer Umwelt an sie herantreten" (Orlik u.a. 1990, S. 177f.). Kinder fühlten sich denn auch ihren eigenen Gefühlen, die wie Naturgewalten über sie hereinbrächen, oft ausgeliefert und empfänden Angst.

Die Auseinandersetzungen mit Pumuckl entspricht dieser Entwicklungsstufe: Die Figur des Kobolds wird in dieses Angstszenario integriert, das auf Pauls familiären Hintergrund verweist. „Da er seine eigenen unangepaßten, frechen Seiten in seiner Familie nicht ausleben kann, reizt ihn die Fähigkeit des Kobolds, durch magische Fähigkeiten ‚im Verborgenen zu wirken'. In seinen eigenen Worten: ‚Wirklich doof, dass ich kein Pumuckl bin.' Dieser Wunsch nach Nähe zu Pumuckl ist jedoch, wie wir oben gesehen haben, verbunden mit der Angst, dem Kobold nicht gewachsen zu sein – d.h. die eigenen Koboldimpulse nicht kontrollieren zu können und von ihnen überwältigt zu werden" (Orlik u. a. 1990, S. 181).

Rund ein Jahr später wird das Verhältnis Pauls zu den Pumuckls wieder untersucht. Jetzt ist von einer Bedrohung durch diese nichts mehr zu spüren. Paul hat sich dem Kobold angenähert und ist mit ihm freundschaftlich verbunden. Er nimmt jetzt die Rolle des Erwachsenen – „Meister Eder" – ein, bei dem Pumuckl lebt. Orlik u.a. stellen dies für die Auseinandersetzung Pauls mit seinen aggressiven Impulsen als großen Schritt in Richtung einer Integration dar. Paul nähere sich diesem Teil seiner Persönlichkeit an, indem er sich als Bezugsperson Pumuckls – also als dessen Über-Ich – phantasiere und sich so Pumuckls Loyalität sichere. Dies ermögliche es ihm, innere Distanz zum Kobold zu wahren – und sich stellvertretend an dessen Streichen zu freuen, ohne sich direkt zu diesen Impulsen bekennen zu müssen (vgl. Orlik u.a. 1990, S.182f.). Paul hat eine notwendige Entwicklungsaufgabe auf seinem Weg des Erwachsenwerden gelöst: Sein Über-Ich ist so weit erstarkt, dass es – so die Autoren –, die Koboldhaftigkeit ohne allzu große Bedrohung zulassen könne.

Helden und damit verbundene Weltbilder

Den Zusammenhang zwischen Medienerlebnis und Alltag stellt auch das Autorenteam um Ingrid Paus-Haase (1992) in den Mittelpunkt seiner Überlegungen. Wie Charlton/Neumann betonen die Mitarbeitenden den handlungsleitenden Charakter von Mediengeschichten – und dies in zwei Richtungen: „Die Fernsehinhalte sind also einerseits Interpretationsmuster, die das Handeln und Erleben der Kinder strukturieren. Andrerseits ist aber auch das alltägliche Handeln als Interpretationsmuster der Fernsehrezeption zu verstehen" (Bause u.a. 1992, S. 60). Wie aus einem Steinbruch brächen sich die Kinder aus dem Medienangebot heraus, was sie zur Darstellung und Bearbeitung ihrer Themen benötigten. Mit dieser Sichtweise orientiert sich die Forschergruppe an Überlegungen Bruno Bettelheims (1988), der Fernsehen mit dem Tagtraumbedürfnis der Kinder in Verbindung bringt; für sie sei es ein Durchleben aufregender Phantasien, was ihnen Raum biete, sich selbst zu sein und zu werden. Bettelheim selbst knüpft hier an seine Überlegungen zum Märchen an (vergl. Bettelheim 1980), dessen Funktionen Fernsehgeschichten als eine Art „moderne Märchen“ bis zu einem gewissen Grad übernehmen könnten. Der Umgang mit existentiellen Ängsten und inneren Konflikten, die das Aufwachsen oft prägen – Todesängste, Ängste um den Körper, die andauernde Liebe der Eltern, überwältigende Gefühle von Ohnmacht und Macht – sind also Themen, welche Kinder mit Fernsehgeschichten verbinden, wobei sie in der Auseinandersetzung mit ihnen wachsen.

Implizit ist damit verbunden, dass es dazu nicht pädagogisch oder literarisch „wertvolle“ Texte oder Filme braucht. Auch Serienfilme des Vorabendprogramms wie Knight Rider, A-Team oder Beverly Hills 90210 können Themen für Heranwachsende darstellen, an denen sich spezifische Entwicklungsaufgaben verarbeiten lassen – ja, sie sind dazu oft sogar geeigneter als „anspruchsvolle“ Filme.

Actionserien: das Beispiel Knight Rider

Das belegt das Genre von Action-Filmen, das in seiner Struktur einer festgelegten Dramaturgie gehorcht. So ist nach Kalkofe u.a. (1992, S. 95ff.) die Serie Knight Rider recht simpel aufgebaut. Sie besteht aus einem Haupthandlungsstrang, der sich von Anfang bis Ende durchzieht und von der Auseinandersetzung zwischen gut (dem Hauptheiden: Michael Knight) und böse (dem jeweiligen Schurken) lebt. Verbunden ist dieser Strang mit Nebenhandlungen, in welchen meist Probleme mit emotionellen Inhalten thematisiert werden. Diese dienen dazu, den Helden in ein möglichst gutes Licht zu rücken, indem dieser stets auch dafür Lösungen anbietet.

Entsprechend einfach strukturiert sind die Handlungsmuster solcher Serienfilme:

- Jede Sendung hat eine festgelegte Länge – rund 45 Minuten, welche die Exposition der Handlung einem engen Rahmen unterstellt. Damit kommen die serienspezifischen Rituale, welche das Ganze zusammenhalten, erst richtig zur Geltung: „Anfangsmusik – kurze Exposition – Handlung mit in regelmäßigen Abständen eingestreuten Action-Sequenzen – Showdown – tag[38] – Schlußmusik“ (Kalkofe u.a. 1992, S. 96).
- Die Filme leben von der Konstellation „gut“ gegen „böse“, wobei beide Rollen meist überzeichnet und stark typisiert erscheinen; eine Grauzone dazwischen existiert kaum. Die Helden bleiben moralisch unanfechtbar, wobei meist auch der Sex eine enge Grenze findet – wohl um des jugendlichen Publikums willen. Die Hauptperson aus Knight Rider kann

38 Die letzte meist heitere Szene des Films, welche diesen abrundet und unterstreicht, zeigt, dass jetzt alle angesprochenen Probleme gelöst sind.

etwa mit folgender Beschreibung persifliert werden: Ein lockerer Sonnyboy, der stets für Gerechtigkeit kämpft, wobei per definitionem „gerecht" ist, wofür der jugendliche Held einsteht. Knight kann nichts aus der Ruhe bringen, er stellt den netten Burschen aus der amerikanischen Mittelklasse dar, mit dem man Pferde stehlen kann. Auch wenn er der Schwarm aller Mädchen ist, verkörpert er nach einer Beobachtung von Kalkofe u.a. (1992, S. 107) eher den Typ des älteren Bruders als denjenigen eines erotischen Liebhabers.

- Serien wie Knight Rider oder das A-Team setzen auf die moderne Technik. K.I.T.T., das Auto Michael Knights verkörpert eine Art „fahrbares Gehirn", das mit seinem Supercomputer selbständig Entscheidungen trifft und dem Helden hilft, seine Fälle zu lösen. Damit wird deutlich gemacht, dass die Technik im Dienste des Menschen steht: das Auto wird zum personifizierten „Kumpel". Obwohl es Michael Knight weit überlegen ist, bleibt es sein Diener, der ihm immer zur Verfügung steht, wenn es brennt. Das Auto übt aber auch dadurch seine Faszination aus, dass die Action-Szenen meist mit ihm verbunden sind – indem es – dank seiner computergesteuerten Automatik – halsbrecherische Verfolgungsjagden unternimmt, über Abgründe „springt" und die Schurken selbständig erledigt. Die technischen Maschinen haben hier die tierischen Freunde des Menschen aus früheren Serien abgelöst: K.I.T.T. ist perfekter und weit intelligenter als es Lassie oder Fury je waren – und auch steriler: K.I.T.T muß „nicht durch Spielen, Kraulen oder Gassigehen beschäftigt werden und schmutzt nicht" (Kalkofe u.a. 1992, S. 107).
- Der logische Aufbau der einzelnen Folgen bleibt oft wirr und zusammenhangslos. Nach Kalkofe u.a. (1992, S. 102) sind diese Filme zum vorneherein unlogisch und in ihrer Realitätsnähe nicht zu vergleichen mit dem Bemühen der Autoren deutscher Serienkrimis wie Tatort oder Derrick. Es handle sich um märchenhafte Erzählungen, die sich ihre eigene Logik aufbauten. Oft wird wenig deutlich, warum es den Schurken wirklich geht; und der eigentliche kriminelle Plot ist so wenig ausgearbeitet, dass ihn manchmal auch erwachsene Zuschauer nicht nachzuvollziehen vermögen. Zudem handeln in den Knight-Rider-Folgen die gegnerischen Akteure des Helden meist derart unmotiviert und einfältig, dass es nicht verwundert, wenn die Verbrecher am Schluß unterliegen.

Diese Beschreibung ist am Beispiel einer bestimmten Serie, nämlich „Knight Rider", erfolgt; obwohl in vielen Grundzügen generalisierbar, ergibt die Filmanalyse im Detail bei anderen Serien auch unterschiedliche strukturelle Muster. So gestehen Kalkofe u.a. (1992, S. 109ff.) der Sendung Airwolf differenziertere Charakterbeschreibungen zu. Die auftretenden Personen seien nicht sofort dem Lager der Guten oder Bösen zuzuordnen. Neben Schwarz und Weiß gebe es auch zwielichtige Gestalten. Dennoch scheint sich ein Grundmuster der Trivialisierung durchzuziehen, das für diese Serienfilme allgemein gilt. Es ist dafür verantwortlich, dass in der pädagogischen Diskussion gegenüber diesem Film-Genre immer wieder Vorbehalte erhoben werden.

Dass dennoch gerade solche Serien den Bedürfnissen von Kindern entgegenkommen, wobei dies durch die trivialen Handlungsmuster möglicherweise eher unterstützt als verhindert wird, ist die These der Arbeitsgruppe um Ingrid Paus-Haase (1992, S. 146ff.). Die einfache Charakterisierung der Helden und das unterlegte Schwarz-Weiß-Muster bei der Charakterbeschreibung der handelnden Personen gefalle den Kindern – während es von den Machern ambitionierter Kinderprogramme vermieden werde. Um zu erklären, warum dies so ist, nehmen sie Bettelheims mit Bezug auf Märchen formulierte These auf: „Die Darstellung der charakterlichen Polaritäten erleichtert es dem Kind, den Unterschied zu erfassen, was nicht so einfach wäre, wenn die Figuren lebensechter und so komplex wie wirkliche Menschen wären“ (Bettelheim 1980, S. 146). Helden bieten sich den Kindern als Identifikationsobjekte an; sie leben Stärke und Sicherheit vor und geben die Möglichkeit, eigene Allmachtsphantasien zu durchleben.

Aber auch der einfache dramatische Aufbau solcher Serienfilme gibt Sicherheit und verhindert trotz aller Spannungsmomente und ängstigenden Szenen die Überforderung der Kinder. So wechseln etwa in den „Power Rangers“ Alltagsszenen von Jugendlichen und Kampfszenen der verwandelten Helden, untermalt von hektischen Handlungs- und Musikszenen ab. Die Filme werden auf diese Weise durch auf- und abschwellende Spannungsbögen strukturiert, die auf den Höhepunkt zutreiben. Sie gliedern den Film und kanalisieren die Erwartungen.

Es erscheint möglicherweise auch nicht zufällig, dass Helden wie Knight Rider gerade in jenen ersten Grundschuljahren so beliebt sind, wo die Kinder den schützenden Rahmen der elterlichen Familie zu verlassen beginnen und sich verstärkt auf jene Form des Lebens einlassen, in welchem die Familie immer mehr die Funktion des Heimathafens erfüllt. In diesem Zusammenhang verweist Bettelheim auf die Analogie zur eigenen Lebenssituation: „In jedem Fall steht der Held gleich zu Beginn der Geschichte in großer Gefahr, und genauso sieht das Kind das Leben, auch wenn es in Wirklichkeit in sehr günstigen Umständen lebt. Für das Kind ist sein Leben eine Folge von Zeiten ungetrübten Glücks und plötzlich unbegreiflicherweise hereinbrechenden, unermeßlichen Gefahren“ (Bettelheim 1980, S. 167). Die Geschichte spendet unter diesen Umständen den Trost, dass man auch in höchster Gefahr nie verlassen ist, und dass sich alle Hindernisse überwinden lassen – durch eigene Anstrengung und die Hilfe von guten Freunden wie K.I.T.T., dem vermenschlichten Wunderauto. Wenn dabei nicht alles nach dem Muster zugeht, wie Erwachsene die Realität erleben und bewerten, bzw. wenn diesen vieles unrealistisch erscheint, so muß dies nicht unbedingt ein Nachteil sein. Kinder sind wundersamen, magischen Kräften noch näher, für sie sind Themen wie bedingungslose Freundschaft, Stärke, Verkleiden aus Märchen und Spielen vertraut. Dies gilt auch für die Schurken und Bösewichte, welche solche Serien bevölkern. „Ihre Bosheit und Unmenschlichkeit machen es leicht, sie zu hassen. Wut und Antipathie, die ein Kind gegen Eltern oder Freude im Unterbewußtsein hegt, aber nicht auszudrücken wagt, können hier wie im Märchen auf den Bösewicht der Geschichte abgeladen werden." (Kalkofe u.a. 1992, S. 147).

Der „neue" Zeichentrickfilm

Neben den Action-Filmen untersucht die Gruppe um Ingrid Paus-Haase (1992, S. 152ff.) in ähnlicher Weise das Genre der Zeichentrickserien, wobei im Zentrum nicht die vertrauten Walt Disney-Geschichten, Tom und Jerry oder die Biene Maja stehen. Vielmehr beziehen sie sich auf die neuen, oft mit Science Fiction angereicherten Serien, wie He-Man, Spiderman, Galaxy Rangers etc. Auch hier findet sich – ähnlich wie in den Real-Serien eine überzeichnete Typisierung der Charaktere (gut – böse), wobei es in den dargestellten Auseinandersetzungen immer um die Frage der Macht geht. So kämpft der Königssohn Prinz Adam, der sich mit seinem Zauberschwert in He-Man, den stärksten Mann des Universum verwandeln kann, unaufhörlich gegen die Macht des Bösen – verkörpert im Bösewicht Skeletor, der das Königreich Eternia erobern will. Auch in diesen Geschichten ist die Handlung meist reichlich unlogisch, doch das spielt angesichts des Bedürfnisses nach Action und Unterhaltung eine untergeordnete Rolle. Wichtig erscheint das Motiv der Verwandlung, das ja auch beim Heranwachsen zum großen und starken Erwachsenen die Phantasie der Kinder beschäftigt. Auch im Zeichentrickfilm verbirgt sich beides: die Angst vor zukünftigen Gefahren, die mit dem Erwachsensein verbunden scheinen, und der gleichzeitige Wunsch, die Welt der unmündigen Kindheit zu verlassen.

In diesen neuen Zeichentrickfilmserien fehlt indessen eines, was dieses Genre früher sehr häufig ausgezeichnet hatte: der heitere Humor, wie er z.B. die Trickfilme Walt Disneys charakterisiert hatte.[39] „Humor" erscheint hier eher in der Form von zynischen Sprüchen, oder indem sich der Überlegene über den Unterlegenen lustig macht. Damit werden die Typisierungen der Personen noch unterstrichen: „Auf der Seite He-Mans drückt er Überlegenheit und Kühnheit aus; die ‚Freunde' kennen keine Ängste und werden als Starke, als Sieger gezeigt. Die harmlosen Scherze im Freundeskreis tragen dazu bei, dass sie gleichzeitig als sympathische, nette Kameraden erscheinen. Bei Skeletor dagegen betont der zynische Humor seine kaltherzige Bosheit" (Becker u.a. 1992, S. 162ff.). Stärker dem traditionellen Image des lustigen und humorvollen Comics verschrieben haben sich dagegen Serien wie die Ghostbusters oder Teenage Mutant Hero Turtles. Schon die Figuren der „mu-

39 In diesem Zusammenhang muß allerdings angemerkt werden, dass Disneys Produktionen bis hin zu den Duck Tales als Identifikationsobjekte von Kindern keineswegs aus dem Rennen sind. Sie haben sich mit der dosierten Aufnahme zeitgemäßer actionorientierter Elemente und neuen Figuren geschickt an die Medienvorlieben der heutigen Kids angepaßt.

tierten“ Schildkröten oder der verschiedenen Geister weisen darauf hin. Allerdings nehmen sie in Erzählstruktur und Darstellungsform viele Elemente der neuen actionorientierten Serien auf.

Die vorgenommene Charakterisierung der „neuen“ Kinderserien verweist auf mehrere Aspekte, die im Rahmen dieser Arbeit bereits an anderer Stelle erwähnt wurden. Diese sollen im Folgenden nochmals zusammenfassend verdeutlicht werden:

- Einmal sind in diesen Filmen die Geräusche und die Musik ein wichtiger Bestandteil der Dramaturgie. Becker u.a. (1992, S. 176ff.) verweisen in ihrer Untersuchung einer He-Man Episode darauf, dass akkustische Spannungselemente in fast keiner Szene fehlen. So würde in 19 von 26 Szenen bedrohliche oder treibende Musik eingesetzt. Vor allem bei jüngeren Kindern dürfte dies einen wesentlichen Teil der Attraktivität dieser Filme ausmachen – was im Übrigen nochmals unterstreicht, dass es nicht darauf ankommt, intellektuell alles zu verstehen, wenn man sich einen solchen Film anschaut.
- Wie auch eigene Schülerinterviews zu Knight Rider zeigten, geht es mehr um das Wiedererkennen wichtiger Spannungselemente, die in solchen Filmen regelmäßig wiederkehren, um ein szenisches Verstehen, wie es im letzten Kapitel dargestellt wurde. Mit anderen Worten: Die narrative Erzählstruktur und der logische Aufbau des Geschehens sind weit weniger wichtig als einzelne – wiederzuerkennende – Szenen und Situationen, um die sich jene symbolische Bedeutungsstrukturen ranken, welche mit der Lösung von Entwicklungsaufgaben verbunden sind. In diesem Sinne spielt es für die Zuschauer keine so große Rolle, wenn Handlungsabläufe unlogisch aufgebaut sind und der Plot reichlich kompliziert und konfus ausfällt. Denn eines ist sicher: Nach solchen Elementen treibt die Handlung schnell wieder zum nächsten Kampf He-Mans mit Skeletor oder zur nächsten Verfolgungsjagd Knight Riders mit seinem Auto K.I.T.T.
- Zeitgemäß erscheinen diese modernen Märchen auch deshalb, weil sie mit ihrer Betonung von Action und Spannung Motive der Erlebnisgesellschaft aufgreifen. Dabei verquicken sie die Jagd nach dem Neuen und dem Abenteuer als motivierenden Impetus geschickt damit, dass es sich letztlich dennoch immer um das Gleiche handelt: Jeder Film verspricht ein unerhörtes und gewaltiges Abenteuer des Helden, und läßt den Zuschauer doch unbefriedigt, weil es sich ja nur um eine Wiederholung dessen handelte, was man in jeder Folge wiederfindet. Wie dies im realen Setting der Erlebnisgesellschaft zu einem ungestillten Hunger nach neuen Erfahrungen führt, so verweist dies den Zuschauer wieder auf die nächste Folge und schreibt damit das Prinzip der Serie gleichsam psychisch in die Erwartungsstruktur der Rezipienten ein.

Sozial-emotionale Bedürfnisse werden in Familienserien wie „Lindenstraße“ oder „Gute Zeiten – schlechte Zeiten“ angesprochen. Sie betonen den Aspekt der „parasozialen Interaktion“, nämlich, dass den Zuschauern die dargestellten Personen mit der Zeit so nahe kommen wie gute Bekannte oder Familienmitglieder. Vielfach ist es zudem so, dass „Soaps“ häufiger vom weiblichen Geschlecht gesehen werden, weil sie dessen Geschmackspräferenzen besser entsprechen (vgl. zur „Lindenstraße“: Frey-Vor 1995, S. 148).

Wie junge Zuschauer mit solchen Sendungen umgehen, hat David Buckingham (1987) am Beispiel der Serie „EastEnders“ untersucht. Die EastEnders sind in England eine sehr populäre – und realistisch gestaltete – Serie; die dargestellten Charaktere stammen vorwiegend aus der Arbeiterschicht – aus dem „East End“ von London. Angestrebt wird die Präsentation von Geschichten, die – ähnlich wie bei der „Lindenstraße“ – in der Realität angesiedelt sind und Probleme wie Raub, Arbeitslosigkeit, Rassenvorurteile etc. zur Darstellung bringen. Buckingham befragte dazu 60 junge Zuschauer zwischen sieben und achtzehn Jahren in zwölf Gruppen. Er kommt zum Ergebnis, dass die Faszination für die Sendung – vor allem bei den jüngeren Kindern – daraus resultiert, dass sie damit einen Einblick in Aspekte des Erwachsenenlebens erhalten, die ihnen sonst unzugänglich und verschlossen sind. So interessierten besonders die „Geheimnisse“ der Sexualität, des Verbrechens und der Gewalt. Während einzelne Szenen als Verkörperung des „langweiligen Alltagslebens“ verstanden wurden, bevorzugten die Befragten eher die stürmischen Entwicklungen in den dargestellten Beziehungen. Jüngere Kinder fanden auch Befriedigung darin, sich über das private Leben der Fernsehstars zu orientieren.

Gleichzeitig lädt EastEnders aber die Zuschauer auch zu moralischen und wertenden Urteilen zu gesellschaftlichen und politischen Fragen ein. Wenn man also die Sendung in der Gruppe diskutierte, war dies eine Gelegenheit für die Teilnehmer, sich in einer moralischen Debatte zu engagieren, wobei die älteren Kinder oft sehr differenziert reagierten. So fanden sie eine Person der Serie, welche eine andere für ihre Zwecke benutzte: „selbstsüchtig“, „will nur immer den eigenen Kopf durchsetzen“, „schwach“, „eine schlechte Mutter“, „sexistisch“, „blasiert“ etc. Während die Kinder sehr enthusiastisch auf die Möglichkeit einer solchen Beurteilung von Charakteren reagierten, war es allerdings schwierig, soziale Probleme und Themen direkt anzusprechen („Was ist die Stellung von „EastEnders“ zum Rassismus?). Hingegen wurde deutlich, dass ihre Kommentare implizit durch ihre soziale Position, oder – im Fall der älteren Kinder – durch ihre ideologischen Haltungen geprägt wurde.

Vor allem liebten es die Kinder auch, zukünftige Entwicklungen der Serie vorherzusagen und deren Wahrscheinlichkeit zu diskutieren. So beobachtet Buckingham, „dass die Zuschauer dauernd ihre eigenen Voraussagen und diejenigen der anderen gegenüber der wirklichen Weiterentwicklung des Programms testeten“ (Buckingham 1987, S. 169). Und sie wechselten oft souverän die Perspektive: „Bei bestimmten Punkten scheinen sie das Programm und seine Charaktere von *außerhalb* der fiktionalen Welt zu beurteilen, während sie an anderen die Realität dieser Welt zu akzeptieren scheinen und Urteile von *innen* fällen, wie wenn sie „richig" wäre" (Buckingham 1997, S. 172). So können die Befragten einmal über die Art und Weise diskutieren, wie junge Menschen in der Serie dargestellt werden, um sich dann der Frage zuzuwenden, wie das Verhalten eines der Protagonisten moralisch zu beurteilen ist.

Das bedeutet indessen nicht, dass der konstruierte Charakter dieser Serienrealität nicht wahrgenommen würde. Vielmehr betont Buckingham, dass die Beschreibung des Programms als „realistisch" genauso ein ästhetisches Urteil sei wie eine Bewertung der präzisen Darstellung der Realität.

Insgesamt belegt die Untersuchung der EastEnders die polysemische Angebotsstruktur solcher Sendungen. Es gibt darin eine breite Palette von Themen, auf welche hin verschiedene Zuschauer ihre ganz unterschiedlichen Motive einklinken können. Nur so ist auch der Erfolg zu erklären, die solche Soap Operas über einzelne Gruppen und Altersgenerationen hinaus[40] haben.

Ein gebrochenes Tabu: Werbung für Kinder

Um Bedürfnisse von Kindern geht es indessen nicht nur in den Kinderserien selbst. In ihrem Umfeld hat sich in den letzten Jahren eine Spezies von Filmen breitgemacht, welche Bedürfnisse in einem sehr handfesten Sinn zu befriedigen scheint: die Fernsehwerbung, wie sie besonders in den Kinderprogrammen der privaten Sender z.B. im Samstags- oder Sonntagmorgen-Programm immer stärker in Erscheinung tritt – oft mit bis zu zehn Spots zwischen zwei Sendungen. Geworben wird für Computer-Games, Video-Kassetten, Barbie-Puppen, technisches Spielzeug, Kinofilme für Kinder und Jugendliche, Cornflakes, Schokolade und Kaugummi – offensichtlich mit Gütern, welche direkt mit der Konsumwelt – vom Kindergartenalter an – verbunden sind.

Vorbei erscheinen die Zeiten, als man solche Werbung noch mit „Verführung" assoziierte, und es aus pädagogischer Rücksicht als „unfair" und verpönt galt, Kinder direkt durch Werbung anzusprechen. So etablierte sich bei ARD/ZDF die bis heute gültige Regel, das offzielle Kinderprogramm werbefrei zu halten (ARD: Mo-Fr: 14.00-15.00 Uhr, Sa: 16.00-17.30 Uhr; ZDF: Mo-Do 15.00-16.00 Uhr; Sa 13.30-15.45 Uhr). Allerdings wurde diese werbefreie Zeit schon seit langer Zeit durch ein – nicht eigentlich an Kinder adressiertes – Vorabend- und Familienprogramm kompensiert. Wie stark dabei trotz offizieller Deklaration die Kinder im Mittelpunkt stehen, zeigt der Rahmen des Werbeprogramms, das mit Figuren wie den Mainzelmännchen, Onkel Otto oder den Bayern-Löwen bestritten wird (vgl. dazu im Einzelnen: Schmidbauer 1993, S. 15).

---

40 Nach Schabedoth (1995) zeigt sich für die „Lindenstrasse", dass diese Sendung in allen Bevölkerungsschichten regelmäßige Nutzer hat, und zwar 19-25 Prozent aller soziodemographischen Gruppen, die üblicherweise zur Segmentierung des Publikums benutzt werden.

Seither ist dieses verschämte Verhältnis zur Werbung vor allem bei den privaten Sendern einer Strategie gewichen, Kinder ganz offen im Kinderprogramm zu bewerben.[41] So können sich die Hersteller von Spielzeug und Kinderartikeln heute auf den privaten Kanälen auch am Samstag- und Sonntagmorgen ungeniert direkt an ihr Publikum und dessen Kaufwünsche wenden – mit nachhaltigem Erfolg. Karin Böhme-Dürr (1993, S. 5) konnte in einer repräsentativen Befragung von Kindern zwischen 6 und 12 Jahren als hochsignifikantes Ergebnis nachweisen, dass diejenigen, welche die privaten Sender bevorzugen, den letzten Werbungskontakt zumeist „heute" hatten, während dieser bei „ARD/ZDF-Bevorzugern" zumeist „gestern" oder vor zwei bis drei Tagen stattfand.

Schwierig ist es insbesondere für kleine Kinder, Werbespots und „normales" Programm zu unterscheiden – zumal die dramaturgischen Mittel von Kinderspots oft recht ähnlich sind. Charlton u.a. (1995, S. 31ff.) kommen in ihrer Untersuchung zum Ergebnis, dass 37 Prozent der Vierjährigen den Unterschied zwischen Fernsehwerbung und Programm nicht kennen. Erst mit zunehmendem Alter werde die Spotwerbung besser erkannt. Unterscheidungsprobleme ergäben sich besonders dann, wenn Werbung und Programm ähnlich gestaltet seien. So geben Kinder an, dass sie manchmal Zeichentrickfiguren in Werbespots mit den Figuren in Zeichentrickfilmen verwechseln. Eine zuverlässige Unterscheidung zwischen den unterschiedlichen Werbeformen und dem normalen Fernsehprogramm wird nach dieser Untersuchung erst möglich, „wenn die Kinder die marktwirtschaftliche Funktion von Werbung verstanden haben" (Charlton u.a. 1995, S. 73).

Inhaltlich steht bei der Fernsehwerbung die Identifikation mit Markennamen im Vordergrund. Die von Böhme-Dürr befragten Kinder erinnerten sich denn auch weit häufiger daran wie an die Produkte. Dies weist darauf hin, wie geschickt diese Clips die Prinzipien der Serienfilme aufnehmen, indem sie Identifikationsangebote schaffen, welche bestimmte Marken mit Figuren und Versatzstücken aus dem redaktionellen Programm in Verbindung setzen. Oft werden zudem Fernsehhelden auch direkt weitervermarktet. Auch hier geht es also um „Träume" der Kinder, nur dass sie unter einem sehr direkten ökonomischen Interesse stehen: Man will nicht nur He-Man sein, sondern ihn auch auch haben – wenn vielleicht auch nur als Plastikfigur, die in der schnöden Realität mit ihrem Plastikschwert sehr viel erbärmlicher aussieht, als das, was am Fernsehen im Clip strahlend präsentiert wurde. So gestalten sich Serien und Werbeclips immer mehr zu einem zusammenhängenden Ensemble, wie es in folgenden Aspekten deutlich wird:

---

41 Allerdings ist wenigstens die Einschränkung der Unterbrechungswerbung geblieben: „Da die Landesmedienprogramme Werbeunterbrechungen im Kinderprogramm verbieten, strahlen die Privaten nun statt längerer Kindersendungen Mini-Filmchen aus, damit mehr und noch mehr Werbespots zwischen die regulären Programme plaziert werden können" (Böhme-Dürr 1993, S. 4).

– Inhaltlich werden Themen von Serien aufgenommen und weitergeführt, wobei die Trailer für kommende Sendungen oft quasi nahtlos in den Werbeblock überführen, der seinerseits wiederum für Figuren aus der elektronischen Welt wirbt: Die Fernseh- und Videofigur Benjamin Blümchen, Super Mario, die Dinosaurier von Jurassic Park. Das Muster einer Welt, die nach „schwarz“ und „weiß“ aufgeteilt ist – die Welt der Mythen und Monster, wie sie in einem Spot für das Gesellschaftsspiel „Dorf des Grauens“ beschworen wird, bzw. die „schwarzen Ritter“ von Lego, die Schloß Drachenstein erobern –, kehrt ebenso wieder, wie die Betonung der Helden und Identifikationsfiguren: von Aladin (als Werbung für den gleichnamigen Film) bis zu Barbie, welche gut in die Welt von Beverly Hills 90210 passen würde.
– Action-Elemente werden auch in Medienspots umgesetzt – oft auf einer Spielzeugebene – etwa wenn mit Trickeffekten beschleunigte Autos auf einer Spielzeugrennbahn („Crish Cross Crash“) oder wenn kurze Action-Szenen aus Video-Games gezeigt werden. Selbst beschauliche Gesellschaftsspiele wie „Eier klauen“ oder „Froschjagd“ erhalten im Werbespot den Anschein von Rasanz und Action. Dem entspricht, dass diese Spots nicht Geschichten erzählen, sondern auf einzelne Szenen und Action-Sequenzen abheben, wobei sich die knappe Folge von Schnitten und Szenenwechseln am Vorbild der Videoclips zu orientieren scheint. Sie knüpfen damit an jene Fernseh-Gewohnheiten von Kindern an, wie sie hier unter dem Stichwort des „szenischen Verstehens“ beschrieben wurden.
  Wie im Serienprogramm eines typischen Samstagmorgen erscheinen auch im Werbespot „reale“ und comicartige Geschehnisse im Wechsel. Der Comic hat schon dadurch einen wichtigen Stellenwert, dass für entsprechende Produkte geworben wird (comicartige Figuren wie Aladin, Benjamin Blümchen oder Super Mario). Daneben werden aber auch kleine Comic-Filme eigens zu Werbezwecken produziert: etwa in einem Spot für Galak Schokolade. Nach Michael Schmidbauer wird Attraktivität mit auffälligen und schnell zu erfassenden Kompositions-, Farb-, Schnitt, Musik- und Geräuscheffekten erreicht, die sich besonders wirkungsvoll in Cartoons und Animationsspots bündeln ließen (vgl. Schmidbauer 1993, S. 16).
– Nicht zuletzt sind es die Kinder selbst, die in den angebotenen Spielen als Helden in Erscheinung treten: Indem sie das Videogame mit Super Mario spielen, mit den „gigantischen“ Figuren von Kelloggs „Jurassic Parc nachspielen“, oder im „Auto City Airport“ aus Plastik Pilot sind („Du meldest dich direkt am Tower an...“). Gegenüber den Fernsehsendungen wird hier zusätzlich versprochen, jene Welt spielerisch unter Kontrolle zu haben, welche Kindern oft so komplex und bedrohlich erscheint.[42]
– Vermarktung im Sinne des sog. „Merchandising“ geschieht auf mehreren Ebenen, gleichsam im Sinne eines Multimedia-Pakets: Benjamin Blüm-

---

42 Es ist dasselbe Motiv, das auch bei Videospielen und im Umgang mit dem Computer eine wichtige Rolle spielt (vergl. S.204ff.).

chen wird auf Video und auf Kassette angeboten – und eine halbe Stunde später im nächsten Werbeblock auch noch als Gesellschaftsspiel. Aladin, der Kinohit von 1993 (dem Zeitpunkt der diesem Text zu Grundegelegten Werbeblöcke), wird im Computergame von Sega wieder aufgenommen; und es wird gleichzeitig für entsprechende Puppen geworben. Ein Werbespot von Mc Donalds setzt noch einen drauf – mit Aladin-Figuren auf der „Jumbo-Tüte". Favoriten des Merchandising sind gemäß Neumann-Braun/Erichsen (1995, S. 37) die Zeichentrickfiguren: Von der Pumuckl-Figur sind in Deutschland 400 Lizenzprodukte, von den Turtles 600 und von Alf 1000 erhältlich.

– Häufig werden in Spots ganze Erlebniswelten – womöglich im Mini-Format – angepriesen: Barbies Traumhaus zum Mitnehmen im Koffer oder Super Van City, eine ganze Spielwelt in einem Kombiwagen integriert. Dabei wird suggeriert, dass man als „Mitspieler" gleichsam Teilnehmer daran werden kann – am Jurassic Park, am Ritter-Spektakel der Burg Drachenstein. Oder man kann an den fiktionalen Realitäten der Videogames partizipieren – an den Abenteuern von Super Mario oder an dem phantastischen Rollenspiel „Mystic Quest Legend".

Nicht von ungefähr steht zum Schluß der Überlegungen zu den Kinderserien und Action-Filmen der Werbespot für Kinder. Handelt es sich doch hier um einen Mikrokosmos, an dem sich viele ihrer Merkmale in Verdichtung nochmals aufzeigen lassen. Dabei ist der Einfluß durchaus nicht einseitig; vielmehr erscheinen manche der schrillen und bunten Kinderserien wie eine Anreihung und Verlängerung von Werbespots. Die inhaltliche Analyse bestätigt für diese Art des serienorientierten Kinderfernsehens recht eindeutig, wie der Unterschied zwischen den redaktionell verantworteten Programmteilen und den kommerziellen Werbeeinschaltungen immer stärker zu verschwinden beginnt.

Das muß nicht bedeuten, dass Kinder gegenüber Werbung völlig unkritisch sind. Kommer (1996, S. 143) betont, dass Kinder gegenüber Werbung ein eher ambivalentes Verhältnis haben und diese weder grundsätzlich ablehnen, noch begeisterte „Werbefans" sind. Dennoch kann man sich den Forderungen anschließen, die Charlton/Neumann-Braun aufgrund ihrer Studie für den Bereich der Fernsehwerbung formulieren: „Unsere Ergebnisse lassen sich so interpretieren, dass durch eine verbindliche und einheitliche, auch für Vorschulkinder erkennbare Kennzeichnung aller Werbeformen zwei Drittel der Vorschulkinder und mehr als 90 Prozent der Grund- und Sekundarschüler in die Lage versetzt würden, Werbung zutreffend vom Programm zu unterscheiden" (Charlton/Neumann-Braun 1996, S. 265).

Gewalt und Fernsehen

Wenn es um Fernsehverhalten und um die damit verbundenen Weltbilder und Vorbilder geht, dann liegt ein Thema sehr nahe: die Gewalt, welche täglich im Fernsehen zu sehen ist. Gerade in der Ratgeberliteratur wird diese Problematik oft recht drastisch heraufbeschworen. So heißt es bei Reinhard Abeln (1989, S. 18f.), Statistiker hätten ausgerechnet, dass ein Kind in zehn Jahren (von 5 bis 14) rund 16000mal am Bildschirm miterlebt hätte, wie ein Mensch umgebracht werde, bzw. dass irgendein Mensch, ob er gut oder böse sei, mit Gewalt über einen andern siege. Apodiktisch berichtet er seinen Lesern ein erschreckendes Fazit: „Wer glaubt, es sei ein harmloses Vergnügen, wenn Kinder wiederholte Gewalt im Fernsehen erleben, muß sich von der Wissenschaft eines Besseren belehren lassen. Wir wissen heute durch viele Untersuchungen – besonders in den Vereinigten Staaten von Amerika und Großbritannien –, dass brutale Fernsehsendungen einen gefährlichen Einfluß auf Kinder haben“ (Abeln 1989, S. 19).

Nun gibt es auch einzelne Wissenschaftler, die einen solchen negativen Zusammenhang postulieren – im deutschsprachigen Raum wäre hier vor allem auf Glogauer (1993, S. 115) zu verweisen, der einen direkten linearen Zusammenhang zwischen der Verbreitung von Mediengewalt und gewalttätigen Handlungen von Kindern und Jugendlichen postuliert. Wenn man sich indessen in der Literatur zur Problematik der Mediengewalt genauer umsieht, erkennt man schnell, dass Kausalitätszuschreibungen sehr schwierig sind und ein komplexes Wirkungsfeld vorliegt. So mangelt es oft schon an einer präzisen begrifflichen Unterscheidung – ob es sich um personale oder strukturelle, bzw. um intentionale (beabsichtigte) oder non-intentionale Gewalt (z.B. um Unglücke oder Naturkatastophen) handelt. Wenn etwa Reality-TV Sendungen als „besonders gewalttätig“ gelten, hält dem Wegener (1994, S. 103ff.) entgegen, dass es nur selten um Gewaltakte gehe, welche eine direkte Imitation zuließen. Vielmehr ergebe sich in solchen Sendungen ein ausgesprochen hoher Anteil an nicht intentionaler Gewalt, über deren Wirkung in der Forschung wenig bekannt sei. Nach einem Forschungsbericht von Grimm (1992) wirkte z.B. die Sendung Notruf besonders mitleiderregend und habe die Hilfsbereitschaft bei den Rezipienten erhöht.

Jedenfalls erscheinen die Resultate der Forschung weit weniger eindeutig als dies im obigen Zitat von Abeln suggeriert wird. Dies gilt im Übrigen auch für die Paradigmen der Aggressionsforschung, wie sie im Folgenden dargestellt werden.

Die klassischen Ansätze der Aggressionsforschung

Vorab ist darauf hinzuweisen, dass die Geschichte der Aggressionsforschung schon verschiedene Wenden und konzeptionelle Reformulierungen erfahren hat. Dabei hat sich zwar im Rahmen der empiristischen Tradition der Forschung ein Mainstream herausgebildet, welcher – durchzogen von internen Relativierungen – davon ausgeht, dass aggressives Verhalten gelernt werde. Dennoch werden von einzelnen Forschern immer wieder Einwände dagegen erhoben. Dies hat sich in den letzten Jahren in jenem Ausmaß verstärkt, wie die behavioristische Variante sozialwissenschaftlicher Forschung zunehmend kritisiert wurde. Zur Verdeutlichung der gegenwärtigen Forschungslage sollen im Folgenden die verschiedenen Diskussionsstränge und Kontroversen im Hinblick auf die Problematik der Medien im Einzelnen nachgezeichnet werden.

Die „Katharsis-Theorie"

Ursprünglich hatte die auf triebtheoretischen Voraussetzungen beruhende Katharsis-Theorie der Aggression viele Anhänger. Sie ist vor allem durch Konrad Lorenz und sein populäres Buch „Das sogenannte Böse" (Wien 1963) bekannt geworden. Lorenz geht von der These aus, dass aggressives Verhalten angeboren sei und spontan aus dem Inneren des Menschen quelle. Im Organismus bildeten sich dauernd aggressive Impulse, die sich bis zur Entladung aufstauten. Im Sinne seines ethologischen Ansatzes bezieht sich Lorenz auf vielfältige Beispiele aus der Tierwelt und belegt seine Theorie etwa mit dem Beispiel des Buntbarsches: „An gefangen gehaltenen Buntbarschen, mit deren geradezu nervenverzehrend interessantem Familienleben wir uns noch sehr ausführlich werden beschäftigen müssen, kann eine ‚Stauung' der Aggression, die unter natürlichen Lebensbedingungen am feindlichen Reviernachbarn abreagiert werden würde, ungemein leicht zum Gattenmord führen" (Lorenz 1963, S. 83). Das Beispiel verdeutlicht die Ventil- oder Dampfkessel-Theorie, welche Lorenz seinen Überlegungen zu Grunde legt. Danach ist – ähnlich wie im Fall des Buntbarsches – auch der Mensch nicht wütend, weil ihm momentan Ärgerliches zugestoßen ist – dies hat allenfalls das Ventil geöffnet. Vielmehr geht es darum, dass sich der spontan gebildete Triebstau wieder einmal entladen mußte (vergl. dazu Nolting 1983, S. 33ff.).

Unschädlich kann Aggression durch Abreagieren gemacht werden, durch reinigende Katharsis. Denn die Aggression nehme leichter als die anderen Instinkte mit Ersatzobjekten vorlieb und finde an ihnen volle Befriedigung. So nennt Lorenz etwa die „ritualisierte Sonderform des Sports", der die sozietäts-schädigende Wirkung der Aggression verhindere, gleichzeitig aber deren arterhaltende Leistungen aufrechterhalte (Lorenz 1963, S. 387). Ähnlich wird zuweilen heute noch bei Actionfilmen im Fernsehen oder bei Videogames argumentiert: Der Aggressionstrieb werde dadurch auf das „ungefährliche" Gebiet künstlicher Realitäten abgelenkt und könne in sozial akzeptabler Weise ausgelebt werden.

Gegenwärtig sind allerdings die Vertreter von Katharsis-Postulaten weit in der Minderheit. Der Mainstream sozialwissenschaftlicher Forschung bevorzugt jene Modelle, welche Umweltfaktoren und Lerneffekte in den Mittelpunkt stellen. Einmal sind es gesellschaftspolitische Überlegungen, welche gegen einen Ansatz ins Feld geführt werden, der von einem triebbestimmten Modell des Verhaltens ausgeht, das eingedämmt werden müsse. Die Gefahr dieser Theorie liegt danach in der Tatsache, „dass sie – weit entfernt, den Menschen zu emanzipieren –, ihn einer reaktionären Ideologie unterwirft, indem sie den Anschein erweckt, dass ein autoritäres soziales System zur inneren und äußeren Hemmung (der Aggression) geradezu biologisch notwendig sei" (Jacobi u.a. 1982, S.53). Zweitens wurde auch eingewendet, der Lorenz'sche Sprachgebrauch sei nicht immer hinreichend klar, da er nicht genügend trennscharf zwischen Begriffen wie Verschiebung, Sublimierung und Katharsis unterscheide. Drittens liegt die Triebtheorie sehr weit entfernt von den behavioristischen Konzepten der empirischen Psychologie, wie sie insbesondere in der angelsächsischen Forschung vertreten werden. Einerseits hat die Psychologie Mühe mit der Übernahme ethologische Konzepte – so etwa wenn Lefkowitz u.a. monieren, ethologische Studien extrapolierten ihre Resultate von Tieren auf höhere Lebewesen und betrachteten den Menschen letztlich als ein von Natur aus aggressives Tier (Lefkowitz u.a. 1977, S. 8). Zudem haben die meisten experimentellen Studien der letzten Jahre und Jahrzehnte eher dazu beigetragen, die Überzeugungskraft der Katharsis-Hypothese zu schwächen.

Experimentelle Studien zum Lernen und zur Frustration

Besonders bekannt geworden sind in diesem Zusammenhang die Forschungen des amerikanischen Psychologen Albert Bandura zur stellvertretenden Bekräftigung. Im Rahmen der Lerntheorie versuchten er und seine Mitarbeiter mit einer großen Zahl von empirischen Studien nachzuweisen, dass direkte Bekräftigungsprinzipien für das Erlernen sozialer Verhaltensweisen nicht ausreichen. Seine Experimente wurden von der Medienforschung schon deshalb aufgenommen, da die stellvertretende Bekräftigung sehr oft durch Modelle vollzogen wurde, die in (Fernseh-)filmen agierten.

So untersuchten Bandura u.a. (1973, S. 61ff.) 40 Jungen und 40 Mädchen der Vorschule der Stanford University, indem diese zufällig in Gruppen eingeteilt wurden. Man lud die Kinder ins Spielzimmer der Vorschule ein, wo sie die Versuchsleiterin allein ließ – während am Fernsehapparat, der in der Nähe der Kinder stand, eine Sendung lief. In der einen Gruppe trifft Rocky, das aggressive Modell, im Film auf Johnny, der sich mit attraktiven Spielsachen beschäftigt. Rocky reagiert nun aggressiv mit Schlägen, tritt eine aggressive Kunststoffpuppe, wirft mit Pfeilen auf Johnnys Autos und Plastiktiere. Am Schluß triumphiert Rocky und spielt mit dem umstrittenen Spielzeug. In einer zweiten Gruppe lief der Film ähnlich ab, endete aber am Schluß mit einer Bestrafung des aggressiven Modells: Rocky erhielt eine gründliche Abreibung von Johnny. Daneben gab es in einer ersten Kontrollgruppe Kinder, welche nicht-aggressive Szenen sahen, indem die beiden Darsteller einander einen Ball zuspielten und ihn an der Wand abprallen ließen. Oder sie benützten Gewehre als niedrige Hürden in einem Sprungspiel und tanzten mit einer Plastikpuppe. Eine zweite Kontrollgruppe sah keine Modelle.

Nachdem die Kinder den Film gesehen hatten, wurden sie ein nächstes Zimmer geführt, wo ihnen verschiedenstes Spielzeug zur Verfügung stand; unter anderem auch jene Gegenstände, welche im Film vorgekommen waren. Während der Zeit, welche die Kinder nun in diesem Raum verbrachten, wurden sie durch Einwegscheiben beobachtet, um das Maß der imitativen Aggression festzuhalten. Es wurde also auf jene Verhaltensweisen geachtet, die auch im Film vorgekommen waren: die Puppe treten, sie mit Ball und Stock schlagen, Pfeile auf Autos und Plastiktiere abschießen etc. Zu den Resultaten halten Bandura u.a. fest: „Die Ergebnisse der vorliegenden Untersuchungen stützen die Annahme, dass Imitation teilweise abhängig ist von den Verhaltenskonsequenzen für das Modell. Kinder, die die Belohnung aggressiver Modelle erlebten, zeigten mehr Aggressionsnachahmung und gaben auch häufiger an, dass sie dem erfolgreichen Aggressor nacheifern würden als die Kinder der zweiten Experimentalgruppe (Bestrafung aggressiven Verhaltens); letztere ahmten weder das Modell-Verhalten nach, noch zeigten sie eine Präferenz, dem Modell nachzueifern“ (Bandura u.a. 1973, S. 69).

Ähnliche Effekte konnten in vielen weiteren Experimenten bestätigt werden (z.B. Bandura/Huston 1961). Und weil das Arrangement solcher Experimente weiterhin sehr oft Filmszenen enthielt, wurde es schnell zu einer unumstößlichen Voraussetzung der Untersuchung von Medienverhalten, dass aggressive Modelle in Film- und Fernsehserien geeignet seien, aggressives Verhalten von Kindern zu verstärken. So konnte etwa in einer Untersuchung von Walters/Thomas/Acker (1962) gezeigt werden, dass ein Film mit einem Messerduell die Neigung erwachsener Versuchspersonen erhöhte, einer anderen Person über Elektroschocks Schmerz zuzufügen. Weitere Differenzierungen zu den Bedingungen aggressiver Imitation ergaben sich in der Folge durch immer neue Experimente. So erwiesen sich Mädchen als weniger geneigt, aggressive Vorbilder zu imitieren als Knaben. Und Mc Cord/Mc Cord

(1958) belegten, dass Kinder die kriminellen Handlungen ihres Vaters nachahmten, wenn die Mutter ebenfalls ein sozial auffälliges Verhalten zeigte.

Neben der Bekräftigung wurde auch der Einfluß von Frustrationen untersucht. Dabei hatten Dollard u.a. (1939) die generelle These formuliert, dass aggressives Verhalten die Existenz von Frustration immer voraussetze, bzw. dass die Existenz von Frustration immer zu bestimmten Formen der Aggression führe. Nach dieser „Frustrations-Aggressions-Hypothese" sind Frustration und Aggression kausal aufeinander bezogen. Bald zeigte es sich indessen, dass diese Annahme zu generell war. Miller u.a. reformulierten die These schon 1941, indem sie festhielten, dass Frustrationen Anreize zu verschiedenen Formen von Verhalten produzieren, wobei eine davon auch der Anreiz zu einer Form der Aggression sein könne. Und Leonard Berkowitz kommt zum Schluß, dass bei Menschen, deren Zorn erregt wird, zwar eine Bereitschaft zu aggressiven Handlungen entsteht; doch treten aggressive Reaktionen nur auf, wenn geeignete Auslöser gegeben sind.

Umgekehrt wird aber auch in Frage gestellt, ob jeder Aggression eine Frustration vorauszugehen hat. So verweist Nolting (1983) auf aggressive Akte, die völlig „kalt" geschehen, also nicht Ausdruck eines Ärgers und damit auch nicht Reaktion auf eine Frustration seien – etwa im Fall eines Bankräubers, der seine Aggression instrumental zur Erlangung des Geldes einsetze. Nun könne man zwar auch in solchen Fällen noch nach versteckten Frustrationen im Leben eines solchen Menschen suchen, welche sein Handeln letztlich motivierten. Doch gerade dies führt zur Kritik von Kaufmann (1970), welcher der Frustrations-Aggressions-Hypothese einen Hang zur Tautologie vorwirft. Die Begriffe „Frustration" und „Aggression" seien so stark ausgeufert, dass jede vorhergehende Situation als frustrierend interpretiert werde.

An einem halten indessen die Anhänger der Frustrations-Aggressions-Hypothese bei aller Abschwächung ihrer ursprünglichen Annahmen mit allem Nachdruck fest – nämlich an ihrer Ablehnung der Vorstellung von kathartischen Reaktionen. Berkowitz räumt zwar ein, dass frustrierte Personen in der Aggression gegen ihren Provokateur einige Entspannung finden könnten. Doch er fügt hinzu, dass es fraglich sei, ob damit auch die Wahrscheinlichkeit aller späteren Aggression gegen den Frustrator verringert werde: „Auch wenn die aggressive Handlung den augenblicklichen Zorn der frustrierten Person besänftigt, kann sich eine aggressive (oder eine negative Einstellung) entwickeln" (Berkowitz 1969, S. 167). Und es kommt dazu, dass ein erzürnter Mensch, der durch Hemmungen verhindert ist, den Beleidiger direkt anzugreifen, seine Aggressionen nicht einfach verliert, sondern dazu neigt, diese stärker gegen andere verfügbare Ziele zu richten. Berkowitz u.a. (1963) belegen diesen Verschiebungsmechanismus mit einer ihrer Wisconsin-Untersuchungen bezüglich Gewalttätigkeit im Film. So wurde eine Gruppe männlicher College-Studenten von einem Versuchsleiter vorsätzlich geärgert, während eine zweite Gruppe neutral behandelt wurde. Danach sahen zwei Drittel der Versuchspersonen Filmszenen mit einem Boxkampf, der Rest einen ebenso langen Film über die englische Kanalschiffahrt. Die Boxkampfgruppe wurde zudem nochmals unterteilt: Bei der Einführung wurde in der einen Gruppe die Aggression mehr oder weniger sanktioniert, in der anderen nicht. Die Auswertung des Schlußfragebogens bestätigte die Erwartung, dass die erzürnten Versuchspersonen mit den vergleichsweise schwächeren Hemmungen starke Aggressionen gegen den Urheber ihres Zorns (den Versuchleiter) richteten, ein niedriges Niveau des Ressentiments dagegen gegen andere Dinge, wie das Experiment selbst. Bei der gehemmten erzürnten Gruppe dagegen war es gerade umgekehrt, sie war geneigter, ihre Ressentiments gegen das Experiment zu richten als den Versuchsleiter anzugreifen.

Nobles Kritik an Laborexperimenten

Dennoch hat es in den letzten Jahren nicht an Versuchen gefehlt, die Katharsis-These zu rehabilitieren – so durch Grant Noble mit seiner Arbeit „In Front of the small Screen“ (Noble 1975). Noble kritisiert darin den vorherrschenden Zeitgeist, der die Thesen Banduras und Berkowitz zu kritiklos übernommen habe. Bandura habe zwar gezeigt, dass Kinder imitieren können, was sie auf dem Fernsehschirm sehen; doch aufgrund seiner Versuchsanordnung hätten er und seine Nachfolger den Faktor der Imitation von aggressivem Verhalten beim Fernsehen überschätzt. Als typisches Beispiel für diesen Fehlschluß kritisiert er die Studien von Hicks (1965, 1968), der die von ihm untersuchten Kinder zwei und acht Monate nach einem ersten Experiment nochmals testete. Hicks fand, dass die Kinder ihre aggressiven Verhaltensweisen nach zwei Monaten zu sechzig Prozent und noch nach acht Monaten zu vierzig Prozent wiederholten. Das belegt zwar für Noble das Potential für visuelles Lernen. Wenn Hicks aber die Kinder gebeten habe, das zu tun, was sie getan hatten, kurz nachdem sie den Film zum ersten Mal gesehen hatten, so wisse man nicht, ob sie damit lediglich den Film wiederholten oder ihr damals gelerntes (aggressives) Tun.

Generell erhebt Noble (1975, S. 133) vier Vorbehalte bezüglich der Repräsentativität von Labor-Experimenten, wie sie Bandura und Berkowitz unternahmen:

- *Die Repräsentativität der Untersuchungssituation:* So hätten die Versuchspersonen im allgemeinen die Filme allein und einzeln gesehen. Gerade Kleinkinder, die noch Mühe hätten, von ihrer Mutter getrennt zu werden, reagierten möglicherweise anders als in normalen Alltagssituationen. Noble rekurriert zudem auf eigene Untersuchungen, in denen die Kinder Mediengewalt in kleinen Gruppen anschauten. Unter diesen Bedingungen fand sich nach dem Sehen kaum mehr als fünf Prozent Imitation.
- *Die Repräsentativität der untersuchten Stichproben:* oft seien Mittelklassekinder aus Vorschul-Kindergärten der Universität oder Anfänger im

Psychologie-Studium untersucht worden. Es sei indessen zu erwarten, dass Mittelklasse-Kinder ängstlicher darauf bedacht seien, den Erwartungen der Versuchsleiter zu entsprechen als Grundschicht-Kinder.

- *Die Repräsentativität der vorgeführten Filme:* es habe sich oft um ganz ähnliche Filme mit den immer gleichen Szenen gehandelt (Boxkampfszenen, Schläge auf aufblasbare Puppen etc.). Deshalb müsse man sich fragen, wie weit diese für den alltäglichen Fernsehkonsum überhaupt repräsentativ sind.
- *Die Repräsentativität der Methoden, um Aggressivität zu messen:* diese Forschungen seien in der Regel in sehr künstlichen Laborsituationen erfolgt. Nachdem Bandura und Berkowitz einmal ein bestimmtes Forschungs-Design entwickelt hätten, sei dieses von ihnen immer wieder in ähnlicher Form repliziert worden – anstatt dass die Wiederholungen mit unterschiedlichen Mitteln, verschiedenen Filmen und Personengruppen, sowie mit stärkerem Bezug auf Langzeiteffekte erfolgt wären. Man könne sich sogar fragen, ob Berkowitz's Studenten, die als Versuchspersonen dienten, nicht zwischen den Untersuchungen darüber gesprochen hätten, bzw. möglicherweise von vornherein wußten, was sie erwartete.

Insgesamt stellt Noble die Frage, ob man von solchen Laborexperimenten auf Reaktionen von Kindern in natürlichen Lebenssituationen schließen könne. So dürfte es schwierig nachzuweisen sein, ob Kinder die aggressiven Akte wirklich vom Film *lernen*, oder ob sie diese lediglich an ein schon früher gelerntes Verhalten *erinnert*. Dabei vernachlässige diese Art von Forschung, ob die Zuschauer überhaupt einen Nutzen aus aggressivem Fernsehverhalten ziehen. Die möglicherweise einzige Theorie, welche den Nutzen einbeziehe, sei die kathartische Schule, die dafür argumentiere, dass Kinder – vor allem Knaben – ihre aggressiven Impulse beim Sehen aggressiven Fernsehverhaltens „herausarbeiten".

Experimente in natürlichen Feldsituationen, wie er sie selbst oder Feshbach und Singer (1971) durchführten, hätten denn auch in klarem Kontrast zu den Laboratoriums-Experimenten gezeigt, dass aggressivere Jungen nach gewalttätigen Filmen weniger aggressiv waren (während die anderen nicht-aggressiven Jungen wenig anders als gewöhnlich reagierten, wenn sie mit Fernsehgewalt konfrontiert wurden). Als weiteren Beleg für kathartische Effekte führt Noble (1975, S. 142ff.) eine seiner eigenen Untersuchungen an. Dabei wurden 48 Kinder aus einer Grundschicht-Schule, von denen 40 Prozent Einwanderer waren, in vier Gruppen von zwölf Kindern eingeteilt. Jede Gruppe sah einen unterschiedlichen Typ gefilmter Aggression: eine Gruppe sah realistisch gefilmte Aggressionen, wo auch das Opfer gezeigt wurde – eine brutale Maschinengewehr-Szene in „Asche und Diamant"; eine andere Gruppe sah realistisch gefilmte Aggression, ohne dass das Opfer ins Bild kam (den dokumentarischen Film „Krieg"); eine dritte Gruppe sah stilisiert gefilmte Aggression, bei der auch das Opfer gezeigt wurde (aus „Tage des Zorns"); die vierte Gruppe sah stilisiert gefilmte Aggression, ohne dass das

Opfer zu sehen war („Schlacht von Agincourt“ in Henry V.). Beobachter beurteilten während einer halben Stunde das Spielverhalten dieser Kinder nach dem Grad der darin gezeigten Phantasie, nach dem Grad und der Art der sozialen Interaktion, sowie nach dem Ausmaß destruktiven und feindlichen Spiels.

Die Resultate ergaben, dass die Kinder je nach Typ der gefilmten Aggression unterschiedlich reagierten. Am meisten verstört schienen die Kinder zu reagieren, wenn sie das Opfer sahen („Asche und Diamant“ und „Tage des Zorns“), da sie am wenigsten phantasievoll spielten. Ebenfalls verstört reagierten Kinder, welche realistisches Aggressionsverhalten anstelle von stilisiertem gesehen hatten. Stilisierte Aggression (Schlacht von Agincourt) hingegen schien dagegen mehr imaginatives Spiel anzuregen.

Noble vermutet beim letzten Typ einen kathartischen Effekt – indem er von der Überlegung ausgeht, dass der Abbau von Aggression diesen imaginativen Effekt ermögliche. Allerdings scheine es zudem so, dass das aggressive Potential von solchen Filmen durch Forscher wie Berkowitz überschätzt würde. Seine eigenen Beobachtungen ergaben nämlich, dass nur 5 Prozent der Spielzeit dazu benutzt wurden, das aggressive Verhalten der Filmhelden zu imitieren, sei es im direkten Handeln oder in der zeichnerischen Darstellung. Ebenfalls nur 8 Prozent der Spielzeit wurden dazu verwandt, filmbezogene Themen darzustellen, während 19 Prozent der Spielzeit auf aggressive Themen verwandt wurden. Daneben hätten die Kinder ebensoviel Zeit mit ganz anderen Themen – wie der Darstellung von Weihnachtsthemen (acht Prozent) oder der Mondlandung zugebracht. Daraus schließt Noble u.a.:

- Nur bestimmte Typen von aggressiven Filmen haben feindselige Effekte auf die zuschauenden Kinder. Weder werden aggressive Impulse noch Imitation bei allen Kindern und durch alle Filme erzeugt.
- Stilistische Aggression ohne Blick auf das Opfer dürfte eher kathartische Effekte auslösen – in dem Sinne von häufigerer sozialer Interaktion und kreativerem Spiel, als es im Vergleich dazu vor dem Film beobachtet werden konnte.
- Sowohl realistische Aggression wie jede Aktion, in der das Opfer zu sehen war, schien die Kinder ängstlich zu machen.

In einem weiteren Experiment konnten Noble und Mulcahy (1974) aufzeigen, dass aggressive Jungen im Unterschied zu den nicht-aggressiven Jungen phantasievoller spielten, nachdem sie einen Western oder einen Ringkampf gesehen hatten. Auch diese Resultate deuten nach Ansicht der Autoren darauf hin, dass Fernseh-Aggression nicht-aggressive Jungen ängstlich macht, während stilisierte Aggression die aggressiven Jungen befähigte, phantasievoller als vor dem Film zu spielen – „oder mit anderen Worten: es gab einen kathartischen Effekt, indem stilisierte Aggression den aggressiven Jungen hilft, sich zugunsten von phantasievollerem Spiel zu befreien“ (Noble 1975, S. 151).

Bach/Goldbergs Plädoyer für einen konstruktiven Umgang mit Aggression

Eine ganz andere Akzentuierung, die aber um nichts weniger kritisch gegenüber dem Mainstream empirischer Forschung ist, nehmen die Psychologen George R. Bach und Herb Goldberg vor. Sie argumentieren wie die Vertreter kathartischer Theoreme triebtheoretisch, beziehen sich indessen nicht auf die destruktiven Anteile von aggressivem Verhalten, sondern fassen dieses als positiv im Sinne der Selbstbehauptung auf. In diesem Sinne beklagen sie, dass Aggression gemeinhin als grundlos, sinnlos und verletzend charakterisiert werde. Im Gegenteil dazu fällt nach ihrer Überzeugung darunter eine ganze Skala von Verhaltensweisen, welche sich erst einmal lediglich auf das Gegenteil von Passivität und Zurückhaltung bezieht – etwa auf den Ausdruck von Ärger und Ablehnung, auf Wutausbrüche oder Willensäußerungen, auf offene Konfrontation mit anderen, auf aktive Annäherung an Situationen und Menschen etc. (vergl. Bach/Goldberg 1981, S. 15f.).

Aus ihrer Sicht der Aggression als einer notwendigen Lebensenergie kommen sie zum Schluß, dass deren negative Seite vorab mit den damit verbundenen Verdrängungs- und Unterdrückungsmechanismen verknüpft sei. Denn die in offener Form verbotene Aggression habe letztlich eine perverse Anziehungskraft für extrem gewalttätige Verhaltensweisen, wie sie täglich vorkämen: „Die unterdrückte aggressive Energie sucht sich Ersatzziele in Form von Sündenböcken, Stereotypen und politisch sanktionierten Feinden. Es entsteht ein paranoides Klima, wenn die Aggression, die in jedem einzelnen von uns unterdrückt wird, auf andere projiziert wird, die dadurch viel furchterregender erscheinen, als sie in Wirklichkeit sind" (Bach/Goldberg 1981, S. 19f.). Nach der Meinung von Bach/Goldberg kann dies zu psychosomatischen Störungen und Krankheiten führen. Sobald den aggressiven Energien der Weg nach außen versperrt sei, wendeten sie sich gegen den eigenen Körper. Als Beispiele dafür erwähnen sie u.a. Kopfschmerzen als chronisches Leiden oder den Asthmatiker als „heimlichen Empörer" (vergl. Bach/Goldberg 1981, S. 122ff.).

Ähnlich kritisieren die Autoren die Vertreter der Frustrations-Aggressions-Hypothese, deren Auswirkungen darin abzulesen seien, dass Eltern, im Bestreben, friedliebende und nicht-aggressive Kinder heranzuziehen, versuchten, diesen durch Nachgiebigkeit möglichst jede Frustration zu ersparen. Demgegenüber betonen Bach/Goldberg, dass gerade eine frustrationslose Erziehung dem Kind ein unrealistisches Gefühl von Allmacht verleihe: „Es bekam immer alles, was es wollte, und hatte dabei obendrein das Gefühl, es auch zu verdienen. Heute stimmen fast alle Psychologen darin überein, dass ein Kind Frustration erfahren und damit umzugehen lernen muß, um die Fähigkeit zu entwickeln, sich in der Wirklichkeit zu behaupten und seine eigenen Gesetze zu erkennen und zu akzeptieren" (Bach/ Goldberg 1981, S. 30).

Nun muß man eingestehen, dass Bach/Goldberg auf einer populärpsychologischen Ebene argumentieren. Einmal erscheint es als recht simpel, wenn Störungen von Depressionen über Zwangshandlungen und -vorstellungen bis hin zu Verfolgungswahn und Selbstmord als Auswirkungen verdrängter Aggression dargestellt werden. Und es ließe sich im Einzelnen auch fragen, ob der direkte Bezug zu therapeutischen Übungen, bzw. einem spezifischen Aggressionstraining nicht zu kurz greift. Dennoch scheint mir an diesem Ansatz wichtig, dass er von einem veränderten Blickpunkt ausgeht und aggressives Verhalten nicht einfach grundsätzlich verwirft, sondern es im Sinne notwendiger Selbstbehauptung und aktiver Außenorientierung auch anerkennt.

Das bedeutet selbstverständlich keinen Freipaß für gewalttätiges Verhalten – es schärft aber den Blick dafür, dass nicht jedes körperliche Austragen eines Konfliktes bzw. jeder mißglückte – weil vielleicht zu aggressiv vorgetragene – Akt der Selbstbehauptung allein unter dem Aspekt der Destruktivität betrachtet werden muß. So wäre unter anderem zu fragen, ob ein nach einem Fersehfilm registriertes aggressives Verhalten wirklich primär im Sinne des Modell-Lernens zu interpretieren wäre – oder nicht als eine Verarbeitung solcher Erlebnisse, die letztlich der Selbstbehauptung dient und nicht per se automatisch zu einer Verstärkung des Aggressionspotentials führen muß.

Kognitionstheoretische Überlegungen zur Aggression

Weder die lern- und frustrationstheoretischen noch die kathartischen Interpretationsfolien können also letztlich das Phänomen der Gewalt bündig erklären. Die ursprüngliche Annahme eindeutiger und einfach formulierter Gesetzmäßigkeiten zwischen anstoßenden Reizen und damit verbundenen Verhaltenskonsequenzen mußten immer mehr abgeschwächt und differenziert werden. Offensichtlich sind so viele Einflußfaktoren zu berücksichtigen, dass zu einfache Interpretationsmuster dadurch unterlaufen werden. Wie die Untersuchungen Nobles belegen, sind im Übrigen auch kathartische Effekte nicht ganz von der Hand zu weisen – wie ja auch die alltägliche Erfahrung belegt, wo man zum Beispiel von Fußball-Hooligans oder Wochenend-Gewalttätern spricht, die unter der Woche unauffällig bleiben, sich indessen am Wochenende „abreagieren" müssen[43].

Möglicherweise sind generelle Prognosen, welche Effekte aggressive Impulse – z.B. Fernsehsendungen oder anderes Modellverhalten – auf andere Menschen haben, noch aus einem anderen Grund schwierig. Die bisherige Forschung geht hier nämlich von Automatismen aus, die kaum vom Bewußtsein gesteuert werden und je nach Situation und Fokussierung durch den unterlegten Forschungsansatz Verhaltensaspekte wie Ängstlichkeit, Imitation

43 Oder haben sie im Verhalten vielleicht doch „gelernt" – so dass ein Besuch in der samstäglichen Fußball-Szene im Stadion automatisch ablaufende Gewaltreflexe auslöst?

des Verhaltens oder entspannende Bedürfnisbefriedigung in den Mittelpunkt stellen. Im Rahmen der kognitionstheoretischen Ansätze, welche in den letzten Jahren zunehmend in den Vordergrund traten, wäre dagegen zu fragen, ob nicht auch in der Aggressionsforschung stärker mit Kognitionen zu argumentieren wäre. Zwischen Reiz und aggressiver Verhaltensreaktion wäre in diesem Sinne mit intermittierenden kognitiven Zuschreibungen zu rechnen, wie sie attributionstheoretische Ansätze vornehmen (vgl. Weiner 1985). Mit anderen Worten: Der Aggressive tut selbst etwas dazu, wenn er auf einen Reiz gewalttätig reagiert; er interpretiert eine Situation als bedrohlich und wählt aus seinem Verhaltensrepertoire ein gewalttätiges Programm aus.

Solche attributiven Mechanismen sind nun allerdings nicht allein in frustrations- und lerntheoretische Modelle zu integrieren. Auch hinter der Befriedigung, die man im Sinne kathartischer Annahmen durch aggressives Verhalten erfährt, verbirgt sich letztlich eher ein – kognitiv gesteuerter – Lernprozeß als vitalistische Triebabfuhr, wie es das Dampfkessel-Modell impliziert: Weil man aufgrund von gelernter Erfahrung dem aggressiven Verhalten Erleichterung zuschreibt, ist man geneigt, ein solches Verhaltensprogramm häufiger zu aktualisieren. Im kognitivistischen Sinne könnte man damit die Katharsis-Hypothese dahingehend reformulieren, dass mit dem Ausleben von aggressiven Impulsen in Wirklichkeit sehr häufig eine Form der Verarbeitung verbunden ist. Dadurch wird es möglich, aggressive Filmerlebnisse so zu verarbeiten, dass für den Betroffenen die Wahrscheinlichkeit aggressiver Reaktionen eher sinkt. In dieselbe Richtung weisen die Untersuchungen Grant Nobles. Jedenfalls könnte dies erklären, weshalb gerade stilisierte Aggression in seinen Experimenten einen besonders engen Zusammenhang zu Katharsis-Erfahrungen hatte. Diese läßt offensichtlich den Untersuchten mehr Distanz zum Geschehen und ermöglicht so – wenn man stärker kognitivistisch argumentiert und weniger mit triebtheoretischen Modellen – eher die Verarbeitung solcher Erlebnisse. Dass Distanz in diesem Zusammenhang eine wichtige Dimension sein könnte, belegen auch jene Beobachtungen Nobles, wonach der direkte Blick auf das Opfer die Wirkung des Geschehens so verstärkt, dass Verarbeitungsprozesse blockiert werden und ängstliche Reaktionen entstehen, die dann wiederum das phantasievolle Spiel zu hemmen vermögen.

Dies stützte aber auch jene in der neueren Forschung oft vertretene These, wonach reale und dokumentarische Gewalt, wie sie in der Tagesschau oder in Dokumentarfilmen zum Ausdruck kommen, Kinder mehr verstören und beängstigen wie fiktionale Gewalt – weil es eher möglich ist, letztere kognitiv zu verarbeiten. Von da her wäre denn auch generell zu überprüfen, ob die Realgewalt – in Tagesschau, Reality-TV, Kriegsreportagen etc. – nicht mehr zur Verstärkung gewalttätigen Verhaltens beiträgt wie Action- oder die sogenannten Brutalo-Filme.

Geht man nun aber von einer kognitionstheoretischen Interpretation aggressiven Verhaltens aus, so könnte es hilfreich sein, ein skripttheoretisches Modell heranzuziehen, wie es L. Rowan Huesmann und Leonard D. Eron

(1986) vertreten. Sie gehen von der Hypothese aus, dass soziales Verhalten zu einem großen Teil durch kognitive „Skripts" bestimmt wird, also durch Schemata und Strategien, die im Gedächtnis gespeichert wurden und dann als Leitlinien für das Verhalten dienen. Die Strategien werden erst enkodiert – das heißt, ein äußerer Stimulus wird im Gedächtnis repräsentiert. Darauf wird dieser erprobt, im Gedächtnis gespeichert und kann in einer ähnlichen Weise wieder abgerufen werden wie andere Strategien intellektuellen Verhaltens.

Auf dieselbe Weise geschieht dies mit aggressivem Verhalten. Ein Kind entwickelt ständig Algorithmen für soziale Probleme und speichert sie in seinem Gedächtnis. Dabei bezieht es sich auf seine Beobachtungen des Problemlöse-Verhaltens von andern. Es gilt damit auch für das Fernsehen: Wer sehr viel Gewalt schaut, wird mit größerer Wahrscheinlichkeit kognitive Skripts entwickeln, welche Gewalt oder Aggression als Teil der Lösung beinhalten; solche Lösungen dürften dann auch in der Phantasie und im Spiel geprüft werden. Je häufiger dieses geschieht, desto wahrscheinlicher dürften später solche Skripts abgerufen werden, und umso aggressiver dürfte das Verhalten sein (van Evra 1990, S. 97).

Nun scheint es mir allerdings, dass in diese Überlegungen noch zu stark ein behavioristisches Modell der Bekräftigung hineinspielt – in der Annahme, dass derjenige, der häufig gewalttätige Filme schaut, entsprechende Skripts entwickeln werde. Huesmann/Eron weisen allerdings darauf hin, dass auch ein bestimmtes Verhalten, das beobachtet werde, nicht unbedingt encodiert und gespeichert werde; und noch wenn es gespeichert werde, so könne es unabrufbar werden. Die Abrufbarkeit hänge nämlich vom Ausmaß ab, in welchem die spezifischen Auslöser, die beim Encodieren präsent waren, dies auch in der Situation des Abrufens seien.

Einen Schritt weiter als die Versuche, Skripts verhaltenstheoretisch zu beschreiben, gehen kognitionswissenschaftliche Forscher wie Howard Gardner (1993, S. 90ff.). Er faßt Skripts als Verhaltensprogramme auf, die zeigen, wie Menschen wichtige vertraute Folgen von Ereignissen in der Umwelt bestimmen. Ein Skript beinhalte, dass Merkmale erkannt und geordnet würden, die zuverlässig mit einem Ereignis zusammenhingen, das sich wiederhole. Gardner gibt dafür ein typisches Beispiel: „Zum Beispiel gehört zum Skript einer amerikanischen Kindergeburtstagsfeier zumindest das Eintreffen der Gäste, gewisse gemeinsame Unternehmungen (zum Beispiel das Spiel ‚Pin the Tail on the Donkey'), der Verzehr von Nahrung (wie Pizzas und Geburtstagskuchen) und das Absingen des Liedes ‚Happy Birthday to You'. Manchmal gehört noch die Übergabe von Geschenken und der überraschende Auftritt eines professionellen Zauberers dazu" (Gardner 1993, S. 90).

Nun ist zwar die Fähigkeit, Skripts zu entwickeln und zu beherrschen, nicht ausschließlich auf die Sprache bezogen, wie Gardner an der gleichen Stelle deutlich macht. Dennoch handelt es sich nicht um Ereignisse auf der verhaltenstheoretischen Ebene; beobachtbares Verhalten stellt lediglich Äußerungen von Skripts dar, die selbst eher als kognitive Ereignisse zu bezeichnen sind – eine Art symbolisches festgelegtes „Programm", welches das Handeln steuert. Skripts haben dabei eine „konservative“, oder wie Gardner formuliert: „einschränkende“ Seite. An ihnen werden auf der einen Seite, als Katalog typischer Ereignisse, neue Vorfälle gemessen. Skripts spielen damit für das ganze Leben eine wichtige Rolle, da sie helfen, neue Erfahrungen zu verarbeiten und diese anzueignen. Andrerseits können festgelegte Skripts aber auch davon abhalten, andere Menschen neu und unbelastet zu beurteilen, bzw. neue Mittel einzusetzen, um mit einer bekannten Situation fertigzuwerden.

Was bedeutet nun aber eine solcher stärker kognitivistisch fomulierte Skripttheorie für die Problematik des Fernsehverhaltens? Einmal dürfte es sicher zutreffen, dass das Medium Fernsehen einer jener gesellschaftlichen Orte ist, wo Skripts vorgeführt und gelernt werden; mithin ist es auch richtig, dass über das Fernsehen Modellernen geschieht, und dass auch aggressives Verhalten über entsprechende Skripts gelernt werden kann, wenn sich für den Zusehenden daraus erfolgreiche Problemlösungen ergeben. Gerade die durch das Fernsehen oft vorgenommene Stilisierung von Erfahrung, wo sich wiederholende und ritualisierte Elemente gehäuft vorkommen, dürfte solches Lernen begünstigen.

Allerdings werden nicht immer ganz neue Skript gelernt; vielmehr werden oft auch einzelne Elemente zu alten Skripts hinzugefügt, oder nur Teilskripts übernommen. Bei der Aneignung von solchen skriptmäßig gebundenen Verhaltensmustern spielt nun auch jenes Probehandeln eine wichtige Rolle, das Huesmann/Eron für die Integration von Skripts bzw. für die Überarbeitung eines bestehenden Skripts postulieren. Es findet also gleichsam eine kognitive Verarbeitung, bzw. eine „Passung“ von Skript und darauf bezogener Situation statt. In diesem Prozeß wird dann auch entschieden, ob und wie ein neues Skript ins Verhaltensrepertoire integriert wird. Gerade bei dieser „Passung“ dürften wiederum Fernseherfahrungen eine wichtige Rolle spielen. Einmal geben die Sendungen selbst Hinweise darauf, ob solche Skripts erfolgreich sind – gerade, wenn sie in Serienfilmen immer wieder vorkommen. Zum zweiten aber eignen sich fiktionale Fernseherlebnisse oft auch zum Nachspielen, Experimentieren und Verarbeiten neuer „Skriptvorschläge“.

Aus dieser Perspektive läßt sich nun aber die experimentelle Forschungstradition, wie sie in diesem Kapitel vorgestellt wurde, in einer entscheidenden Hinsicht kritisieren: Danach wären aggressive Äußerungen, wie sie im Anschluß an das Sehen von gewaltbetonten Filmen registriert wurden, nicht unbedingt als Anzeichen eines Lernprozesses zu verstehen, der generell zu mehr Gewaltbereitschaft führt. Vielmehr handelt es sich dabei um eine Phase, die noch zum Probehandeln gehört – und also erst darüber mitentscheiden wird, ob ein „aggressives“ Skript in die eigenen Schemata übernommen wird.

Noch ein zweiter Aspekt ist mit einem kognitivistischen Denkansatz verbunden: nämlich die Betonung der Möglichkeit, sich im Rahmen metakommunikativer Prozesse auf Skripts zu beziehen, die als kognitive Ereignisse dem Bewußtsein ihrer Träger nicht entzogen sein müssen. Mit anderen Worten: das Lernen bestimmter Verhaltensweisen – etwa einer verstärkten Bereitschaft, aggressiv zu reagieren – geschieht nicht als unbewußter Prozeß. Die dabei stattfindende Neuorganisation von Skripts beinhaltet vielmehr auch eine Verbindung zu kognitiven Anteilen. Schon Kinder und Jugendliche haben einen kognitiven Zugang zu solchen Skripts; sie verstehen es in ihrer Mehrheit, kritischer damit umgehen, als dies in der Gewaltdiskussion von Pädagogen oft unterstellt wird. Vom pädagogischen Standpunkt wäre in diesem Zusammenhang zudem anzufügen, dass gerade im metakommunikativen Rahmen durchaus erzieherische Möglichkeiten gegeben sind, welche unter dem Einfluß vitalistischer oder behavioristischer Konzepte manchmal unterschätzt werden. Solche reflexiven Thematisierungen von Fernsehereignissen müssen als Unterstützung der Verarbeitung von Gewalterlebnissen nicht wirkungslos bleiben, sondern sie können durchaus die Bereitschaft, gewalttätig zu reagieren, beeinflussen.

Zum Schluß wäre zusammenfassend hervorzuheben: Kognitionstheoretische Ansätze heben die kognitiven Anteile des Verhaltens hervor. Das scheint eine Möglichkeit darzustellen, die – zum Beispiel im Rahmen skripttheoretischer Überlegungen – einen neuen Forschungszugang bietet und bisherige Kontroversen entschärft. Allerdings bedeutet das Anerkennen kognitiver Anteile bei der Verhaltenssteuerung noch nicht, dass damit per se Reflexion verbunden ist, oder dass man auf diesem Hintergrund gewalttätiges Verhalten weniger ernst zu nehmen hätte. Wenn gewalttätiges Verhalten in Fernsehen und Gesellschaft gehäuft auftritt und als erfolgreiche Problemlösung akzeptiert wird, dürfte dies auch dazu führen, dass entsprechende Skripts für Kinder und Jugendliche attraktiver werden.

So mag es durchaus sein, dass eine Minderheit von Jugendlichen heute schneller zu Gewalt bereit ist als früher und sich dabei auch Anregungen aus Serienfilmen des Fernsehens holt. Dennoch müssen dabei zwei Aspekte bedacht werden:

Einmal wäre hinzuzufügen, dass es billig ist, das Fernsehen als Sündenbock zu schelten. Denn problematischer als die fiktionale Gewalt scheint – worauf Grant Noble aufmerksam machte – die Realgewalt, die dokumentarisch zeigt, was ja nicht innerhalb dieses Mediums entstanden ist, sondern in ihm nur wiedergegeben wird. Zum zweiten kann die alltägliche Gewalt durchaus auf sehr unterschiedliche Art und Weise verarbeitet werden – was zum Beispiel für die Ausgestaltung spezifischer und wirksamer pädagogischer Programme sehr wichtig wäre. Für die Forschung bedeutet dies insbesonders, dass die Gewalt im fiktionalen Bereich sehr viel genauer daraufhin befragt werden müßte, auf welche Art und Weise sie von den Zuschauern verarbeitet wird.

Als Konkretisierung von Überlegungen in dieser Richtung erscheint mir die Arbeit von Theunert u.a. (1992) geeignet, die – obwohl nicht skriptheoretisch orientiert – m.E. in diesen theoretischen Bezugsrahmen hineingehört. Auch diese Autoren argumentieren im Grunde auf einer kognitivistischen Ebene, wenn sie die thematische Perspektive einbeziehen, unter welcher Kinder Fernsehen wahrnehmen. Ihre Grundannahme: „Kinder bringen bei allen Beschäftigungen in irgendeiner Form das Thema zu Ausdruck. Sie gehen auch an das Fernsehen mit dieser thematischen Voreingenommenheit heran“ (Theunert u.a. 1992, S. 226).

Gerade diese bestimmenden Themen erscheinen nun aber eng mit Skripts verknüpft, welche ein Thema mit einem Programm von Verhaltenskonsequenzen verbinden. Typisch ist das Beispiel von Jörg, der sich auf der Suche nach einer angemessenen männlichen Identität befindet. Er messe – so die Autoren – gerne seine Kräfte mit Freunden und Sportskameraden, um zu erfahren, welchen Rang er einnehme. Sein diesbezügliches Skript formulieren Theunert u.a. wie folgt: „‚Wenn man verliert, dann weiß man genau, dass man schwächer ist... Ich bin der Drittstärkste aus meiner Klasse.‘ Jörg weiß allerdings aus seiner Erfahrung, dass er mit Körperkraft allein nicht durchs Leben kommt. Für ihn ist deshalb auch wichtig, ‚dass man gut ist in der Schule und beweglich im Sport, dass man nicht einschläft‘, und dass man genügend Geld hat“ (Theunert 1992, S. 78). Offensichtlich verlangt eine thematisch gebundene Entwicklungsaufgabe (seine männliche Identität zu finden), dass zu deren Ausarbeitung bestimmte Skripts entwickelt bzw. eingesetzt werden können. Denn gerade in der darin implizierten Wiederholung – es immer wieder zu versuchen – findet der Jugendliche dann Bestätigung; oder er kommt zum Schluß, dass sein Verhalten, bzw. das damit verbundene Skript zu verändern ist.

Die Rolle der Medien kommt im Fall von Jörg sehr prägnant zum Ausdruck, widerspiegeln doch seine Sendungsvorlieben die dargestellte inhaltliche Problematik der Suche nach einer männlichen Identität. So nennt er fast ausschließlich actionreiche Sendungen mit starken Helden: „Wenn er Schauspieler wäre, möchte er nur die ‚Hauptrolle‘ spielen, ‚den Helden, den Allergrößten, der die Stunts macht, der vom Pferd springt oder ganz hoch oben vom Wagen oder so‘. Seine Vorliebe für actionreiche Sendungen fällt zusammen mit seiner Vorliebe für starke Helden“ (Theunert 1992, S. 78).

Generell werden die Orientierungen von Kindern und Jugendlichen aber auch von unterschiedlichen Lebensbedingungen und Erfahrungen beeinflußt. Theunert u.a. kommen aufgrund ihrer empirischen Untersuchungen zum Schluß, dass es die aktuelle Lebenssituation ist, welche die Vorliebe für bestimmte Fernsehinhalte und -figuren bestimmt. Ob diese im Moment belastet oder unbelastet sei, bestimme mit, worauf Kinder beim Fernsehen ihr Augenmerk richteten: „Kinder suchen im Fernsehen Schablonen und Vergleichsmöglichkeiten für ihre persönliche Situation. Sie nehmen das Angebot des Fernsehens an, das ihnen ihre Sehnsüchte und ihre Vorstellungen unterstützt, oder ihnen bestätigt, dass durch aggressives Verhalten Konflikte erfolgreich gelöst werden" (Theunert u.a. 1992, S. 92).

Auf dem Hintergrund dieses theoretischen Ansatzes wird in der Folge von den an der Studie beteiligten Autoren aufgrund qualitativer Daten diskutiert, wie Kinder Gewalt wahrnehmen und beurteilen. So bestätigt sich der Befund, dass Kinder durch reale Gewalt eher verängstigt werden: Die Befragten mögen Krimis nicht besonders und finden diese – im Gegensatz zu den stärker an fiktionalen Mustern angelehnten Actionserien – nicht spannend. Dies führt die Autoren zur Vermutung, dass Kinder bei Fernsehkrimis vor allem dadurch verunsichert werden, dass die Darstellung der Verbrechen und die Orte des Geschehens sehr nah an der Realität sind (vgl. Theunert u.a., S. 118). Generell kommen sie zum Schluß, dass es für Kinder belastend wird, wenn sie mit drastischen und sichtbaren Folgen von Gewaltanwendung konfrontiert werden. Sie können solche Szenen nicht einfach ausblenden, wohl auch deshalb, weil sie die Situation der Opfer nachempfinden – ähnlich wie in den Untersuchungen Grant Nobles der Blick aufs Opfer eine Variable war, welche die Angst der Zuschauenden verstärkte.

Dennoch setzten sich Kinder immer wieder ängstigenden Erfahrungen aus, wie wenn sie dadurch besonders angezogen würden. Dies bezeichnet Jan-Uwe Rogge als „Angstlust", ähnlich wie bei der Fahrt auf der Geisterbahn, wo sich die Kinder während der Fahrt durch das Dunkel die Hände vors Gesicht halten, damit sie die Gespenster gerade noch sehen können – und wo sie am Schluß trotz aller Angst und Schrecken das Ganze gleich noch einmal wiederholen wollen. Rogge kommentiert: „Kinder haben Lust, sich in angstbesetzte Situationen zu begeben, sie zu erleben, sich zu erfahren – wenn dies im gesicherten Rahmen, in einem Kontext selbstgeschaffener und -bestimmter Regeln und Rituale geschieht, die damit einhergehenden Verunsicherungen erträglich und beherrschbar bleiben. Angst-Erleben bedeutet eine erhöhte physiologische Erregung, läßt eine intensive Selbstempfindung zu und geht mit der Hoffnung auf Sicherheit, dem guten Ende, einher" (Rogge 1990, S. 99).

Situationen, die mit Angst-Lust besetzt sind, sind mit folgenden Merkmalen verbunden:

- Das Kind setzt sich solchen Situationen freiwillig aus;
- es existiert eine äußere, objektive Gefahr (die Ungeheuer der Geisterbahn, die Medienhelden, die in Gefahr geraten);
- der Rahmen ist vertraut und gewohnt, so dass man sein Vertrauen auf einen positiven Ausgang setzen kann.

Mit dem dritten Punkt hängt zusammen: Die Kinder unterscheiden genau zwischen Aggressivitätsstufen und definieren für sich eine „Schwelle": Was unterhalb liegt, wird akzeptiert, was oberhalb der Schwelle liegt, lehnen sie ab. Dabei legen Mädchen und Jungen unterschiedliche Maßstäbe an: Jungen begreifen Gewaltelemente in ihren bevorzugten Sendungen vorwiegend als spannend und witzig, während Mädchen darüber hinweggehen oder sich davon pragmatisch abgrenzen. Nach Theunert u.a. (1992, S. 135) scheint im letzteren Fall ein intaktes und von Gewalterfahrungen unbelastetes Umfeld bedeutsam.

Werden die oben genannten Kriterien jedoch durchbrochen – etwa wenn Kinder zu drastischer Gewalt in einem ungewohnten Rahmen begegnen, kann Schrecken oder eine tiefe gefühlsmäßige Verunsicherung die Folge sein. Solche Verängstigung ist z.B. in jenen Szenarien gegeben, wo brutale Gewalt in mysteriöse Kontexte eingebettet ist. Auch dabei gibt es allerdings subjektive Unterschiede: Rufen bei den einen bereits sparsam verwendete Gruselelemente oder Geister Angstgefühle hervor (z.B. wegen der Verunsicherung darüber, ob es solche Wesen auch gibt), so bedarf es bei anderen schon drastischerer Gewaltdarstellungen. Generell erscheinen mysteriöse Elemente und Szenarien jedoch problematisch, weil sie als Erscheinungen für die Kinder unbegreiflich bleiben und nicht zu erklären sind. Gleichzeitig gelingt es ihnen aber auch nicht, sich von solchen Bildern zu distanzieren – was dazu führt, „dass solche Szenen und Bilder unverarbeitet in ihren Köpfen bleiben und auch nach langer Zeit nichts von ihrem Schrecken verlieren" (Theunert u.a. 1992, S. 147).

Wichtig erscheint nun aber im Rahmen des Ansatzes von Theunert u.a. die Feststellung, dass die Kinder Gewalterlebnissen nicht wehrlos ausgesetzt sind. Einmal werden – wie beschrieben – bereits kognitive Strategien bei der Definition von Gewalt eingesetzt, indem zum Beispiel eine Schwelle angelegt wird, welche erst erreicht werden muß, damit Gewalt bedrohlich wird. Im weiteren benutzen Kinder aber auch aktive Strategien zu deren Bewältigung, was schon an den spontanen Reaktionen beim Ansehen von Sendungen deutlich wird. Die Autoren (Theunert u.a. 1992, S. 153) unterschieden drei Strategien:

- Emotionales Distanzieren, indem die Kinder kurzzeitig wegsehen. Dabei entziehen sie sich der Sendung aber meist nicht vollständig, sondern müssen immer wieder hinblicken.
- Die Suche nach emotionaler Sicherheit durch direkten Körperkontakt, z.B. indem sie sich ankuscheln.
- Versuche, sich selber zu beruhigen, indem sie sich etwa vergegenwärtigen, dass das Gesehene nicht so schlimm, bzw. dass es nur Fiktion ist. So baut zum Beispiel Pamela (10) darauf: „Das ist ja sowieso nicht echt. Die schlagen ja in Wirklichkeit gar nicht so doll zu. Das sieht nur so aus und die machen nur die Töne dazu" (Theunert 1992, S. 152).

Zu den Bewältigungs- und Verarbeitungsstrategien gehört aber auch:

- dass Kinder über ihre Fernseherlebnisse erzählen und mit Gleichaltrigen austauschen, was sie beeindruckt hat. So wird sehr viel über Gruseliges und Unheimliches geredet – und zwar unabhängig von Geschlecht und Alter, sowie weitgehend unabhängig von der sozialen Herkunft.

- dass sie – vorwiegend die Jungen – das Geschehen handelnd verarbeiten, indem sie sich an ihren bevorzugten Helden orientieren und diese imitieren bzw. deren Merkmale und Besonderheiten ins eigene Verhaltensrepertoire und in ihre eigenen Skriptmuster integrieren. So führen die Filmhelden dem 12jährigen Haydar perfektes Karate vor, und er spielt sie nach: „Das perfekte Beherrschen solcher Kampftechniken gehört zu seiner Vorstellung von Männlichkeit und ist in seiner Umgebung und bei seinen Freunden gleichermaßen hoch angesehen. Er verschafft sich also damit soziale Anerkennung und braucht keine weiteren Rechtfertigungen“ (Theunert 1992, S. 161f.).
- dass sie Fernseherlebnisse im Spiel reproduzieren. Nach den in dieser Studie wiedergegebenen Beobachtungen orientieren sich die Mädchen vor allem an den äußeren Merkmalen der Figuren und geben diese durch Verkleiden in nahezu allen Einzelheiten wieder. Jungen dagegen beziehen sich stärker auf die Handlungen der Figuren, die sie fast identisch reproduzieren (vergl. Theunert u.a. 1992, S. 158ff.). Diesem Muster entspricht z.B. Haydar mit seiner Perfektionierung der Karatetechnik.

Allerdings betonen diese Autoren auch, dass es nicht immer gelingt, Fernseherlebnisse zu verarbeiten: „Wenn Kinder ihr Medienerleben nicht aktiv, im Reden, Handeln und Spielen bewältigen können, holt es sie im Unterbewußten, vor allem in ihren Träumen, wieder ein. Dies gilt insbesondere für Fernseherlebnisse, mit denen sie nicht fertig werden, die sie emotional belasten und ängstigen. In ihren Träumen verpflanzen sie Elemente des Fernseherlebens in ihre reale Umgebung oder beziehen sich selbst als Personen in das Geschehen ein. In den seltensten Fällen gelingt es ihnen, über ihre Träume das Erlebnis zu bewältigen. Es verliert in der Regel nichts von seinem Schrecken“ (Theunert u.a. 1992, S. 190).

Die Horror-Videos

Die Verarbeitungsmöglichkeiten von Medienerlebnissen werden auch in neueren Studien zu jenem Bereich betont, der in ganz besonderem Ausmaß mit der Kritik an gewälttätigen Filmen und Szenarios verbunden ist: dem Bereich des Horror- und (Hardcore-) Pornofilms. Auch wenn die Szenen ekelerregend und unappetitlich sind, muß dies nicht bedeuten, dass solche Filme damit auf die Zusehenden automatisch einen verrohenden und aggressivitätssteigernden Effekt haben. Elmar Ress (1990, S. 154ff.) betont in seiner inhaltsanalytischen Studie zum Horror-Video dessen Janusgesicht. Insbesondere müsse die unterschiedliche Bedeutung ermessen werden, welche Jugendliche und Erwachsene solchen Produkten zumessen. Was dem Erwachsenen als widerwärtiges, gefährliches oder gar „faschistoides“ Machwerk erscheine, sei für den Jugendlichen nur ein actionbeladenes Phantasieprodukt.

Die Annahme, dass Jugendliche solche Filme mit den Augen von Erwachsenen sähen, führe in der pädagogischen Diskussion zur Entrüstung und Panik, und sie ende im Ruf nach dem Gesetzgeber. Damit wird aber der Blick auf die entscheidende Frage verstellt, welche Bedeutung die Jugendlichen selbst diesen Produkten beimessen.

Ähnlich wie Theunert u.a. (1992) betont Ress ein „entwicklungsförderndes Verstehen", nämlich dass Jugendliche dazu tendieren, offengelassene Tabuthemen der Erwachsenenwelt aufzugreifen, um selbst erwachsen werden zu können (vgl. Ress 1990, S. 158). In diese Richtung weisen etwa seine Interpretationen des latenten Gehalts von Horror-Filmen. In Anlehnung an psychoanalytische Überlegungen bezieht sich Ress auf den Mythos des Halbwesens, wie er im Horror-Film zur Darstellung gelangt: Geister und Gespenster, Vampire und Zombies seien dazu verdammt, rastlos für alle Zeiten ihr Dasein als Lebend-Tote zu fristen. Der künstliche Mensch (z.B. der Golem oder Frankensteins Monster) könne von seinem Schöpfer noch so perfekt zusammengesetzt sein, er werde immer ein seelenloser Mechanismus bleiben. Gerade für Jugendliche widerspiegelten solche Filme die eigene Situation, was deren Faszination erst verständlich mache. So gelte für die seelische Innenwelt dieser Halbwesen, was auch auf die Seelenwelt Jugendlicher zutreffe: „Auch sie zeichnen sich durch einen tiefen existentiellen Riß aus, auch sie versuchen, durch Panzerung (weiter Mantel des Grafen Dracula, Fell/Panzer der Tiermonster, Masken der menschlichen Monster) diesen Riß zu kitten. Und wie der Jugendliche sich danach sehnt, endlich erwachsen zu werden, so gilt die Sehnsucht der Halbwesen der Erlösung aus ihrem gespaltenen Zustand" (Ress 1990, S. 137). Die Faszination der Jugendlichen erklärt sich damit nach Ress durch eine Isomorphie zwischen jugendlicher Seelenwelt und den im Horrorfilm gezeichneten Seelenlandschaften.

Es wäre allerdings verharmlosend zu behaupten, jedes Sehen von Horror- und Gewaltvideos sei entwicklungsfördernd zu verstehen. So weist Büttner (1990, S. 37ff.) darauf hin, dass sehr viele dieser Filme nichts anderes als Produkte männlicher Phantasien von Kampf und Krieg darstellen. Solche Filme verwiesen zwar auf grundsätzliche Probleme des Mann-Seins, vermittelten dazu aber inadäquate Modelle und Lösungen: „Zum einen müssen sich Männer außerhalb der Familien den ‚Gefahren' des Alltags (-dschungels) aussetzen, andrerseits müssen sie den Frauen gegenüber einen entscheidenden Nachteil ausgleichen (die Unfähigkeit, menschliches Leben aus sich selbst heraus zu erzeugen). Nur durch Gewalt, Technik und intellektuelle Anstrengung scheint sich die Natur beherrschen zu lassen, der die Frau von innen heraus sichtbar in Zyklus und Schwangerschaft verbunden ist" (Büttner 1990, S. 38f.) Zum einen wird man sich allerdings fragen müssen, ob diese Interpretation der Geschlechter-Differenz nicht etwas zu romantisierend ausfällt. Wichtiger aber ist der Einwand, dass die Verarbeitung der so gestellten Problematik nicht unbedingt der von Büttner vorgezeichneten Linie nachfolgen muß. Gerade wenn die Entwicklungsaufgaben in solchen Filmen überzeichnet und klischiert dargestellt sind, so wird dies für viele Zuschauer bedeuten, dass sie sich diese in der Bewältigung differenzierend aneignen – indem sie über das Klischee hinauszukommen versuchen. Dennoch – und dies muß in diesem Zusammenhang betont werden – lassen solche Filme auch eine sozial inakzeptable Aneignung zu: von der Übernahme rambohafter Verhaltensskripts und der Abschwächung der Schwelle gegenüber gewalttätigem Verhalten bis hin zur Verstärkung latent faschistoider Züge.

Zuletzt stellt sich aber die Frage auch direkt, wie das Erleben von Grauen, Ekel und sexueller Erregung zu gewichten ist, das solche Filme möglich machen. Roland Eckert u.a. (1990, S. 152) betonen in ihrer Studie „Grauen und Lust – Die Inszenierung der Affekte“, dass auch solche Gefühle zur anthropologischen Grundausstattung des Menschen gehören – was schon darin zum Ausdruck komme, dass deren Inszenierung eine lange Kulturgeschichte habe. In unserem zivilisierten Alltag könnten sie indessen immer weniger erlebt werden. Die Lust am Grauen und die Lust am Ekel seien auf diesem Hintergrund zu sehen: Wenn auslösende Informationen ihre Gefährlichkeit und Bedrohlichkeit verloren hätten, könnten sie in den künstlichen Paradiesen und Höllen der Videorezeption genossen werden. Strikte Trennung von Realität und Fiktion gehört auch hier offensichtlich dazu. Dazu die Autoren: „Alle von uns befragten Fans – wir können freilich methodisch nicht ausschließen, dass es auch andere gibt – waren sich deutlich dessen bewußt, dass sie es bei den Videos mit reinen Phantasiewelten zu tun hatten. Gewalt im Alltag lehnten sie ab. Viele betonten, dass sie Autounfälle oder Tierquälereien nicht ertragen können und dass ihnen bei den Videos gerade gefalle, dass die ‚Toten‘ nicht ‚wirklich‘ tot sind. Erst dadurch nämlich haben die ‚Auslöserreize‘ ihre Gefährlichkeit verloren und können ‚genossen‘ werden“ (Ekkert u.a. 1990, S. 153).

Für Jugendliche ergibt sich damit die Möglichkeit, sich mit der negativen und oft auch tabuisierten Seite der Gefühlswelt auseinanderzusetzen. Gefordert wird – so Eckert u.a. – das Erlernen von Trennregeln und Situationsdefinitionen an der Stelle von generellen Affektkontrollen, wie sie sich das Bürgertum des 19. Jahrhunderts auferlegt hatte. Dies kann indessen durchaus eine Gratwanderung sein, weil das Erlernen von Trennregeln ein voraussetzungsreicher Prozeß ist, und nicht absolute Verbote und Gebote, sondern „Skripts“ – also komplexe Konditionalprogramme – verinnerlicht werden müssen. So kommen Eckert u.a. in letzter Konsequenz zu ähnlichen Schlüssen, wie sie auch von den weiter oben zitierten Autoren formuliert werden: „Zu Fehlleistungen und damit zu Provokationen dürfte es immer wieder kommen. Nicht auszuschließen ist, dass Gewalthandlungen weniger aus Horrorfiktionen als aus alltagsnahen Filmen zum Modell werden können“ (Eckert u.a. 1990, S. 157).

Zusammenfassung

Die Forschungsergebnisse zum Thema „Gewalt“ und Fernsehen ergeben insgesamt ein komplexes Bild; damit verbietet es sich inbesonders, direkt und grobschlächtig kausale Zusammenhänge zu behaupten. Problematisch ist schon die Tatsache, dass die empirische Forschung oft lediglich Korrelationen zwischen Variablen ermittelt, während diese dann in der pädagogischen Interpretation allzu schnell als Ursachen erscheinen. Voll in diese Interpretationsfalle tappt zum Beispiel Werner Glogauer mit seinen Erläuterungen zur These, dass Medien Kinder und Jugendliche aggressiv und kriminell machen könnten (vgl. Glogauer 1993, S. 112ff.).

Dazu kommt, dass der Begriff der Aggression selbst mit einer gewissen Doppeldeutigkeit behaftet ist. Im Sinne von „Selbstbehauptung“ und „Durchsetzungsvermögen“ beinhaltet er durchaus auch positive Verhaltensaspekte. Darauf haben George R. Bach und Herb Goldberg (1981) mit Nachdruck hingewiesen, wenn sie betonen, dass es darum gehe, die Existenz aggressiver Gefühle nicht zu verleugnen, sondern diese konstruktiv anzuwenden.

Aber auch dort, wo Aggression in Gewalt umschlägt, bzw. wo Filme gewalttätige Modelle anbieten, bedeutet dies nicht, dass dadurch automatisch Gewaltbereitschaft verstärkt wird. In sehr vielen Fällen – etwa, wo der Blick auf das Opfer nicht verstellt ist –, ist die Reaktion erst einmal Angst und Furcht. In solchen Fällen erscheint es dann fruchtbar, nicht direkt nach Verhaltenskonsequenzen zu fragen, sondern genauer auf Verarbeitungsformen solcher Erlebnisse zu achten, wie dies in der neueren – häufig eher qualitativ ausgerichteten – Forschung der Fall ist. Unter diesen Voraussetzungen wird rasch deutlich, wie unterschiedlich solche Verarbeitungsprozesse sein können – handelt es sich doch um komplexe Skriptstrukturen, welche als Konditionalprogramme aufgebaut sind. Modelle, wie sie auch am Bildschirm angeboten werden, können durch ihr Verhalten unter spezifischen Bedingungen zwar Gewaltbereitschaft verstärken, indem bestimmte Skripts unter gewissen Bedingungen häufiger abgerufen werden, oder indem gewaltbetonte Sequenzen in Skripts eingebaut werden. Aber die explorative Auseinandersetzung bei der Skript-Übernahme wird häufig auch bedeuten, dass Gewalt als Problemlösung verworfen wird. Dies wird von verschiedenen Autoren wiederum als späte Rechtfertigung der Katharsistheorie interpretiert; eine kognitivistische Hypothese erscheint freilich als Erklärungsmodell weit angemessener.

Dies gilt im Übrigen, wie in diesem Kapitel aufgezeigt wurde, nicht allein für das Genre der Actionfilme[44]. Auch Horrorvideos und harte Pornos werden von Autoren wie Ress (1991) oder Eckert u.a. (1990) auf diesem

44 In diesem Zusammenhang wären auch die Videospiele zu diskutieren. Doch inhaltlich reproduziert sich dabei nochmals dieselbe Argumentation und Auseinandersetzung, die hier am Beispiel des Fernsehens dargestellt wurde. Aus diesem Grund soll hier auf eine Erörterung dieser Thematik verzichtet werden (vgl. dazu auch Dittler 1993, S. 120).

Hintergrund interpretiert. Besonders wird dabei deutlich, dass auch solche Filme auf dem Hintergrund von Entwicklungsaufgaben Heranwachsender zu beurteilen sind. Jedenfalls können sie geeignet sein, z.B. Probleme der Identitätsfindung verdichtend darzustellen – so dass diese von Jugendlichen produktiv verarbeitet werden können. Zu kurz greifen hingegen alle jene jugendschützerischen Überlegungen, welche solche Filme allein aus einer moralischen Erwachsenenperspektive begreifen und verurteilen.

Darüber hinaus ist hervorzuheben, dass dies alles in besonderem Maß für fiktionale Filme gilt. Nach den dargestellten Forschungsergebnissen verstärken sie Gewaltbereitschaft nicht automatisch, sondern ermöglichen die phantasierende und explorative Auseinandersetzung mit Skripts. In diesem Zusammenhang könnte man mit der paradoxen Bemerkung von Büttner (1990, S. 17) abschließen, wonach möglicherweise Menschen gerade dann zu Masochisten oder Sadisten werden und unvorstellbare Grausamkeiten ausüben, wenn sie in ihrer Phantasietätigkeit gehindert werden – zum Beispiel durch die allzu strenge Tabuisierung durch Eltern und Gesellschaft, oder dadurch, dass sie die Fähigkeit zum Phantasieren und Spielen nicht entwickeln konnten.

Die digitale Welt des Computers

Bislang ist in diesem Buch vorwiegend vom Fernsehen gesprochen worden, wobei man die Resultate zu einem guten Teil auch auf das Medium Video ausdehnen kann, weil dieses analoge Seherlebnisse ermöglicht. In diesem Zusammenhang darf nun aber ein Blick auf das digitale Medium Computer nicht fehlen, welches die Diskussion über Medien in den letzten Jahren immer mehr bestimmt. Nun könnte man mit Patricia M. Greenfield festhalten, dass es zwischen diesem Medium und dem Fernsehen[45] enge Verbindungen gibt: „Oberflächlich betrachtet besteht die Gemeinsamkeit zwischen Fernsehen und Computer darin, dass beide einen Bildschirm und eine Kathodenstrahlröhre besitzen. Beide verwenden den Bildschirm, um visuelle Bewegungen darzustellen" (Greenfield 1987, S. 93). Nun entwickeln gerade Fernsehkinder eine Vorliebe für dynamische optische Vorstellungswelten. Die visuelle Bewegung ist ein wichtiger Faktor, um die Aufmerksamkeit des Kindes zu erregen und es an den Bildschirm zu fesseln. Mindestens, was Computer- und Videospiele betrifft, kann dieses Medium auf Wahrnehmungsmuster des Fernsehens zurückgreifen.

Dennoch wäre es zu kurz gegriffen, den Computer lediglich als Ausweitung des Fernsehens zu verstehen – etwa durch das neu hinzukommende Moment der Interaktivität (verstanden als Möglichkeit, selbst Eingaben zu machen und so die Programme der Maschine zu beeinflussen). Wesentlich ist zudem das Moment der digitalen Steuerung im Rahmen einer binären Ja-Nein-Logik, welche die Grundlage jeder Datenverarbeitung ist und immer mehr auch das Merkmal des „Multimedialen". Nach Margot Berghaus bedeutet dies: „die Integration von Leistungen bisher nebenherbestehender Medien – sei es Fernsehen, Video, Hörfunk, Audio oder Print – samt Computer in einem Supermedium oder Medienbündel. Voraussetzung ist die ‚digitale' Technik, mit der sich Audio-, Video- und Computerdaten mischen, in jeder Weise bearbeiten und in jeder gewünschten Form abrufen lassen, wovon die Nutzer ‚interaktiv' Gebrauch machen können" (Berghaus 1997, S. 73).

45 Videospiele bezeichnet sie mit einem Zitat Howard Gardners als „Ehe von Fernsehen und Computer" (vgl. Greenfield 1987, S. 93).

Für diese Autorin ist „Multimedia" denn auch nicht allein eine Perfektionierung vorhandener Medien; vielmehr beginnt mit ihnen ein neues Medien-Stadium. Die Fernsehübertragungswege sind als Ring konzipiert und verknüpfen die Beteiligten nach dem Muster: *ein* Sender, *viele* Empfänger, während beim Computer jeder Anbieter auch ein Nutzer sein kann. Nicholas Negroponte unterscheidet Ringe von Sternen, also Medien wie das Kabelfernsehen, die ähnlich einer Kette von Christbaumlichtern von Haus zu Haus führen vs. sternförmige Netzwerke, welche ein „Punkt-zu-Multipunkt-System" darstellen (vgl. Negroponte 1995, S. 46ff.). Generell ergeben sich dadurch neue Fusionen – etwa wenn die Videokameras digitalisiert oder als Webcams für das Internet genutzt werden, Fernsehen und Computer in Formen des Video-On-Demand aufgehen, Telefon mit Modem und Computer zu Kommunikationsnetzwerken wie dem Internet verschmelzen.

Allerdings scheint es nicht so, dass Multimedia nun das Fernsehen und die anderen traditionellen Medien (Rundfunk oder Zeitungen) verdrängen würde. Nach Berghaus ist es immer schon so gewesen, dass die „alten" Medien zu einer „Steuerungs-, Orientierungs- und Zulieferungsinstanz" (Berghaus 1997, S. 75) für die neuen wurden. So diente beim Eintritt in ein neues Kommunikationsstadium das jeweils bestehende, also „ältere" Medium als Reflexions- und Selektionsinstanz für das jüngere – indem etwa Computerzeitschriften oder Computersendungen im Fernsehen den Nutzern als Orientierungsinstanz für Multimedia dienen.

Der Computer als neues Bildungsmedium

Für die pädagogische Frage erscheint erst einmal bedeutsam, dass der Computer – viel stärker als das Fernsehen mit der ihm zugeschriebenen Zerstreuungsfunktion – auch als Lern- und Bildungsmedium gilt. Offensichtlich wird dieser viel stärker als die audio-visuellen Medien als ernsthaftes Werkzeug betrachtet, das erst in zweiter Linie (im Rahmen von Computerspielen) zur Unterhaltung dient.

Das begann bereits in den Achtzigerjahren, als zu Zeiten der ersten Personalcomputer die Utopie einer für alle notwendigen „Computer-Alphabetisierung" in die Welt gesetzt wurde. Man nahm an, dass jedermann in Zukunft seine eigenen Programme schreiben würde, und Programmierkenntnisse neben Schreiben, Rechnen und Lesen als vierte Grundfertigkeit zukünftig zur Elementarbildung gehören würden. So hieß es in einem Zeit-Artikel von 1985: „Computer programmieren ist nichts anderes als vormals Lesen, Schreiben und Rechnen" (nach: Moser 1986, S. 29).

Besonders bekannt ist in diesem Zusammenhang die von Seymour Papert entwickelte Computersprache Logo geworden. Dabei war dessen Konzept durchaus „progressiv" gegenüber jenen Vorstellungen, nach denen der Computer lediglich eine „Drillmaschine" war, welche „richtige" Eingaben positiv verstärkte. Demgegenüber betonte Papert: „Der Computer wird benutzt, um das Kind zu programmieren. In meiner Vorstellung programmiert das Kind den Computer, und dadurch erwirbt es nicht nur ein Gefühl der Souveränität gegenüber einem Produkt der modernsten und leistungsfähigsten Technologie, es stellt auch eine persönliche Beziehung zu einigen der tiefgreifendsten Ideen aus dem Bereich der Naturwissenschaft, der Mathematik und der Kunst des geistigen Modellbaus her“ (Papert 1982, S. 28).

Dieses Modell der Alphabetisierung ist jedoch in der Folge nicht durchgedrungen; denn die Entwicklung der Computertechnologie schlug eine andere Richtung ein, als es die Vertreter des „linearen“ Programmierens dachten: Wesentlich wurden Vernetzungen – wie sie in den grafikorientierten Benutzeroberflächen üblich sind. Der Computer wird zur leicht bedienbaren Schnittstelle, die es über einfache Links erlaubt, Programme zu starten und per Mausklick zu bedienen. So gehörten die alten Kommandosprachen wie DOS bald der Vergangenheit an, und der User benutzt seither Standardsoftware, anstatt sich seine Programme selbst zu entwickeln. Im Folgenden soll das Modell der Vernetzung an drei Aspekten einer Computerkultur verdeutlicht werden, wie sie für die Heranwachsenden wesentlich ist:

- Als Ablösung einer Kultur der Kalkulation durch eine Kultur der Simulation;
- als multimediale Arbeitsumgebung;
- als Sphäre der Vermittlung des Virtuellen mit dem Realen.

Von einer Kultur der Kalkulation zu einer Kultur der Simulation

In einem ähnlichen Sinn weist Sherry Turkle (1997) darauf hin, dass Computerkompetenzen zuerst mit einer „Kultur der Kalkulation“ verbunden gewesen seien. Denn man habe geglaubt, Computer seien dann für die Menschen „transparent“, wenn die User imstande seien, die Magie des Mechanismus zu durchschauen. „Der Macintosh-Dektop führte in der Folge“, so Turkle (1997), „ein Denken über den Computer ein, das den Hauptakzent auf die Manipulation der Oberflächen-Simulation legte.“ Man erteilt der Maschine weniger Befehle, sondern tritt mit ihr in interaktiven Kontakt: „In einer Kultur der Simulation meinen die Menschen, wenn sie sagen, dass etwas transparent ist, dass sie sehen können, wie sie es anstellen, dass es läuft, nicht aber, wie es läuft“ (Turkle 1997).

Kinder, die heute mit Computern lernen, programmieren deshalb nicht, sondern sie benutzen diese von allem Anfang als Werkzeug, indem sie z.B. mit Programmen und spezifischer Lernsoftware arbeiten. Dies belegt eine neue Auffassung: „Computer-Lektionen haben heute wenig mit Rechnen und Regeln zu tun, vielmehr betreffen sie Simulationen, Navigieren und Interaktion“ (Turkle 1997). „Interaktion“ bedeutet dabei einen aktiv-eingreifenden Umgang mit Computern und nicht bloßen Konsum. Lernsoftware, die auf Interaktivität verzichtet – z.B. reine Bilderbücher zum Durchblättern und

Anklicken einzelner Szenen – vermögen Kinder meist wenig zu fesseln und hinterlassen nach kurzer Zeit gähnende Langeweile.

Ein aktiv gestaltender Umgang mit Simulationen liegt etwa der Idee des „Computer Clubhouse“[46] zu Grunde, die in Boston als Zusammenarbeit zwischen dem Massachusetts Institute of Technology (MIT) und dem dortigen Computer Museum realisiert wurde. In diesem Clubhouse sollen Jugendliche aus Unterschichten, die sonst kaum direkten Kontakt zu Computern hätten, motiviert werden, Dinge mit solchen Geräten zu tun, die für ihr Leben Bedeutsamkeit erhalten – als Designer und Schöpfer –, und nicht nur als Konsumenten von computerbasierten Produkten (Vgl. Resnick/Rusk 1997). Die Teilnehmer und Teilnehmerinnen sollen mit professioneller Software gestalterisch tätig sein. Resnick und Rusk berichten in diesem Zusammenhang von Paul, der durch Vermittlung eines Lehrers ins Clubhouse kam, nachdem er zwei Wochen zuvor von Trinidad nach Boston gezogen war. Paul hatte immer schon gerne gezeichnet, hatte dies aber noch nie mit Hilfe eines Computers getan. Er kam dann aber drei bis vier Mal pro Woche ins Clubhouse und erhielt später sogar einen Auftrag, um für eine lokale Firma Webseiten zu gestalten.

In solchen experimentellen Umgebungen können Jugendliche lernen, Simulationen als Teil eines sinnvollen Alltags aufzufassen und nicht als Science Fiction, die in einem Raum jenseits der alltäglichen Realität angesiedelt ist. Computer sind hier Maschinen, die ganz nahe am Alltag angesiedelt sind und Kindern und Jugendlichen helfen, ihre eigenen Interessen zu entwickeln.

Computer als multimediale Arbeitsumgebungen

Die Vernetzung der Computer betrifft nicht zuletzt auch die damit angesprochenen Kommunikationskanäle. So hat Aufenanger mit Nachdruck betont, ein wesentliches Kennzeichen von Mutimedia sei „die Verbindung unterschiedlicher Medien – Text, Bilder, Animationen, Video etc. – in einem Hypertext, d.h. einem nicht-linear vernetzten Zusammenhang“ (Aufenanger 1995, S. 188). Durch den Verbund von Sprache, Bild und Ton wird der Blick auf verschiedene Perspektiven geöffnet, bzw. es werden verschiedenartige Kompetenzen gefördert. Computer gleichen damit Mehrzweckgeräten, wie dem sprichwörtlichen Schweizer Taschenmesser mit all seinen Sägen, Zapfenziehern, Bohrern und noch zwölf weiteren Blättern, die eingeschoben werden (vgl. Moser 1986, S. 30).

Was dies für das Lernen bedeutet, führen Shirley Veneema und der amerikanische Intelligenzforscher Howard Gardner (1997) aus. Nach ihrer

46 Es ist eine Ironie der Geschichte, dass in diesem Zusammenhang auch Paperts Logo-Modell eine neue Aktualität erhält - als konstruktivistischer Ansatz zur aktiven Gestaltung von programmierbarem Spielzeug auf der Basis von Lego-Bausteinen (vgl. Medosch/Schulzki-Haddouti 1998).

Meinung haben die kognitiven Kompetenzen in der Schule bis heute das größte Gewicht, obwohl die aktuelle Intelligenzforschung zwischen mindestens acht Intelligenzen unterscheide – als unterschiedliche Wege, auf welchen Individuen Informationen aufnehmen, behalten und verarbeiten: „In ihrem Verständnis des amerikanischen Bürgerkrieges würden manche Individuen einen linguistischen oder erzählerischen Ansatz bevorzugen, andere könnten besser durch eine künstlerische Darstellung erreicht werden, und wieder andere würden auf die persönliche Dimension ansprechen – wie ein auf Vernichtung ausgerichteter Kampf Nachbarn und Verwandte betrifft und sogar im eigenen Inneren zu Ambivalenzen führt" (Veneema, Gardner 1997). In den meisten Schulen werde dagegen allein jener Ansatz praktiziert, welcher Logik und Sprache miteinander verknüpfe.

Damit aber werde das geistige Potential nur sehr einseitig genutzt, und es sei kein Wunder, dass jene Repräsentationen, die man früh in der Kindheit erworben habe, am meisten Gewicht hätten und als Erklärungsmuster nur noch sehr schwer zu verändern seien. Es sei, wie wenn sich in den ersten Lebensjahren bestimmte – manchmal auch sehr fragwürdige – Schemata und Bezugsrahmen unauslöschlich in das Hirn bzw. den Geist eingraben würden. Veneema/Gardner (1997) weisen als Beispiel darauf hin, dass die meisten Leute trotz – oder vielleicht gerade wegen – ihrer Schulbildung davon ausgingen, dass es nur eine richtige Perspektive für die Geschichtsschreibung gebe. Doch nur schon, wenn eine Schlacht beschrieben werde, dann könne kein einziger Beobachter das ganze Geschehen überblicken und eine autoritative und letztgültige Darstellung geben.

Im Gegensatz dazu verweisen sie auf eine von ihnen initiierte CD-ROM zum amerikanischen Bürgerkrieg, in welcher verschiedene exploratorische Möglichkeiten eingebaut sind, die unterschiedliche Zugriffe anbieten und sich dabei nicht allein auf sprachliche Vermittlung beschränken. So werden etwa Fotos, ein Rundgang durch die Topographie eines Schlachtfeldes, Ausschnitte von zeitgenössischen Zeitungen aus dem Süden und dem Norden zugänglich gemacht.

Gerade elektronische Medien – so wäre die These – ermöglichen einen perspektivenreichen Zugang zu ihrem Gegenstand, wie er sonst nur schwer zu realisieren ist. Das gilt letztlich für jede Lern- und Informationssoftware, obwohl dort häufig noch eine lineare, am herkömmlichen schulischen Lernen orientierte Gestaltungsweise zu beobachten ist. So kann ein elektronisches Lexikon ganz andere Erfahungen vermitteln (mit Bildern, Tondokumenten und kleinen Videos) wie die vielbändige Printausgabe auf dem Büchergestell.

Aber auch wenn Kinder mit einem Schreibprogramm wie „Junior Schreibstudio" zu arbeiten beginnen, ist dies ein völlig anderer Vorgang als jener des handschriftlichen Produzierens von Text: Man kann Marginalien setzen, Buchstaben einfärben, in verschiedenen Schriften formatieren und Clip-Arts sowie schmückende Rahmen in einen Text einfügen, der mehr an ein Gesamtkunstwerk erinnert als an die ungelenke Handschrift eines 9-jährigen.

Die Vermittlung des Virtuellen mit dem Realen

Ein wesentlicher Aspekt der Netzstruktur, die mit Computern verbunden ist, wird gegenwärtig unter dem Stichwort der virtuellen Realitäten diskutiert. Man muß dabei nicht gleich an jene dreidimensionalen Räume denken, die mit Datenhelm und -handschuh erkundet werden (siehe S. 49ff.), sondern erst einmal an das World Wide Web, Usenet und Interrelay Chat. Hier handelt es sich um virtuelle Räume, die sich netzartig um das „richtige" Leben (das „real life") gelegt haben. Schon heute kann man im Internet auf einer Shopping-Mall einkaufen gehen oder sich in einen privaten Raum zum persönlichen Chat zurückziehen etc. In diesem Zusammenhang prognostiziert Mike Sandbothe (1996), dass sich das Netz langfristig zu einer Art zweiter Welt entwikkeln werde – eine Welt, in welcher über die Verhältnisse in der ersten „realen" Welt debattiert, informiert und entschieden werden wird. Diese Welt werde aufs engste mit dem „real life" verflochten sein, und es werde eine Vielzahl von Übergängen geben, die zu nutzen und auszubauen wir erst lernen müßten.

Wie wichtig es sein kann, bei aller Beschäftigung mit Simulationen immer wieder auf die Realität zu verweisen, beschreibt Sherry Turkle am Beispiel von Jugendlichen, welche das Simulationsspiel SimLife spielen. Unbestritten ist, dass man dabei viel über die Funktionsweise des Ökosystems erfährt – und dies nicht über die Vermittlung von kognitiven Regeln, sondern schlicht, indem man das Spiel auf intuitive Weise spielt. Turkle interviewte nun ein Mädchen, das stolz berichtete, welches die zehn nützlichsten Regeln von SimLife seien. Eine davon hieß: „Wenn man Steuern erhebt, führt dies immer zu Unruhen." Diese Situation kommentiert Turkle: „Marcia scheint keine Sprache zu haben, um zwischen dieser Regel des Spiels und den Regeln zu unterschieden, die in einer „realen" Stadt gelten. Sie hat nie einen Computer programmiert: Sie hat nie eine Simulation konstruiert. Sie hat keine Sprache, um zu fragen, wie man ein Spiel so schreiben könnte, dass höhere Steuern zu höherer Produktivität und sozialer Harmonie führen könnten. Und vor allem sieht sie sich nicht als jemanden, der selbst die Regeln des Spiels verändern könnte" (Turkle 1997).

Aber es ist nicht nur die Beziehung zum realen Leben, welche mit Bezug auf die Virtualität diskutiert wird. So wird dem Computer immer wieder vorgeworfen, dass er die Menschen in die Einsamkeit führe, indem er zwischenmenschliche Kontakte durch Mensch-Maschine-Interaktionen ersetze (so Volpert 1987). Demgegenüber machen die seit der Mitte der Achtzigerjahre rasant wachsenden Netze deutlich, dass Computer auch neue Formen der Vergemeinschaftung ermöglichen. So schreibt Nicola Doering (1994) sozialen Netzwerken wie dem Usenet zwei Funktionen zu: Sie übten normative Kontrolle auf das Verhalten des Individuums aus, d.h. sie stellten Sozialisationsinstanzen dar, sanktionierten das Verhalten, sorgten für Integration in die Gesellschaft bzw. in lokale Gemeinschaften und beeinflußten die Bildung sozialer Identität. Gleichzeitig vermitteln sie den Teilnehmern aber auch das

Bewußtsein, einer Gruppe oder Gemeinschaft anzugehören, und gewähren ihnen dadurch soziale Unterstützung.

In diesem Zusammenhang wäre aber darauf zu verweisen, dass Netzkommunikation auch besondere Anforderungen stellt:

- Elizabeth Reid (1991) hat am Beispiel von Online Diskussionen im Internet (dem sog. „Internet Relay Chat") deutlich gemacht, dass die Kommunikation in virtuellen Welten von besonderen Bedingungen ausgeht. So fallen alle analogen Anteile der Sprache (Gesten, Betonungen, emotionale Modulierungen etc.) aus. Zudem werden diese Diskussionen in geschriebener Form durchgeführt, was dazu führt, dass sie nicht wie die face-to-face-Kommunikation synchron ablaufen. Daraus haben sich in der Folge neue Konventionen entwickelt – etwa die Emoticons, mit denen dem Empfänger einer Botschaft Gefühle signalisiert werden. Oder es wird Wert auf die Netiquette gelegt, da verletzende Äußerungen („flaming") in der Netzkommunikation besonders stark empfunden werden; denn infolge des Fehlens eines persönlichen Kontextes weiß man meist nicht, warum man sich diese zugezogen hat.
- Die Anonymität der Netzkommunikation ist aber nicht nur als Problem zu sehen. Reid (1991) weist darauf hin, dass diese paradoxerweise oft mit großer Intimität und Emotionalität verbunden sei. Gerade „Fremden" gegenüber ist man oft bereit Dinge zu enthüllen, die man Bekannten nie erzählen würde. „Inter Relay Chat" sei nicht ein beliebiges Gesellschaftsspiel, sondern könne tiefe Gefühle von Schuld und Verantwortung inspirieren.
- Daneben sind die anonymen Welten der Netze oft auch Experimentierfelder für die Erprobung eigener Verhaltensweisen und Rollenzuschreibungen. Darauf hat insbesondere Sherry Turkle (1998) verwiesen, welche die „Multi User Dungeons" untersucht hat, virtuelle Rollenspielwelten, die in den letzten Jahren im Internet entstanden sind. Sie berichtet z.B. von Ava, einer dreißigjährigen Studentin, die vor mehreren Jahren bei einem Autounfall ihr rechtes Bein verloren hatte und über ihre Erfahrungen mit MUDs an einer Tagung berichtete. Ava erschuf in der virtuellen Welt eine einbeinige Figur, die eine abnehmbare Prothese trug. Dies war der erste Schritt, um besser mit der Behinderung umzugehen. Turkle berichtet: „Als Avas Figur sich verliebte, sprachen sie und ihr virtueller Liebhaber offen über die ‚sinnlichen' und emotionalen Aspekte der virtuellen Amputation und Prothese. Sie fanden Spaß am virtuellen Sex, und Ava lernte, sich in ihrem virtuellen Körper wohl zu fühlen. Diese Erfahrung habe sie dazu befähigt, ihren realen Körper ein Stück weit mehr anzunehmen, so Ava gegenüber den Tagungsteilnehmern" (Turkle 1998, S. 428).

Ähnliche Erfahrungen werden immer wieder aus virtuellen Welten berichtet – etwa wenn Teilnehmer das Geschlecht tauschen, um in der virtuellen Rolle zu erkunden, wie sich dadurch die Reaktionen der Mitspieler verändern. Wenn etwa Frauen in MUDs männliche Figuren darstellen und dabei bemerken, dass man ihnen keine Hilfe anbietet, dann kann ihnen bewußt werden, wie stark in ihnen die Überzeugung eingepflanzt ist, hilfsbedürftig zu sein. So kommt Turkle zum Schluß: „Die Virtualität muß kein Gefängnis sein. Sie kann das Floß, die Leiter, der Übergangsraum, das Moratorium sein, die man hinter sich läßt, sobald man einen größeren Grad an Freiheit errungen hat. Wir sollten das Leben auf dem Bildschirm nicht ablehnen, aber wir sollten es auch nicht als ein alternatives Leben betrachten. Wir können es als einen Freiraum zur persönlichen Weiterentwicklung benutzen" (Turkle 1998, S. 429).

Vom Umgang mit Videospielen

Mit den Überlegungen zu den virtuellen Welten der MUDs haben wir bereits die Tatsache gestreift, dass die virtuellen Realitäten des Computers auch neue Erfahrungs- und Spielwelten darstellen. Gerade die Computer- und Videospiele sind aber unter Pädagogen sehr umstritten. Zum Schluß sollen deshalb – vorwiegend am Beispiel der Computerspiele – einige wesentliche Aspekte zu diesem Thema zusammengefaßt werden.

Einmal ist für Computer und Videospiele das Merkmal der Interaktivität entscheidend: Viel mehr als beim Fernsehen, ist das, was sich auf dem Bildschirm abspielt, das Resultat der Handlungen der Spieler. Videospiele sind nach Greenfield (1987, S. 95) das *erste* Medium, das visuelle Dynamik mit einer aktiven Teilnehmerrolle für das Kind verbindet. Damit kommen sie seinem Drang zu eigener Aktivität entgegen. Auf die Frage, ob sie lieber fernsehen oder Videospiele spielen, erhielt Greenfield von Kindern übereinstimmend die Antwort, sie bevorzugten die Videospiele – und zwar deswegen, weil sie das Geschehen aktiv kontrollieren könnten. Ähnlich waren die Antworten beim Computer, so dass Greenfield daraus schließt, Kinder liebten zwar die visuelle Dynamik des Fernsehens, zögen aber zugleich eine aktive Teilnehmerrolle der passiven Zuschauerrolle vor (vgl. Greenfield 1987, S. 122).

Aber es ist nicht nur die aktive Teilnahme selbst, welche anziehend wirkt. Anziehend wirkt bei diesen Medien, dass sie ein Überlegenheitsgefühl über die Maschine vermitteln. Die Tatsache, dass der Computer nur das ausführt, was einer will, kann zu einem Gefühl intensiver Faszination führen, das auf Jugendliche, die sich schon beinahe erwachsen fühlen, aber von Eltern und Lehrern weiterhin in Unmündigkeit gehalten werden, eine eigentümliche Sogwirkung ausüben kann (vgl. Moser 1986, S. 105). Dazu kommt im Fall der Videospiele, dass diese dem Spieler Erfolgserlebnisse in einer fiktiven Welt vermitteln, zu der er niemandem Zugang gewähren muß. Ullrich Dittler erläutert diesen Aspekt: „Bildschirmspiele sind damit Tagträume, in denen der Spieler/Träumer die digitale und erfolgreiche Heldenfigur steuert und sich zunehmend mit ihr identifizieren kann. Den Spielhelden zu steuern, ermöglicht eine Identifikation, die in keinem anderen Medium derart vollständig möglich ist" (Dittler 1993, S. 114). Ähnlich wie bei den Actionserien können auch Computerspiele die symbolische Auseinandersetzung mit „archetypischen“ Vorstellungen aktivieren, die für das Heranwachsen wichtig sind. Nach Helmut Voullième trifft diese vor allem für die Sparte der Adventure-Games zu: „Der Spieler muß hier Geschicklichkeit mit einer intellektuellen Kombinationsaufgabe verknüpfen. Die Spielwelt, in der er sich dabei bewegt, ist komponiert aus Versatzstücken aus Sagen, Mythen und Kunstmärchen. Der Spieler muß sich zum Beispiel durch historisch bekannte Landschaften ‚bewegen‘, dabei Schätze sammeln und sich vor allem gegen die Angriffe des ‚Bösen‘ verteidigen, das je nach Spielthematik aus dem Mittelalter oder aus galaktischen Welten kommt“ (Voullième 1990, S. 89).

Damit aber rückt – ähnlich wie bei den MUDs – die Thematik der digitalen Medien als Wunsch- und Projektionsmaschinen in die Nähe, wo diese zur Projektionsfläche grundlegender – oft auch entwicklungsbezogener – menschlicher Bedürfnisse und Gefühle werden, an denen sich die „User“ im aktiven Spiel – und nicht allein als „tagträumende Filmkonsumenten“ (vgl. S. 165) – abarbeiten. Das bedeutet einmal, dass bestimmte Züge und Bedürfnisse des eigenen Verhaltens am Umgang mit diesen Medien besonders deutlich hervortreten – etwa wenn Sherry Turkle (1984) zwischen „weichen“ und „harten“ Programmierern unterscheidet. Zur Veranschaulichung beschreibt sie zwei Computerfans: Jeff, der sein ganzes Leben mit Maschinen und mechanischen Teilen gespielt hat, mit Stabilbaukästen, Motoren und Fährrädern. Sein Gegenbild Kevin dagegen zeigte nie ein so ausgeprägt technisches Interesse; er mag Geschichten, liest viel und ist künstlerisch veranlagt. Dem entspricht die Art und Weise, wie die beiden ihren Computer beherrschen. Der „harte“ Programmierer möchte der Maschine einen vorher festgelegten Plan „aufzwingen“. Das Programm wird danach Schritt für Schritt entwickelt; sein Funktionieren bedeutet die Durchsetzung der Vorstellung des Programmierers, weniger aber ein spontanes Neu- und Umformulieren von Entwürfen, ein Geben und Nehmen im Sinne des Experimentierens wie bei der sanften Beherrschung. Turkle vergleicht Kevin, den Protagonisten des „weichen“ Stils, mit einem Maler, der zwischen den Pinselstrichen einen Schritt zurücktritt, die Leinwand betrachtet und daraufhin erst als nächstes beschließt, was zu tun ist.

Dieses Hervortreten charakteristischer Verhaltenszüge ist nun aber nicht allein passiv, als Reaktion auf bestimmte Medienanforderungen, zu verstehen. Vielmehr ist davon auszugehen, dass die Nutzer aktiv beteiligt sind und aus inneren Motiven heraus bestimmte Gebrauchsweisen aufsuchen. Dabei ist es besonders ein Streben nach Perfektion und Kontrolle, das sich im Umgang mit diesen Medien verwirklichen läßt. Diesen Aspekt hat Turkle (1984) mit einer Reihe von Beispielen illustriert[47]:

---

47 Auch an die Fallbeschreibungen von Turkle wäre die Frage der methodischen Absicherung ihrer Interpretationen zu stellen. Obwohl sie im Anhang zu ihrem Buch den strukturierenden Ansatz ihrer ethnographischen Untersuchungen betont, ist die methodologische Problematik im Verlauf der Darstellung im Hauptteil ihres Buches m.E. kaum in einem ausreichenden Maß präsent.

- Sie porträtiert den Rechtsanwalt David, der Videospiele in seine persönlichsten Belange eingewoben hat und diese zur „Rückbesinnung" auf sich selbst benutzt. Dabei betrachtet er sie als eine Art Zen-Meditation, da er weiß, dass er nach herkömmlichen Maßstäben erfolgreich, aber selbst unzufrieden ist, und mit seiner Arbeit auf Kriegsfuß steht. Turkle schildert, was ihm das Videospielen bedeutet: „Er wünscht sich, Dinge unter Kontrolle zu haben, und stellt sich vor, ein Krieger, ein Held, ein Forscher zu sein. Er möchte prüfen, wie er sich in gefährlichen Situationen, im Kampf gegen Naturgewalten, in der unerforschten Wildnis bewährt" (Turkle 1984, S. 108). Solche Ziele hoffte er, in seinem Beruf als Jurist zu verwirklichen; doch im Gerichtssaal erfüllten sich die Hoffnungen auf die Spannung des herausfordernden Zweikampfs mit dem Gegner nicht. Hingegen sieht er diese Möglichkeit im Videospiel, wo es keinen Ort gibt, an dem man sich verstecken kann, und keine Möglichkeit, sich mit dem Verweis auf Pech oder Zufall herauszureden. „Für jemanden wie David, der das Gefühl äußerster Dringlichkeit sucht, das in wirklichen Gefahren entsteht, macht dieser Aspekt den entscheidenden Reiz der Spiele aus. Sie bieten eine Arena, in der es ‚allein um dich' geht" (Turkle 1984, S. 109).
- Auch für Jerry, der mit Leidenschaft „Space Invaders" spielt, geht es darum, perfekt zu sein: „Jeden Tag versuche ich, zehn Minuten länger perfekt zu sein" (Turkle 1984, S. 106). Außerhalb der Welt von Space-Invaders ist Jimmy indessen alles andere als perfekt; er hat einen Geburtsfehler – humpelt und spricht etwas undeutlich. Jimmy hat – so Turkle – keinen Frieden mit seinem Körper geschlossen. Er mag seine Aussprache nicht und fürchtet, dass andere Leute finden, er sei häßlich, vor allem auch die Mädchen. Ganz anders fühlt er sich hingegen beim Spiel: „Das Spiel ist perfekt in seinen beständigen Reaktionen. Diese Perfektion bietet es jedem Spieler dar, der es wünscht, der in seiner Konzentration auf das Spiel keine Kompromisse eingeht. Wenn Jimmy spielt, hat er das Gefühl, selbst ‚perfekt' und ruhig zu werden" (Turkle 1984, S. 106).

Nun kann man an solchen Beispielen kritisieren, dass es sich um Surrogate handle, da ja in Wirklichkeit ein anderes Bedürfnis vorliege, das nur überdeckt werde. Das mag in Einzelfällen zutreffen; auf der anderen Seite ist es in der „Erlebnisgesellschaft" immer schwieriger die „echte Bedürfnisbefriedigung" zu finden. Wäre es für David der Wettkampf im Tennis oder Golf, das Mountain-Bike Fahren gegen seine eigene Schwäche? Oder wäre es den Protagonisten des Video-Zeitalters eher zu empfehlen, ihre Versagungen, die sie im Spiel ausagieren, durch Angebote auf dem Psycho- oder Esoterikmarkt und entsprechende Therapien anzugehen? Alle diese – persönlich gewählten – Lösungen möchte ich in diesem Zusammenhang nicht gegeneinander ausspielen; zeitbezogen sind sie allemal. Hier soll es lediglich darum gehen anzuerkennen, dass über Videospiele eine – vielleicht ungewöhnliche – Problemlösung gewählt und gefunden wurde[48].

Falsch wäre in diesem Zusammenhang übrigens auch der pauschalisierende Vorwurf, dass sich die Spieler in fiktive Computerwelten flüchteten. So wurde das Bild des Stubenhockers, der sich von seinem Computer nicht mehr lösen kann und dabei als Einzelgänger soziale Defizite kompensiert in vielen Untersuchungen wiederlegt (vgl. dazu Dittler 1993, S. 118f., Hengst 1988, S. 145). Und man darf die Zeit nicht überschätzen, die mit Spielen verbracht wird. Spanhel gibt zum Beispiel an, dass von den durch ihn Befragten 21 Prozent der Jungen gegenüber lediglich 3,8 Prozent der Mädchen täglich oder mehrmals wöchentlich und 13 Prozent gegenüber 5 Prozent etwa einmal pro Woche spielten. Sein Fazit: „In den allermeisten Fällen wird nicht länger als eine halbe bis eine Stunde gespielt" (Spanhel 1987, S. 108). Bei extensiven Nutzern kann allerdings die Gefahr bestehen, dass sie sich, wie Turkle (1984, S. 98) bemerkt, in simulierten Welten verlören und diese der realen Welt vorzögen. Wie sich Narziß in sein eigenes Spiegelbild verliebt habe, so könnten Menschen, die mit Computern arbeiten, sich in jene Welten vernarren, die sie selbst – oder andere für sie – geschaffen hätten.

Der „Selbstverlust in der simulierten Welt", den Turkle hier anspricht, hat indessen eine Facette, bzw. eine Grenze, die mir in diesem Zusammenhang noch bedeutsamer erscheint, nämlich die spezifische Form von Identifikationsmöglichkeiten, welche mit Videospielen verbunden ist. So schränkt sie ein: „Videospiele regen die Identifikation mit bestimmten Figuren an – etwa mit den Helden der Science-Fiction-Literatur, aus der Welt des Sports oder aus Kriegsgeschichten –, aber sie bieten kaum Möglichkeiten, deren Rollen zu spielen" (Turkle 1984, S. 99). Das wird etwa deutlich am Typus jener Kriegsspiele, wo man als Pilot Luftkämpfe mit anderen Maschinen ausficht. Man kann sich hier zwar mit dem Helden identifizieren, hat aber keine großen Möglichkeiten, seine Rolle selbständig auszugestalten.

Dies zeigt sich letztlich sogar bei Adventure-Games und Fantasy-Spielen. Nach dem Zugeständnis, dass sie etwas böten, das sonst in Videospielen fehle, formuliert Turkle die Einschränkung: „Doch sie bieten es in einer Weise, die für die Computergeneration zum gewohnten Maßstab wird: Man identifiziert sich mit einem *Alter ego*, wenn man seine Rolle im Verlies spielt, aber der Spielablauf ist mathematischer und prozessualer Natur. Hinter der Phantasie stehen immer Regeln" (Turkle 1984, S. 99). Insbesondere fehlt in diesen regelgesteuerten Welten, was den alltäglichen Rollenspielen mit ihrem offenen Ende zukommt: nämlich die Notwendigkeit, Einfühlungsvermögen zu zeigen. Kinder müssen dort nämlich lernen, sich in eine andere Person

48 Auch der oft gehörte Einwand, der aus dem Bereich der Geldspielautomaten stammt und besagt, dass solche Spiele „süchtig" machten, läßt sich in dieser Allgemeinheit kaum halten, wie Greenfield (1987, S. 91f.) aufgrund empirischer Studien nachweist. So zitiert sie Brooks (1983): „Die Spielhallen erwiesen sich, wie die gute alte Eisdiele, als sozialer Treffpunkt und nicht als Ort zwanghaften Spielens."

hineinzufühlen; Regeln ergeben sich erst aus dem Wechselspiel der Interaktion selbst, indem die einmal angenommenen Rollen differenziert und ausgestaltet werden[49].

Nun sollen diese Ausführungen nicht in erster Linie als pädagogische Warnung gelesen werden, sondern als die Beschreibung von Möglichkeiten und Grenzen, die mit dem Spielen von Computer-Games verbunden sind. Wer sich auf solche Aktivitäten einläßt, übernimmt damit auch die damit verbundenen Spielregeln. Und er wird dabei das lernen, was im Arrangement des Spiels angelegt ist, anderes, für das Heranwachsen ebenfalls Unerläßliches aber nicht. Aus der subjektiven Perspektive können – je nach Bedürfnislage – im Rahmen dieser Regeln dennoch ganz unterschiedliche Handlungsmöglichkeiten aufgenommen werden. So kann, um ein letztes Beispiel von Turkle aufzugreifen, der Computer auch als Hilfsmittel in der Entwicklung eines Kindes dienen, um sich darüber Gedanken zu machen, was „lebendig sein" bedeutet. Auf ihre Frage an Grundschulkinder, ob Computer „lebendig" seien, antworteten diese mit „so was Ähnliches wie", weil sie denken, aber nicht fühlen, lernen aber nicht entscheiden können, weil sie schummeln, aber nicht wissen, dass sie dies tun. Auf diese Art und Weise setzen sich die Kinder letztlich mit der Frage auseinander, wer selbst sie als (menschliche) Lebewesen sind; sie üben sich in psychologischem Denken und Argumentieren: „So wie die gewohnten Gegenstände dem Kind als Material zur Konstruktion des Physischen dient, stimuliert der Computer die Konstruktion der psychologischen Welt" (Turkle 1984, S. 56).

Pädagogischer Ausblick

In diesem Kapitel ging es wesentlich um die neuen digitalen Medien, die einerseits deshalb pädagogische Aufmerksamkeit verdienen, weil sie stärker als die audio-visuellen Medien ein Bildungsmedium darstellen. Vor allem der multimediale Charakter eröffnet hier eine breite Palette von Möglichkeiten,

49 Mit Bezug auf das Fernsehen liegt hier ein Vergleich mit einer Sendung wie der Mini-Playback-Show nahe. Auch dort geht es um eine möglichst perfekte Imitation der nachgespielten Stars. Eine kreative und spielerisch weiterführende Interpretation der Rolle der Vorbilder findet dabei nicht statt. Wenn Wolfgang Wabersky daran kritisiert, dass durch diese Art von Rollenspiel Kinder nicht angeleitet würden, ihre soziale Umwelt zu beobachten und diese Umwelt durch Nachspielen spielerisch zu verstehen" (Wabersky 1994, S. 154), so ist ihm in der Diagnose zuzustimmen. Gleichzeitig wäre aber hinzuzufügen, dass eine solche Auseinandersetzung mit der Umwelt von der Mini-Playback-Show auch nicht intendiert ist. Dennoch können die damit angesprochenen Bedürfnisse legitim und für die Kinder lustvoll sein, solange sie die Freizeit der Kinder nicht generell dominieren. Wem es gelingt, zum Beispiel Udo Lindenberg in Mimik und Gestik perfekt nachzuspielen, setzt damit der Ohnmacht seines Kindseins Selbstvertrauen entgegen und zeigt, dass er „das auch könnte", was die vielbewunderten Stars vordemonstrieren.

die weit über das anfangs propagierte Programmieren hinausweisen. Mit den grafischen Benutzeroberflächen und der dazu gehörigen Standardsoftware wird der Computer zu einem universalen Werkzeug, das zum Schreiben, Rechnen, Recherchieren, Spielen etc. genutzt werden kann.

Multimedia avanciert darüber hinaus aber auch zu hypertextuell verknüpften Netzen, etwa verkörpert durch das World Wide Web. Dadurch, dass auf diese Weise Informationen mit einem Mausklick zu erreichen sind, ist die spezielle Problematik dieses neuen Lernmediums geprägt. Computernetze sind ein Ausdruck jenes Merkmals der „sozialen Saturation", die Kenneth Gergen (1995) mit den Technologien des 20. Jahrhunderts verknüpft sieht. Alle diese Technologien brächten die Menschen in kommunikative Verbindung – direkt, symbolisch oder stellvertretend. Dabei würden die zugänglichen Bereiche von anderen Menschen auf enorme Weise erweitert: mehr Stunden am Tag, auf immer mehr Menschen in unterschiedlichsten Lebenslagen und -räumen hin, in immer größerer gegenseitiger Abhängigkeit. So sind wir einem immer umfangreicheren Ausmaß von Meinungen, Sensibilitäten, Persönlichkeiten, Fantasien, Stilen und Konventionen ausgesetzt.

Das bedeutet mit Bezug auf medienpädagogische Überlegungen, dass *erstens* die Frage der Orientierung in diesen neuen Welten immer wichtiger wird. Denn sowohl Konfliktlagen wie unterschiedliche Ideologien und Kulturen, auf die man bei anderen trifft, können pures Unverständnis erzeugen, wenn man mit den jeweiligen Umständen nicht vertraut ist.

Gleichzeitig bedeutet die Erweiterung der Zugänge auf Informationen aller Art auch eine Überfülle, die vom einzelnen oft kaum zu bewältigen scheint. Reinmann-Rothmeier/Mandl (1997) betonen in diesem Zusammenhang, dass den Informations- und Wissensfluten sowie den neuen technologischen Möglichkeiten nur gewachsen sei, wer die Chancen habe, die dazu notwendigen Kompetenzen zu entwickeln. Sie plädieren in diesem Zusammenhang für eine Lernkultur, „in der an komplexen Aufgaben und Problemen unserer Wissensgesellschaft aktiv, konstruktiv, selbständig und kooperativ gelernt wird" (Reinmann-Rothmeier/Mandl 1997, S. 31). Damit wird *zweitens* wie beim Computer Clubhouse von Resnick/Rusk (1997) ein konstruktivistisches Modell des Lernens wichtig, wo aktives Lernen in enger Verzahnung von Wissenserwerb und Wissensanwendung erfolgt. Lernen stellt hier eine aktive Selektion der Bausteine des Wissens dar, das erworben werden soll. Die Lernenden übernehmen das Wissen nicht von einem Lehrer, sondern konstruieren es selbständig und selbstreflexiv.

Mit dem Kontakt zu den Netzen der Computerwelt tauchen Lernende in virtuelle Welten ein. Generell wird es deshalb *drittens* zu den Anforderungen der Informationsgesellschaft gehören, sich im Mix von „real life" und Virtualität zurechtzufinden. Auch wenn wir auf die Kraft starker und sinnlicher Erlebnisse Bezug nehmen, so können diese für heutige Kids immer auch in der Sphäre der Virtualität stattfinden. Umso wichtiger erscheint es deshalb, die Brüche, Übergänge und Grenzgänge zu thematisieren, die Erfahrungsräume heute prägen. Das Switching zwischen den Realitätsebenen, die Reflexion über die damit verbundene existentielle Situation, aber auch das Experimentieren und Gestalten künstlicher Realitäten sind jene Kompetenzen, die wir in Zukunft benötigen.

Damit aber wird jene Perspektive eröffnet, die Woolley (1994, S. 18) in den Mittelpunkt seiner Überlegungen stellt: Wenn wir nämlich hier die künstlichen Realitäten in den Mittelpunkt stellten, so geht es nicht darum, uns von der „wirklichen" Realität zu befreien; im Gegenteil soll dies gerade ermöglichen, eine tragfähige Beziehung zu ihr zurückzugewinnen.

Alle diese Aspekte, welche hier angesprochen wurden, werden das Leben der heute heranwachsenden Generationen prägen. Was dies für Schule und Lernen bedeutet, konnte allerdings erst angedeutet werden. Wir werden indessen diese Überlegungen in den nächsten Kapiteln nochmals aufnehmen, dort wo es um konkrete Überlegungen zu Medienpädagogik und -didaktik geht (vgl. S. 245ff.).

Ansätze des medienpädagogischen Handelns

Im Verlauf der bisherigen Kapitel dieses Buches wurde aufgezeigt, wie sich der gesellschaftliche Stellenwert der Medien verändert hat:

- Zeitlich nehmen Medien heute einen immer größeren Teil der biographischen Lebenszeit der Menschen ein: Zeitung, Rundfunk, Telekommunikation, Fernsehen, aber auch Computer bestimmen oft sogar die Zeitplanung und den Lebensrhythmus heutiger Menschen.
- Ebenfalls als Tatsache vorauszusetzen ist, dass Medien Lebensperspektiven, aber auch Normen und Werte beeinflussen, – auch wenn es (wie in den vorhergehenden Kapiteln gezeigt) äußerst schwierig ist, Richtung und Ausmaß solcher Einflüsse empirisch zureichend zu bestimmen.
  Medien sind Teil einer Hyperrealität geworden, die es immer schwieriger macht, noch ein klares Abbildverhältnis zwischen primärer und sekundärer (abgeleiteter) Realität zu behaupten. Oftmals scheint es so, wie wenn es die Medien wären, welche die vermeintlich primäre Realität bestimmten.
- Entwicklungsaufgaben, welche heranwachsende Menschen zu lösen haben, werden oft auch mit Hilfe von Medien bewältigt. Das Suchen einer eigenen Identität, die Frage nach eigener Macht und Ohnmacht etc. sind Themen, zu deren Bearbeitung neben dem traditionellen Medium Buch auch Fernsehen und Video Modelle und Situationen anbieten.
- Mit dem Computer ist ein neues Bildungsmedium entstanden, das immer stärker auch in Kinderzimmer und Schulen eindringt – nicht zuletzt auch unter aktiver Förderung durch Bildungspolitik und Wirtschaft. Beispielhaft für diese Entwicklung steht etwa die Aktion „Schulen ans Netz".

Medien und Erziehung

Es stellt sich damit die Frage, ob im Rahmen dieser Entwicklung auch die pädagogische Bedeutung der Medienerziehung gewachsen ist? Doch so einfach ist dies nicht zu beantworten. So hat Jürgen Oelkers zu recht darauf hingewiesen, wie problematisch die Pädagogisierung sozialer Problemlagen ist: „Zugleich kann an diesen Appellen abgelesen werden, was Erziehung nicht ist und nicht sein kann, nämlich eine zielgerechte Technologie, die als Erlösung von Übeln wirken könnte. Die öffentliche Diskussion unterstellt diesen Begriff von Erziehung, aber die Scheidungsrate steigt weiter, der Zuwachs von Gewalt dauert an, und die Verwahrlosung nimmt zu" (Oelkers 1992, S. 11). Insbesondere möchte ich in diesem Zusammenhang zwei Argumente hervorheben, die davor warnen, zu optimistische Erwartungen an pädagogisches Handeln zu knüpfen:

- Die Aktualität sozialer Problemlagen von Kindern und Jugendlichen muß nicht bedeuten, dass diese umso dringlicher einer *pädagogischen* Bearbeitung bedürfen. Solche Problemlagen können auch therapeutisch, sozial-strukturell, im Sinne eines juristischen Regelungsbedarfs oder über bloßes Nichts-Tun[50] bearbeitet werden. Dies gilt etwa im Bereich der Jugend- und Mediengewalt, wo man neben pädagogischer Arbeit z.B. verhaltenstherapeutische Therapien für Gewalttäter fordern kann. Oder man überlegt sozial-strukturelle Maßnahmen, um das Milieu der Gewalt zu verändern, bemüht sich um juristische Maßnahmen der Indizierung von Gewaltvideos, hofft, dass die Jugendlichen durch zunehmende Lebenserfahrungen selbst den Ausstieg finden, bzw. dass gewalttätige Sendungen ihre Attraktivität von selbst wieder einbüßen.
- Allerdings kommt noch eine zweite Einschränkung für pädagogisches Handeln hinzu. Nicht nur gibt es konkurrierende institutionelle Handlungsstrategien, es wäre auch problematisch, Medien und Medienkonsum generell unter dem Titel von „sozialen Problemlagen" abzubuchen, die spezifischer Interventionen bedürften, weil sonst die Gesellschaft in einer oder mehreren Hinsichten in ihrem Bestand gefährdet wäre. Schließlich können Medien auch eine Bereicherung darstellen, bzw. in Lebenszusammenhänge und Kommunikationsstrategien eingebunden sein, die man nicht reflexartig als potentielle „Gefahr" bewerten muß: „anders" und „ungewohnt" ist nicht mit „schlechter" gleichzusetzen. Noch dort, wo Medienangebote problematisch erscheinen, gilt, was Sander/Vollbrecht feststellen: „Wer will, dass Heranwachsende einen souveränen Umgang mit Medien erlernen, der muß ihnen auch die Erfahrung mit ‚schlechten' Medien und ‚schlechten' Medieninhalten gestatten. Nur so können Kinder und Jugendliche ‚ihre' Medien auswählen, und nur so lernen Kinder und Jugendliche, eigene Werturteile jenseits festgelegter Maßgaben zu treffen" (Sander/Vollbrecht 1987, S. 130).

---

50 „Nichts-Tun" soll hier im übrigen nicht von vornherein als bloßes „Laissez-faire" verstanden werden. Geht es um eine Bilanz von Nutzen und Schaden, so kann man infolge unerwünschter Nebenwirkungen durchaus begründet zur Ablehnung von Maßnahmen kommen und dies als bestmögliche Lösung betrachten. Das kann z.B. dann der Fall sein, wenn man Verbote als unerwünschte Zensur ablehnt.

Darüber hinaus stellt sich die Frage, inwieweit Eltern und Erzieher – als „nichtprofessionelle Medienpädagogen“ – überhaupt die „richtigen“ Experten für eine intensivierte Medienerziehung sind. Einerseits ist jene allgemeine Lebenserfahrung, über welche die älteren Generationen verfügen, sicher ein Faktor, der positiv auch in die Medienerziehung einfließen kann. Auf der anderen Seite sind Eltern und Erzieher oft noch zu einer Zeit aufgewachsen, in der die elektronischen Medien weit weniger dominierten als heute und nur in einem verschwindend kleinen Teil des alltäglichen Lebens präsent waren. So werden deshalb oft auch Ängste und Befürchtungen in die Medien projiziert, welche primär ihr eigenes Unverständnis bzw. ihre Hilflosigkeit oder Abwehr gegenüber dem Strukturwandel der Informationsgesellschaft demonstrieren – als Folge einer gesellschaftlichen Entwicklung, welche viele der eigenen generationellen Lebenserfahrungen und der mühsam erworbenen Qualifikationen über Nacht gänzlich entwertete.

Demgegenüber sind die Kinder (die „zu erziehenden Zöglinge“) oft die eigentlichen Experten, welche an die neuen Medien mit viel größerer Unbefangenheit, Kompetenz und Gelassenheit herangehen. Die in dieser Arbeit zusammengefaßten Studien demonstrieren denn auch in ihrer Mehrzahl, dass sich Kinder und Jugendlichen viel weniger von diesen neuen elektronischen Medien vereinnahmen lassen, als manche Pädagogen dies in ihren Horror-Szenarien glauben machen. Für Hans-Dieter Kübler (1996, S. 13) liegt darin das Dilemma der zeitgenössischen Medienpädagogik. Einerseits müsse diese in ihren Erhebungen immer wieder konstatieren, dass die Probanden keine pädagogische Stimulation oder Unterstützung benötigten, zumal die Medien dies auf ihre Weise schon selbst betrieben. Die wenigen, die indessen der Hilfe bedürften, seien für pädagogische Maßnahmen in der Regel nicht erreichbar. Demgegenüber steht: „Andrerseits muß die Medienpädagogik, um ihre Existenz und ihr Tun zu legitimieren und ihre Erweiterung zu fordern, Defizite in der Kompetenz, mindestens Optionen auf Erweiterung von Kompetenz anmahnen und für diese (vorgeblich) plausible Konzepte entwickeln und (nachprüfbar) wirksame Strategien realisieren“ (Kübler 1996, S. 13). Ist also der sogenannte „Schlüsselbegriff“ der Medienkompetenz nur ein Trick, um sich dort Einfluß zu verschaffen, wo ihr Eingreifen gar nicht nötig wäre?

Medienkompetenz als pädagogische Orientierungslinie

Der Begriff der Medienkompetenz selbst läßt sich in seiner Entstehung auf Dieter Baackes Adaption des Habermas'schen Konzeptes der kommunikativen Kompetenz zurückführen (vgl. Baacke 1972, Habermas 1971). Dieses wiederum fußt auf dem von Noam Chomsky entwickelten Konzept der Sprachkompetenz – verstanden als ein Regelsystem, das es erlaubt, mit endlichen Mitteln eine unendliche Zahl von Sätzen zu produzieren. Für Chomsky ist die Sprachkompetenz dabei eine angeborene Fähigkeit, über die jeder

Mensch verfügt. Baacke dagegen betont die Notwendigeit einer Ausweitung dieses Kompetenzbegriffs: „Kommunikation besteht aber nicht nur aus *sprachlichen* Interaktionen. Deshalb genügt es nicht, bei der *Sprach*kompetenz stehen zu bleiben. Was Chomsky für die Produktion grammatisch-sinnvoller Sprache fordert, gilt für den Bereich der gesamten Wahrnehmung: es werden nicht nur wahrgenommene (gesehene und gehörte) Gestalten isomorph aufgenommen und im internen Wahrnehmungszentrum abgebildet, sondern der Mensch kann neue Gestalten produzieren, ebenso wie er bisher nicht gehörte oder nicht gelesene Sätze bilden kann" (Baacke 1997, S. 52). Eine „kommunikative Kompetenz" bedeutet damit die Fähigkeit des Menschen, potenziell situations- oder aussagenadäquate Kommunikationen auszugeben und zu empfangen, ohne an Reize und von ihnen gesteuerte Lernprozesse gebunden zu sein. Baacke betont in diesem Zusammenhang, dass sich dieser weiterentwickelte Kompetenzbegriff auf die pragmatische Ebene von Sprache und Wahrnehmung beziehe und dabei auch biographische, sozialstrukturelle und kulturell-gesellschaftliche Ablagerungen umfasse.

In der Umsetzung dieses Konzeptes auf die medienpädagogische Praxis betont Baacke die Wichtigkeit, Kommunikations- und Medienkompetenz zu vermitteln – und zwar für alle Menschen: „Jeder Mensch ist ein prinzipiell ‚mündiger Rezipient', er ist aber zugleich als kommunikativ-kompetentes Lebewesen auch ein aktiver Mediennutzer, muß also in der Lage sein (und die technischen Instrumente müssen ihm dazu zur Verfügung gestellt werden!), sich über das Medium auszudrücken" (Baacke 1996, S. 7).

Auf diesem Hintergrund differenziert Baacke folgende zentrale Dimensionen der Medienkompetenz aus:

- *Medienkritik*, indem man fähig ist, sich analytisch, ethisch und reflexiv auf Medien zu beziehen;
- *Medienkunde* als Wissen über Medien im Sinne der Informiertheit über das Mediensystem, wie auch im Rahmen einer instrumentell-qualifikatorischen Fähigkeit, die entsprechenden Geräte bedienen zu können;
- *Mediennutzung* sowohl durch Rezeption wie aktiv als Anbieter;
- innovative und kreative *Mediengestaltung* (Baacke 1996, S. 8).

Allerdings scheint mir dieser Begriff der „Medienkompetenz" nicht unproblematisch. Je mehr man davon spricht, desto schneller verflüchtigen sich die Inhalte. Dies mußte man jedenfalls als Eindruck vom Kongreß der Deutschen Gesellschaft für Erziehungswissenschaft von 1998 in Hamburg als Resultat mitnehmen, der unter dem Titel „Medien-Generationen" stand. Obwohl kaum eine Veranstaltung darum herumkam, den Begriff der Medienkompetenz zu strapazieren, wurde bis zum Schluß wenig zu dessen Klärung erreicht. Doch stellt sich die Frage, ob dies letztlich nicht auch mit wesentlichen Schwächen des Konzeptes zu tun hat, von denen einige im Folgenden genannt werden:

- Einmal war der von Chomsky eingeführte Regelbegriff sprachlogisch definiert, während er durch seine pragmatische Umdeutung sehr viele unterschiedliche Fähigkeiten umfaßt – von der Medienkunde bis zur Mediennutzung. Es gibt also kaum eine klar definierte Grundstruktur der Medienkompetenz, sondern es werden darin – je nach Autor, der diesen Begriff verwendet – sehr unterschiedliche Anforderungen verpackt.

- Der Begriff der Sprachkompetenz rekurriert auf angeborene Fähigkeiten und ist deshalb sehr schwierig umzudeuten. In diesem Sinne kritisiert Kübler: „Schon gar nicht läßt sich die Chomskysche Sprachkompetenz pädagogisch einpflanzen, vermitteln, trainieren oder ausbauen. Sie bekommt man von der Natur als sprachfähiger Mensch mit, sie entfaltet und sozialisiert sich im jeweiligen sprachlichen Umfeld – wie alle Eltern jedesmal mit Erstaunen und Ehrfurcht bei ihren Kindern mitbekommen“ (Kübler 1996, S. 12).
- Man kann zwar versuchen, den Sprachbegriff auszuweiten, indem man auch die Codes der Bilder oder die (Programmier-)Logik des Computers als eine Art von Sprache faßt. Doch damit ist der Begriff der Medienkompetenz immer noch nur zu einem Teil abgedeckt. Und dies trotz des Umstands, dass schon diese Ausweitung nicht unproblematisch ist. So betont etwa Doelker in seinen Ausführungen zur Bildsprache immer wieder die großen strukturellen Unterschiede zur Verbalsprache (vgl. Doelker 1997, S. 48ff.).
- Die konkrete Ausformulierung der verschiedenen Dimensionen der Medienkompetenz bei Baacke läßt m.E. deutlich werden, dass diese zu einer Zeit formuliert wurde, als von Computern als Medium noch nicht die Rede war. Zwar versucht der Autor in neueren Veröffentlichungen hier nachzubessern; doch das gelingt nicht immer überzeugend. So stellt sich die Frage, ob es sinnvoll ist, das Sich-Einarbeiten in die Handhabung einer Computer-Software unter „Medienkunde“ zu rubrifizieren, geht es doch weniger um ein Wissen über Medien als um die Handhabung eines Instrumentes, mit welchem bestimmte Dinge erledigt werden sollen (Texte verfassen, Daten auswerten, Grafiken zeichnen etc.).

Dennoch bedeutet das meines Erachtens nicht, dass der eingebürgerte Begriff der Medienkompetenz aufgegeben werden sollte – wenn man ihn mehr als relativ allgemein formulierte Programmatik und nicht als definiertes Regelsystem versteht. Schließlich brächte dessen Aufgabe schon deshalb wenig, weil sich dann die Frage stellte, was an dessen Stelle tritt. So warnt auch Kübler davor, bloße Vokabeln auszutauschen – etwa durch die Übernahme des angelsächsischen Begriffs der „Media Literacy“. Dieser sei nicht weniger vage und inkonsistent und führte damit kaum aus der Sackgasse.

Demgegenüber scheint mir der Begriff der Medienkompetenz durchaus nicht nur eine Leerformel; vielmehr enthält er Zielorientierungen und Akzentuierungen, die für die medienpädagogische Debatte auch in Zukunft wichtig sind. Einmal macht der Begriff der Medienkompetenz auf den übergreifenden Zusammenhang der Mediendebatte aufmerksam: Es gibt eine Grundproblematik über die einzelnen Medien hinweg, mit denen Menschen kompetent umgehen müssen, wenn sie in der zukünftigen Informationsgesellschaft bestehen wollen. Im Grunde wird damit aber auch schon vorweggenommen, dass bisher getrennte Medien wie Fernsehen und Computer in den nächsten Jahren unter digitalisierten Vorzeichen miteinander verschmelzen werden. In diesem Zusammenhang signalisiert der Begriff der Medienkompetenz, dass es sich nicht um Bereichsqualifikationen mit beschränkter gesellschaftlicher Reichweite handelt; vielmehr geht es um breite Basisqualifikationen, die für das alltägliche Leben des aktiven Bürgers in Zukunft unentbehrlich sein werden.

Wenn Kübler die Position der Vermittlung kritisiert, welche die Pädagogen – oft unberechtigterweise – einnähmen, so muß damit zweitens der Begriff der Medienkompetenz dennoch nicht grundsätzlich obsolet werden. Mindestens ist er ja nicht als didaktischer Begriff der Vermittlung konzipiert, sondern als Kompetenz, welche von den Menschen, welche diese entwickeln müssen, her gedacht ist. Unter konstruktivistischen Vorzeichen wäre deshalb gerade die Medienkompetenz als ein Bündel von Fähigkeiten zu entwerfen, das die Lernenden im Umgang mit Medien selbst zu entwickeln haben – im Rahmen von Lernsituationen und -arrangements, für die gilt: Denken, Lernen und Wissenserwerb, das bedeutet nicht, Vorgegebenes abzubilden, sondern Eigenes zu gestalten (Reinmann-Rothmeier/Mandl 1997).

Drittens verweist der Kompetenzbegriff darauf, dass die Menschen den Medien nicht einfach ausgeliefert sind, sondern „kompetent“ und souverän mit ihnen umgehen können. Gegenüber anderen Begriffen im Umfeld des Lernens argumentiert der Begriff der Kompetenz nicht defizitär, sondern mit einem „Können“, das – wie bei der Sprachkompetenz – alle Menschen erwerben können.

Wenn auf diesem Hintergrund der Begriff der Medienkompetenz hier beibehalten werden soll, so soll – aus den weiter oben angegebenen Gründen – dennoch nicht die inhaltliche Fassung von Baacke übernommen werden. Vielmehr ist Medienkompetenz auf folgende vier Ebenen zu konkretisieren:

- *Technisch als Notwendigkeit, Medien richtig zu handhaben und die mit ihnen verbundenen Gestaltungsmöglichkeiten zu beherrschen.*
  Dieser Aspekt bezieht sich darauf, dass die Handhabung technischer Medien – schon bei einer gewöhnlichen Fernbedienung – oft recht kompliziert ist. Aber auch Computerprogramme, die „intuitiv“ zu bedienen sein sollen, verlangen mindestens eine Vertrautheit mit der zu Grunde liegenden Logik grafikorientierter Benutzeroberflächen.
- *Kulturell als Vertrautsein mit den jeweiligen Codes der Medien sowie mit ihren ästhetischen und gesellschaftlichen Ausdrucksformen.*
  Dieser Aspekt verdeutlicht, dass Medien als elementarer Bestandteil in die Alltagskultur eingegangen sind. In diesem Sinne ist es notwendig, dass kompetente Nutzer die entsprechenden Codes zu lesen vermögen und Medienaussagen kompetent wahrnehmen und verarbeiten können (vgl. auch Doelker 1994, S. 15).

- *Sozial als Fähigkeit, auf die mit den Medien verbundenen Kommunikationsangebote und -zumutungen sinnvoll eingehen zu können.*
  Beziehungen und Beziehungsangebote sind immer stärker auch medial gebunden. Das betrifft nicht nur das Telefon, sondern auch die elektronischen Möglichkeiten von E-Mail, Internet Chat oder die Beteiligung an virtuellen Szenarien wie den MUDs. Weil diese aber auch die Parameter der herkömmlichen Kommunikationsbedingungen verändern, ist es notwendig, sich auf diese neuen Beziehungsformen einzustellen.
- *Reflexiv als kritische Vergewisserung der Funktion der Medien in der Gesellschaft und als Medienkritik.*
  Die kritische Medienreflexion ist eine traditionelle Zielsetzung der Medienpädagogik, die nichts von ihrer Bedeutung verloren hat – sondern infolge der Expansion der Medien noch an Bedeutung gewinnt.

Damit ergibt sich folgende schematische Darstellung, die mit einzelnen Beispielen in den jeweiligen Dimensionen illustriert ist:

technische Kompetenzen Einfache Wartungs- und Installierungsarbeiten an Mediengeräten vornehmen können (Batterienwechsel, Software-Installation, Behebung einfacher Störungen etc.;
Umgang mit den Grundfunktionen von elektronischen Geräten (Hard- und Software) im Sinne von Userkompetenzen;
Denken in einfachen Programmier- und Navigierschemata (Programmieren einer Fernbedienung, Anpassung einer Textverarbeitung auf persönliche Bedürfnisse, Verwalten von Bookmarks aus dem Internet, Bedienung von Suchmaschinen etc.;
Verstehen von Fachausdrücken;
Kulturelle Kompetenzen Offenheit und Neugier für die Angebote der neuen Medien als Teil der zeitgenössischen Alltagskultur, ohne sich diese jedoch unkritisch und euphorisch anzueignen;
Kompetenz, neben literaler auch auditive und bildsprachliche Informationen zu nutzen;
Entwicklung von Orientierungskompetenz in einer Welt der überquellenden Informationen (z.B. im Sinne des Wissensmangements);
Multi-kulturelle Kompetenz, sich in verschiedenen Sphären eines globalisierten Raumes zu bewegen;
Kreativ und gestaltend mit den neuen Formen der Medienkommunikation umgehen können;
Soziale Kompetenzen Sich kompetent im Rahmen mediatisierter Beziehungsformen und Kommunikationsmuster verhalten können;
Sich in einem Mix von realen und virtuellen Beziehungsanteilen zurechtfinden können;
Sich auf neue Formen der Arbeitsorganisation und -inhalte im Rahmen der Informationsgesellschaft einstellen können (z.B. Telearbeit, internetbasierte Handels- und Betriebsformen etc.).

reflexive Kompetenzen
Kritische Beurteilung einzelner Medien und der Medienentwicklung;
Fähig sein, das eigene Mediennutzungs-Verhalten einschätzen zu können;
Über Kriterien verfügen, um Medieninformationen auf ihre Stichhaltigkeit und Relevanz hin beurteilen zu können.

Medienkompetenz in dem hier definierten Sinne ist dabei als leitende Orientierung für die nachfolgenden medienpädagogischen Überlegungen zu verstehen. Dabei weist dieser Begriff einmal darauf hin, dass über die einzelnen Medien hinweg eine gemeinsame Grundproblematik besteht. Dies kommt im Übrigen auch im Orientierungsrahmen der Bund-Länder-Kommission für Bildungsplanung und Forschungsföderung (BLK) von 1995 zum Ausdruck, wenn als wichtiges Anliegen der Medienpädagogik die Verbindung von Informationstechnischer Grundbildung (ITG) mit anderen medienerzieherischen Aktivitäten angestrebt wird (vgl. Hauf-Tulodziecki 1995, S. 13).

Zum zweiten ist nochmals entschieden darauf hinzuweisen, dass der Erwerb von Medienkompetenz nicht schon deren pädagogisierte Vermittlung einschließt – wie wenn ein sachgerechtes, kreatives, selbstbestimmtes und sozial verantwortliches Handeln in diesem Bereich nicht ohne direkte erzieherische oder schulische Lern-Interventionen möglich wäre. Hingegen erlaubt es die Reflexion auf die in dieser Gesellschaft notwendige Medienkompetenz der Pädagogik, präziser zu klären, wo es der gezielten pädagogischen Unterstützung dieses Lernens bedarf.

Mediendidaktische Ansätze: audio-visuelle Medien

Die Frage nach der Medienerziehung stellt sich insbesondere im Hinblick auf medienpädagogische Angebote in der Schule und in der sozialpädagogischen Arbeit in Vereinen, in Jugendtreffs und im Rahmen von Freizeitangeboten – wobei wir uns im Folgenden auf die audio-visuellen Medien beziehen und nicht auf Fragen der Informatik oder des Computereinsatzes in diesen Institutionen.

Was die schulischen Lehrpläne betrifft, so liegt der Schwerpunkt der medienpädagogischen Aussagen auf der Sekundarstufe I. Dabei hält Barbara Eschenauer als Fazit ihrer Forschungen fest, dass innerhalb der Sekundarstufe I quantitativ und qualitativ in der Haupt–, der Realschule und im Gymnasium nur selten derselbe medienpädagogische Unterricht vorgesehen sei: „In Baden-Württemberg und Niedersachsen beispielsweise finden sich in den Lehrplänen für die Realschule die meisten Vorgaben, im Saarland sind Realschule und Gymnasium wichtig, in Bayern und Nordrhein-Westfalen das Gymnasium und lediglich in Rheinland-Pfalz spielt die Hauptschule im Vergleich zu den anderen Schulformen eine größere Rolle“ (Eschenauer 1992, S.

76). Inhaltlich ist dabei die Anbindung der medienpädaogischen Inhalte an die Fächer ebenfalls unterschiedlich. Typische Fächer sind etwa Deutsch, Bildende Kunst und Musik, während die Sozialkunde eine untergeordnete Rolle spielt.

Nun soll in diesem Zusammenhang keine grundlegende Veränderung des schulischen Angebotes gefordert werden – um der Schule mit der Entwicklung von Medienkompetenzen noch einen neuen, möglicherweise ohnehin unerfüllbaren Auftrag zu überbinden. Dennoch besteht ein Dilemma darin, dass zwar darüber Einigkeit besteht, „kein spezielles Fach Medienerziehung oder Medienkunde einzuführen und das medienpädagogische Lernen als ‚ebenso fächerübergreifendes wie -durchdringendes Unterrichtsprinzip' verwirklichen zu wollen, es aber faktisch derzeit wenig verbindlich durchgesetzt wird, so dass der Medienerziehung derzeit noch der Status des ‚Zusätzlichen, Zufälligen anhaftet' und in der Regel nur punktuell durchgeführt wird" (Höltershinken u.a. 1991, S. 28). In einem ganz ähnlichen Sinn hält Eschenauer (1992) fest, dass es in vielen Fällen an Konsequenz und Verbindlichkeit mangle, um Ziele in Inhalte und Methoden umzusetzen und Voraussetzungen für schulische Medienpädagogik über die Lehrpläne hinaus zu schaffen.

Dabei wäre die Schule im Gegensatz zum Elternhaus eher in der Lage, in diesem Bereich spezifische Aufgaben zu übernehmen, da sie über eine professionalisierte Medienpädagogik eher kompetente Arbeit zu leisten vermöchte. Dasselbe gilt im Übrigen auch für die Freizeitgestaltung im Rahmen sozialpädagogischer Angebote. Nach dem Siebenten Jugendbericht sind denn auch gegenwärtig neben einer Globalkritik und pädagogischer Ablehnung der neuen Medien in vielen Jungendhäusern und Jugendverbänden vermehrt Ansätze zu verzeichnen, die dem Medienverhalten der Jugendlichen in vorurteilsfreier Weise Rechnung tragen und ihnen eine aktive Auseinandersetzung mit den neuen Medien und den durch sie vermittelten Inhalten ermöglichen (zit. nach Höltershinken u.a. 1991, S. 29).

Insgesamt bedeutet dies, dass es m.E. im Moment vor allem darum gehen sollte, die bestehenden Möglichkeiten zur Medienarbeit in schulischer und sozialpädagogischer Arbeit vermehrt auszuschöpfen. Angesichts der Umfrage von Hötershinken u.a. wäre dabei erst einmal von punktueller zu langfristiger Medienarbeit überzugehen. Dies bedeutet aber auch, dass der didaktischen Planung der medienpädagogischen Arbeit besondere Aufmerksamkeit gewidmet werden sollte. Insbesondere geht es dabei auch um die Vielfalt der Zugänge zum Phänomen der Medien. Wie Höltershinken u.a. (1991, S. 23) betonen, bedarf es gegenüber den problematischen „bewahrpädagogischen" Ansätzen, die bevorzugt bei jüngeren Kindern und einseitig im Hinblick auf die Wirkungen des Fernsehens hin angewandt würden, einer Erweiterung der Perspektive: „Alternative Möglichkeiten und eine nicht nur verbale Auseinandersetzung sollten stärker betont werden. Dies ist – so hat die Analyse der ausgewählten Projekte aufgezeigt, jedoch nur in längerfristigen Projekten möglich" (Höltershinken u.a. 1991, S. 23f.). In diesem Sinne sollen im Folgenden denn auch Perspektiven für eine medienpädagogische Arbeit entwickelt werden.

Eigentlich didaktische Medienarbeit bedient sich meist einiger typischer didaktischer Strukturierungsformen. Diese möchten wir an Beispielen aus medienpraktischen Überlegungen illustrieren. Mit Bezug auf Baackes medienpädagogisches Konzept liegt die erste Strategie eher im Bereich von Medienkunde und -kritik, die zweite im Rahmen von Mediennutzung und -gestaltung.

Einmal versteht sich medienpädagogisches Handeln als Medienkritik, die auf ein entsprechendes – meist kulturkritisches – Arsenal von Argumenten zurückgreifen kann. Danach geht es insbesondere um die Vermittlung von Medienwissen und um das Bewußtmachen von versteckten Ideologien und manipulativen Elementen der Beeinflussung, die aufgedeckt werden sollen. Paradigmatisch ist dieser Ansatz in Bernward Wembers ideologiekritischen Arbeiten durchgeführt worden; schon der Titel einer seiner Publikationen verdeutlicht die angesprochene Richtung: „Wie informiert das Fernsehen?" (Wember 1983). Medienpraktisch war insbesondere sein didaktisches Modell zur Analyse eines Dokumentarfilms über Bolivien einflußreich (vergl. Wember 1972), prägte dieses doch eine ganze Generation von Medienpädagogen nachhaltig in seiner Tendenz, die unausgesprochenen und impliziten Wertungen in vermeintlich „objektiv" berichtenden Filmen aufzuspüren. Programmatisch heißt es dazu: „Die Frage ist nicht, ob man wertet oder nicht – man muß werten! Die Frage ist allerdings, nach welchen Kriterien. Hier aber beginnt das Problem. Denn über die Kriterien für die Wahl des Ausschnitts, der Perspektive und der Schnittmontage machen sich die meisten Filmer nur formalästhetische Gedanken, während Wertvorstellungen und Zielorientierungen völlig unreflektiert einfließen" (Wember 1972, S. 11). Allerdings macht Wember auch gleich deutlich, dass es meist nicht um bewußte Manipulation geht: Solche Bedeutungen seien von den Filmemachern nicht intendiert, sondern eher auf der Ebene von „Fehlleistungen" der Sprache und des Verhaltens zu sehen, ähnlich wie sie Sigmund Freud im Rahmen seiner Psychopathologie des Alltagslebens untersucht habe.

Daran anschließend geht es in medienpädagogischen Konzepten oft darum aufzuzeigen, dass Medienereignisse „Produktionen" sind, also die Welt nicht einfach abbilden, sondern ausgewählte Ausschnitte und Situationen darstellen, die unterschwellig ganz bestimmte Botschaften vermitteln. Betont wird in diesem Zusammenhang oft auch die dem Blick des Zuschauers gewöhnlich verborgene Seite der Macher – etwa wenn in Schulfernsehfilmen ein Blick hinter die Kulissen der Krimiserie „Derrick" geworfen wird. Fernsehen wird hier auch als Industrie dargestellt, die von bestimmten Produktionsbedingungen – bis hin zu den zu erfüllenden Einschaltquoten – abhängt. Es wird also herausgearbeitet, was Medien technisch können, wie der inhaltliche und technische Produktionsprozeß hinter den Kulissen abläuft, und welche Botschaften vermittelt werden sollen, bzw. dann tatsächlich vermittelt werden. Problematisch erscheint allerdings an diesem Ansatz, dass weitgehend kognitive Orientierungen dominieren: im Mittelpunkt steht die Auseinandersetzung mit dem Manipulationsverdacht und die analytische Erhellung des Produktionsprozesses. Die Nutzer werden als Opfer der Medien dargestellt, die über die versteckten Manipulationen der Medienmacher erst aufgeklärt werden müssen. Dagegen fehlt der Bezug auf die Bedürfnisse, Motive und Entwicklungsaufgaben, welche die Nutzer mit den Medien verbinden, meist ganz. Und auch spielerische Momente oder die Aspekte von Spaß und lustvoll-kreativem Umgang mit Medien kommen wenig zum Tragen.

Eine zweite Strategie stellt stärker den eigenen aktiven Umgang mit Medien in den Mittelpunkt. Ein differenziertes Bewußtsein gegenüber der Spezifität medialer Erfahrungen ist danach insbesondere zu erreichen, wenn man selber fotografiert, Hörspiele und Filme selbst produziert (vergl. zum folgenden auch: Moser 1993). Das kann didaktisch über einfachste Arrangements geschehen, wie Rüdiger Stiebnitz (1992) mit seinem Konzept der „Video-Possen" verdeutlicht. Er reduziert das Filmen gleichsam auf „minimal-art", auf ein Kartontheater mit alten Illustrierten, Pappschachteln, Scheren und Kleber. Sein Ansatz läuft auf Verfremdung hinaus: „Das ‚Kamerasehen' ermöglicht es, die Welt mit anderen Augen zu sehen. Dabei fallen zum ersten Mal den Produzierenden ‚die Schuppen von den Augen': man beginnt zu sehen, was man vorher nicht bewußt gesehen hat. Die Mikro- und Makroskopierung der Kamera, die videotypischen Unschärfen machen bewußt, dass das Auge kulturell dressiert ist, wenn es den Eindruck vermittelt, alles gleich scharf zu beobachten" (Stiebnitz 1992, S. 72).

Künstlerische Produktion vermittelt als Aneignung von Realität durch das Medium neue Erfahrungen und neue Sichtweisen auf Altgewohntes; diese Prämisse gilt letztlich auch für den Ansatz der Video-Animation (Stalder 1993). In der kreativen Auseinandersetzung und im spielerischen Umgang mit Video soll ein forschendes Sich-Aneignen der audio-visuellen Zeichensprache ermöglicht werden. Oder wie Stalder wörtlich betont: „In einer Zeit, in der die meisten Geschichten als Bild-Ton-Geschichten erzählt werden, heißt es wohl auch für die Erziehungs- und Bildungsarbeit zu lernen, mit Bild und Ton umzugehen: sich auszudrücken, andere zu verstehen und von ihnen verstanden zu werden, in Kommunikation zu treten und damit Wirkungen zu erzielen" (Stalder 1993, S. 11). Beispiele für solche Produktionen sind:

- Kinder spielen Theaterstücke oder Rollenspiele und erzählen auf diese Weise Film-Geschichten.
- Schüler und Schülerinnen erfinden und realisieren Fernsehwerbespots und experimentieren dabei mit den Elementen der Bild-Ton-Sprache.
- Es werden Dokumentarberichte erstellt – über eine Sache, eine Institution, bzw. über einen Schulkollegen oder eine Gruppe.
- Man stellt eine Dorf- oder Quartiertagesschau her (vergl. dazu Stalder 1993).

Damit ist die Form der Projektorientierung angesprochen, wie sie etwa auch im Mittelpunkt der handlungsorientierten Medienpädagogik von Baacke steht: Für ihn sind dabei projektorientierte Konzepte wichtig, die über die Rezeptionsorientierung hinausgehen und Kindern und Jugendlichen aktive Medienpartizipation eröffnen: „Über Videogruppen in Schulen oder im Freizeitbereich, über die Beteiligung am Bürgerfunk als einer Möglichkeit der Laienartikulation im etablierten Medium, über das Erlernen und Verwenden aller möglichen medialen Ausdrucksformen, von der Wandzeitung über Graffiti bis zu Schülerzeitungen, Schülerfilmen etc." (Baacke 1997, S. 56).

Gerade die eigene Mediengestaltung verbindet die Entwicklung von Kompetenz mit der Bezugnahme auf grundlegende Bedürfnisse von Heranwachsenden. So betont Tulodziecki, dass bei der Selbsterstellung von Medien das Bedürfnis nach Zugehörigkeit durch eigenes Tun sowie das Bedürfnis nach Achtung und Geltung bei der Ausstellung gelungener Produkte aufgenommen werde und Befriedigung erfahre" (Tulodziecki 1997, S. 184). Gleichzeitig böte die eigene Mediengestaltung aber auch die Möglichkeit, eigene künstlerische Talente weiterzuentwickeln.

Geht es in diesem Ansatz im Wesentlichen darum, das Medium und seine Wirkungen durch eigene Medienarbeit zu erfahren und zu reflektieren, so plädiert Fröhlich (1993) verstärkt für die inhaltliche Nutzung des Mediums – nämlich das Medium Video im alltäglichen Unterricht als Werkzeug einzusetzen (ähnliches ließe sich im Übrigen auch im Kontext von Jugendarbeit realisieren)[51]. Er plädiert dafür, Video als ganz „normales" Unterrichtsmittel zu betrachten, „genau so wie Mikroskope, Dias und Hellraumfolien selbstverständliche Mittel zur Veranschaulichung bestimmter Sachverhalte sind" (Fröhlich 1993, S. 24). Schüler und Schülerinnen sollten dazu gelangen, das Medium zu selbständiger Produktion von Lernmitteln einzusetzen – und zwar in verschiedensten Unterrichtsfächern wie:

- *Fremdsprachen:*
- Kurze Alltagsszenen spielen und sprechen (auch zur Selbstkontrolle),
- kurze Spielszenen (mit oder ohne Sprache) als Ausgangspunkt für Nacherzählungen/Beschreibungen).

- *Naturkunde:*
- Beobachtungen von Tieren („Vögel mit Nistplatz/Futterhäuschen", „Kücken schlüpfen aus dem Ei", „Leben am Teich", „Die vier ersten Lebenswochen einer Katze", „Hunde/Pferdedressur", „Verhalten von Tieren im Zoo" (nach: Fröhlich 1993, S. 26).

Diese Beispiele kennzeichnen exemplarisch Möglichkeiten des Videoeinsatzes im Unterricht oder auch in der sozialpädagogischen Kinder- und Jugendarbeit, die heute von den Schulen oft noch stark unterschätzt und vernachlässigt werden. Während immer mehr Privat-Haushalte über eigene Camcorder verfügen, besteht in den pädagogischen Institutionen eine Scheu vor der An-

51 Werkzeugcharakter und darauf bezogene Mediennutzung werden auch im Computerbereich als wesentliches Konzept der Mediendidaktik diskutiert (vgl. S. 247).

wendung für Bildungszwecke, bzw. ein Mißtrauen gegen die Aufnahme solcher technischer Medien (neben Video auch Fotos, Dias und Tonbandaufnahmen) in die pädagogische Arbeit. Damit wird letztlich eine medienpädagogische Chance vertan. Denn – so Fröhlich (1993, S. 25) – solche Eigenproduktionen sind nichts anderes Übungen zur „visuellen Alphabetisierung".

In diesem Zusammenhang erscheinen mir zwei Momente didaktisch besonders wichtig:

- Einmal ergänzen sich Sachaspekt und Medienarbeit gegenseitig: So bedarf die Umsetzung im Medium der vertieften Auseinandersetzung mit dem Gegenstand als Voraussetzung; diese verweist dann in der filmischen Realisierung wiederum auf den gezielten Einsatz formaler Gestaltungsmittel. Beides ist also über solche medienpädagogische Arrangements miteinander verbunden: Die Arbeit am Verständnis der Inhalte, wie die Intention, medienpädagogisch zu verdeutlichen, welche Effekte mit medienspezifischen Mitteln erreicht werden können.
- Dann schafft das Beobachten von Ausschnitten der Welt auch eine eigentümliche Distanz. Schüler und Schülerinnen können so aus der Erlebniswelt, in die sie eingebunden sind, quasi heraustreten, um sich selbst und ihre Umwelt mit „fremdem" Blick zu betrachten. Diese beobachtende Perspektive erscheint zum Nachdenken darüber und zur Reflexion besonders geeignet. In den selbstgedrehten Filmen können Szenen auch vor- und zurückgespielt werden, sofern dies erforderlich ist. Im Grunde ergibt sich eine doppelte Brechung der Alltagswelt: einmal, indem Ausschnitte daraus „neu produziert" werden, und zweitens, indem diese mit dem distanzierten Blick des Beobachters zu entschlüsseln sind. Diese doppelte Verfremdung ermöglicht eine spezifische Form reflexiven Lernens, indem die Welt plötzlich mit „anderen" Augen gesehen wird, bzw. überraschende Zusammenhänge entdeckt werden.

Zum Abschluß ist nochmals der Bezug zur Medienkompetenz herauszustellen: Die medienpädagogische Arbeit basiert einerseits auf jenen Kompetenzen, die Kinder und Jugendliche bereits besitzen, und erweitert diese zugleich über die genannten Handlungsstrategien. Dabei sollen über die medienpädagogischen Arrangements möglichst alle Kompetenzbereiche angesprochen werden: Bei Videoprojekten geht es z.B.

- um die Nutzung und Aneignung von *technischen* Kompetenzen, wie sie mit der Handhabung eines Camcorders verbunden sind;
- um die *kulturelle* Dimension der filmsprachlichen Elemente;
- um den *sozialen* Akt des Filmens in der Gruppe;
- um *reflexive* Überlegungen bei der selektierenden Darstellung von Realitätsausschnitten und die dabei stattfindende soziale Konstruktion der Realität.

Dabei ist es durchaus möglich, im Unterrichtsprozeß einzelne dieser Aspekte direkt anzusprechen und medienpädagogisch zu bearbeiten. Andere werden dagegen im Handlungsprozeß nur „mitlaufen" und mehr dadurch gefördert, dass sie im Prozeß der Realisierung unwillkürlich angesprochen sind.

Medienpädagogik als Alphabetisierung

In diesem Zusammenhang immer wieder thematisiert wird der Begriff der Alphabetisierung – nämlich die Frage, ob die Fähigkeiten, Filme und Fernsehsendungen zu „lesen", nicht wie das Schreiben und Lesen im Rahmen von organisierten Lernprozessen zu vermitteln wären. Der bloße Medienkonsum wäre in dieser Perspektive von einem bewußten Verständnis zu unterscheiden. Darauf verweisen etwa die Überlegungen Fröhlichs, wenn er formuliert: „Der aktive Einsatz des Camcorders im Fachunterricht vermittelt Einsichten in die formalen Gestaltungsmittel von Film und Fernsehen, was zu einer distanzierteren Perspektive diesen Massenmedien gegenüber führen kann. Selber einen Videobeitrag zu verfassen, hat daher automatisch eine wichtige medienerzieherische Funktion" (Fröhlich 1993, S. 25).

Allerdings lohnt es sich, das Konzept einer Medien-Alphabetisierung etwas eingehender zu analysieren. Dann fällt auf, dass die Analogie zur Einführung in die Schriftsprache in einer Hinsicht von unterschiedlichen Ausgangsvoraussetzungen ausgeht: Lesen von Texten erfordert unabdingbar die Kenntnis von bestimmten Schriftzeichen und darauf bezogenen Sprachregeln, während der Zugang zu den Bildern voraussetzungslos ist. Dies führte Postman (1983) auch dazu, das „anspruchslose" Fernsehen gegen die literarische Tradition zu setzen, die man sich erst langsam und mühsam aneignen müsse. In diesem Sinne bedarf es erst einmal keiner Alphabetisierung, um Fernsehsendungen, Kino- und Videofilme zu verstehen.

Dennoch ist der Einstieg in die Welt der Bilder nicht so trivial, wie es im ersten Moment erscheint. Dies wird zum Beispiel deutlich, wenn man ältere Erwachsene und Kinder vergleicht, welche rasant geschnittene Videoclips sehen. Während die Älteren Mühe haben, dem Gesehenen zu folgen und einen Sinn im Ganzen zu finden, gehen die Jüngeren damit souverän und selbstverständlich um. In solchen Situationen beginnt man zu zweifeln, ob die Medienkompetenz von Kindern und Jugendlichen geringer ist als diejenige der älteren Generationen. Sie verfügen aufgrund der Vertrautheit mit dem Format des Videoclips eher über die geeigneten Mittel, die dabei verwendeten Formen der Bildprache zu verstehen.

Liegt die Bedeutung von Bildern also doch nicht immer auf der Hand? Der Grund dafür scheint mir darin zu liegen, dass die (Wort-)Sprache ein System ist, das in seinen Bedeutungen festgelegt ist. Nach Doelker (1997) kann die Bedeutung von Wörtern im Wörterbuch nachgeschlagen werden, während es für Bilder kein Wörterbuch gebe. Denn ein Bild „kann allein von seinem Abbildcharakter her üblicherweise keine festen Bedeutungen transportieren, es sei denn, diese bestünden schon bei Gegenständen und Konstellationen in der primären Wirklichkeit" (Doelker 1997, S. 58). Die Bedeutung des Bildes ist damit offen – von polysemischer Vieldeutigkeit. Konventionen und Codes der Bildersprache zu dechiffrieren, ist deshalb komplizierter als es scheint – denn die Interpretationsspielräume sind größer und die Festlegungen geringer als bei sprachlichen Texten.

Erst wenn es in dieser Weise darum geht, die auf einer unmittelbaren Ebene „verstandenen" bildsprachlichen Elemente zu entschlüsseln, bzw. die Codes zu entziffern, nach denen „bildsprachliche Texte" (Fotos, Filme) aufgebaut sind und deren sich die Produzenten – bewußt oder unbewußt – bedienen, kann man sinnvollerweise von „Alphabetisierung" sprechen. Diese bezöge sich also weniger auf die unmittelbare Aufnahme audio-visueller Botschaften wie auf deren weitere Verarbeitung. Es ergäbe sich eine Analogie zum Ansatz der Konszientisation, wie er von Paulo Freire entwickelt wurde. Freire geht davon aus, dass die Welt den Menschen oft als festgefügt, undurchdringlich und abgeschlossen gegenübersteht (vergl. Freire 1973, S. 87). Diese Welt nun als eine gesellschaftlich produzierte zu begreifen, ist das Anliegen der problemformulierenden Methode: „So ermöglicht die kritische Analyse einer entscheidenden existentiellen Dimension eine neue kritische Haltung gegenüber Grenzsituationen. Auffassung und Verständnis der Wirklichkeit werden zurechtgerückt und gewinnen neue Tiefe" (Freire 1973, S. 87).

Auf die Medien übertragen: Die Bilderwelten, mit welchen die Menschen leben, werden nun nicht mehr als bloßes – fremdes – Objekt begriffen, sondern als Teil einer spezifischen Kultur, der man selbst angehört; diese soll im Rahmen von Alphabetisierungsprozessen angeeignet werden. Es ginge also z.B. darum, durch die Decodierung von Medienereignissen herauszuarbeiten wie darin „Welt" konstruiert ist, bzw. welche spezifischen kulturellen Ausdrucksmöglichkeiten mit Medien wie Video oder Fernsehen verbunden sind. Dabei wären etwa Leitfragen: Was wird mit welchen Mitteln und zu welchem Zweck ausgesagt, was sind dabei die spezifischen Möglichkeiten und Grenzen des Mediums?

In einem ähnlichen Sinne formuliert Christian Doelker, dass der kulturelle Auftrag der Schule eine Öffnung zu den Medien hin erheische, seien diese doch nicht nur Mittel der Kommunikation, sondern auch Element der zeitgenössischen Kultur (Doelker 1987, S. 151). Mit den Bildmedien sei denn auch in diesem kulturellen Sinn eine Erweiterung verbunden, indem diese über die bisherige an die Schriftlichkeit gebundene Tradierung der Kultur hinausführt. Das Problem bestehe gerade darin, dass die Menschen auch heute noch einseitig auf digitale Zeichensysteme hin vorbereitet würden. Es bestehe für sie damit die Gefahr, auf einer naiven Rezeptionsebene durch die „primitiveren analogen" Zeichensysteme unterwandert und damit potentiell manipuliert zu werden. In diesem Sinne der kritischen Aneignung kultureller Gehalte geht es denn um viel mehr als um eine Abwehrstrategie: „Medienpädagogik kann so verstanden werden als eine Erweiterung des Alphabetisierungsauftrags zur Medienalphabetisierung resp. zur Medienkompetenz" (Doelker 1987, S. 150, vgl. auch Doelker 1992, S. 110).

Nun kann man sich fragen, ob es ausreicht, die Folgen, welche mit einer „mediatisierten" Gesellschaft verbunden sind, zu pädagogisieren und mit medienpädagogischen Mitteln auffangen zu wollen. Dennoch erscheint mir ein semiologischer Ansatz der Medienpädagogik generell fruchtbar zu sein – in dem Sinne, wie Doelker definiert: „Von daher können alle verbalen Äußerungen in Hörfunk und Fernsehen als Texte betrachtet werden. Wenn wir uns auf die etymologische Grundlagenbedeutung von Gewebe, Geflecht, Zusammenfügung besinnen, steht bei dieser Metapher nichts im Wege, sie auch auf das Bild auszudehnen, denn in der televisuellen Darbietung werden eben nicht nur Wörter, sondern auch Bilder und Töne und Wörter zusammengefügt, zusammengebaut, ‚geflochten'" (Doelker 1989, S. 23f.).

Ein solcher Ansatz lenkt die Aufmerksamkeit der Medienpädagogik auf drei wesentliche Gesichtspunkte:

- Einmal bedeutet bloßer Medienkonsum nicht, dass semiologische Codes bzw. die semiologische Struktur von Medienereignissen bewußt wahrgenommen werden; dies relativiert im Übrigen auch die These, wonach sich die Heranwachsenden über ihre Mediensozialisation automatisch Medienkompetenzen erwerben: Gelernt wird nämlich lediglich ein automatisierter Umgang mit Medienereignissen, die Strukturen, Regeln und Selektionsweisen selber werden dabei kaum bewußt wahrgenommen. Medienprogramme sind demgegenüber häufig sogar darauf angelegt, dass sie – wie im Bereich der Werbung – über ästhetische Gestaltungsprinzipien Verhalten unterschwellig steuern.
- Die Beschäftigung mit Codes lenkt dagegen den medienpädagogischen Blick auf die Inhalte, bzw. deren Repräsentationen. Es wird damit deutlich, dass Medienereignisse bedeutende Texte sind und nicht einfach Material, an welchem sich beliebig Verarbeitungsprozesse von Subjekten vollziehen lassen.
- Die bewußte Aufmerksamkeit auf die Regeln einer Bildsprache ermöglicht es, neue Rezeptionsweisen zu entwickeln und sich den unaufhörlichen Bilderstrom differenzierter und strukturierter anzueignen. Die Fähigkeit zur Analyse von formellen Prinzipien und Gliederungsgesichtspunkten erlaubt zudem ein differenzierteres Sehen, das sich nicht mehr einfach dem Strom der Bilder überläßt, sondern immer wieder reflexive Gesichtspunkte einbezieht.

Die Codes der „Filmbilder"

Insbesonders Umberto Eco hat versucht, das Feld semiologischer Untersuchungen über sprachliche Kommunikation hinaus auf die Analyse der „Sprache" der Bilder, der Reklame, der Architektur zu erweitern. Dabei definiert er einen Begriff des Codes, der sich gegenüber der Sprache darin auszeichne, dass er sich nicht auf die Feststellung einer doppelten Gliederung beschränke, wie es Lévy-Strauss versucht habe: „Der Gedankengang ist hier sehr einfach: Auch die Malerei gliedere wie die verbale Sprache Einheiten der ersten Ebene, die Bedeutung hätten und die den Monemen zur Seite gestellt werden könnten (und hier spielt Lévy-Strauss klar auf die erkennbaren Bilder, d.h. auf die ikonischen Zeichen an); und auf der zweiten Ebene hätten wir Äquivalente der Phoneme, Formen und Farben, welche unterscheidende Einheiten ohne autonome Bedeutung seien" (Eco 1972, S. 232).

Ecos Kritik an der These, dass eine „Sprache" nur bei einer doppelten Gliederung vorliege: Die doppelte Gliederung sei nicht beweglich und die Ebenen nicht ersetzbar und austauschbar. Dagegen hält er, dass es fruchtbarer sei anzunehmen, „1) dass jeder Kommunikationsakt auf einem Code basiert; 2) dass *nicht* jeder Code unbedingt zwei fixe Gliederungen hat (dass er nicht *zwei* hat; dass diese nicht *fix* sind)" (Eco 1972, S. 236).

Gegenüber der Sprache gibt dies den verschiedenen Codes je nach Art der Gliederung eine große Flexibilität und Spielmöglichkeiten, die z.B. die vieldeutigen Botschaften der Werbung (vgl. in diesem Buch S. 233ff.) oder die ästhetische Qualität von Kunstwerken erst möglich macht. Eco bezieht sich in diesem Zusammenhang z.B. auf Manzonis Erzählung I promessi sposi, die gerade wegen ihrer Komplexität ein großes Kunstwerk sei. Sie stelle ein System von Systemen dar, in welchem das System der Intrige mit dem Code, auf den es sich beziehe und von dem es manchmal abweiche, nur ein Element einer umfassenderen Struktur sei. Diese umfasse u.a. das System der Charaktere, das System der stilistischen Mittel, das System der religiösen Ideale.

Der Verlust der Anschaulichkeit

Pädagogisch wird der semiologische Ansatz Ecos in Detlev Schnoors Studie „Sehen lernen in der Fernsehgesellschaft" (1992) aufgenommen. Schnoor konstatiert darin, dass Eco ein umfassendes semiotisches Klassifikationssystem erstellt habe und zwischen zehn Formen visueller Codes unterscheide:

- Wahrnehmungscodes,
- Erkennungscodes,
- Übertragungscodes,
- Tonale Codes,
- Ikonische Codes,
- Ikonographische Codes,
- Codes des Geschmacks und der Sensibilität,
- Rhetorische Codes,
- Stilistische Codes,
- Codes des Unbewußten (vgl. Eco 1972, S. 246ff.).

Diesen Klassifikationsversuch interpretiert Schnoor als hierarchisch angelegtes Modell und bezieht es auf eine Herausarbeitung von „Sinnschichten", wie sie Dieter Baacke (1971, S. 241) vorgeschlagen hat: Dieser unterscheide in der Massenkommunikation zwei Sinnschichten, welche sich auf das Schema von Eco beziehen ließen. Demnach sei zu vermuten, dass Wahrnehmungs-, Erkennungs- und Übertragungscodes die „primäre“ Schicht ansprächen, welche nach Baacke den Phänomensinn – also das Erkennen der sinnlichen Eigenschaften eines Dinges – betreffe. Die anderen Codeformen seien dagegen komplexer. Sie beträfen stärker die „sekundäre Sinnschicht“ des Betrachters, d.h. den Bedeutungssinn, der mit Hilfe sachgerechter Begriffe und kulturellen, historischen bzw. politischen, soziologischen und psychologischen Wissens allein eine „wirkliche“ Deutung ermögliche.

Allerdings wäre in diesem Zusammenhang zu fragen, ob die Eco'schen Codes in diesem Sinne als hierarchischer Zusammenhang zu verstehen sind, bzw. was „wirkliche Deutung“ im Spiel verschiedener Codes noch zu bedeuten hätte. Diese quasi ontologische Interpretation Ecos ermöglicht Schnoor indessen eine kulturkritische pädagogische Argumentation des „Verlusts von Anschaulichkeit“, die davon ausgeht, dass noch die ungewöhnlichsten Schnitte, Einstellungen und Kamerafahrten zur Gewohnheit werden könnten und nach „ökologischen Schemata“ automatisiert wahrgenommen würden. „Verstehen“ beschränkt sich damit weitgehend auf das Abrufen von „realistischen Verweisungen“.

Dies verbindet Schnoor mit der Folgerung, dass die formalen Gestaltungsmittel des Fernsehens und des Kinos von Kindern weniger anregend als aufregend empfunden würden. Die Wahrnehmung richte sich nach dem Schema bzw. Script „Unterhaltung“. So würden Abstraktionen im Film nicht nach ihren Hintergrundinformationen bewertet, sondern nach ihrer visuellen Aufmachung, was zusätzlich für Spannung sorge: Visuelle Abstraktion würde zur visuellen Animation. Dies führt Schnoor zur Folgerung: „Die Vereinfachung komplexer Filmcodes durch den Modus des ‚ökologischen Verstehens‘, und die Umdeutung von Abstraktion in Animation kann erklären, warum Kinder das Fernsehen als leichtes Medium einschätzen, obwohl sie Schwierigkeiten haben, es zu verstehen und sogar solche Sendungen bevorzugen, die sie gänzlich überfordern“ (Schnoor 1992, S. 72). Kinder gewöhnen sich danach durch das Fernsehen an einen Wahrnehmungsmodus, der den Bedeutungssinn von Bildern auf die primäre Sinnschicht reduziere. Ikonische, ikonografische Codes, Codes des Geschmacks und rhetorisch-stilistische Codes würden auf diese Weise nicht wahrgenommen, vielmehr würden sie zu Wahrnehmungscodes umgeformt.

Damit erhält die implizit den Spannungsmodus der Erlebnisgesellschaft beschreibende Charakteristik einen kritischen Unterton: Denn Kinder sehen nach dieser Auffassung nur das, was sie bestätigt finden wollen. Filmbilder lösten denn auch häufig unangemessene Vorstellungen aus, da ihre Darstellung nicht kindgemäß sei, und die Inhalte nicht aus ihrem Erfahrungshorizont erwüchsen. Zudem wiesen Filmbilder verkürzte Sichtweisen nicht zurück, da diese sehr leicht zur Bestätigung bereits vorhandenen Wissens umgedeutet werden könnten. Als Quintessenz stellt Schnoor einen Verlust an Anschaulichkeit fest, indem Filmbilder weder lebensnah gestaltet seien, noch jene

Dosis der Fremdheit aufwiesen, die notwendig sei, um auf Neues aufmerksam zu machen (vgl. Schnoor 1992, S. 61).

Demgegenüber sei der Aufforderungscharakter von Texten bei weitem höher. Der ikonische Code sei mit dem, was er bezeichne, fast identisch. Die Schrift dagegen müsse erst erlernt werden, um ihre Bedeutung zu verstehen. Denn ihre Zeichen hätten keine Ähnlichkeit mit dem, was sie bezeichneten; ihre Bedeutung erschließe sich nicht unmittelbar. Weil Texte unvollständiger sind als Bilder, verlangen sie nach Schnoor eigenständige Leistungen, nämlich Code und Inhalt zu verknüpfen und semantisch zu entziffern, logische Abfolgen und Zusammenhänge zu erkennen sowie Schlußfolgerungen zu ziehen (vgl. Schnoor 1992, S. 92).

Es liegt nahe, dass sich Schnoor, von diesem Hintergrund ausgehend, auf die These von Bonfadelli/Saxer (1986) bezieht, wonach Heranwachsende, die sich nur wenig mit der zur Anstrengung herausfordernden Begrifflichkeit in Texten auseinandersetzen, auch dem Fernsehen weniger Informationen entnehmen können. Das gilt insbesonders für Vielseher, da sie es weniger gelernt hätten, die technisch produzierte Anschaulichkeit mit Begriffen zu verknüpfen. Damit ist aber auch ein schichtspezifischer Zusammenhang angedeutet, da Unterschichtskinder häufiger fernsehen als Kinder aus der Mittelschicht und Fernsehsendungen weniger differenziert verarbeiten[52]. Aus dieser Perspektive wäre deshalb zu befürchten, dass sich sowohl die „Wissenskluft“ zwischen Kindern verschiedener Sozialschichten vergrößert, sowie auch zunehmend die Möglichkeiten für Kinder auseinanderklaffen, ihre „Anschauungskraft“ zu entfalten und zu entwickeln. Besonders für Kinder unterer Schichten bedeute dies, dass das Fernsehen weniger das Vermögen zur Anschauung fördere, sondern einen „kinematographischen“ Blick erzeuge, der die Bilder nur gerade auf die Wirklichkeit übertrage[53].

Was die Verarbeitung der Bilder betrifft, geht Schnoor davon aus, dass Fernsehbilder bei Kindern starke Emotionen auslösen, indem bei ihnen Träume, Wunschbilder, Phantasien und Vorstellungen wachgerufen würden. Damit stelle sich die Aufgabe, Emotionalität und Sinnlichkeit zwar zuzulassen, sich aber davon gleichzeitig distanzieren zu können. Hilfreicher als die Bildschirmmedien selbst seien dazu jedoch Leseerfahrungen. Im Sinn der Wissenskluft-Hypothese heißt dies: „Doch nicht alle Kinder finden Zugang zur Buchkultur. Es ist deshalb fraglich, ob Kinder im Zeitalter technischer

52 Schnoor bezieht sich dabei auf Untersuchungen von Hurrelmann (1988) und Hodge/Tripp (1986), aus denen sich schließen lasse: „Mittelschichtfamilien reden häufiger über Fernsehsendungen. Kinder aus diesen Familien erhalten auf diese Weise eher die Möglichkeit, auf Unverstandenes oder für sie Wichtiges in Filmen hinzuweisen. Sie lernen Filme sprachlich aufzurbeiten und dadurch distanzierter wahrzunehmen“ (Schnoor 1992, S. 87).

53 Auch hier wiederum argumentiert Schnoor letztlich ontologisch und bezieht sich darauf, dass angesichts des Bildkonsums die Gefahr bestehe, die Dinge nicht mehr ernst zu nehmen, bzw. ihnen nicht mehr im Vermögen einer „originären Anschauung“ wie diese Husserl beschrieben habe, zu begegnen (vgl. Schnoor 1992, S. 104).

Bilder die gleichen Chancen haben, sich ein semiotisches oder ästhetisches Verständnis der visuellen Massenkultur zu erschließen" (Schnoor 1992, S. 95). Dabei wäre es durchaus möglich, „dass Kinder unter bestimmten familialen Bedingungen eine Art neues ästhetisch-anschauliches Bewußtsein auch im Umgang mit technischen Bildern entwickeln" (Schnoor 1992, S. 103). Denn aufgrund ihrer Fernseherfahrungen verfügten sie über ein großes Repertoire an stilistischen und dramaturgischen Möglichkeiten, an die der Pädagoge anknüpfen könnte (vgl. Schnoor 1992, S. 164).

Auf diesem Hintergrund entwickelt Schnoor eine kompensatorische Medienpädagogik; denn ohne sie hätte nur ein Teil der Heranwachsenden die Chance ein semiotisches Bewußtsein zu entwickeln. Das gelinge Kindern freilich nur, wenn sie lernten, die technisch produzierte „Anschaulichkeit" an Sprache und sinnliche Erfahrung zurückzubinden. Dieser Begriff der Anschaulichkeit wird denn auch zum Ausgangspunkt und zur Leitlinie von mediendidaktischen Überlegungen. Schnoor plädiert für einen genetisch-exemplarischen Unterricht, der entgegen der perfekten Anschaulichkeit die Gegenstände so präsentiert, dass sie den Charakter des Fertigen verlieren, um ihre Entstehung nachvollziehbar zu machen. Beispielhaft wird dies an der dokumentarischen Filmarbeit deutlich gemacht: Sie „ist demnach ein Orientierungsrahmen für medienpädagogisches Handeln. Sie erlaubt es Kindern, Fotoapparate und Videokameras als Mittel zu gebrauchen, um auf Sachverhalte und Probleme in ihrem Lebensumfeld aufmerksam zu werden und aufmerksam zu machen" (Schnoor 1992, S. 148). Einen ähnlichen Stellenwert erhält die Spielfilmarbeit, wenn Kinder gewohnte Muster aus Film und Fernsehen für eigene Geschichten übernehmen. Indem sie selbst einen Film herstellen, bekommen diese Muster einen ganz anderen Stellenwert, als wenn sie im Fernsehen angeschaut werden. Kinder benutzen sie als Material, um eigene Vorstellungen und Ideen zu realisieren.

Versucht man eine Bewertung des Ansatzes von Schnoor, so scheint mir diese zwiespältig auszufallen: Einmal greift sein Anschauungsbegriff stark auf das Modell einer unmittelbaren Welt zurück, die im Gegensatz zu einer abgeleiteten Welt der Bilder gesehen wird. Schnoor sieht die Lebenswelt durch die technisch produzierte Anschaulichkeit in Auflösung begriffen; die Begegnung mit der gegenständlichen Welt orientiere sich nicht mehr an den „Sachen" selber, sondern an vorgegebenen Begriffen von den Sachen (vgl. Schnoor 1992, S. 115). Doch in Wirklichkeit sind diese „Sachen" in der Wahrnehmung von Anfang an über Codes und Begriffe vermittelt. Mediendidaktischer Bezugspunkt wäre deshalb m.E. nicht der Begriff einer quasi „uncodierten" Realität, sondern allenfalls die Frage, welche spezifischen Merkmale mediale Codes auszeichnen. Und es ginge auch weniger um den Rückbezug auf vermeintliche ursprüngliche Erfahrungen, wie um das Spiel der Codes und die damit verbundenen intertextuellen Bezüge – sowie um die Frage, wie unterschiedliche Codierungsformen eingesetzt werden, und mit welchen Wirkungen dies verbunden ist. Weil Schnoor hingegen immer den sprachlichen Code der Bücher im Blick hat, unterschätzt er die Differenziertheit und Komplexität der visuellen Codes ebenso wie die damit verbundenen ästhetischen Qualitäten. Wie später noch am Beispiel der Ästhetik der Werbung gezeigt wird (vgl. S.233ff. in dieser Arbeit), ist das Entziffern solcher Codes eine anspruchsvolle und eigenständige Aufgabe, die sich nicht unbedingt am Maßstab der Schrift zu orientieren hat (schon weil ja nicht immer die sprachanaloge doppelte Gliederung gegeben ist).

Dennoch muß dies keine Kritik des gesamten medienpraktischen Programms von Schnoor bedeuten. Seine konkreten Hinweise und Vorschläge zu projektorientierter Medienarbeit, welche auf das Prinzip der Eigentätigkeit setzen, scheinen mir auch unter der genannten Akzentverschiebung bedenkenswert zu bleiben. Insbesonders versucht Schnoor die mediendidaktische Arbeit durch fünf Aspekte anzureichern, die er aus der Filmsemiotik entnimmt:

- *Die Erkenntnis des Symbolcharakters der Bilder*, um Kindern zu helfen, das Problem des Verhältnisses von Gegenständen zu Symbolen, die stellvertretend Gegenstände repräsentieren können, näherzubringen[54].
- *Die filmsprachliche Analyse*, also wie sich ein Film gliedert: wie Einstellungen eingesetzt werden, wie Sequenzen mehrere Ereignisse der Erzählung zu einer Handlungseinheit zusammenfaßt, und wie dabei zeitliche und räumliche Sprünge vorkommen können etc.
- *Der filmbildsprachliche Aufbau*, welcher den Interpretationsrahmen des Betrachters einschränkt und ihn auf bestimmte Sachverhalte hinweist. Schnoor verweist dabei besonders auf die Paradigmatik des Films, also auf die Frage, was wozu passe, und er verweist z.B. auf stereotype Muster wie in jenen älteren Western, wo der gute Cowboy weiß und der böse Cowboy schwarz gekleidet sei. Die Paradigmatik löse beim Zuschauer bestimmte Effekte aus, weil sie sich auf einen Filmcode beziehe, der für den Zuschauer bereits eine Bedeutung habe.
- *Die Bildkomposition*, verstanden als Notwendigkeit, ein Bild in seinen Elementen so aufzubauen, dass es die Aufmerksamkeit auf seine wesentliche Aussage lenkt, irritierend oder ausgewogen wirkt. Dabei seien die Auswahl des Bildausschnitts und die Wahl der Kameraperspektive wichtig.
- *Bildunterstützende Mittel* wie Schrift, Grafiken, Dialog, Musik und Geräusche. Dies entspricht jenem bereits ausführlich dargestellten Befund (vgl. S. 135 in dieser Arbeit), wie wichtig oft gerade der Aspekt des Tons bei Filmen ist.
  (zu diesen fünf Aspekten ausführlich: Schnoor 1992, S. 170ff.).

---

54 Aus der Kritik an Schnoors These vom „Verlust der Anschaulichkeit“ ergäben sich an dieser Stelle unterschiedliche Folgerungen – indem z.B. mehr das Experimentieren mit unterschiedlichen Codierungsformen und die Untersuchung der dadurch zustandekommenden Aussagen im Mittelpunkt stünden.

Die „Mythen" des Alltags (Barthes)

Semiologische Aspekte zur Analyse von Filmen könnten auch von der Analyse der „Mythen des Alltags" herangezogen werden, die Roland Barthes (1964) – allerdings noch im Zeichen der Printmedien und nicht in jenem der „laufenden Bilder" – unternommen hat. Vom Zeichenmodell ausgehend definiert er den Mythos als ein sekundäres semiologisches System, das auf einer semiologischen Kette aufbaut, die bereits vor ihm existiert. Barthes unterscheidet also eine Objektsprache, deren sich der Mythos bedient, um metasprachlich sein eigenes System zu errichten. Zur Erläuterung bedient sich Barthes des Beispiels eines Bildes in Paris-Match. Darin erweist ein junger Schwarzer in französischer Uniform den militärischen Gruß, wobei er den Blick erhoben und auf die Falte der Trikolore gerichtet hat. Dies sei der *Sinn* des Bildes, nicht aber dessen *Bedeutung.* Letztere umschreibt er damit, dass Frankreich ein großes Imperium sei, dass alle seine Söhne, ohne Unterschied der Hautfarbe, treu seiner Fahne dienten, und dass es kein besseres Argument gegen die Widersacher eines angeblichen Kolonialismus gebe als den Eifer des jungen Schwarzen, den angeblichen Unterdrückern zu dienen. Die komplexe Struktur, die hier sichtbar wird, beschreibt Barthes als diejenige eines „erweiterten semiologischen Systems": „Es enthält ein Bedeutendes, das selbst schon von einem vorhergehenden System geschaffen *wird (ein farbiger Soldat erweist den französischen militärischen Gruß*), es enthält ein Bedeutetes (das hier eine absichtliche Mischung von Franzosentum und Soldatentum ist), und es enthält schließlich die *Präsenz* eines Bedeuteten durch das Bedeutende hindurch" (Barthes 1964, S. 95).

Was charakterisiert nun solche Mythen? Fasse man sie als ein unentwirrbares Ganzes von Sinn und Form ins Auge, bedeute dies: Der Mythos des grüßenden Schwarzen sei für den Leser weder Beispiel noch Alibi, sondern *Präsenz* der französischen Imperialität. Der Mythos sei weder eine Lüge noch ein Geständnis, sondern eine Abwandlung, indem er Geschichte in Natur verwandle: Für den (naiven) Mythos-Leser vollziehe sich alles, wie wenn das Bild auf natürliche Weise den Begriff hervorriefe und das Bedeutende das Bedeutete stifte. So werde der Mythos als eine unschuldige Aussage empfunden: nicht weil seine Intentionen verborgen seien, sondern weil diese natürlich gemacht seien.

In diesem Sinne usurpiert der Mythos die Objektsprache und enthistorisiert, indem er den historischen Eigenschaften der Dinge verlustig geht. Als Konsequenz bedeutet dies Entpolitisierung, und zwar auf eine raffinierte Weise: „Der Mythos leugnet nicht die Dinge, seine Funktion besteht im Gegenteil darin, von ihnen zu sprechen. Er reinigt sie nur einfach, er macht sie unschuldig, er gründet sie als Natur und Ewigkeit, er gibt ihnen Klarheit, die nicht die der Erklärung ist, sondern die der Feststellung" (Barthes 1964, S. 131).

Während Schnoor (1992) das Natürliche als das „Ursprüngliche" darstellt, das auf unmittelbarer Anschaulichkeit beruht, traut Barthes diesem Schein nicht. Für ihn ist gerade die hochstilisierte Natürlichkeit etwas komplex Vermitteltes. Dies ergäbe aber auch eine konträre pädagogische Aufgabenstellung: nämlich die Arbeit an Mythen, bzw. die Rückverwandlung von Natur in Geschichte. Als „Alphabetisierung" könnte dabei verstanden werden, dass zu versuchen wäre, vorgeblich Naturhaftes als kulturell geprägt zu entschlüsseln – als Teil jener Kultur des Schweigens, die es nach Freire aufzulösen gilt.

Die avantgardistische Ästhetik des Werbespots (Kloepfer/Landbeck)

Sowohl der Ansatz von Schnoor wie die Barthes'schen Überlegungen sind in der Intention medienkritisch orientiert. Dies muß indessen nicht bedeuten, dass man komplexe semiologische Systeme erst dann versteht, wenn man sie unter einer kritischen Perspektive betrachtet. Dies gilt sogar für die Werbung, die in den Diskussionen über Medien besonders umstritten ist. So machen Rolf Kloepfer und Hanne Landbeck in ihren Untersuchungen zur Fernsehwerbung (1991, S. 59ff.) darauf aufmerksam, dass diese medientheoretisch meist unter den Stichworten der Manipulation, der geheimen Verführer oder der „falschen" Bedürfnisse erscheint. Demgegenüber konstatieren sie, dass Ideologiekritik zu oft die Lust der Menschen am Ästhetischen verachtet habe. Wer aber gegenüber einem unhistorischen „Eigentlichen", einer sogenannten primären Erfahrung oder primären Bedürfnissen alles als Schein diffamiere, was als wertvolle Erscheinung aus der Lebenswelt entstehe, verhalte sich selbst anti-ästhetisch und huldige der Ideologie essentialistischer Funktionalität (Kloepfer/Landbeck 1991, S. 77). Auch hier besteht jedenfalls die Gefahr einer Mythologisierung der Realität – in dem Sinne des Ersetzens von Geschichte durch (primäre) Natur.

Die Ästhetik der Werbung wird von Kloepfer/Landbeck im Gegensatz dazu unter dem leitenden Gesichtspunkt einer Dynamisierung von Kommunikation untersucht. Sie sei beim audio-visuellen Spot immer vielfältig: polysensibel, polyfunktional, polysemiotisch, polyvalent. Wer dagegen kritisiere, dass Werbung zu wenig informiere, beziehe sich nur auf deren referentielle Funktion. Dazu fassen die Autoren zeichentheoretisch zusammen: „Etwas ist ein Zeichen, weil es sich auf andere Zeichen bezieht (das untersucht die Syntax), weil es etwas bedeutet (das untersucht die Semantik), weil es als solches gebraucht wird (das untersucht die Pragmatik). Das Ästhetische suspendiert diese einfachen Relationen. Es gibt dem Zeichenprozeß eigenen Wert" (Kloepfer/Landbeck 1991, S. 89). Die Aufgabe, die Spezifik der ästhetischen Dimension zu analysieren, geht indessen darüber hinaus, da sich die vielzitierte Formel der alten Rhetorik als ungenügend erweise. Sobald nämlich das Ästhetische hinzukomme, gewinne das „Wie" Übergewicht. Es geschehe Zusätzliches im Bewußtsein der Adressaten; es werde „aktiviert". In welchem Sinne dies zu verstehen ist, machen die Autoren an anderer Stelle deutlich: „Das Ästhetische in diesem Sinne ist so primitiv wie eine bunte Blüte oder die natürlichen Muster bunter Federn: Etwas tritt aus dem automatisch und damit nicht mehr bewußt Wahrgenommenen oder umgekehrt aus dem Chaos hervor, fällt ins Auge, gefällt und ist selbst Fülle" (Kloepfer/ Landbeck 1991, S. 80).

Um nun aber dieses „Wie" des Ästhetischen zu analysieren, entwerfen Kloepfer/Landbeck den Begriffen der „Mimesis", des „Diskurses und der „Sympraxis" entlang eine Typologie der ästhetischen Botschaften:

- Mimesis bezeichnet dabei die Tatsache, dass der Spot einen Wirklichkeitsausschnitt nachzeichnet oder einen solchen als Teil einer möglichen Welt entwirft.
- Der Diskurs bezeichnet die Botschaft unter dem Aspekt ihrer vieldimensionalen inneren Vertextung.
- Sympraxis versucht, den Zeichenumgang während der Kommunikation zu klaren Gestalten zu führen, sodass der Adressat jenseits der Notwendigkeit von Grammatik oder Bildzuordnung mitmacht und sein Tun als Zeichenkörper erfährt. Es geht also um die zeichengesteuerte Beteiligung der Zuschauer (vgl. dazu Kloepfer/Landbeck 1991, S. 89ff.).

Auf diesem Hintergrund konkretisieren die Autoren diese drei Dimensionen weiter, indem sie diesen fünf Stufen je wachsender Komplexität zuordnen:

	Mimesis	**Diskurs**	**Sympraxis**
1	sachlich	einheitlich	neutral
2	bedeutungsvoll	aufgeladen	ansprechend
3	lebensnah	vielfältig	erlebnisreich
4	kulturvoll	komplex	packend
5	imaginativ	reflexiv	faszinierend

(vgl. dazu im Einzelnen: Kloepfer/Landbeck 1991, S. 96ff.)

Im Rahmen dieses Klassifikationsschemas, das hier im Einzelnen nicht darzustellen ist, untersuchen die Autoren inhaltsanalytisch Fernsehspots aus unterschiedlichen Ländern (Bundesrepublik, Frankreich, Italien, Spanien, Niederlande, Großbritannien), die zwischen 1985 und 1988 gesendet wurden. Dabei gehen sie u.a. von der – durch ihre Arbeit bestätigten – Hypothese aus, dass sich in Europa eine Tendenz der fortschreitende Ästhetisierung des Spots – hin zu den höheren der oben dargestellten Niveaus – belegen lasse, wobei diese Entwicklung in den einzelnen Ländern unterschiedlich rasch erfolgt sei. Dabei beruhe diese Ästhetisierung im Besonderen auf einem höheren Beitrag der Sympraxis, also der „Intensivierung zeichengesteuerter innerer Handlungen der Adressaten" (Kloepfer/Landbeck 1994, S. 103). Mit anderen Worten: Den Adressaten wird im Werbespot immer mehr an eigener Verarbeitungs- und Interpretationsleistung zugemutet. Früher waren gerade in der BRD viele Spots auf der Ebene 1) angesiedelt – nach dem Muster des Henkel-Waschmittel-Manns mit dem freundlichen Herrn, der sein „Bestes" gibt, oder der Zahnpastareklame mit dem weißgekleideten Zahnarzt, der über

Karies informiert. Demgegenüber wurden die Spots in den letzten Jahren immer raffinierter, bis hin zu solchen auf den Ebenen 4) und 5), für welche die Autoren folgendes (deutsches) Beispiel zusammenfassend kommentieren:

„Grundig (Hifi), 45 Sek., Typ 444: *Absolute Modernität*
Modernität als In-Sein ist elektronisch, ist Musik, Stil, Rhythmus und Sinn für Humor jenseits der Hektik. In einem nächtlichen, gestylten Zimmer mit Accessoires im Memphis-Design – Zigarettendose, Ohrensessel, Krawatte am Haken – schlägt ein Laser-Strahl in das exponiert aufgestellte Hifi-Gerät ein und bringt Geister-Leben in den Raum. Der Stecker schlängelt sich selbst in die Dose, die Compact-Disc fliegt in den geöffneten Schacht des Players, das rhythmische Ticken der supermodernen Uhr wird abgelöst von Pop-Musik, welche die Klappen des Ohrensessels dynamisch aufrichtet und in den leeren Schuhen ‚juckt', so dass sie anfangen zu tanzen. Auch Hemd, Hose, Krawatte und Gürtel nehmen Gestalt an, beginnen sich im Takt zu bewegen und cool zu tanzen. Ebenso die Accessoires: High-brow-Zigarettendose und Mafia-Sonnenbrille. Bevor der ankommende Wohnungsinhaber noch sehen kann, was ‚abgeht', wird der Break-Dance rückwärts ausgeführt und das Stromkabel huscht in den Kasten. Die phantastische Auswirkung der Perfektion in Schall und Design macht Worte überflüssig. Unvorstellbar, ein Präsentator expliziert noch: ‚Mit Grundig erleben sie die Magie der Musik durch perfekte Technologie." Ein Hinweis auf die Marke ist alles, was geblieben ist. Das ganze kombiniert sympraktisch Einstimmung, Erwartung, Überraschung, verschiedene witzige Durchbrechungen alter durch neue Wahrnehmungsmuster mit diversifizierter Werterfahrung" (Kloepfer/Landbeck 1991, S. 118ff.).

Kloepfer/Landgrebe feiern den „entwickelten" Werbespot, wie er in der Analyse auf höherem Zuordnungsniveau erscheint, als ästhetisches Ereignis. Das Entscheidende an der Werbung sei nicht mehr, was sie später bewirke, sondern wie sie kommunikatives Leben präge. Audiovisuelle Werbung entwickle denn auch lustvoll das Bedürfnis nach einer immer ästhetischeren Kommunikationskultur.

Nun könnte man sich dennoch fragen, was für ein Verständnis von Kultur sich hinter einer Ästhetik verbirgt, die sich in komplex strukturierten Partikeln von 45 Sekunden-Spots erschöpft; bzw. welche ästhetischen Bedürfnisse sich letztlich an Werbespots befriedigen lassen. Jedenfalls zeigt sich darin ein großer Abstand zu einem bildungsbürgerlichen Kulturbegriff. Darin spiegelt sich die Distanz der ästhetischen Avantgarde jüngerer Generation vom klassischen Bildungsniveau, wie es Schulze (1992) beschreibt. So fällt denn bei den Ausführungen Kloepfer/Landbecks an manchen Stellen eine enge Verwandtschaft zu jenem Muster gesellschaftlicher Veränderung auf, das im dritten Kapitel dieses Buches unter dem Stichwort der Erlebnisgesellschaft abgehandelt wurde. Wenn die Autoren schildern, wie die Botschaften der Werber lauten, so hört sich dies wie ein Plädoyer für innenverankerte Lebensauffassungen im Schulz'schen Sinn an:

„1. *Kauft* das Gute, das Praktische, das Nützliche, das Wertvolle, was wir euch hiermit ankündigen, zeigen, vorführen!
1. *Entdeckt* eure Wünsche, wobei wir euch nach Kräften helfen (und dann werdet ihr schon entsprechend kaufen)!
2. Wir alle *nehmen teil* an einem Leben im Stil der besten aller Zeiten und suchen dazu den hier illustrierten gesellschaftlichen Ort, dessen Werte

uns entsprechen (und dazu entwickeln wir unsere Wünsche und realisieren sie).

3. Es gibt nichts Schöneres als *Selbstentfaltung* der eigenen Möglichkeiten, wozu hier eine spielerische Probe gegeben wird, die uns allen zeigt, wie kreativ wir sind (weil wir zu den Besten gehören, und die nehmen ihre Wünsche ernst und kaufen sich das, was diesem Spaß entspricht)" (Kloepfer/Landbeck 1991, S. 213).

Es entspricht punktgenau erlebnisgesellschaftlichen Zügen, wenn die Autoren dafür halten, dass für das „Kaufen" auch das „Wählen" stehen könne – also jener Modus der Wahl, der sich in einer Gesellschaft des Überflusses immer stärker durchgesetzt hat. Ähnlich betonen sie die Wichtigkeit ästhetischer Qualitäten, der Lust und des Spielerischen gegenüber außenorientierten Zielen des Überlebens in einer Mangelgesellschaft. Wenn also die neue „anspruchsvolle" Werbung in Europa – so Kloepfer/Landbeck (1991, S. 223) – als dominante Quelle ästhetischer Lust begrüßt wird, so wäre festzuhalten, dass sich nicht allein die Spots verändert haben, sondern auch die Rezipienten, die in ihrer gesellschaftlichen Anspruchsstruktur nach ganz ähnlichen Mustern „funktionieren": Das auf wenige Sekunden gebrachte ästhetische Erlebnis mit seinen vielfältigen und oft nur andeutenden Bezügen befriedigt den Erlebnishunger nur momentan, bzw. weckt Wünsche nach noch Spektakulärerem und hält so eine Bedürfnisspirale in Gang, die letztlich immer auch von der Nicht-Erfüllung lebt. So ergibt sich ein Kreislauf von Anspruch und „sich erfüllender Nicht-Erfüllung", der sich gegenseitig stützt und die mentalen Strukturen der Erlebnisgesellschaft immer wieder neu stabilisiert.

In diesem Rahmen muß nun auch gesehen werden, dass gerade Kinder und Jugendliche, welche als Altersgeneration fast prototypisch für die neuen innengeleiteten Imperative stehen, quasi natürliche Adressaten solcher erlebnisorientierter Spots sind. Darauf deutet schon hin, dass sich in den bei Kindern besonders beliebten privaten Sendern eine zeitlich umfangreiche und ästhetisch akzentuierte Kinderwerbung durchgesetzt hat. Zudem könnte hinzugefügt werden, dass Videoclips, die sich generell auf ein jugendliches Publikum ausrichten, analogen ästhetischen Mustern wie die Werbespots folgen[55]. Wenn solche „Textsorten" wie Werbung und Clips nun aber einer avantgardistischen Ästhetik verpflichtet sind, dann müßte man die Heranwachsenden als deren natürliche Addressaten bezeichnen. Jedenfalls ist zu vermuten, dass Kinder und Jugendliche mit der Entschlüsselung solcher Botschaften viel souveräner und lockerer umgehen als die Erwachsenen, welche dem Witz der doppelbödigen Aussagen oft nur Verständnislosigkeit entgegensetzen. Denn durch den häufigen Umgang mit diesen „Tetxtsorten" lernen sie die Dekodierung solcher komplexer Muster ästhetischer Kommunikation

55 vgl. dazu auch die Ausführungen zur Kinderwerbung (S. 171ff.). Diese machen im übrigen deutlich, wie stark es neben den ästhetischen immer auch auf die ökonomischen Anreize des Konsums ankommt.

leichter. Dennoch könnte es sinnvoll sein, mit medienpädagogischen Modellen eine Bewußtmachung von Mustern und Komunikationsstrukturen zu erreichen, mit denen sonst nur auf einer intuitiven Ebene umgegangen wird. Dabei könnten zwei Ziele verfolgt werden:

- Einmal wird erst durch die Analyse deutlich, was es denn ausmacht, dass Videoclips und Werbespots so anziehend sein können. Hier wäre also auf die spezifischen ästhetischen Qualitäten einzugehen, aber auch auf die innengeleiteten Bedürfnisse, auf welche diese sich beziehen. Gerade an den Medien lassen sich die Auswirkungen des erlebnisgesellschaftlichen Modells des Lebens in besonders eindrücklicher Weise aufgreifen und pädagogisch reflektieren.
- Zweitens würde die These von der avantgardistischen Funktion von filmischen „Textsorten“ wie Spot und Clip bedeuten, dass hier Strukturmerkmale deutlich werden, wie sie auch in anderen noch nicht so weit entwickelten[56] Textsorten zunehmend bedeutsam werden. Am konzentrierten und verdichteten Beispiel kann also ersichtlich gemacht werden, wie z.B. die sympraktische Dimension von Medienbotschaften eingesetzt wird. Und es wäre dann möglich, durch eigene Videoprojekte solche Mechanismen aktiv und anschaulich (im Sinne Schnoors) vor Augen zu führen.

Zusammenfassende Überlegungen zur Komplexität medialer Kommunikation

Es konnte in diesem Kapitel nicht darum gehen, ein medienpädagogisches Konzept detailliert zu entwickeln und auszuarbeiten. Vielmehr ging es darum, Ansatzpunkte und Zugriffsmöglichkeiten zu skizzieren, die in ihrem gegenseitigen Bezug weiterzuentwickeln sind. Dabei stand insbesondere der Begriff der „Alphabetisierung“ im Mittelpunkt, der einerseits als positiver Bezugspunkt dargestellt wurde, andrerseits in seiner ursprünglichen Fassung oft zu eng auf einen sprachlichen Kontext bezogen scheint. So ist es nicht unbedingt ausgemacht, dass der Umgang mit visuellen Kommunikationsformen auf dieselbe Weise zu lernen ist wie die schriftsprachliche Kommunikation. Und es wäre auch kritisch zu fragen, ob ein solcher Ansatz nicht implizit die sprachlich-diskursive Dimension implizit zum Maßstab jeden kommunikativen Umgangs macht. So wendet etwa Gerhard Bliersbach (1990) gegen jene Kritik am Fernsehen ein, wonach dieses das sehr viel kreativitäts- und phantasiebezogenere Lesen verdränge: Es sei zu einfach, das Lesen so direkt mit dem Sehen zu verrechnen. Beim Sehen handle es sich um einen komplexen Prozeß auf ei-

56 „Entwicklung“ will hier nichts anderes als den Prozeß der Ästhetisierung bezeichnen, wie ihn Kloepfer/Landbeck (1991) beschrieben haben. Dabei soll offen gelassen werden, ob dies als gesellschaftlicher Fortschritt (oder eher als Rückschritt) zu werten wäre.

ner anderen Erkenntnisebene: „Bilder wahrzunehmen erfordert eine hohe Aufnahmekapazität von einer Vielzahl Informationen in Sekunden. Sehen ist unsere ältere Fähigkeit, früher als das Lesen entwickelt, ein enormes Sensorium, welches das Kleinkind entwickelt, um sich mit der Wahrnehmung von Mimik und Gesten zurechtzufinden in seiner ohnmächtigen hilflosen Lebenslage" (Bliersbach 1990, S. 28). Das Fernsehen sei aber auch generell als Kommunikationsmedium nicht vorschnell abzuwerten. Dank der audiovisuellen Medien könne man, wenigstens zu einem Teil, überprüfen, wie die Rede und Körpersprache zusammenpaßten. Bliersbach hält denn auch dafür, dass die elektronischen Medien die körpersprachliche Aufmerksamkeit permanent erzwängen.

Und er hält auch wenig von der These, dass das elektronische Medium die Sprache oder die Literatur abschaffe. Zu recht wendet er ein, dass die Literatur unerläßlich bleibe, um die von den Bildern beschleunigte Lebenswirklichkeit zu versprachlichen. Möglicherweise erzeugt denn auch gerade der Sog der Bilder das Bedürfnis, durch Versprachlichung Distanz zu nehmen. Man kann sich in diesem Zusammenhang an die Diskussion um die Computersprachen erinnern, wo die Gefahr einer Technisierung der Kommunikation beschworen wurde (etwa bei: Weingarten 1989). Auch hier übersah die Kritik an den Programmiersprachen, dass der Computer als Medium auch neue Möglichkeiten nicht-technischer Kommunikation eröffnet – von dem gesellschaftlich immer selbstverständlicher werdenden Umgang mit Textverarbeitungen bis hin zu den weltweiten Diskussionszirkeln von Datennetzen wie Internet und CompuServe, die in aller Regel über schriftliche Diskussions-Threads geführt werden.

Anstatt in diesem Sinne plane und simplifizierende Kritik als Quelle medienpädagogischer Arbeit zu favorisieren, erschien es angebrachter, aus der Perspektive semiologischer Arbeiten das „Unterscheidende" („Innovative", manchmal aber auch „beunruhigend Gefährliche") herauszuarbeiten, das mit audio-visueller Kommunikation verbunden ist. Auch hier wurden unterschiedliche Ansätze vorgestellt, ohne daraus zu versuchen, eine kohärente semiologische Theorie zu generieren; denn dies würde den Anspruch der vorliegenden – pädagogisch ausgerichteten – Arbeit übersteigen. Dagegen dürften drei übergreifende Gesichtspunkte deutlich geworden sein:

- Visuelle Kommunikation ist nicht einfach das „andere" von Sprache; sie läßt sich durchaus selbst unter semiologischen Gesichtspunkten als „Sprache" bzw. „Code" analysieren.
- Gegenüber der Sprache erscheint die Bedeutung von Bildern als vieldeutig, was visueller (und audio-visueller) Kommunikation eine große Flexibilität gibt.
- Filmische Kommunikation nutzt diese Flexibilität zudem dadurch, dass verschiedene Stränge der Kommunikation gleichzeitig und sich überschichtend ablaufen (Bild, Ton, Sprache). Wie gerade das Beispiel des Werbespots darstellt, ergeben sich dadurch sehr komplexe Kompositionen, welche mit einer anspruchsvollen Ästhetik einhergehen können.

Diese Komplexität audio-visueller Kommunikation hat insbesondere Christian Doelker (1989) einzufangen versucht. Dabei wäre einmal der Begriff der Hyperrealität nochmals aufzunehmen, der es offensichtlich so schwierig macht, noch zwischen „ursprünglicher“ und „abgeleiteter“ Realität zu unterscheiden. Differenzierend unterscheidet Doelker verschiedene „Wirklichkeiten“:

- W1: Die „primäre“ Wirklichkeit, die uns umgibt, und welche mit den fünf Sinnen wahrnehmbar ist.
- W2: Repräsentationen, wie sie auf dem Bildschirm und als Tonwiedergabe erscheinen, oder in Büchern und Zeitschriften gedruckt sind.
- W3: Wirklichkeit, wie sie in der Wahrnehmung des Zuschauers, des Hörers und des Lesers erscheint.

Doelker kommentiert: „Der Schritt von W1 zu W2 heißt Abbildung, und die zweite Etappe von der W2 zur W3 bezeichnen wir als Medienwahrnehmung. Die Linie von W1 bis W3 beschreibt den Weg eines in der primären Wirklichkeit existierenden Gegenstandes bis zu dessen Identifizierung im Gehirn des einzelnen Zuschauers“ (Doelker 1989, S. 66).

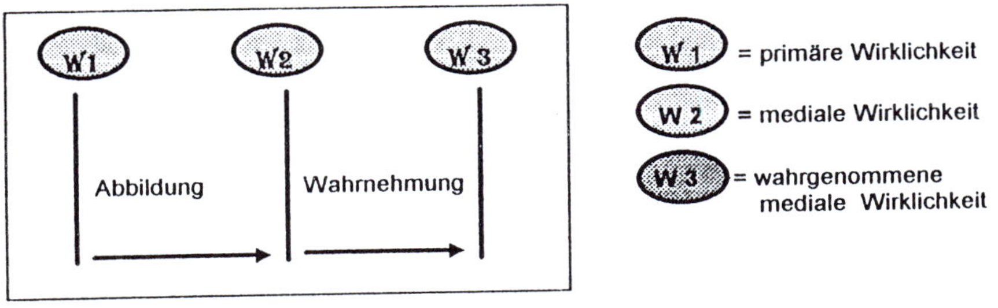

(Quelle: Doelker 1989, S. 65)

Diese drei Ebenen der Wirklichkeit sind aus mehreren Gründen schwer zu unterscheiden: Einmal ist die Qualität der Abbildung sehr hoch, die das Fernsehen ermöglicht – bei einer Live-Übertragung im Fußball, einer Parlamentsdebatte, einem Dokumentarfilm über Natur- und Tierwelt. Kinder und Heranwachsende begegnen zum Beispiel sehr vielen Phänomen heutzutage „primär“ über diese zweite Realität, die damit in gewisser Weise für sie zur „ersten“ wird. Wenn die erste Wirklichkeit nicht zur Verfügung steht, neigen die Menschen denn auch dazu, diese aus extrapolierten Teilerfahrungen „primärer“ Erfahrung bzw. aus „sekundären“ (Medien-)erfahrungen zu rekonstruieren. In diesem Zusammenhang muß als weiteres Moment zudem beachtet werden, dass der Status der primären Wirklichkeit nicht mehr jener einer unberührten Natur ist; vielmehr ist diese immer schon gestaltete, mit semiologischen Bedeutungen aufgeladene Realität. Diese „semiologisierte“ primäre Realität ist damit nichts Ursprüngliches, sondern verschwimmt in ihrer

Rekonstruktion mit Elementen der „zweiten Wirklichkeit" zu dem, was an anderer Stelle mit „Hyperrealität" bezeichnet wurde. Dies macht möglicherweise auch das aus, was die Theorie der Erlebnisgesellschaft verdeutlichte: die zunehmende Anreicherung der Lebenswelt mit ästhetischen Erfahrungsqualitäten.

Doelker konstatiert einen ähnlichen Prozeß, wenn er sein Schema der drei Wirklichkeiten als „Wirklichkeitsspirale" faßt und dazu festhält, wie die aus zahlreichen Mediensplittern entstehenden Vorstellungen sich z.B. auf die erste Wirklichkeit als Illusionsbildung auswirken: „Nun gilt es, eine nächste Phase auszumachen: Diese Vorstellungen wirken auf die W1 zurück, das heißt die W1 wird aufgrund von medienvermittelten Vorstellungen verändert. Und der Rezipient ist seinerseits auch wieder Teil der W1, findet sich also als potentiell Veränderter in einer veränderten Umwelt. Diese durch Rückwirkung von Medien entstandene neue Situation kann aber ihrerseits wieder Ausgangspunkt in einer medialen Weiterverwendung sein, kann also ihrerseits zum Gegenstand der Abbildung werden und in dieser neuen Form wiederum zum Rezipienten gelangen, der sie als W3 rezipiert, usf., usf.: Es entsteht so eine Art Spirale oder auch Regelkreis, eine dynamisierte oder kybernetisierte Form unseres einfachen 3 W-Schemas, in der laufend Rückkopplungen stattfinden" (Doelker 1989, S. 91).

Die Semiologisierung von Wirklichkeit, wie sie hier festgestellt wurde, verbietet im Übrigen simple pädagogische Lösungen. Jedenfalls wird es aufgrund des Gesagten kaum mehr möglich sein, eine ursprüngliche nichtmediale Wirklichkeit als primäre Erfahrung zu postulieren, die vor allem Medienkonsum gleichsam als Basis menschlicher Erfahrungswirklichkeit anzueignen wäre. Diese scheinbar unberührte Welt primärer Erfahrungen ist – so wäre m.E. das Konzept der Wirklichkeitsspirale zu deuten – in den von Doelker skizzierten Prozeß der Rückkoppelungen einbezogen, bzw. diese primäre Welt ist nicht unberührte Natur, sondern selbst eine von semiologischen Bedeutungen „durchsetzte", bzw. semiologisch konstituierte Welt, die in ihren Codes zu entschlüsseln ist.

Aus diesen Überlegungen folgt für den Kontext dieser Arbeit:

- Es ist zu beachten, dass Medienereignisse in dem Sinne komplex sind, dass es nicht nur eine Lesart gibt. Doelker (1989, S. 99) nennt dies an einer Stelle die „Entfesselung des Zuschauers", der die Angebote mit anderen Finalitäten nutze als sie intendiert seien. Wie schon an anderer Stelle betont wurde, handelt es sich um „polysemische" Texte, die von verschiedenen Zuschauern und Zuschauergruppen – z.B. Erwachsenen und Kindern aufgrund unterschiedlicher Bedürfniskonstellationen und Verarbeitungstechniken je anders interpretiert werden. So werden kleinere Kinder „Knight Rider" im Sinne szenischen Verstehens auffassen, während andere vor allem den Bezug zu ihrem Idol Michael Knight akzentuieren oder sich auf das Wunderauto K.I.T.T. konzentrieren, während Erwachsene daran das Muster des Krimis anlegen.

– Fernsehereignisse sind mit Doelker als „plurigene" Texte von einer hohen Komplexität zu beschreiben, die gleichzeitig verschiedene Stränge bilden und entsprechend auf verschiedenen Ebenen zu verarbeiten sind[57]. Daraus ergebe sich indessen leicht eine Überforderung der Aufnahmefähigkeit der Rezipienten: „Nach dieser Filtertheorie können Informationen, die über den optischen und den akustischen Kanal gleichzeitig eintreffen, nicht auch gleichzeitig verarbeitet werden. Die eine Aufmerksamkeit kann sich nicht auf zwei Modalitäten verteilen; sie wird sich deshalb der einen zuwenden und sich der anderen während dieser Zeit verschließen" (Doelker 1989, S. 217). Schwierig kann es aber für den Zuschauer auch sein, wenn sich verschiedenste Codes – wie im Werbespot – überschichten und überkreuzen, oder wenn es darum geht, die Perspektive gestalteter Realität auch noch bei der Echtzeit-Übertragung herauszuarbeiten.

Nun kann man, wie es Doelker (1989, S. 226) im Anschluß an Hertha Sturm tut, eine Reduktion der Komplexität im Sinne einer „zuschauerfreundlichen Dramaturgie" fordern. Auch dies wäre eine medienpädagogische – bzw. eine medienpolitische – Maßnahme. „Rezipientenorientierung" der Medien in diesem Sinne erscheint mir aber eine schwierige Perspektive, und zwar aus mehreren Gründen: Einmal zeigt die Entwicklung des Mediums Fernsehen eher eine umgekehrte Entwicklung: Die medienpädagogisch orientierten Kinder- und Jugendprogramme sind in den letzten Jahren und Jahrzehnten immer stärker in die Defensive gekommen. Ob mit pädagogischen Appellen in einer Zeit extensiver Medienliberalisierung medienpolitische Weichenstellungen für eine „zuschauerfreundliche Mediendramaturgie" erreicht werden können, scheint zumindest fraglich. Gleichzeitig lassen die Studien zu den Fernsehgewohnheiten der Heranwachsenden vermuten, dass diese selbst eher Filme mit einer rasanten Dramaturgie bevorzugen, die kaum dem entsprechen, was Hertha Sturm (1984) unter dem Titel der „Zuschauerfreundlichkeit" fordert, um die „fehlende Halbsekunde" gleichsam zu kompensieren. Denn die Sehgewohnheiten haben sich m. E. in einer Weise entwickelt, die den durch rasante Dramaturgien in neuartiger Weise ästhetisierten Medienereignissen entgegenkommt. Darauf deutet z.B. der konstatierte Zusammenhang zwischen innengeleiteter Lebensauffassung im Rahmen erlebnisgesellschaftlicher Orientierungen und der Mediendramaturgie des Werbespots hin.

In diesem Kapitel wurde denn auch eine andere Strategie favorisiert: Gegenüber einer vermeintlich zuschauerfreundlichen Dramaturgie hätte die medienpädagogische Arbeit mehr auf die bewußte Aneignung jener semiologisch fundierten Strategien der Decodierung audio-visueller Kommunikation zu setzen, welche im alltäglichen Medienumgang eingesetzt werden. Es geht also um eine Vertiefung und Erweiterung der Medienkompetenz, wie sie in diesem Kapitel unter folgenden Aspekten dargestellt wurde:

57 Medienpädagogische Anregungen zur unterrichtlichen Umsetzung dieses Ansatzes finden sich zu Doelkers Konzept ebenfalls (vgl. Doelker 1992).

- Medienpädagogische Arrangements können auf medienspezifische Codierungsmuster aufmerksam machen, auf spezifische Zuordnungen von Mimesis, Diskurs und Sympraxis – ähnlich dem hier vorgestellten Muster des Werbespots. Es wird hier also darum gehen, in der Analyse von komplexen Medienereignissen verschiedene Dimensionen zu unterscheiden[58] und herauszuarbeiten, was im Zusammenwirken verschiedener Codes geschieht, bzw. welche ästhetischen Wirkungen damit zu erreichen sind.
- Überforderungen, wie sie Doelker andeutete, könnten bewußter wahrgenommen, bzw. das eigene Muster der Rezeption mit Bezug auf die verschiedenen Wahrnehmungs-Kanäle geklärt werden. Geht man etwa mit Vester (1978) davon aus, dass die Menschen diese Eingangskanäle unterschiedlich nutzen und sich in diesem Zusammenhang nach unterschiedlichen „Lern- oder Wahrnehmungstypen" gliedern, könnte man auch bei der Rezeption von Medienereignissen herausarbeiten, was die Bevorzugung bestimmter Kanäle für den Mediengebrauch bedeutet.
- Einzubeziehen ist in diesem Zusammenhang, wie solche Medienereignisse auf die Betroffenen wirken, was die Attraktivität bestimmter Sendungen ausmacht, bzw. welche subjektiven Motive oder tieferliegenden Bedürfnisse – etwa im Sinne des Durcharbeitens von bestimmten Entwicklungsaufgaben oder des Aufarbeitens der Hintergründe von genretypischen Fernsehvorlieben – damit verbunden sind. In diesem Sinne könnte dann z.B. auch geklärt werden, warum bestimmte Sendungen in einem bestimmten Alter bzw. in einer spezifischen Entwicklungsphase bedeutsam sind, dann aber wieder aus dem biographischen Gesichtskreis entschwinden.
- Medienkritisch kann die Reflexion von Medienereignissen auf Mythen des Alltags Bezug nehmen, und damit verknüpfen, was mit den Zeichen geschieht, bis sie aus der „primären Wirklichkeit" in der Doelkerschen W3 angelangt sind. Dies kann sich als Enthistorisierung oder als Manipulation ausdrücken, etwa wenn die Intentionen der Macher in den Blick kommen (im Fall des Krieges im Irak oder in Bosnien). Es kann aber auch grundsätzlich darum gehen, die semiologische Konstruktion der Welt zu verdeutlichen und über das Spiel der Codes zu erläutern, wie problematisch die Frage nach dem „eigentlichen" Wesen der Dinge in dieser Hinsicht ist.

Nun könnte man gegen solche zeichentheoretisch orientierte Ansätze der Medienpädagogik einwenden, dass sie hochgradig analytisch orientiert seien und damit zu stark die kognitive Seite des Lernens betonten. Dieser Anschein entsteht indessen nur deshalb, weil im Rahmen dieses Kapitel die konzeptuell-inhaltliche Seite vertieft dargestellt wurde, weniger aber die medienpädago-

58 Hier wäre auch nochmals an die medienpraktischen Überlegungen Schnoors zu denken (vgl. S. 231f.).

gische Umsetzung. Wie bereits Schnoor deutlich machte, muß aber die Umsetzung von zeichenorientierten Konzepten keineswegs bedeuten, dass diese didaktisch allein auf der Ebene der nachträglichen Analyse von Medienereignissen anzusiedeln wären. Vielmehr lassen sie sich sehr gut mit handlungsorientierten Ansätzen verbinden, welche den aktiven Umgang mit den Medien in den Mittelpunkt stellen – z.B. im Rahmen eines Konzeptes der Video-Animation, das die Aneignung der audio-visuellen Zeichensprache über aktives Experimentieren mit der Kamera anstrebt. Handlungsorientierte Unterrichtskonzepte stehen denn auch – so Goltsche (1992) – nicht in Konkurrenz zur kognitiven Dimension, sondern setzen jene voraus, bzw. sind deren praktische Fortführung und Sinngebung.

So ist denn auch Schnoor beizupflichten, wenn er resumierend festhält: „Für eine Einführung in die ‚Lesbarkeit' von Bildschirmmedien, so läßt sich dieser Abschnitt zusammenfassen, ist die Form des Lehrgangs wenig angebracht. Damit Kinder und Jugendliche erste Einblicke in das Symbolsystem technischer Bilder gewinnen und die Verwendungsmöglichkeiten von Bildschirmmedien besser einschätzen können, ist vielmehr eine Unterrichtsform angemessen, die die Merkmale der Projektpädagogik aufnimmt. Dadurch lernen SchülerInnen technische Bilder von einer neuen, ungewohnten Seite kennen, nämlich nicht als Konsumenten vor dem Bildschirm, sondern als Produzenten hinter der Kamera“ (Schnoor 1992, S. 142).

Bildung in der Medien- und Informationsgesellschaft

Computer galten von allem Anfang an – und noch verstärkt, als in den Achtzigerjahren der PC seinen Durchbruch erlebte – auch als Bildungsmedium. So prognostizierte Klaus Haefner in seinem damals breit rezipierten Buch „Die neue Bildungskrise“ bereits 1982, dass die nächsten Jahrzehnte weltweit eine intensive Nutzung der Informationstechnik brächten. Das Bildungswesen dagegen versäume es, der breiten Bevölkerung den Zugang zur Informationstechnik als Basistechnologie der Zukunft angemessen zu vermitteln; es sei grundsätzlich unvorbereitet auf eine rasche Anpassung seiner Ziele und Arbeitsmethoden an den sich überall vollziehenden Wandel der informationellen Umwelt des Menschen. Demgegenüber formuliert Haefner als Leitziel: „Jeder Bürger muß in den Stand versetzt werden, die breiten Möglichkeiten der Informationstechnik als Erweiterung seiner persönlichen Fähigkeiten und Fertigkeiten aktiv nutzen zu können“ (Haefner 1982, S. 266).

In der bildungspolitischen Praxis begann damit eine Entwicklung, die durch folgende Merkmale zu charakterisieren ist:

– *Die Einführung der Informatik führte von „oben“ nach „unten“ im Bildungswesen.* Schon gegen Ende der Sechzigerjahre wurden an deutschen Hochschulen eigenständige Studiengänge für Informatik eingerichtet. 1972 beschloß dann die Ständige Konferenz der Kultusminister, Datenverarbeitung als Grundkurs in der refomierten Oberstufe zuzulassen, und 1981 verabschiedete die Kultusministerkonferenz die „Einheitlichen Prüfungsanforderungen in der Abiturprüfung Informatik“. Für die Sekundarstufe I bildete das Rahmenkonzept für die Informationstechnische Bildung von 1984 einen Meilenstein (vgl. Gergely 1986 S. 48ff.). Dort wurde zwar festgehalten, dass die Informatik vorrangig in der gymnasialen Oberstufe ihren Platz habe, aber es wurde nicht ausgeschlossen, „dass Informatikangebote auch schon in den Wahlpflichtunterricht des Sekundarbereich I aufgenommen werden.“ In den letzten Jahren kommt nun immer mehr auch die Forderung auf, dass Computer bereits mit Beginn der Volksschule in den Schulen genutzt werden könnten.

- *Von den Inhalten her war die Informatik ursprünglich als ein mathematiknaher Bereich konzipiert,* wobei es im Wesentlichen um das Programmieren ging. Dies veränderte sich allerdings schon im Konzept der Informationstechnischen Bildung von 1984, die in ihrem Aufgabenbeschrieb von einem umfassenderen Ansatz einer Alltagsinformatik ausging. Diese umfaßte:
  - „Aufarbeitung und Einordnung der Erfahrungen, die Schüler in ihrer Umwelt mit Informationstechniken machen,
  - Ermittlung von Grundstrukturen, die den Informationstechniken zu Grundeliegen,
  - Einübung von einfachen Anwendungen der Informationstechnik,
  - Vermittlung von Kenntnissen über die Einsatzmöglichkeiten und die Kontrolle der Informationstechniken,
  - Darstellung der Chancen und Risiken der Informationstechniken,
  - Einführung in Probleme des Persönlichkeits- und Datenschutzes,
  - Aufbau eines rationalen Verhältnisses zu den Informationstechniken."

  Zwar betont dieses Konzept bereits auch den sozialen Gebrauch der Computer; dennoch basiert es letztlich auf dem Gedanken, dass im Zentrum die Informations*technik* steht, die in der Schule eingeführt werden müsse. Damit waren jene Verkürzungen bereits angelegt, die Haefner damals monierte: „Allerdings hat sich in der schulischen und hochschulischen Praxis an Schulen und Hochschulen eine sehr verkürzte Darstellung dieses Problems ergeben. Es werden im Wesentlichen ‚Informatik'-Grundkenntnisse sowie der Umgang mit dem Computer vermittelt. Eine systematische Auseinandersetzung mit der informationellen Umwelt und der daraus entstehenden Probleme findet – leider – nicht statt" (Haefner 1987).
  In den Neunzigerjahren wurden die Computer immer bedienerfreundlicher, und für die Schulen sowie im Heimmarkt entstand ein Markt von Lernsoftware, der dazu animierte, Computer als Lernmedium einzusetzen. Damit stand nun nicht mehr die Informatik als Gegenstand des Computereinsatzes im Mittelpunkt, sondern das Schreiben von Texten mit einer Textverarbeitung, das Recherchieren im Internet etc. Wie weit überhaupt noch eine informationstheoretische Grundbildung notwendig ist, wird in einer Zeit immer fraglicher, wo bereits sechs- bis siebenjährige Kinder ganz unbefangen den Computer ihrer Eltern benutzen.
- *Von den didaktischen Überlegungen her wurde anfangs diskutiert, ob die Informatik als Fach zu konzipieren sei, in welchem die Grundlagen der Informationstechnik gelernt werden sollten.* Im Konzept zur Informationstechnischen Grundbildung von 1984 begann indessen ein Umdenken. So sprach man sich darin für eine Einbettung der Inhalte in das Lernangebot vorhandener Fächer aus. Und man dachte an eine Vermittlung in Form von Blockphasen und Projektunterricht. Gegenwärtig geht die Dis-

kussion nun aber noch einen Schritt weiter: Wenn der Computer zum Werkzeug wird, das in allen Fächern seinen Platz hat, dann müßte es weder spezielle Informatikräume noch eine Auswahl von Fächern mit Informatikangebot geben. Vielmehr sollte in jedem Klassenraum eine Computerecke zur Verfügung stehen, die von den Schülern möglichst flexibel und individuell genutzt werden könnte.

Dieser kurze Überblick zeigt, wie in wenigen Jahren die Frage des Computereinsatzes an den Schulen zu einem Problem des ganzen Bildungswesens geworden ist. Dies ist jedoch nur ein Ausdruck für den gesellschaftichen Wandel: Wenn die Informationstechniken alle Bereiche des Lebens – von der Wirtschaft bis zum Homebereich immer stärker prägen, kann dies auch an den Schulen nicht spurlos vorbeigehen. Insbesondere ist auch die Befürchtung geäußert worden, dass im Bereich der Informationstechnik neue Wissensklüfte entstehen könnten – indem aufstiegsorientierte Mittelschichteltern dafür sorgten, dass ihren Kindern zu Hause ein Computer zur Verfügung stehe. Hier sei es die Aufgabe der Schule, im Sinne der Chancengleichheit zu wirken.

Formen des Computereinsatzes in der Schule

Wenn wir davon ausgehen, dass Computer in den heutigen Schulen immer stärker als Lernmedium eingesetzt werden, so soll dies im Folgenden noch etwas stärker konkretisiert werden. Insbesondere scheint es mir, dass der Computer in drei Bereichen eine Rolle spielen könnte (vgl. auch Papert 1993, S. 161):

- *Der Computer als Werkzeug („tool"):* Kinder sollen lernen, die Werkzeuge, die ein Computer anbietet, für ihre tägliche Arbeit zu nutzen. In diesem Sinne kann er in der Schule zur Textverarbeitung, zur Arbeit mit Lexika und Clip-Arts, zum Zeichnen, zum E-mail-Kontakt mit anderen Schülern über das Internet herangezogen werden. Im Mittelpunkt steht der Einsatz von Standardsoftware, die für die Lösung schulischer Aufgaben eingesetzt wird. Lernen kann auf diese Weise mit kreativem und aktivem Handeln, mit Experimentieren und Ausprobieren verbunden werden; es ist mehr als sturer Drill (vgl. Moser 1997, S. 13).
- *Der Computer als Tutor.* Seit einigen Jahren kommen immer mehr vom Ansatz her anspruchsvolle Lernprogramme auf den Markt, die im Unterricht eingesetzt werden können oder speziell dafür entwickelt wurden. Schüler können auf diese Weise individuell und selbständig Schwächen in ihren Kenntnissen bearbeiten – oder sie können sich Zusatzstoffe erarbeiten, die sie interessieren. Wesentlich ist allerdings, dass solche Programme nicht einfach eine ergebnisorientierte Verhaltenssteuerung bein-

halten, sondern dass sie unterschiedliche Schwierigkeitsgrade anbieten und eine Lerndiagnose ermöglichen. Insbesondere aber sollten Lernumgebungen auf eine Weise gestaltet werden, die dem Schüler auch Spaß machen und ihn zur Auseinandersetzung mit dem Programm anregen.
Allerdings ist es nicht immer so, dass grafisch raffiniert und aufwendig gestaltete Programme des Edutainment-Marktes für den schulischen Einsatz per se schon geeignet sind. So mahnt Adrian Pfyffer zur Vorsicht: Der Erfolg des Lernens mit dem Computer sei einerseits abhängig von der Qualität des Programms und andrerseits von dessen Einsatzbereich im Bildungs-, Informations- oder Unterhaltungsbereich. „Zum Beispiel kann selbst ein mangelhaft gestaltetes, aber inhaltlich und didaktisch durchdachtes Übungsprogramm im Schulalltag mit Erfolg eingesetzt werden. Umgekehrt ist ein in Technik und Gestaltung überzeugendes tutorielles Lernprogramm mit großen inhaltlichen und didaktischen Mängeln im Unterrichts schlecht einsetzbar“ (Pfyffer 1998, S. 30).

– *Das Lernen über den Computer.* Meinte hier Papert (1993, S. 163) noch in erster Linie das Programmieren mit LOGO, so wäre hier breiter zu argumentieren: Der Umgang mit solchen Geräten fordert die Lernenden generell heraus, über Computer und ihre gesellschaftlichen Folgen nachzudenken. Dazu kommt das Erlernen elementarer Computerkenntnisse, bzw. ein Ausgleich in den Kenntnissen von Schülern, die bereits von zu Hause her darin Spezialisten sind – und jenen, die noch über keine informationstechnischen Grundkenntnisse verfügen.
In diesem Bereich ist im Übrigen auch der Ort, wo medienübergreifende Aspekte thematisiert werden können. Als Beispiel dazu nennt Ammann das Thema „Benutzeroberfläche“: „Neben Videorecorder, Scanner oder Telefon können diesbezüglich viele Geräte aus dem Alltag untersucht und miteinander verglichen werden: Staubsauger, Schreibmaschine, Radiowecker, Kopierapparat, Walkman, Geld- und Fahrkartenautomat. – Wie bedienerfreundlich und zweckmäßig sind die jeweiligen Benutzeroberflächen angelegt? Wie lassen sich Design und Funktion sinnvoll verbinden? Wo werden Farben und Piktogramme zur Benutzerführung eingesetzt? Gibt es bei der Kennzeichnung von Tasten Gemeinsamkeiten, welche die Bedienung, erleichtern?“ (Ammann u.a. 1998, S. 35).

Methodische Rückwirkungen

Wenn das Thema Computer bzw. Multimedia und Schule diskutiert wird, so geht es nicht allein um die bloße Anwendung von Computern in der Schule. Vielmehr sind Medien in einen didaktisch-methodischen Zusammenhang eingebunden, der insgesamt überdacht werden muß, wenn das Werkzeug Computer auf sinnvolle Weise im Unterricht integriert werden soll. In diesem Sinne meint auch Schnoor: „Medien sind kein Selbstzweck. Medien unterstützen prinzipiell jeden Stil der Wissensvermittlung. Ihre besonderen Qualitäten entwickeln sie jedoch, wenn neue didaktische und pädagogische Konzepte zu Grunde liegen" (Schnoor 1998, S. 102).

Man kann dies auch an praktischen Beispielen demonstrieren: Wenn das Konzept einer Medienecke mit drei bis vier Computern in einem Schulzimmer realisiert wird, stellt sich sofort die Frage, wie damit nun gearbeitet werden soll. Schließlich kann man nicht mit allen Schülern gleichzeitig an den Geräten arbeiten, und man muß auch darauf achten, dass alle Schüler die Gelegenheit haben, an die Reihe zu kommen. Die Grundschullehrerin Ursula Hänggi hat dieses Problem für sich gelöst, indem sie den Computer im Rahmen eines individuellen Werkstatt-Unterrichts einsetzt. Sie beschreibt z.B. ihre Werkstatt zum Thema „Das kleine Gespenst" (2. Grundschulklasse): „Die ‚Gespenster-Werkstatt' besteht aus 40 Aufträgen aus allen Bereichen (Sprache, Gestalten, Rechnen) sowie der Möglichkeit, eigene Ideen umzusetzen. Wie in jeder Werkstatt sind auch alle Computer – außer während der Klassenstunden – eingeschaltet. Die Kinder arbeiten völlig selbstbestimmt und selbständig daran. Im Prinzip ist die Handhabung der Programme bekannt, da die meisten Lernprogramme die Kinder die ganze Schulzeit mitbegleiten. Neue Software wird kurz eingeführt, der Rest ergibt sich ‚von selbst', nach dem Schneeballprinzip" (Hänggi 1998, S. 14).

Das Beispiel zeigt, dass es vor allem zwei Prinzipien sind, welche für diesen Unterricht wichtig sind: die verstärkte Individualisierung und der Bezug auf neue Zusammenarbeits- und Unterrichtsformen. *Einmal* bedeutet dies, dass didaktische Formen gefragt sind, welche es ermöglichen, Lerntempo und Lernwege selbst zu bestimmen, bzw. aktiv den Verlauf des eigenen Lernprozesses mitzubestimmen und zu gestalten. Dazu gehören Formen des individuell gestalteten Wochenplans, den Schüler frei bestimmen, oder Stunden mit Freiarbeit, wo sie gezielt an Lernaufgaben arbeiten (wobei dabei *eine* Möglichkeit auch die Arbeit am Computer ist). Das muß im Übrigen nicht bedeuten, dass die Schüler ausschließlich einzeln und allein an einem Computer üben; Struck z.B. befürwortet eindringlich die Partnerarbeit, die mit dem Lernen auch eine soziale Herausforderung verbinde (Struck 1998, S. 164).

Zweitens sind es gerade unkonventionellere Lernformen wie Werkstattunterricht oder Projekte, die besonders geeignet für den Werkzeugeinsatz des Computers sind. Denn gerade bei der Erabeitung von ganzheitlichen Problemstellungen gibt es fast immer Aufgaben, bei denen der Computer als Werkzeug dienlich sein kann – beim Recherchieren nach Informationen auf einer CD-Rom oder auf dem Internet, bei der Auswertung von Daten oder beim Schreiben eines Projektberichts. Computer werden auf diese Weise wie von selbst in kooperative Lernarrangements einbezogen, und es wird den Schülern bei der Bearbeitung von konkrteten Aufgabenstellungen deutlich, wo sie den eigenen Lernprozeß unterstützen – aber auch, wo sie hinderlich sind.

Sollte sich die hier dargestellte Entwicklungsperspektive in den Schulen durchsetzen, wird dies auch zu einer Veränderung der Lehrerrolle führen. Denn das Informationsmedium Computer wird damit in Konkurrenz zum Lehrer als „Wissensvermittler“ treten. Schüler werden sich also stärker aktiv handelnd mit dem Lerngegenstand auseinandersetzen, anstatt selbst belehrt zu werden. Sie durchforschen eine CD-Rom oder lernen Sprache und Mathematik am PC – während die Lehrer verstärkt zu Lernberatern und -moderatoren werden und helfen, Zugänge zu eröffnen und Schwierigkeiten zu überwinden.

Es wäre denn auch falsch, Unterricht mit Computern unter der Perspektive eines technischen Zerrbildes zu sehen – indem die Schüler tagelang in durchrationalisierten Klassenräumen isoliert hinter den Bildschirmen sitzen. Wenn es gelingt, in den Schulen eine pädagogisch geleitete Medienintegration zu erreichen, dann kann multimedialer Unterricht mit Computern auch eine Chance darstellen. Denn dann wird deutlich, dass diese Integration auf der Basis des traditionellen Frontalunterrichts nicht zu erreichen ist. So könnte es paradoxerweise sein, dass reformpädagogische Vorstellungen von Unterricht und Lernen gerade über (informations-)technische Mittel in den Schulen erneuert werden.

Lernen in den virtuellen Netzen

Lernen mit Computern ist in den letzten Jahren immer stärker noch mit einem anderen Aspekt verbunden worden, nämlich den virtuellen Netzen des Internet. Die Forderung, dass auch Schulen eine Auffahrt zur Datenautobahn haben müßten, wenn sie auf der Höhe der Zeit bleiben wollten, hat zu Initiativen wie „Schulen ans Netz“ geführt. Ehrgeiziges Ziel ist es dabei, in den kommenden Jahren in Deutschland alle 44 000 Schulen an das Netz anzuschließen. Ende 1997 waren es bereits 6000 Schulen, die über einen Internet-Anschluß verfügten, während es zwei Jahre vorher erst zwei Prozent gewesen waren.

Dennoch sollte man nicht voreilig daraus eine Erfolgsstory basteln. Denn viele Schulen kämpfen noch mit der Technik, um ihren Anschluß auch praktisch zu nutzen. Und wenn diese Hürde geschafft ist, stellt sich die Frage, wie diese neuen Möglichkeiten didaktisch sinnvoll genutzt werden. Denn es reicht ja offensichtlich nicht aus, wenn ein Lehrer aus dem Kollegium eine eigene Homepage bastelt, oder wenn im Unterreicht ein Mal probeweise auf einem Computer „gesurft“ wird. Gerade das Internet ist insofern auch ein „schwieriges“ Medium, weil man im Meer der riesigen Informationsströme schnell den Überblick verliert. Dazu kommen die schmuddeligen Seiten der Informationsfreiheit – mit einer großen Zahl von pornographischen, rechtsextremen und sektiererischen Angeboten. Allerdings werden auch in diesem Bereich Programme wie „Net-Nanny“, welche einschlägige Seiten blockieren, nicht ein klares pädagogisches Konzept ersetzen.

Im Zentrum könnte dabei das Konzept eines „globalen" Lernens stehen. Denn es wird ein Teil der zukünftigen Medienkompetenz sein, dass die Menschen lernen, sich in den weltweiten Netzen zu orientieren und sie für ihre Zwecke zu nutzen. Je mehr Leute daran angeschlossen sind, und je vielfältiger die Funktionen sind, welche diese Netze – z.B. immer stärker auch im Bereich des E-commerce – zu erfüllen haben, desto wichtiger wird es für die Bürger des Medienzeitalters, hier den Anschluß nicht zu verlieren. Nicht zuletzt wird es notwendig sein, dass wir es lernen, uns im Übergangsbereich zwischen Alltag und Virtualität zu behaupten. Denn sonst werden wir uns als Flaneure im Gefängnis der virtuellen Welten verirren und nicht mehr zurückfinden – weil wir gar nicht mehr wissen, wer und wo wir eigentlich sind (Moser 1997a, S. 15).

Für die Schule ist in diesem Bereich Medienkompetenz in doppelter Hinsicht gefragt. Auf der einen Seite wird sie vermehrt auf die bestehenden Kompetenzen der Schüler Bezug nehmen müssen, die solche Kommunikationstechniken in ihrem Alltag schon benutzen und entsprechende Fähigkeiten – z.B. als routinierte Internet-Surfer – mitbringen. Gleichzeitig könnte es aber auch darum gehen, das im Alltag oft zufällig und unsystematisch erworbene Wissen zu reflektieren, Lücken zu schließen und Neues dazuzulernen.

Wenn wir auf die in diesem Buch hervorgehobenen Dimensionen der Medienkompetenz rekurrieren, so könnten diese im Fall des globalen Lernens wie folgt konkretisiert werden:

Technische Kompetenzen:
- Navigieren in Hypertextstrukturen und mit Hilfe von Suchmaschinen,
- Fachausdrücke der Netzkommunikation (Internet Relay Chat, HTML, Browser usw.) anwenden,
- Umgehen mit E-Mail, Mailing Listen und News-Groups,
- evtl. Entwicklung einer Homepage.

Kulturelle Kompetenzen
- Orientieren im Datenstrom und gezieltes Recherchieren,
- Einsozialisieren in die Konventionen und Regeln der Netzkommunikation und der Netiquette,
- Umgang mit dem multikulturellen Charakter des Netzes und seiner stark durch us-amerikanische Formen geprägten (lockeren) Verhaltensweisen,
- Dechiffrieren der kulturellen Codes und Präsentationen im World Wide Web.

Soziale Kompetenzen
- Aufnahme von Beziehungen über E-Mail, News-Groups und Mailing Listen,
- Sensibilität für die spezifischen Parameter einer Kommunikation, die über die Anonymität des Netzes erfolgt,
- Teilnahme an Aktivitäten des Online-Lernens,
- Partizipation an sozialen Netzaktivitäten wie MUDs oder Live-Diskussionen in Chatrooms.

Reflexive Kompetenzen:
- Erstellen einer Bilanz von Nutzen und Kosten der persönlichen Netzaktivitäten,
- Auseinandersetzung mit Positionen einer Netzkritik,
- die Beschäftigung mit Fragen der Zukunft des Internet.

In der unterrichtlichen Realisierung wird auch hier projektartiges Lernen im Mittelpunkt stehen. Auf der einen Seite können die Informationsquellen des Netzes für Projektarbeiten genutzt werden (indem man etwa bei einem Dinosaurier-Projekt nach thematischen Informationen auf dem World Wide Web sucht). Dazu kommen internetspezifische Projekte – etwa wenn man im Fremdsprachenunterricht einen internationalen Schüleraustausch über E-Mail organisiert oder mit Schülern aus anderen Regionen und Ländern gemeinsame Unterrichtsvorhaben realisiert.

Dazu werden immer stärker Formen des Online-Learnings kommen. Das reicht von dem zusätzlichen Angebot einer internetbasierten Lernunterstützung, wie sie das Lernprogramm Addy für interessierte Schüler anbietet, bis zu virtuellen Universitäten, welche das Studium im Netz erlauben. Allerdings ist hier auch darauf hinzuweisen, dass die Schwierigkeiten solcher Aktivitäten oft unterschätzt wird. Das mußte der Verfasser dieses Buches am eigenen Leib erfahren, als er versuchte, Seminare an der Universität internetgestützt abzuhalten. So verfügten nicht alle Studierenden über einen eigenen Internet-Anschluß (auch wenn er über die Universität kostenlos angeboten wird). Zudem war es nicht möglich, mit den „netzungewohnten“ Studenten in einen regelmäßigen Austausch über ihre Seminarprojekte zu kommen. Dennoch bestätigen solche Erfahrungen eigentlich nur, wie wichtig die Sache an sich ist. Denn wenn man davon ausgeht, dass in Zukunft Online-Learning zum normalen Angebot der Bildung und Weiterbildung gehören wird, ist es unumgänglich, dass die Heranwachsenden besser lernen, mit solchen Möglichkeiten umzugehen.

Perelmans Modell des „Microchoice“[59]

Die Frage nach dem Bildungswesen im Medienzeitalter bezieht sich allerdings nicht allein auf die Ausschöpfung technologischer Hilfsmittel und Ressourcen für ein auf der Basis der Selbständigkeit beruhendes Lernen. So wäre

---

59 Bisher standen in diesem Buch die audio-visuellen Medien und speziell das Fernsehen im Vordergrund. Doch wenn es nun in diesem Kapitel um Zukunftsperspektiven geht, wird immer deutlicher, dass zukünftig wohl „multimediale“ Medien immer stärker bestimmend sein werden – also das Zusammenwirken von audio-visuellen Medien mit Computerisierung. Betraf dies zu Anfang allein die Videospiele, so könnte man nun auch Versuche mit virtuellen Realitäten, interaktives Fernsehen, elektronische Enzyklopädien mit Ton und Bild auf CD-ROM etc. nennen.

es zu kurz gegriffen, wenn man sich in diesem Zusammenhang allein auf die Problematik der „Schulen am Netz" bezöge. Vielmehr stellt sich die weit radikalere Frage, ob es in Zukunft überhaupt noch Institutionen in der Form des traditionellen Schulwesens geben wird. Während Papert diese Frage bejaht, vertritt der amerikanische Autor Lewis J. Perelman (1993) in einem Buch, das in den USA zum Bestseller geworden ist, noch viel radikaler die These, dass das herkömmliche öffentliche Schulwesen im Medien- und Informationszeitalter seine Berechtigung verloren habe. Für Perelman behindert die bürokratische Form des Schulwesens mit ihren Abschlüssen und Zertifikaten lediglich die gesellschaftliche Entwicklung. Er betrachtet das Bildungswesen als letzte Bastion eines Kommando-Sozialismus, dem es ähnlich ergehen werde wie den osteuropäischen Ländern. Der Kollaps des Kommunismus stellt in seinen Augen den dramatischen Ausdruck des sich weltweit vollziehenden Wandels der Gesellschaft zu einer Informationsgesellschaft dar, deren wichtigste Produktivkraft zunehmend der Faktor „Information" wird[60]. „Mindcraft" ist deshalb für Perelman ein Schlüssel, an dem sich das Schicksal der entwickelten westlichen Gesellschaften entscheiden wird: „Das Schlüsselproblem des Landes ist heute im Dienstleistungssektor zentriert – wo auch die Mehrheit der Arbeiter heute beschäftigt ist... Unter dieser Voraussetzung, wonach die größte Beschäftigung in diesem Sektor zu verzeichnen ist, muß auch ein substantieller Zuwachs der Produktivität in diesem Sektor erfolgen" (Perelman 1992, S. 68).

Die Bürokratisierung des Schulwesens

Der wesentlichste Faktor, der den Zusammenbruch der osteuropäischen Länder beschleunigt hat, ist in dieser Sichtweise die Unfähigkeit eines autokratischen und hierarchisch strukturierten Staates mit der Macht und dem Tempo Schritt zu halten, in welchem sich ein auf freien Marktkräften beruhender gesellschaftlicher Umbruch vollzog. Zwar seien Bürokratien den mechanischen Technologien des Industriezeitalters angemessen gewesen – als effiziente Instrumente, um die großen und schwerfälligen Industrien zu organisieren und zu kontrollieren. In diesem Sinne versuchten Bürokratien bis heute Informationen zu absorbieren und zu verteilen, um den Fluß der Informationsströme hierarchisch zu kontrollieren. Doch dem stehe das Prinzip der Informationstechnologie entgegen, Informationen über alle Kontrollversuche hinweg mittels Datennetzen weltweit zu verteilen: „Weil die Bürokratien diese Techniken auf globaler Ebene weder zu unterdrücken noch zu kontrollieren vermögen, erhalten die Versuche, sich selbst von der Informationstechnologie

60 Perelman bezeichnet den „Wissenssektor" als vierten Sektor der modernen Ökonomie. Arbeits- und Geschäftswelt, die sich in diesem Bereich engagierten, hätten eine besonders erfreuliche Zukunft. Anders als Energie und Materie seien Informationen eine unversiegbare Ressource (vgl. Perelman 1992, S.69).

zu isolieren, einen selbstmörderischen Charakter“ (Perelman 1992, S. 118). Diese „Dekontrollierung“ treffe deshalb den Nerv der Bürokratien – und das sei genau das, was das sowjetische Imperium, die staatseigenen Betriebe oder bürokratisch überwucherte Konzerne wie IBM oder General Motors in so große Schwierigkeiten gebracht habe.

Den Trend zur Bürokratisierung sieht Perelman neben der Wirtschaft auch in den Schulen verwirklicht, die als Masseninstitutionen gegründet worden seien – als eine Art Fabriken, um die Arbeitskraft für die Massenproduktion in der Industrie selbst massenhaft zu produzieren: Erziehungssysteme in ihrer weniger als zweihundert Jahre alten Form sind für ihn nichts anderes als bürokratische Institutionen, durch und für Bürokratien geschaffen. In diesem Sinne ist die Schule im Medienzeitalter wie ein Dinosaurier, der sich überlebt hat, sich aber zäh an den überkommenen Gepflogenheiten und Regeln festklammert. „Sprache und Taktiken mögen zwar variieren, doch technologisch, institutionell und administrativ sind Schulen und Erziehungssysteme durch die ganze industrialisierte Welt fast nicht zu verändern“ (Perelman 1992, S. 119. So sind sie innerhalb der industrialisierten Länder – ob Ost oder West, sozialistisch oder konservativ – mehr durch ihre Ähnlichkeiten zu charakterisieren als durch ihre Unterschiede.

Curricula und Lernen seien bis anhin ausschließlich auf einen spezifisch menschlichen Faktor bezogen gewesen; nun aber werde das Lernen „transhuman„, indem die Menschen es mit wachsend mächtigen künstlichen Netzwerken und Gehirnen teilen müßten. Neuronale Netze, Expertensysteme und direktes Lernen im Beruf (just-in-time learning) würden immer wichtiger. Dies bedeute nun aber, dass der soziale Stellenwert des Lernens sich tiefgreifend verändern werde:

- Lernen sei ein Prozeß gewesen, der sich bisher vorwiegend in Klassenzimmern abgespielt habe. Heute dagegen durchdringe es das gesamte Leben (Arbeit, Unterhaltung, Privatleben) auch außerhalb der Schulen. Perelman nennt Beispiele wie das Programmieren eines Videogerätes, das man sich selber beibringe, wie jene 60 Millionen Amerikaner, die seit 1980 lernten, einen Computer zu bedienen (und sich dies sehr oft außerhalb der Schulen beibrachten), wie die TV-Kabelnetze mit den am schnellsten wachsenden Kanälen „The Discovery Channel“ oder „The Learning Channel“, welche dem Lernen gewidmet seien.
- Das Lernen habe man früher immer nur als Resultat des Unterrichtens betrachtet: als einen linearen, hierarchischen Prozeß, wo ein wissender Lehrer als Experte Wissen in den leeren Kopf von Schülern eingetrichtert habe. Nun habe allerdings heute, wo sich das Wissen jedes Jahr verdopple, dieses nur noch eine „Lagerfähigkeit“ von wenigen Tagen. Jedermann müsse sowohl Lehrer wie Schüler sein, und den Herausforderungen des Lernens könne nur noch in globalen Netzen begegnet werden, welche alles Wissen und alle Anstrengungen des Geistes zusammenschlössen.

- Früher sei Lernen die Aufgabe der Kindheit gewesen, welche auf das Erwachsenenleben vorbereitet habe. Heute gehöre es in den meisten Berufen permanent als Notwendigkeit dazu, und es sei jene Tätigkeit, die praktisch alle Erwachsenen für das Leben im beginnenden 21. Jahrhundert zu leisten hätten (vgl. Perelman 1992, S. 22f.).

Der „Quantensprung" zum Hyperlearning

Diese Veränderungen in den Anforderungen des Lernens, welche Perelman konstatiert, betrachtet er nicht als utopische Beschreibungen für das kommende Jahrhundert – vielmehr vollziehen sie sich nach seiner Meinung bereits hier und heute. Die neuen Formen des Lernens bezeichnet er als „Hyperlearning" (HL), wobei er damit nicht eine einzelne neue Lerntechnologie meint, sondern das Ensemble gesellschaftlicher Entwicklungen, das nach Perelmans Überzeugung in einem bisher unbekannten Ausmaß zur Verbindung von Wissen, Erfahrung, Medien und menschlichem Geist führe. Hyperlearning habe man – jenseits von Breitband-Kommunikation, Informationsverarbeitung, Biotechnik – als einen kategorialen Schritt, bzw. eine Art Quantensprung aufzufassen; es repräsentiere die Fusion der eben genannten Technologien. Für die Auswirkungen auf den Alltag, auf Beruf und Familie seien dabei vier Schlüssel-Dimensionen wichtig:

- Die Entwicklung intelligenter Umgebungen, wo jeder Gegenstand, den man berührt und benutzt – Autos, Häuser, Toiletten, Werkzeuge, Spielzeuge etc. – mit „Intelligenz" versehen ist. Diese Art von „eingebauter" Intelligenz sei auch deshalb bedeutsam, weil sie dem Menschen nicht einfach bestimmte Aufgaben abnehme, sondern sie am Lernen beteilige.
- Eine weltumspannende „telekosmische" Infrastruktur der Kommunikation, welche alles Wissen für alle jederzeit zugänglich macht.
- Die Entwicklung von „Hypermedien"-Werkzeugen, welche es erlauben, durch ein wissensdichtes Universum zu navigieren. Erste Beispiele dafür stellen Hypertext, Multimedia-Ansätze, die Schaffung virtueller Realitäten dar; generell werden Hypermedien – vor allem im Bereich der Visualisierung – helfen, die Kluft zwischen Informationen und Verstehen zu überbrücken.
- „Brain Tech"-Wissenschaften als Basis der drei bisher genannten Bereiche. Sie umfassen ein breites Aufgabenspektrum wie z.B. die Anwendung biologischer und anderer Wissenschaften auf denkende und empfindende Systeme. Die Verknüpfung von biotechnischen und psychologischen Forschungszweigen könne so zur Entdeckung jener Mechanismen führen, welche das lebende Gehirn befähigten, einen denkenden Geist zu erzeugen.

Als Konsequenzen aus diesen Überlegungen für das Bildungssystem hält Perelman fest: „Dieselbe Technologie, welche die Arbeitswelt verwandelt, bietet neue Lernsysteme an, um jene Probleme zu lösen, die sie geschaffen hat. Mit dem Erwachen der HL-Revolution, werden die Technologien, welche man „Schule“ nannte und die sozialen Institutionen, die man als „Erziehung“ bezeichnete, obsolet und letztlich untergehen wie die Dinosaurier“ (Perelman 1992, S. 30). In Perelmans Programm erscheint also die Auflösung der Schulen zugunsten von Lernprozessen, die bereits in der Umwelt „eingebaut“ sind, vorgezeichnet. Führte die technische Revolution der Informationsgesellschaft dazu, dass in der Arbeitswelt viele handwerkliche und industrielle Qualifikationen entwertet wurden, so verhilft dieselbe Entwicklung den Menschen wiederum dazu, durch intelligente Lernumgebungen neue Qualifikationen zu erwerben. Dies soll aber außerhalb des traditionellen Berechtigungswesens und seiner Zertifikate erfolgen. Anstelle von Ausweisen, deren nachgewiesenes Wissen ohnehin schnell veralte, soll vielmehr „vor Ort“ gelernt werden – überall dort nämlich, wo der Zugang zu Hyperlearning-Technologien möglich sei.

Bildung im System des „Microchoice“

Wie stellt sich nun Lewis J. Perelman ein solches „entschultes Lernsystem“ vor? Einmal diskutiert er die in Amerika leidenschaftlich geführte Diskussion über die Privatisierung des Schulsystems und über die freie Schulwahl im Rahmen von „Vouchers“ (vgl. dazu Chubb/Moe 1990). Danach soll das Schulsystem effizienter werden, indem Eltern Bildungsgutscheine für ihre Kinder erhalten, welche sie frei bei staatlichen oder privaten Schulen einlösen können[61]. Perelman sympathisiert auf der einen Seite mit diesem Ansatz: er formuliere eine „Perestroika“ des Schulsystems, indem die Autoren auf den freien Markt setzten, und die staatseigene und kommandierte Schulökonomie abgeschafft werde. Andrerseits gehen ihm solche Vorschläge, da sie immer noch auf der Idee von „effizienten Schulen“ basieren, um vieles zu wenig weit im Bestreben, in das Bildungswesen Konkurrenz zwischen kommerziellen Anbietern einzuführen (vgl. Perelman 1992, S. 184ff.). So kritisiert er an Chubb und Moe, dass die Unterscheidung von „effektiven“ und „nicht-effektiven“ Schulen falsch sei; aus einer realistischen technologischen Perspektive heraus betrachtet könne es überhaupt keine effektiven Schulen geben – ob in Amerika oder anderswo auf der Welt.

Perelmans eigenes Modell, das er in seinem Buch vorstellt, basiert zwar ebenfalls auf der verstärkten Wahl von Bildungsangeboten und einer Art von Bildungsgutscheinen; in Abhebung von bestehenden Vorschlägen nennt er dieses „Microchoice“ (vgl. Perelman 1992, S. 205ff.). Während die Idee der freien Schulwahl dadurch funktioniere, dass über die Vouchers ein Transfer

---

61 In Kalifornien erlitten diese Überlegungen 1994 allerdings Schiffbruch. Ergab doch eine Volksabstimmung in diesem amerikanischen Staat eine vernichtende Niederlage für die Verfechter des Gutschein-Systems.

von staatlichen finanziellen Mitteln zwischen Schulen stattfinde, stünden die Gutscheine des Microchoice – ohne Bezug zu den traditionellen Schulen – direkt unter der Kontrolle der Familien und der „Schüler". Es handle sich um einen Modus der Finanzierung von Bildung, der ähnlich wie eine Kreditkarte funktioniere. Der Staat stellt danach einen bestimmten Betrag für Ausbildungszwecke zur Verfügung – z.B. regelmäßig einmal in jedem fiskalischen Jahr. Von diesem Konto kann nun der Einzelne Beträge für Bildungsbedürfnisse – Dienstleistungen und Produkte des Bildungsmarktes – entnehmen. Der Autor bezeichnet dies als eine Form von „Lebensmittelmarken", welche die geistige Nahrung für die Entwicklung des Wissens und der Fähigkeiten sicherten.

Zur Organisation dieses Bildungsmarktes hält er fest: „Die Vorgehensweisen und ökonomischen Strukturen für ein solches System sind überall in der Welt gut verankert – außer im Bereich der akademischen Bildung. In Zukunft wird es dasselbe sein, ob man unterrichtliche Dienste, Unterrichtsmaterial und Werkzeuge zum Lernen kauft, oder ob man mit der Visa-Karte einen Computer im Computerladen, Karten für ein Rock-Konzert, ein Buch in der Buchhandlung, einen Telefonanruf nach Übersee, die Nutzergebühren für eine Online-Datenbank oder die Gebühren für ein Pay-TV Kabelprogramm bezahlt" (Perelman 1992, S. 207). Die Unterschiede zum traditionellen Bildungssystem sind leicht ersichtlich:

- Die Bildungsprivilegien der Schulen werden zugunsten eines radikal marktwirtschaftlich orientierten Systems abgeschafft, wo jeder als Anbieter auf dem Bildungsmarkt auftreten kann. Die Regulierung ergibt sich dabei allein durch die Nachfrage nach Bildungsgütern.
- Im Unterschied zum Schulsystem betont Perelman, dass der Bildungsunternehmer nicht auch Besitzer der Struktur sein müsse, in welcher die Dienstleistungen nachgefragt würden – ähnlich wie die Restaurants und Geschäfte in den großen Einkaufszentren und Shopping-Malls von Firmen betrieben würden, die unabhängig von den Besitzern dieser Zentren seien.
- Wesentlich ist zudem auch, dass ein solches Bildungssystem wegkäme von der Anwesenheitspflicht, wie sie den Unterricht der öffentlichen Schulen prägt. Der Wert von Lernerfahrungen wird nach Perelman allein durch die erreichten Ziele determiniert und nicht durch den Zeitpunkt und den Ort der Anwesenheit: „Durch Microchoice werden obligatorische Anwesenheitspflicht und fruchtlose Debatten über die Länge des Schultags und des Schuljahres überflüssig. Anwesenheit ist allein eine Sache der ‚convenience' des Schülers oder der Familie" (Perelman 1992, S. 210). Das System gebe den Familien die Option zu entscheiden, in welchem Ausmaß die Kinder an der Erziehung in einer zentralen bewahrenden Institution teilnehmen sollen – oder wo sie sonst blieben: zu Hause, an einem Ort beim Arbeitsplatz der Eltern, auf einer Reise um die Welt. Was für erfolgreiches Lernen zähle, sei nicht die Anwesenheit an einem bestimmten Ort, sondern was gelernt werde.

„Microchoice“ befähigt die staatlichen Instanzen also, die Lernenden und das Lernen zu finanzieren, anstelle der Schulen und der Lehrer. Für Perelman erscheint dieser Rückzug des Staates aus der direkten Verantwortung für das Bildungswesen als weitaus bester Weg, um die Entwicklung des human capital zu fördern. Allerdings bedeutet das seiner Meinung nach nicht, dass sich der Staat damit ganz aus der Regulierung des Bildungsmarktes heraushalten könne, um alles dem freien Spiel der Marktkräfte zu überlassen. In Analogie zum Beispiel der Lebensmittelmarken räumt Perelman das Risiko ein, dass manchmal arme Familien eine ernährungsmäßig ungeeignete Kost wählten; doch ein Programm mit solchen Marken wolle nicht diktieren, was dessen Teilnehmer essen möchten. Vielmehr versuchten die staatlichen Instanzen durch bessere Informationen jene Verhaltensweisen zu beeinflussen, welche die richtige Ernährung beträfe.

Ähnlich erlaube und verlange die Strategie des Microchoice erst einmal einen auf harter Konkurrenz beruhenden Marktplatz des Lernens. In zweiter Linie sei dieser Markt wie jeder andere dem Betrug, der Übertretung von Regeln und monopolistischen Praktiken ausgesetzt, was wiederum die staatliche Politik herausfordere – nicht um den Markt abzuschaffen, sondern um ihn zu schützen. Während der Staat sich davor hüten solle, die Bildung selbst zu übernehmen, habe er selbstverständlich dann einzugreifen, wenn es darum gehe, konformes marktwirtschaftliches Verhalten im Bildungsmarkt sicherzustellen.

Zur Realisierung von HL-Systemen

Die Frage stellt sich allerdings, wie weit der Umbau des Bildungswesens in Richtung eines Multichoice-Systems als bildungspolitische Strategie realistische Chancen hat – angesichts eines Schulsystems, das als Errungenschaft der bürgerlichen Aufklärung seit bald zweihundert Jahren fest im Staatswesen verankert ist. So ist kaum zu erwarten, dass sich das Schul- und Bildungswesen als auch ökonomisch bedeutender gesellschaftlicher Sektor, an welchem tausende von Arbeitsplätzen hängen, kurzerhand freiwillig auflöst. Dennoch zeigt Perelman ungebrochenen Optimismus. Für ihn ist dieser Schritt weit weniger einschneidend, als es auf den ersten Blick erscheint, da die Informationsgesellschaft bereits die Voraussetzungen quasi „eingebaut“ hat, welche das neue marktwirtschaftliche Bildungssystem benötigt. Wenn die richtigen Mittel ergriffen werden, wird seiner Meinung nach das traditionelle Bildungssystem wie ein Kartenhaus zusammenfallen. Die einzelnen Schritte für diesen Umbau sind:

- Zuallererst muß jede Diskriminierung in der Arbeitswelt verboten werden, welche auf der Basis von akademischen Zertifikaten erfolgt, bzw. es ist das Berechtigungswesen rechtlich auszuschalten. „Bewertungen sollen ausschließlich und allein aufgrund der Befähigung einer Person erfolgen, eine geforderte Arbeit zu verrichten – und nicht auf der Grundlage, dass diese eine bestimmte Schulausbildung absolviert hat, bzw. wie lange sie dort weilte" (Perelman 1992, S. 306).

- Als zweiter Schritt hat die Privatisierung des Bildungswesens zu erfolgen; dieser erlaubt es, den Microchoice-Markt aufzubauen. In diesem ist dann jeder Lernende frei, Produkte und Dienstleistungen, die er benötigt, von einer Vielzahl profitorentierter Anbieter zu wählen, die untereinander in Marktkonkurrenz stehen. Im Zentrum steht also die Etablierung eines freien Unternehmertums im Rahmen einer zu entwickelnden Lernindustrie.
- Als dritten Schritt sieht Perelman eine Umverteilung der finanziellen Ressourcen vor, die bisher zum Unterhalt von Bildungsinstitutionen ausgegeben wurden. Diese sollen in die Entwicklung der Lernindustrien investiert werden – also in Forschung, Entwicklung und Innovation. Nur unter solchen Bedingungen verstärkter Investitionen ist es möglich, die notwendigen Anreize zu schaffen, um das Hyperlearning-System als eine produktive Spitzentechnologie des Informationszeitalters auszugestalten.

Zur Kritik an Lewis J. Perelman

Perelmans radikale Überlegungen zu einer marktwirtschaftlichen Umgestaltung, bzw. zu einer Deregulierung des Bildungswesens haben in den USA heftige Diskussionen ausgelöst. Denn sie stellen das Schulsystem als solches viel vehementer in Frage als alle anderen Vorschläge zu einer Verstärkung der Wahlmöglichkeiten für die Nachfrager von Bildung. So wurden Perelmans Ideen – unter Einbezug des Autors – z.B. im Erziehungsforum von CompuServe sowie in einer Internet-Mailing-Liste zur Erziehungspolitik (Hyperlearning 1993) leidenschaftlich diskutiert. Einwände von Internet-Teilnehmer lauteten etwa wie folgt:

- Lernen degeneriere zur Auswahl individuell vorteilhafter Einheiten in der „elektronischen Cafeteria". Dies bedeute aber letztlich das Ende von Erziehung als der Vermittlung eines Sinns von Gemeinschaftlichkeit. Perelman verkenne, dass Erziehung in einem tieferen Verständnis nicht allein die Vorbereitung auf das Leben in der Arbeitswelt bedeute, sondern auf ein verantwortungsvolles, sinnvolles und selbstbestimmtes Leben bezogen sei.
- Das Perelman'sche Modell konzentriere sich viel zu stark auf die Mechanismen der Übertragung von Informationen und vernachlässige die Beziehungen, welche dem Leben erst Beständigkeit verschafften. Die Werkzeuge, welche Perelman beschreibe, könnten zwar für Lernprozesse nützlich sein, sie ersetzten jedoch nicht das Bedürfnis, Beziehungen zwischen Menschen als Grundlage des Lernens im weitesten Sinne zu entwickeln. In den Schulen würden mehr und häufigere Interaktionen zwi-

schen Lehrern und Schülern verlangt und nicht weniger. HL sei dagegen ein armseliges Substitut für die menschliche Interaktion.

- Es sei eine Sache, auf 30 oder vierzig TV-Kanälen zu „surfen", mit denen man vertraut sei – und eine ganz andere, dies bei Computer-Netzwerken mit ihren Millionen von Angeboten zu tun. Man müsse deshalb streng zwischen der Zugänglichkeit von Informationen und den zu deren Nutzung notwendigen Selektionsleistungen unterscheiden. Denn unter den Bedingungen des HL werde es immer schwieriger, das Wesentliche vom Unwesentlichen zu trennen und das Fruchtbare herauszufinden. Wo ein unermeßliches Angebot von gedruckten oder elektronischen Informationen bestehe, sei es keine leichte Aufgabe, die besten und nützlichsten herauszufiltern. Gerade Lehrer (wenn auch nicht jene der traditionellen Art) seien im Rahmen des HL sehr wichtig, um den Menschen beim Zugang zum relevanten Wissen zu verhelfen; und sie seien auch gefordert, um den Lernenden Feedback zu geben und ihnen zu helfen, Dinge zu verarbeiten, die sie nicht verstehen oder richtig einschätzen.
- Wie bei jedem Werkzeug hänge dessen Wert von der Art und Weise ab, wie es benutzt werde, für welchen Zweck es nützlich sei, und ob es in gutem oder schlechtem Sinne effektiv sei. So habe jede neue Technologie auch ihren Preis. Insbesondere werde damit der Unterschied zwischen denen verstärkt, die Zugang zu diesen Technologien hätten, und jenen, die diesen nicht hätten. Und es würden Fragen auftauchen wie jene nach dem Energieverbrauch all dieser neuen Technologien, bzw. wer diese kontrolliere[62].

Nun mag man sich fragen, ob alle diese Argumente berechtigte Einwände darstellen. Wenn etwa die Rolle des Lehrers als vermittelnder Person betont wird, so dürften Lehrpersonen auch beim „Microchoice-Model" nicht einfach wegfallen. Jedenfalls ist keineswegs ausgeschlossen, dass private Bildungsanbieter nicht auch Lehrer, Moderatoren oder Lernorganisatoren einsetzten. Die Frage wäre höchstens, wo und wie diese ausgebildet werden, bzw. ob die Mindestqualifikations-Anforderungen ebenfalls dem Spiel der Marktkräfte zu überlassen wären. Und auch die Überforderung bei der Selektion des Wissens aus den Angeboten könnte zum Teil dadurch kompensiert werden, dass die Verankerung der Microchoices in der alltäglichen Praxis den Lernenden auch neue Motivations- und Auswahlkriterien an die Hand gibt (wie wir ja ohnehin im Umgang mit innengeleiteten Prinzipien der Lebensgestaltung gelernt haben, souveräner mit den Zwängen des Wählens umzugehen). Zu-

62 In dieser Beziehung scheint mir Perelman recht naiv, wenn er an den freien Fluß der Informationen im Hyperlearning-Zeitalter glaubt. Gerade im Medien- und Informationsbereich haben sich immer größere Konzerne und Konglomerate internationalen Ausmaßes gebildet, deren Strukturen z.T. oft in recht undurchsichtiger Weise miteinander verflochten sind. Und auch die geplanten „Super-Highways" in denen die riesigen Datenströme der Zukunft fließen sollen, erfordern Investitionen, welche nur noch von internationalen Großkonzernen aufzubringen sind.

dem erscheint es auch als einseitig, wenn die neuen Technologien im prinzipiellen Gegensatz zu menschlichen Beziehungen gesehen werden. Bei einer bewußten Gestaltung neuer Lernformen, könnten auch solche Aspekte integriert werden; mindestens betont Perelman immer wieder, dass Hyperlearning auch neue Beziehungen ermögliche, indem Erwachsene und Kinder dadurch zum gemeinschaftlichen Lernen zusammengebracht würden (vgl. Perelman 1992, S. 62).

Auf die harte Kritik, die in der Internet-Diskussion geäußert wurde, reagierte Lewis J. Perelman jedenfalls eher unwirsch, so dass er sich unvermittelt aus der Diskussion zurückzog – wobei er seine Thesen zum Schluß jedoch noch einmal auf den Punkt brachte: „Alles dieses wurzelt im Irrglauben des industriellen Zeitalters, Schulen als ‚Fabriken‘ der Kultur zu betrachten – als eine Maschinerie um die ‚richtigen‘ Bürger herzustellen. Die öffentliche Erziehung ist nicht der Motor zur Erzeugung von ‚gleichen Chancen‘. Die (amerikanische) Unabhängigkeitserklärung bemerkt richtig, dass Chancengleichheit (Leben, Freiheit, Glück) ein unantastbares Recht darstellt und die Regierungen durch ihre Bürger lediglich ermächtigt sind, dieses Gut zu schützen, nicht aber es selbst zu verteilen“ (Perelman, in: Hyperlearing 1993).

Nun ist die Fragestellung Perelmans trotz aller Kritik zweifellos aktuell. Denn vieles deutet darauf hin, dass das Bildungsmonopol der Schulen im Informationszeitalter diskutabel geworden ist. In diesem Zusammenhang kann man denn auch feststellen, dass gegenwärtig – von Ökonomen forciert – Marktmodelle und Privatisierungsstrategien im Rahmen des Bildungswesens auch im deutschsprachigen Raum verstärkt diskutiert werden (vgl. etwa Straubhaar/Winz (1992, 1994). Auffällig ist zudem, wie zunehmend auch die klassische Trennungslinie zwischen „links“ und „rechts“ in dieser Frage aufgeweicht wird. So befürwortet etwa Herbert Gintis, der in den siebziger Jahren zusammen mit Samuel Bowles eine einflußreiche Studie zur Schule im Kapitalismus (vgl. Bowles/Gintis 1978) geschrieben hatte, heute dezidiert Voucher-Systeme und Modelle, welche das Element der Konkurrenz im Bildungswesen betonen. In einer Internet-Diskussion über „School Choice“ (1994) spricht er sich in diesem Sinn für einen „marktorientierten Sozialismus“ aus: „Wir Ökonomen tendieren nicht zu freien Märkten, aber zu konkurrenzorientierten ökonomischen Bedingungen, in welche der Staat interveniert, um Spielregeln zu etablieren, die günstig für Wachstum, Gleichheit, Umweltstabilität etc. sind (oder es zumindest sein sollten)“ (Gintis, in: School Choice 1994).

Dabei läßt Gintis es offen, wie weit die Privatisierung zu gehen habe; im Unterschied zu Verfechtern rein marktwirtschaftlicher Ideen sieht er es durchaus als möglich an, das Element der Konkurrenz verschiedener Anbieter im öffentlichen oder gemischten Sektor anzusiedeln – etwa nach dem Vorbild der freien Arztwahl im Gesundheitswesen. Der „Markt“ soll bei Schulen so weit eine Rolle spielen, dass es Gruppen, die dies wollen, erlaubt sein soll, Schulen zu eröffnen – und zwar solange ohne Behinderung, wie diese zivilen und pädagogischen Kriterien entsprechen. Damit möchte Gintis inbesondere das Recht der Eltern und deren Verantwortung für die Erziehung ihrer Kinder hoch gewichten und ihnen Möglichkeiten geben, die ihnen am geeignetsten erscheinende Schule auszuwählen.

Auf die Kritik, ob denn Eltern überhaupt fähig seien, bei ihrer Wahl geeignete pädagogische Kriterien anzulegen, und auf die damit verbundene Befürchtung, gerade Eltern aus unterprivilegierten Schichten würden durch problematische Wahlen das bestehende Bildungsgefälle verstärken, antwortet Gintis einerseits, dass eine staatliche Bewilligung nur den Schulen zu erteilen sei, die eine qualitativ hochstehende Bildung anböten. Zudem ist er überzeugt, dass die Fähigkeiten der Eltern zur Wahl von den Kritikern unterschätzt werden: „Wie Sie möglicherweise herausgefunden haben, tendieren Ökonomen dazu zu glauben, dass die Leute durchaus die notwendige Befähigung haben, informierte Wahlen zu treffen, besonders wenn der Einsatz genügend hoch ist. Noch präziser: Es ist umso wahrscheinlicher, dass die Entscheidungen in ihrem Interesse liegen, wenn nicht andere (Regierungen, Verwaltungen) für sie entscheiden“ (School Choice 1994).

Und auch der Einwand des amerikanischen Erziehungswissenschaftlers Greg Camilli (vgl. School Choice 1994), wonach Erziehung und Bildung nicht über den Mechanismus der Konkurrenz zu vermitteln sei, sondern ein für alle gemeinsames Gut darstelle, ist nur zum Teil berechtigt. Zum einen wäre ihm zwar zuzustimmen, dass die Identität einer staatlichen Gemeinschaft nicht zuletzt auch auf gemeinsamen kulturellen Erfahrungen gründet, wie sie von den Schulen vermittelt werden[63]. Angesichts der heutigen Pluralisierung von Lebenswelten erscheint es mir denn auch fraglich, ob das Gemeinwesen ohne ernste Folgen für seinen Zusammenhalt auf die identitätsstiftenden Funktionen einer allgemeinen und für alle gleichermaßen gültigen Bildung verzichten kann – zumal in einer Zeit, wo Individualisierung und Partikularisierung dominierende Gesichtspunkte der gesellschaftlichen Entwicklung darstellen. Auf der anderen Seite wendet Gintis gegen die Kritik Camillis zurecht ein, dass die Gemeinschaftlichkeit durchaus in die Spielregeln einbezogen werden könne, welche der Zulassung der Schulen zu Grunde lägen – sei es im Rahmen der Akkreditierung von Schulen oder über inhaltliche Rahmenregelungen.

Was allerdings die in enthusiastischem Ton und oft polemisch vereinfachend geäußerte Botschaft Perelmans betrifft, so wird man sich dieser in vielen Teilen kaum anschließen können. So unterschätzt Perelman die Leistungen und Verdienste des Schulsystems um die Gewährleistung einer allgemeinen Grundbildung für alle Bürger eines Staates. Es wäre jedenfalls in Zweifel zu ziehen, ob eine allein an biographisch motivierten Lernwünschen orientierte Bildung noch dem entspricht, was man mit dem Allgemeinbildungsan-

---

63 So darf man nicht vergessen, dass schon die Etablierung des öffentlich-staatlichen Schulwesens im Gefolge der bürgerlichen Aufklärung damit verbunden war, dieser neuen bürgerlichen Öffentlichkeit Identität zu verschaffen – gerade in Abhebung von jenen religiösen Interessen, welche bis dahin das Schulwesen dominiert hatten.

spruch der traditionellen Bildungssysteme verbindet. Dennoch dürfte es nicht zufällig sein, dass solche Überlegungen an der Schwelle zum Informations- und Medienzeitalter stattfinden. Denn in einem hat Perelman sicher recht: In der Informations- und Mediengesellschaft ist Lernen in so viele alltägliche Lebensvollzüge eingebunden, dass das Bildungsmonopol der Schulen zur institutionellen Selbsttäuschung wird. Aus dieser Perspektive erscheint es denn auch berechtigt, das oft starre und reglementarisierte System des Bildungswesens aufzubrechen und es zu flexibilisieren – wobei die „sozialdemokratisierte“ Variante eines Voucher-Systems, wie es Gintis entwirft, eine durchaus überlegenswerte und zukunftsweisende Perspektive darstellt[64].

Allgemeinbildung im Medienzeitalter

Mit der eben formulierten Schlußfolgerung ist die Frage nach dem Stellenwert der Bildung im Medien- und Informationszeitalter nochmals in aller Schärfe gestellt. Am Ende dieses Buches soll es denn auch darum gehen, die bisherigen Argumente nochmals zusammenfassend aufzunehmen und etwas weiter zu konkretisieren. Wie an vielen Stellen angedeutet, wird es dabei notwendig sein, vertraute Traditionen in Frage zu stellen und, wie es Hartmut von Hentig (1993) formuliert, die Schule „neu zu denken“. In diesem Sinne wäre einmal in Anlehnung an Perelmans Hyperlearning-Ansatz festzuhalten, dass dem Bildungswesen Funktionsverluste drohen, die heute in der bildungspolitischen Diskussion oft noch zu wenig wahrgenommen werden. Indizien dafür sind dennoch unübersehbar:

- Die zunehmende Bedeutung der Freizeit für die Lebensperspektive der Heranwachsenden hat unter anderem auch die Nebenfolge, dass mit diesen Freizeittätigkeiten sehr häufig auch Lernprozesse verbunden sind. Weil diese Aktivitäten im Unterschied zum Lernzwang der Schule freiwillig gewählt werden, sind sie auch mit hohen Motivationen besetzt. Lernen erscheint den Betroffenen sinnvoll und wertvoll.
- Wie etwa meine Bonstetten-Untersuchung (vgl. Moser 1992) deutlich macht, besuchen Kinder neben der Schule heute vom Kleinkindalter an vielfältigste und unterschiedlichste Kurse und Veranstaltungen (von Meditation für Kinder, Fremdsprachenkursen, Musikunterricht bis zu Sport und Tanz). Auch hier wird die Schule lernen müssen, dass ihr Bildungsmonopol immer mehr unterlaufen wird, und sie ihre Lehr- und Ausbildungsfunktionen mit anderen Institutionen teilen muß.

---

64 Allerdings gilt dies m.E. nur für ein solches moderates System der Schulwahl, das die Prinzipien der Gleichheit und der Bildungsqualität über regulierende staatliche Mechanismen aufzunehmen versucht. Ein System des Hyperlearning dagegen, welches das Bildungssystem zugunsten eines Marktes freier Bildungsanbieter auflösen will, dürfte in dieser Beziehung mit weit problematischeren Folgen verbunden sein.

- Es läßt sich zudem beobachten, dass sehr viele Elternhäuser von allem Anfang an ein viel größeres Gewicht auf kognitive Grundfertigkeiten legen. Immer mehr Kinder können schon rechnen, schreiben und lesen, bevor sie in die Schule kommen. Aufgrund empirischer Untersuchungen folgern Elmar Hengartner und Hans Röthlisberger: „Schulanfänger sind keine Lernanfänger, auch nicht in Mathematik. Wenn Kinder im Umgang mit Zahlen, mit dem Geld und den Uhrzeiten schon so viel gelernt haben, wie unsere Ergebnisse zeigen, ist es ein großer Fehler, quasi bei Null zu beginnen. Man sollte nicht in einem pränumerischen Teil auf etwas vorbereiten, was viele schon können, oder den Zahlenraum künstlich auf 6 begrenzen, wenn die Kinder ihn schon bis auf 20 und darüber ‚erobert' haben. Der erste Mathematikunterricht muß an vorhandenen Fähigkeiten anknüpfen und den Kindern Anregungen geben, sie selber weiterzuentwickeln" (Hengartner/Röthlisberger 1994, S. 23). Solche Ergebnisse legen die Vermutung nahe, dass die heutigen Grundschulen häufig wider jede Vernunft glauben, Aufgaben übernehmen zu müssen, die von den Schülern ohne ihr Zutun bereits bewältigt werden.
- Ein immer größerer Teil der Kenntnisse heutiger Menschen wird ohne Mithilfe der Schule erworben: Dokumentarfilme am Fernsehen, Reisen in ferne Länder, Umgang mit Computerspielen und Adventure-Games, Zeitungs- und Zeitschriftenlektüre stellen Lernmöglichkeiten dar, welche die Schulen oft gar nicht zur Kenntnis nehmen, oder welche sie als ernsthafte Lernmöglichkeiten von vornherein abwerten.
- Im Perelman'schen Sinn des HL wäre zudem hinzuzufügen, dass immer häufiger Lernmöglichkeiten in der Umwelt bereits eingebaut sind und ohne Bezug zu einer Schule vielfältigste Bildungsprozesse anregen (vom Erlernen einer Textverarbeitung, der Programmierung und Steuerung von Haushaltgeräten bis hin zu Fahrscheinautomaten oder dem Umgang mit dem elektronischen Fahrplan oder Fernsehprogramm).

Es ist zu vermuten, dass die Liste der Argumente damit noch keineswegs abgeschlossen ist, sondern sich mit vielen weiteren Belegen ergänzen ließe. Damit soll aber nochmals auf die Frage zurückgekommen werden: Hat das heutige Bildungssystem noch eine Zukunft?

Eine *erste* positive Antwort darauf könnte meines Erachtens darauf verweisen, dass alle diese genannten Lernangebote und die daraus folgenden Lernaktivitäten sehr oft zufällig sind, und dem Curriculum des Lebens lediglich ein subjektiver und biographisch geprägter roter Faden zu Grunde liegt. Wer nach seinen eigenen Vorlieben und momentanen Bedürfnissen lernt, entscheidet sich möglicherweise für das wenig Beständige und Modische; er wird erst merken, was er versäumt hat, wenn es zu spät ist, oder wenn ein Umlernen nur noch unter großen persönlichen Kosten möglich ist. Und vielleicht wird er auch plötzlich auf grundlegende Lücken stoßen, die nur mehr unter großen Mühen zu schließen sind. Das gilt im Übrigen in ähnlicher Weise für die elektronischen Medien, die zwar in vielen Programmgefäßen Anreize für Lernprozesse bieten. Dennoch erfolgt die Gestaltung solcher Sendungen im allgemeinen nicht nach pädagogischen Kriterien, so dass es auch hier dem einzelnen überlassen bleibt, wie er die disparaten Elemente seines „individuellen Curriculum" zusammenbringt: literarisches Quartett, Dokumentarfilm über neue physikalische Interpretationen der Welt, Innovationen in der Solartechnologie, ein historischer Beitrag zu einem Musiker- oder Dichterleben usw. Oft wird es dann bei sehr oberflächlichen Bezügen bleiben, oder es fehlt die Möglichkeit, das in einzelnen Sendungen vermittelte Wissen in übergreifende Bezugssysteme zu integrieren.

Um solchen Tendenzen entgegenzusteuern wird es m.E. nach wie vor einer Institution bedürfen, welche das für eine Gemeinschaft elementare Grundwissen sichert; dieses beinhaltet jene Essentials, die alle Menschen teilen, die an ihr teilhaben wollen: Rechnen, Lesen, Schreiben, gewisse naturwissenschaftliche und kulturelle Grundkenntnisse als Basis und Ermöglichung der Kommunikation in einer Gesellschaft. Die Frage wäre allerdings, ob dieses Bildungswesen nicht anders zu organisieren wäre, wenn immer häufiger solche Kenntnisse bereits außerhalb der Schule erworben werden. Mit anderen Worten: Schule müßte sich weniger als direkte Vermittlerin dieses Grundwissens verstehen wie als Institution des Ausgleichs und der Systematisierung. D.h. sie müßte möglichst früh Lerndefizite diagnostizieren und Lücken zu schließen versuchen, die im alltäglichen Curriculum des Lebens entstanden sind und dort nicht geschlossen werden.

Das würde aber auch bedeuten, dass neue Lernorganisationen gefunden werden müssen, die flexibler sind als das Lernen im gleichförmigen Fortschreiten des Klassenverbandes. Die Schule muß also neue Wege erproben, um Lernbedürfnisse flexibler aufzufangen – zum Beispiel in problemspezifischen Lerngruppen, durch individuelle Wochenpläne oder mit inhaltlich unterschiedlichen Angeboten zur Vertiefung des außerschulisch gewonnen Wissens. Schon die Grundschule wird sich aus diesen Gründen in Zukunft viel stärker zu einem aus unterschiedlichsten Modulen zusammengefügten flexiblen Baukastensystem hin entwickeln, wo in einem großen Ausmaß Elemente der Wahl integriert sein werden.

Dazu kommt ein *zweites* Element, das für Bildungsinstitutionen spricht, die über einen privaten Bildungsmarkt hinaus an öffentliche Funktionen des Bildungssystems gebunden bleiben. Howard Gardner hat in seinem Buch „Der ungeschulte Kopf" festgestellt, dass Lernen im natürlichen Kontext oft auch bedeutet, dass an falschen aber im Alltag durchaus tauglichen Vorstellungen festgehalten wird, die bereits früh – meist schon im Kleinkindalter – erworben wurden (vgl. Gardner 1993, S. 182ff.). Im Fall der Naturwissenschaften spricht er von „Fehlauffassungen", bei der Mathematik von „starr angewandten Algorithmen", im Rahmen geisteswissenschaftlicher und künstlerischer Disziplinen von „Klischees und Vereinfachungen". Zur Veranschaulichung des Gemeinten gibt er folgendes Beispiel wieder: „Die klassische Physik lehrt, dass sich Objekte auf einer geraden Bahn bewegen, wenn keine äußeren Kräfte auf sie einwirken. Man zeigt Schülern ein Diagramm oder einen Apparat von einer bestimmten Form – sagen wir, eine gebogene Röhre – und fordert sie auf, die Bahn eines Objekts vorherzusagen, das durch den Apparat geschickt und dann aus ihm herausgeschossen wurde. Fast die Hälfte der Studenten, die Physik studiert haben, geben an, dass sich das Objekt weiterhin in einer Kurve bewegen wird, wenn es die Röhre verlassen hat" (Gardner 1993, S. 195). Beachtlich daran ist, so der Kommentar Gardners, dass sich hinter diesen Ergebnissen noch nicht einmal eine Unkenntnis der Bewegungsgesetze verbirgt; vielmehr nennen die Studenten Gesetze, die mit den formalen Gesetzen der Physik unvereinbar sind. So behaupten sie, dass ein sich durch eine gebogene Röhre bewegendes Objekt einer „Kraft" oder „Triebkraft" ausgesetzt sei, die es zwinge, eine kurvenförmige Bahn beizubehalten, nachdem es die Röhre verlassen habe. Ähnliche Fehlleistungen finden sich nicht nur in der Physik, sondern auch in der Biologie, der Mathematik, den Wirtschafts- und Geisteswissenschaften. Hinzufügen könnte man hier auch die Überlegungen zum Realitätsbezug des Fernsehens – zu jener Wirklichkeitsspirale, die es oft schwierig macht zu entscheiden, welche Realitätsebene die abgeleitete ist, und wo der scheinbar so klare optische Eindruck dennoch Täuschung und Illusion vermittelt.

Solche intuitive Denkgewohnheiten reichen indessen für den Alltag häufig aus, und sie sind so stark verankert, dass sie oft auch dann aufrechterhalten werden, wenn sie Gesetzen widersprechen, die im formellen schulischen Unterricht behandelt wurden. Nun könnte dies erst einmal dahingehend ausgelegt werden, dass damit ja wiederum ein Argument gegen die Wirksamkeit des Schulunterrichts formuliert sei; das belege, wie wenig man vom Bildungssystem zu erwarten habe. Doch Gardner plädiert mit seiner Diagnose nicht für die Abschaffung des Schulsystems, sondern für die Suche nach neuen schulischen Lernformen, die dazu verhelfen, solche Denkgewohnheiten aufzubrechen. Er ist überzeugt davon, dass weit mehr Schüler einen deutlich höheren Grad des Verständnisses in einer Reihe von Fächern erlangen könnten, wenn man Lernumgebungen entwärfe, in denen die Schüler sich auf natürliche Weise mit den von ihnen früher erworbenen Arten des Wissens auseinandersetzen könnten. Dies beginnt bereits früh – mit der Vorschulerziehung, für die Gardner beispielhaft auf sein Project Spectrum verweist, wo Kinder jeden Tag in einem Milieu pädagogisch anregender und vielfältiger Lernmaterialien verbringen, die zur Nutzung ihrer verschiedenen Intelligenzen anregen (vgl. Gardner 1993, S. 255). Weitere Beispiele und Projekte ziehen sich durch bis zur Ausbildung von Verständnis in späterer Kindheit, beispielhaft aufgezeigt etwa an einem kalifornischen Förderprogramm, in welchem gefährdete Schüler nach der Schule an Computern zusammenarbeiteten, um verschiedenste Projekte von der Beherrschung logischer Systeme bis zur Herausgabe einer eigenen Zeitschrift auszuführen (Gardner 1993, S. 273; er bezieht sich dabei auf einen Bericht von Newman/Cole/Griffin 1989).

Meines Erachtens wäre die Auflösung von Vorurteilen und problematischen Denkgewohnheiten nun gerade eine wesentliche Aufgabe der Schule in einem Zeitalter, wo immer mehr Prozesse des Erwerbs primären Wissens ausserhalb der Schule stattfinden. Anstatt sich von dieser natürlichen Umwelt abzuschotten und sich in einem System eigener Dignität zu bewegen, das mit den außerhalb ihrer Mauern geltenden Regeln und Kriterien wenig zu tun hat, könnte hier die Schule Wesentliches zur Überprüfung und Korrektur falscher Denkgewohnheiten leisten. Der Verlust des Wissensmonopols, der die heutigen Schulen kennzeichnet, sollte also gerade nicht zum Rückzug auf vermeintliche Spezialitäten führen, deren Vermittlung sich die Schule exklusiv zubilligt, sondern es ginge darum, sich stärker in dieses Leben einzumischen und dabei die eigene Leistungsfähigkeit zu beweisen. So könnte sie insbesonders den Heranwachsenden Werkzeuge an die Hand geben, welche ihnen helfen, ihr Realitätsverständnis zu erweitern.

Drittens wäre in diesem Zusammenhang nochmals an den Gemeinschaftssinn zu erinnern und an eine an kultureller Identität ausgerichteten Kommunalität (vgl. S.262). Diese ist an ein gemeinsames Wissen, an geteilte Traditionen und Werte gebunden, die im Rahmen von pluralisierten Lebenswelten immer weniger automatisch erworben werden. Die Vertrautheit mit den Spielregeln des politischen Systems, identitätsstiftende kulturelle Grundüberzeugungen, ein Basisbestand an literarischen und geistigen Überlieferungen gehören in diesem Zusammenhang notwendig dazu – wobei dies im vorliegenden Kontext inhaltlich nicht weiter auszudifferenzieren ist. Hingegen soll eines noch betont werden: Diese Aneignung der eigenen Kultur muß nicht einen affirmativen Charakter in sich tragen. Denn zu jener Überlieferung, die in der bürgerlichen Aufklärung wurzelt, gehört m.E. auch ein Blick, der kritische Distanz beinhaltet, und wo diese Aneignung immer auch mit intellektueller Auseinandersetzung verbunden ist. Kommunalität in diesem Sinne hätte deshalb auch das Element der Kritik einzuschließen, auch dies eine Grundqualifikation, die sich im Curriculum des Lebens nicht automatisch herstellt. Zwar gibt es in den Medien immer wieder Modelle, welche einen solchen Anspruch einschließen und Sachverhalte problematisieren oder Ereignisse im Sinne eines aufdeckenden Recherchierjournalismus behandeln. Doch auch hier bleibt der Zuschauer erst einmal zur Kenntnis nehmender Rezipient, der oft im Streit der Meinungen recht hilflos bleibt.

Aus dem Gesagten ergeben sich zusammenfassend für die Schule im Informations- und Medienzeitalter drei wesenliche Bestimmungen:

- Es geht darum, das zufällige und nach der Maßgabe individueller Vorlieben im Curriculum des Lebens organisierte Lernen zu systematisieren und ein Grundwissen zu vermitteln, das integrierende Funktionen übernimmt.
- Falsche Denkgewohnheiten und Vorurteile, die sich oft früh schon einstellen und die Heranwachsenden oft durch das ganze Leben begleiten, sollten aufgebrochen werden.
- Die Schule soll einen kritischen Gemeinschaftssinn fördern, der als Basis der Zugehörigkeit zu einer Kultur auch unter der Voraussetzung zunehmend pluralistischer Lebensstile um den Preis des Verlusts von Identität und zwischenmenschlicher Solidarität nicht aufgegeben werden kann.

Die eben entwickelten Überlegungen zum zukünftigen Stellenwert eines öffentlichen Bildungssystems versuchen letztlich, den Bildungsbegriff unter den Prämissen des Medien- und Informationszeitalters zu rekonstruieren. Zur Verdeutlichung dieses Gedankens kann z.B. auf die im klassischen Bildungsdenken wurzelnde „Allgemeine Pädagogik" Dietrich Benners (1987) rekurriert werden. Zwar teile ich seinen praxeologischen Standort nicht in allen Teilen und würde den Bildungsbegriff weniger transzendentalphilosophisch wie als historisches Ergebnis der Aufklärung begreifen, als Summe quasi von generationsgeschichtlichen Lernprozessen.

Dennoch sind in Benners Begriff der „Bildsamkeit als Bestimmtsein des Menschen zu produktiver Freiheit, Geschichtlichkeit und Sprache" Anknüpfungspunkte zu vielen der hier entwickelten Überlegungen zu finden: Kritischer Gemeinschaftssinn und das Bewahren einer kulturellen Identität scheinen auch der Konzeption Benners letztlich zu inhärieren – etwa wenn er festhält: „Jemandem die Möglichkeit der Bildsamkeit absprechen, hieße, ihm sein Recht zur Mitwirkung an der menschlichen Gesamtpraxis, seine Menschlichkeit aberkennen" (Benner 1987, S. 63). Und wenn hier davon die Rede war, dass es auch darum gehe, naturwüchsig ablaufende Lernprozesse und die daraus resultierenden Denkweisen in einen Prozeß kritischer Überprüfung einzubinden, so könnte man dies im Benner'schen Sinne als Überführung von gesellschaftlicher in pädagogische Determination deuten. Seine Erläuterungen machen deutlich, dass auch diese Bildungsaufgabe in engem Zusammenhang zur kulturellen Aneignung steht: „Erst wenn man die Kultur- und Zivilisationsgeschichte der Menschheit als eine Entwicklung begreift, in der Umwelteinflüsse zunehmend in gesellschaftliche Einflüsse oder über gesellschaftliche Zusammenhänge vermittelte Einflüsse transformiert worden sind, stellt sich die Frage nach der Überführung gesellschaftlicher in pädagogische Determination" (Benner 1987, S. 86). Mit anderen Worten: Die hier vorgelegte Studie endet nicht in einer resignativen Klage über den aussterbenden „Dinosaurier Schule", weil die traditionellen Curricula der Schule zunehmend ihren Wert einbüßen und viele Qualifikationen veralten bzw. andere außerhalb der Schule genauso gut zu lernen sind. Denn Bildung begründet sich nicht aus gesellschaftlichen Trends, an die bedingungslos anzuknüpfen ist. Vielmehr liegt im Bildungsbegriff auch jene Chance, welche Benner in diesem Zusammenhang nennt, nämlich mit den Heranwachsenden gesellschaftlich vorgegebene Anforderungen an pädagogische Interaktion in einer diese weder leugnenden noch blind anerkennenden Weise zu thematisieren.

Trotz dieses bildungstheoretischen Begründungsversuchs ist allerdings zu überlegen, ob die Lernzeit für den traditionellen Unterrichtsbesuch nicht stark verkürzt werden könnte – zugunsten einer Art von „Microchoices", die im Sinne von Bildungsgutscheinen für außerschulische Lernaktivitäten genutzt werden könnten – im Rahmen eines Bildungsmarktes, der ein weitaus breiteres Lernangebot umfaßte, als dies die traditionellen Schulen anzubieten vermögen. Nicht zuletzt könnte ein Teil des Lernens damit auch wieder an Situationen zurückgebunden werden, die unmittelbar mit alltäglichen Lebensvollzügen in Beziehung stehen:

- Man wählt eine Fremdsprache, weil man in einem bestimmten Land Urlaub machen will; finanziert sich dort vielleicht mit Bildungsgutscheinen einen Sprachaufenthalt.
- Es interessiert einen ein Handwerk, das man in der Form einer Art von Meisterlehre bei einem begabten Praktiker erlernt.
- Man vertieft sich in bestimmte Aspekte der Computertechnologie, weil man hobbymäßig in die E-Mail Kommunikation einsteigen will und sich deshalb für die Grundbegriffe der Datenfernübertragung interessiert.
- Sportarten wie Judo oder Fitneßübungen, die heute im Schulprogramm fehlen, könnten über „Microchoices" gewählt werden.
- Wer sich für philosophische Grundfragen interessiert, kann sich dafür in einem Volkshochschulkurs einschreiben, obwohl – oder gerade weil – dieses Fach im Stundenplan der eigenen Schulstufe fehlt.

Das mögen – zugegebenermaßen – etwas erkünstelte Beispiele sein; daran kann aber deutlich werden, wie ein solches Microchoice-System das schulische Lernprogramm sinnvoll zu ergänzen vermöchte. Dabei ist „Ergänzung" möglicherweise ein zu stark untertreibendes Wort – ginge es doch darum, dass Bildungsmöglichkeiten gesellschaftlich auf zwei „Lernnetze" mit unterschiedlichen Funktionen verteilt würden. Dass dies nicht allein einen schlechten Kompromiß zwischen öffentlich-rechtlichem Schulwesen und den gegenwärtig an Gewicht gewinnenden Modellen eines Bildungsmarktes darstellt, kann m.E. wiederum bildungstheoretisch begründet werden. Beinhaltet Bildung nämlich auch ein Prinzip der „Aufforderung zur Selbsttätigkeit" (Benner) so scheint mir ein solches gemischt organisiertes System am besten geeignet, dazu die notwendigen Motivationen und Energien freizumachen, bzw. auch den Lernbedürfnissen der Heranwachsenden stärker Rechnung zu tragen. Nun kann man natürlich in polemischer Absicht die Konkurrenz zwischen den beiden Formen der Institutionalisierung des Lernens herausstellen und deren Unvereinbarkeit behaupten. Entscheidend erscheinen mir dagegen viel eher die möglichen Synergien; nämlich, dass die öffentliche Schule als Institution der Zusammenschau und der Systematisierung disparaten Wissens und isolierter Fertigkeiten in der hier entwickelten Sicht ihre Funktionen gerade mit Bezug auf die anderswo angeeigneten Kenntnisse und Fertigkeiten bezöge. Das gibt den Anbietern, die sich im Microchoice-Rahmen bewegen, die Sicherheit, auf die integrierenden Funktionen des Schulsystems bauen zu können – indem sie auf das dort vermittelte Basiswissen zurückgreifen können, oder indem sie die weiterführende Systematisierung der von ihnen vermittelten Qualifikationen wieder den Schulen zurückgeben.

Diese konzeptuellen Vorstellungen mögen sich unkonventionell anhören; es erscheint mir indessen kennzeichnend für die heutige bildungspolitische Situation, dass von verschiedensten Seiten ähnliche Schlüsse gezogen werden. Neben Herbert Gintis wäre im deutschsprachigen Raum auf Hartmut von Hentig zu verweisen, der – obwohl kein Freund von Multimedia und Computern – aus einem ganz anderen Blickwinkel und mit dem Verweis auf den Zürcher Erziehungswissenschaftler Jürgen Oelkers zu ähnlichen Schlußfolgerungen gelangt: „Der Lehrer muß nicht beamtet sein; die Schularten und Schulträger sollten vermehrt werden; die Schulzeit kann verkürzt werden; das Staatsmonopol und die Regulative sollten gelockert werden" (von Hentig 1993, S. 162).

Am Schluß dieser kursorisch skizzierten Überlegungen kann damit ein versöhnliches Fazit stehen: Auch im Informations- und Medienzeitalter sind Überlegungen, die sich auf die klassischen Bildungstheorien beziehen, keineswegs obsolet. Und auch in dieser neuen Zeit der weltumspannenden „Informations-Highways" und der per Satellit verbreiteten Medienangebote ist die Frage nach der Integration dieses unaufhörlichen Informationsstroms, an den sich bald jedermann von zu Hause aus ankoppeln kann, nicht überflüssig geworden. Die Bildungsfrage erscheint in diesem Zusammenhang vielmehr als zentrales Problem der Identität sozialer Systeme wie auch der Individuen.

Dennoch kann dies nicht einfach als eine Art „Beruhigungspille" an die Adresse einer Pädagogik gelesen werden, welche nichts anderes anstrebt, als den Status quo zu bewahren. Insbesonders ist es notwendig, die Strukturen eines Bildungswesens zu hinterfragen, das für die gesellschaftlichen Probleme des 19. Jahrhundert konzipiert wurde, und wo es darum ging, nicht zuletzt im Interesse der enstehenden Industriegesellschaften eine differenzierte Volksbildung für die damaligen Klassengesellschaften zu entwickeln. Demgegenüber ist es eine ganz andere Aufgabe, eine Bildungsorganisation zu konzipieren, die davon ausgeht, dass sich in einer „informierten" Gesellschaft immer mehr Lernprozesse außerhalb der öffentlichen Bildungsinstitutionen vollziehen. Radikale Fragen, wie sie in Perelmans HL-Ansatz formuliert sind, müssen deshalb ernst genommen werden; und sie sollten schon deshalb einen Anlaß zur Überprüfung des Bildungssystems darstellen, weil ähnliche Kritik an der Effizienz und der Qualität der Schulausbildung auch von „gemäßigteren" Autoren wie Howard Gardner formuliert werden. Meines Erachtens steht denn auch die Struktur und die Organisation des Bildungswesens – wie in diesem letzten Kapitel dargestellt – gegenwärtig in vielerlei Hinsicht zur Disposition, und es werden entschiedenere Schnitte in die traditionellen und uns selbstverständlich gewordenen Gewohnheiten und Formen der Vermittlung von Bildung an die heranwachsende Generation nötig sein, als dies gegenwärtig die Bildungspolitik wahrhaben will.

Weitere Informationen zu medienpädagogischen Themen und Arbeiten aus Seminaren des Autors finden sich auf der Homepage:
http://schulnetz.ch/unterrichten/fachbereiche/medienseminar/start.html

Literatur

Abeln, Reinhard, Wie gehen wir in der Familie mit den Medien um, Donauwörth 1989

Ammann, Daniel u.a., Primärerfahrung mit dem Medium Computer, in: Schweizer Schule 4, 1998, S. 31ff.

Anderson, Daniel R. u.a., Estimates of Young Children's Time with Television, Child Development 1985, S. 1345ff.

Arbeitsgemeinschaft Leseranalyse Jugendpresse, Jugend-Media-Analyse 1980, München 1980

Aregger, Josef; Steinmann, Matthias, Kinder als Radio- und Fernsehpublikum, Bern 1989

Ariès, Philippe, Geschichte der Kindheit, München 1975

Aufenanger, Stefan, Zum Ansatz einer rekonstruktiven Methodologie in der qualitativen Medienforschung, in: Deutsches Jugendinstitut (Hrsg.), Medien im Alltag von Kindern und Jugendlichen, Weinheim, München 1988, S. 187ff.

Aufenanger, Multimedia – Möglichkeiten, Perspektiven, Grenzen, in: Stefan Aufenanger, Jürgen Laufer, Günter Thiele (Hrsg.), Mit Multimedia in die Zukunft? Bielefeld 1995, S. 188ff.

Aufenanger, Stefan u.a., Lustige Gewalt? Zum Verwechslungsrisiko realer und inszenierter Fernsehgewalt bei Kindern durch humoreske Programmkontexte, Hamburg 1996

Austermann, Anton, Medienpädagogik, in: Dieter Lenzen (Hrsg.), Pädagogische Grundbegriffe, Band 2, Reinbek 1989, S. 1035ff.

Baacke, Dieter u.a., Lebenswelten Jugendlicher (2 Bd.), Opladen 1990

Baacke, Dieter, Der traurige Schein des Glücks, Zum Typus kommerzieller Jugendzeitschriften, in: Ehmer H.K. (Hrsg.), Visuelle Kommunikation, Köln 1971, S. 213ff.

Baacke, Dieter, Die 13- bis 18jährigen, Weinheim 1991 (5. Aufl.)

Baacke, Dieter; Frank, Günter; Radde, Martin, Jugendliche im Sog der Medien. Medienwelten Jugendlicher und Gesellschaft, Opladen 1989

Baacke, Dieter, Medienkulturen-Jugendkulturen, in: Martin Radde, Uwe Sander, Ralf Vollbrecht (Hrsg.), Jugendzeit-Medienzeit. Daten, Tendenzen, Analysen für eine jugendorientierte Medienerziehung, Weinheim, München 1988, S. 15ff.

Baacke, Dieter, Medienpädagogik, Tübingen 1997

Bach, George R.; Goldberg, Herb, Keine Angst vor Aggression. Die Kunst der Selbstbehauptung, Frankfurt 1981

Bachmair, Ben, Interpretations- und Ausdrucksfunktion von Fernseherlebnissen und Fernsehsymbolik, in: Charlton, Michael/Bachmair, Ben (Hrsg.), Medienkommunikation im Alltag, München 1990, S. 103ff.

Bachmair, Ben, Höllen-Inszenierung in einer Massenkommunikation der Alltagsästhetik und Szenen, in: Bachmair, Ben/Kress, Gunther, Hölleninszenierung „Wrestling“. Beiträge zur pädagogischen Genreforschung, Opladen 1996, S. 13ff.

Bachmair, Ben, Symbolische Verarbeitung von Fernseherlebnissen in assoziativen Freiräumen. 1. Teil, Kassel 1984

Bachmair, Ben, Fernsehkultur, Opladen 1996

Bachmair, Ben, Kinderfernsehen im Umbruch? In: TELEVIZION 2, 1997, S. 13ff.

Badinter, Elisabeth, Die Mutterliebe, München 1981

Bandura, Albert u.a., Stellvertretende Bekräftigung und Imitationslernen, in: Hofer, Manfred/ Weinert, Franz E., Pädagogische Psychologie 2, Lernen und Instruktion, Frankfurt 1973, S. 61ff.

Bandura, Albert; Huston, A.C., Identification as a Process of Incidential Learning, in: Journal of Abnormal and Social Psychology 1961, S. 311ff.

Barbrook, Richard, Cameron and, Die kalifornische Ideologie, in: Telepolis 0, 1996, S. 51ff.

Barthes, Roland, Mythen des Alltags, Frankfurt 1964

Baudrillard, Jean, Die göttliche Linke, München 1986

Bause, Uta u.a., Vom Märchen und anderen Geschichten. Zur theoretischen Basis und Analyse der Geschichte, in: Paus-Haase, Ingrid (Hrsg.), Neue Helden für die Kleinen, Münster 1992, S. 57ff.

Beck, Ulrich, Risikogesellschaft. Auf dem Weg in eine andere Moderne, Frankfurt 1986

Benner, Dietrich, Allgemeine Pädagogik, Weinheim, München 1987

Bente, Gary; Fromm, Bettina, Affektfernsehen. Motive, Angebotsweisen und Wirkungen, Opladen 1977

Berghaus, Margot, Was macht Multimedia mit Menschen, was machen Menschen mit Multimedia? In: Peter Ludes, Andreas Werner (Hrsg.), Multimedia-Kommunikation, Opladen 1997, S. 73ff.

Berkowitz, Leonard, Aggressions-Auslöser, aggressives Verhalten und Katharsis von Feindseligkeiten, in: Irle, Martin (Hrsg.), Texte aus der experimentellen Sozialpsychologie, Neuwied 1969, S. 154ff.

Bettelheim, Bruno, Brauchen Kinder Fernsehen? in: TELEVIZION 1, 1988, S. 4ff.

Bettelheim, Bruno, Kinder brauchen Märchen, Stuttgart 1980

Binder, Hartmut, Zur Geschichte und Entwicklung schulischer Medienerziehung, in: Schill, Wolfgang/Tulodziecki, Gerhard/Wagner, Wolf-Rüdiger, Medienpädagogisches Handeln in der Schule, Opladen 1992, S. 17ff.

Bliersbach, Gerhard, „Schön, dass Sie hier sind!“. Die heimlichen Botschaften der TV-Unterhaltung, Weinheim, Basel 1990

Bloom, Allan, Der Niedergang des amerikanischen Geistes, Hamburg 1988

Böhme-Dürr, Karin, Die kleinen Plastikleute im Fernsehen: Wie Kinder Fernsehrealitäten wahr nehmen, in: Demurray Enrico (Hrsg.), Medienwirklichkeit – Wirklichkeit, Nürnberg 1988

Böhme-Dürr, Karin, Nur ältere Kinder sind (manchmal) von Fernsehwerbung genervt, in: Televizion 3, 1993, S. 4ff.

Bonfadelli, Heinz; Saxer, Ulrich, Lesen, Fernsehen und Lernen. Wie Jugendliche die Medien nutzen und die Folgen, Zug 1986

Bonfadelli, Heinz u.a., Jugend und Medien. Eine Studie der ARD/ZDF-Medienkommission und der Bertelsmann Stiftung, Frankfurt 1986 (a)

Bonfadelli, Heinz; Saxer, Ulrich, Lesen, Fernsehen und Lernen, Zug 1986

Bowles, Samuel; Gintis, Herbert, Pädagogik und die Widersprüche der Ökonomie, Frankfurt 1978

Bricken, William, Cyberspace 1999, in: Waffender Manfred (Hrsg.), Cyberspace. Ausflüge in virtuelle Wirklichkeiten, Reinbek 1991, S. 282ff.

Bröckers, Mathias, Digital Magic, in: Waffender, Manfred (Hrsg.), Cyberspace. Ausflüge in virtuelle Wirklichkeiten, Reinbek 1991, S. 90ff.

Brooks, J. D., Presentation at Conference on Video Games and Human Development; A Research Agenda for the 80's, Harvard Graduate School of Education, May 1983

Bruner, Jerome, Bereitschaft zum Lernen, in: Weinert Franz (Hrsg.), Pädagogische Psychologie, Köln 1968, S. 105ff.
Bryant, Jennings; Anderson, Daniel R. (eds.), Children's Understanding of Television: Research on Attention and Comprehension, New York1983
Buckingham, David, Public Secrets: EastEanders and Its Audience, London 1987
Buckingham, David, Boy's Talk: Television and the Policing of Masculinity, in: Buckingham, David (ed.), Reading Audiences. Young People and the Media, Manchester 1993, S. 89ff.
Büttner, Christian, Video-Horror. Schule und Gewalt, Weinheim, Basel 1990
Cantril, Hadley, Die Invasion vom Mars, in: Prokop Dieter, Medienforschung, Band 2. Wünsche, Zielgruppen, Wirkungen, Frankfurt 1985, S. 14ff.
Charlton, Michael; Neumann, Klaus, Rezeptionsanalyse als Strukturanalyse, in: Charlton, Michael/Bachmair, Ben (Hrsg.), Medienkommunikation im Alltag, München 1990, S. 25ff.
Charlton, Michael u.a., Werbekonsum und Werbekompetenz von 4-14jährigen Kindern, in: Charlton, Michael u.a. (Hrsg.), Fernsehwerbung und Kinder, Band 2, Opladen 1996, S. 31 ff.
Charlton, Michael; Neumann-Braun, Klaus, Die wichtigsten Ergebnisse, in: Charlton, Michael u.a. (Hrsg.), Fernsehwerbung und Kinder, Band 2, Opladen 1996, S. 263 ff.
Chubb, John; Moe, Terry, Politics, Market and America's Schools, Washington 1990
Coleman, John D., Eine neue Theorie der Adoleszenz, in: Olbrich, Erhard/Todt, Eberhard, Probleme des Jugendalters. Neue Sichtweisen, Berlin, Heidelberg 1984, S. 49ff.
Cullingsford, C., Children and Television, London 1984
Daumann, Hans Uwe, Nicht einmal eine Nebenrolle? Ein Jahrzehnt Bürgerfernsehen, ein Vierteljahr Offener Kanal Ludwigshafen, in: Prokop, Dieter (Hrsg.), Medienforschung, Band 2, Frankfurt 1985, S. 486ff.
Davies Máire Messenger, Television is Good for your Child, London 1989
Dittler, Ullrich, Software statt Teddybär, München, Basel 1993
Döbert, Rainer; Nunner-Winkler, Gertrud, Adoleszenzkrise und Identitätsbildung, Frankfurt 1975
Doelker, Christian, Kulturtechnik Fernsehen. Umgang mit einem Medium, Stuttgart 1989
Doelker, Christian, Medienpädagogik in Elternhaus und Schule, in: Issing, Ludwig I., Medienpädagogik im Informationszeitalter,Weinheim 1987, S. 143ff.
Doelker, Christian, Medienpädagogik in der Sekundarstufe – der integrative Ansatz, in: Schill, Wolfgang/Tulodziecki, Gerhard/Wagner, Wolf-Rüdiger, Medienpädagogisches Handeln in der Schule, Opladen 1992, S. 107ff.
Doelker, Christian, Leitfaden Medienpädagogik, Zürich 1994
Doelker, Christian, Ein Bild ist mehr als ein Bild, Stuttgart 1997
Döpp, Hans Jürgen, Narziß: Ein neuer Sozialisationstyp? in: Häsing, Helga u.a. (Hrsg.), Narziß. Ein neuer Sozialisationstyp? Bensheim 1979, S. 19ff.
Döring, Nicola, Sozialpsychologische Aspekte der Usenet Community, Berlin 1994 (Online-Text auf: http://www.uni-koeln.de/themen/cmc/text/doering94.txt)
Dorr, Aimée , Television and Children, Beverly Hills 1986
Dorr, Aimée, No Shortcuts to Judging Reality, in: Bryant, Jennings/Anderson, Daniel R. (eds.), Children's Understanding of Television: Research on Attention and Comprehension, New York 1983
Eckert, Roland u.a., Grauen und Lust – Die Inszenierung der Affekte, Pfaffenweiler 1991
Eco, Umberto, Einführung in die Semiotik, München 1972
Egbringhoff, Verena; Gehrke, Gernot; Hohlfeld, Ralf, „Was guckt ihr denn so?" – Eine Befragung von Kindern, in: Paus-Haase, Ingrid (Hrsg.), Neue Helden für die Kleinen, Münster 1992, S. 36ff.
Elkind, David, Total verwirrt. Teenager in der Krise, Hamburg 1990

Enzensberger, Hans Magnus, Baukasten zu einer Theorie der Medien, in: Prokop, Dieter (Hrsg.), Medienforschung, Band 2, Frankfurt 1985, S. 471ff.
Erikson, Erik, Identität und Lebenszyklus, Frankfurt 1966
Eschenauer, Barbara, Medienpädagogik in den Lehrplänen: eine wichtige Nebensache, in: Schill, Wolfgang/Tulodziecki, Gerhard/Wagner, Wolf-Rüdiger, Medienpädagogisches Handeln in der Schule, Opladen 1992,S. 73ff.
Feierabend, Sabine; Windgasse, Thomas, Was Kinder sehen. Eine Analyse der Fernsehnutzung 1996 von Drei- bis 13jährigen, Online-Text des Medienpädagogischen Forschungsverbundes Südwest – SWF-Medienforschung 1997 (http://www.mpfs.de/publikationen/kinder.sehen.html)
Fernie, D.E., Ordinary and Extraordinary People: Cildren's Understanding of Television and Real Life Models, in: Kelly, H./Gardner, H., Viewing Children Through Television, San Francisco 1981
Feshbach, S.; Singer, R.D., Television and Aggression: An Experimental Field Study, San Francisco 1971
Fiske, John, Television Culture, London/ New York 1987
Fiske, John, Understandiung Popular Culture, London, New York 1989
Fiske, John, Popular Television and Commercial Culture: Beyond Political Economy, in: Burns, Gary/Thompson, Robert, Television Studies: Textual Analysis, New York 1989, S. 27ff.
Flick, Uwe, Qualitative Forschung, Reinbek 1995
Flusser, Vilém, Die Schrift, Göttingen 1987
Freire, Paulo, Pädagogik der Unterdrückten, Reinbek 1973
Frey-Vor, Gerlinde, Die Rezeption der Lindenstraße im Spiegel der angewandten Medienforschung, in: Martin Jurga (Hrsg.), Lindenstraße. Produktion und Rezeption einer Erfolgsserie, Opladen 1995, S. 139ff.
Fritz, Jürgen, Im Sog der Videospiele, München 1985
Fröhlich, Arnold, „Video ab!“ im Fachunterricht, in: Schweizer Schule 5, 1993, S. 23ff.
Garbanyi, Anneli Ute, Die unvollendete Revolution, München 1990
Gardner, Howard, Der ungeschulte Kopf. Wie Kinder denken, Stuttgart 1993
Gehrke, Gernot; Hohlfeld, Ralf, Die duale Rundfunkordnung und das Kinderfernsehen, in: Paus-Haase, Ingrid (Hrsg.), Neue Helden für die Kleinen, Münster 1992, S. 1ff.
Gergely, Stefan M., Wie der Computer den Menschen und das Lernen verändert, München 1986
Gergen, Kenneth J., Technology and the Transformation of the Pedagogical Project, 1995 (Online-Text)
Geser, Hans, Auf dem Weg zur „Cyberdemocracy“. Auswirkungen der Computernetze auf die öffentliche politische Kommunikation, Zürich 1996 (Online-Text: http://www.unizh.ch/~geserweb/komoef/ftext.html)
Geser, Hans, Auf dem Weg zur Neuerfindung der politischen Öffentlichkeit, Zürich 1998 (Online-Text: http://socio.ch/intcom/t_hgeser06.htm)
Giesecke, Hermann, Das Ende der Erziehung, Stuttgart 1985
Glogauer, Werner, Die neuen Medien verändern die Kinder, Weinheim 1993
Götz, Maya, Mädchenserien/Jungenserien, in: medien praktisch 4, 1997, S. 27ff.
Goltsche, Patrick M., Medien und Kommunikationsfreiheit in der Demokratie – Medienpädagogisches Handeln im Politikunterricht, in: Schill, Wolfgang/Tulodziecki, Gerhard/Wagner, Wolf-Rüdiger, Medienpädagogisches Handeln in der Schule, Opladen 1992, S. 165ff.
Greenfield, Patricia Marks, Kinder und neue Medien, Weinheim 1987
Grimm, J., Medien: Simulation und Wirklichkeit. Forschungsbericht, Mannheim 1993
Grunenberg, Nina, Draufhauen und siegen. Mark Wössner hat Bertelsmann an die spitze geführt, in: Die Zeit 16, 1988, S. 10.

Grupe, Ommo, Leib-Erfahrungen zwischen Körper und Bildschirm, in: Bildschirm. Faszination oder Information. Friedrich Jahresheft III, 1985, S. 29ff.

Gunter, Barrie; McAleer, Jill L., Children and Television. The one eyed monster? London 1990

Haefner, Klaus, Die neue Bildungskrise, Basel 1982

Haefner, Klaus, Medienpädagogik im Computerzeitalter, in: Issing, Ludwig (Hrsg.), Medienpädagogik im Informationszeitalter, Weinheim 1987, S. 19ff.

Hänggi, Ursula, Computereinsatz im Unterricht an der Primarstufe (Unterstufe), in: Schweizer Schule 4, 1998, S. 11ff.

Hansen, Inge u.a., Was die Kids an den Power Rangern interessiert, in: Schweizer Schule 5, 1995, S. 14ff.

Hauf-Tulodziecki, Annemarie, Handlungsorientiert, fächerübergreifend. Medienerziehung und informationstechnische Grundbildung, in: medien praktisch 4, 1995, S. 13ff.

Hawkins, Robert P., The Dimensional Structure of Children's Perception of Television Reality, in: Communication Research 1977, S. 299ff.

Heidersberger, Benjamin, Die digitale Droge, in: Waffender, Manfred (Hrsg.), Cyberspace. Ausflüge in virtuelle Wirklichkeiten, Reinbek 1991, S. 52ff.

Heilbrun Stacks, Barbara, Was heißt „virtuelle" Realität? Ein Interview mit Jaron Lanier, in: Waffender, Manfred (Hrsg.), Cyberspace. Ausflüge in virtuelle Wirklichkeiten, Reinbek 1991, S. 67ff.

Hejl, Peter M., Zum Begriff des Individuums – Bemerkungen zum ungeklärten Verhältnis von Psychologie und Soziologie, in: Schiepek, Günter (Hrsg.) Systeme erkennen Systeme, München, Weinheim 1987

Hejl, Peter M., Soziale Konstruktion von Wirklichkeit, in: Merten, Klaus/Schmidt, Siegfried J./Weischenberg, Siegfried (Hrsg.), Die Wirklichkeit der Medien. Eine Einführung in die Kommunikationswissenschaft, Opladen 1994, S. 43ff.

Hengartner, Elmar; Röthlisberger, Hans, Rechenfähigkeit von Schulanfängern, in: Schweizer Schule 4, 1994, S. 3ff.

Hengst, Heinz, Computer und Computerspiele im Alltag von Kindern und Jugendlichen, in: Radde, Martin/Sander, Uwe/Vollbrecht, Ralf (Hrsg.), Jugendzeit-Medienzeit, Weinheim, München 1988, S. 136ff.

Hentig, Hartmut von, Das allmähliche Verschwinden der Kindheit, München 1987

Hentig, Hartmut von, Die Schule neu denken, München 1993

Hicks, D., Imitation and Retention of Aggressive Peer and Adult Models, in: Journal of Personality and Social Psychology 1965, S. 97ff.

Hicks, D., Short and Long Term Retention of Affectively Varied Model Behavior, in: Psychonomic Science 1968, S. 369f.

Hirsch, E.D., Cultural Literacy, Boston 1987

Hodge, B.; Tripp, D., Children and Television. A Semiotic Approach, Cambridge 1966

Höltershinken, Dieter u.a., Praxis der Medienerziehung. Beschreibung und Analyse im schulischen und auerschulischen Bereich, Stuttgart 1991

Hollstein-Brinkmann, Heino, Soziale Arbeit und Systemheorien, Freiburg 1993

Huesmann, L.Rowell; Eron, Leonard D., The Development of Aggression in Children of Different Cultures: Psychological Processes and Exposure To Violence, In: Huesmann, L.Rowell/Eron, Leonard D. (Hrsg.), Television and the Aggressive Child: A Cross-National Comparison, Hillsdale 1986, S. 1ff.

Hunziker, Peter, Medien, Kommunikation und Gesellschaft, Darmstadt 1988

Hurrelmann, Bettina u.a., Familie und erweitertes Medienangebot. Begleitforschung des Landes NW zum Kabelprojekt Dortmund. Band 7, Düsseldorf 1988

Hurrelmann, Bettina, Fernsehen in der Familie. Auswirkungen der Programmerweiterung auf den Mediengebrauch, Weinheim, München 1989

Hurrelmann, Bettina, Kinder und Medien in: Merten, Klaus/Schmidt, Siegfried J./Weischenberg, Siegfried (Hrsg.), Die Wirklichkeit der Medien. Eine Einführung in die Kommunikationswissenschaft, Opladen 1994, S. 377ff.
Huston, Aletha C.; Wright, John C., Children's Processing of Television: The Informative Functions of Formal Features, in: Bryant, Jennings/Anderson, Daniel R. (eds.), Children's Understanding of Television: Research on Attention and Comprehension, New York 1983
Hyperlearning and Hyper-Education: A Conversation with Lewis J. Perelman, in: Education Policy Analysis Archives 1993 (Internet-Mailing-List EDPOLYAN) 1993
Jakobi, Ute; Selg, Herbert; Belschner, Wilfried, Triebmodelle der Aggression, in: Selg, Herbert (Hrsg.), Zur Aggression verdammt? Stuttgart 1982
Jenkins, Henry, Textual Poachers. Television Culture and Participatory Culture, London/New York 1992
Johansen, Erna M., Betrogene Kinder. Eine Sozialgeschichte der Kindheit, Frankfurt 1978
Jörg, Sabine, Per Knopfdruck durch die Kindheit, Weinheim, Berlin 1987
Kade, Jochen, Erziehungswissenschaftliche Theoriebildung im Blick auf die Vielfalt einer sich entgrenzenden Welt, in: Reinhard Uhle, Dietrich Hoffmann (Hrsg.), Pluralitätsverarbeitung in der Pädagogik. Unübersichtlichkeit als Prinzip? Weinheim 1994, S. 149ff.
Kalkofe, Oliver u.a., Actionserien – Anatomie eines Genres, in: Paus-Haase, Ingrid (Hrsg.), Neue Helden für die Kleinen, Münster 1992, S. 36ff.
Katz, Elihu, Mass Communications Research and the Study of Popular Culture. Studies in Public Communcations (vol. 2) 1959
Kaufmann, H., Aggression and Altruism, New York 1970
Key, Ellen, Das Jahrhundert des Kindes, Königstein 1978 (Reprint von 1902)
Klingler, Walter, Die auditiven Medien im Alltag der Kinder, in: Wolfgang Schiell, Dieter Baacke (Hrsg.), Kinder und Radio, Frankfurt 1996
Kloepfer, Rolf; Landbeck, Hanne, Ästhetik der Werbung. Der Fernsehspot in Europa als Symptom neuer Macht, Frankfurt 1991
Kohli, Martin, Wie es zur „biographischen" Methode kam und was daraus geworden ist, in: Zeitschrift für Soziologie 1981, S. 273ff.
Kommer, Sven, Kinder im Werbenetz, Opladen 1996
Kübler, Hans-Dieter, Zwischen Imagination und Wirklichkeit.Strukturen und Tendenzen inszenierter Kindheit, in: Tietze, Wolfgang/Rossbach, Hans-Günther (Hrsg.), Erfahrungsfelder in der frühen Kindheit. Bestandesaufnahme, Perspektiven, Freiburg 1993, S. 56ff.
Kuczynski, Jürgen, Studien zur Geschichte des arbeitenden Kindes in Deutschland von 1700 bis zur Gegenwart, Berlin 1968
Kunczik, Michael, Gewalt und Medien, Köln 1987
Lamnek, Siegfried, Qualitative Sozialforschung, Band 1: Methodologie, Weinheim 1993 (2. Aufl.)
Leary, Timothy, Das interpersonale, interaktive, interdimensionale Interface, in: Waffender Manfred (Hrsg.), Cyberspace. Ausflüge in virtuelle Wirklichkeiten, Reinbek 1991, S. 275ff.
Lefkowitz, Monroe E. u.a., Growing Up to be Violent, New York 1977
Leifer, A.D.; Roberts, D.F., Children's Responses to Television Violence, in: Murray, J.P. u.a. (Hrsg.), Television and Social Behavior, Vol. 2: Television and Social Learning, Washington 1972
Lemish, Dafna; Rice, Mabel, Television As a Talking Picture Book, in: Journal of Child Language 1986, S. 251ff.
Lenzen, Dieter, Moderne Jugend und postmoderne Jugend. Was leistet noch das Identitätskonzept? in: Helsper, Werner (Hrsg.), Jugend zwischen Moderne und Postmoderne, Opladen 1991, S. 41ff.

Lenzen, Dieter, Mythos, Metapher und Simulation, in: Zeitschrift für Pädagogik 1987, S. 41ff.
Lévy, Pierre, Cyberkultur. Universalität ohne Totalität, in: Telepolis 0, 1996, S. 5ff.
Lewis, Justin, Are you receiving me? in: Goodwin, Andrew/Whannel, Gerry, Understanding Television, London 1990, S. 153ff.
Lorenz, Konrad, Das sogenannte Böse. Zur Naturgeschichte der Aggression, Wien 1963
Luhmann, Niklas, Erziehender Unterricht als Interaktionssystem, in: Diederich, Jürgen, Erziehender Unterricht – Fiktion und Faktum? Frankfurt 1985, S. 77ff.
Luhmann, Niklas, Die Realität der Massenmedien, Opladen 1995
Lyotard, Jean François, Das postmoderne Wissen, Graz 1986
Mayring, Philipp, Einführung in die qualitative Sozialforschung, München 1990
McCord, W.; McCord, J.; Howard, A., The Effect of Parental Role Models on Criminality, in: Journal of Social Issues 1958, S. 66ff.
McLuhan, Marshall, Die magischen Kanäle. Understanding Media, Frankfurt 1970
McLuhan, Marshall, Fiore Quentin, Das Medium ist Massage, Frankfurt 1969
Medosch, Armin; Schulzki-Haddouti, Christiane, Kinder des „Mindstorms", in: Telepolis 1998 (Online-Text auf: http://heise.de/tp/deutsch/inhalt/te/1394/1.html)
Merkert, Rainald, Medien und Erziehung, Darmstadt 1992
Meutsch, Dietrich u.a., Informieren mit Fernsehen: ein Forschungsüberblick, Arbeitshefte Bildschirmmedien Nr. 5, Siegen 1990
Meyrowitz, Joshua, Die Fernsehgesellschaft. Wirklichkeit und Identität im Medienzeitalter, Weinheim, Basel 1987
Mikos, Lothar, Fernsehen im Erleben der Zuschauer, Berlin, München 1994
Mikos, Lothar, Medienkindheiten – Aufwachsen in der Multimediagesellschaft, in: Joachim von Gottberg u.a. (Hrsg.), Kinder an die Fernbedienung, Berlin 1997, S. 51ff.
Mikos, Lothar, Medientext Diana. Lady Diana – mediale Inszenierung und populärer Diskurs, in. Medien praktisch 3, 1998, S. 56ff.
Moser, Heinz, Der Computer vor der Schultür, Zürich 1986
Moser, Heinz, Meien: „Gesamtschule" in einem Bergtal, in: Forum Pädagogik 4, 1990, S. 33ff.
Moser, Heinz, Der Fall „Knight Rider", int. verv. Ms., Basel 1991
Moser, Heinz, Zum Verhältnis von Familie, Freizeit und Schule, Basel 1992
Moser, Heinz, Video im Unterricht, in: Schweizer Schule 5, 1993, S. 3ff.
Moser, Heinz, Multimedia im Informationszeitalter, in: Log In 1, 1997, S. 10ff.
Moser, Heinz, Neue mediale, „virtuelle" Realitäten, in: medien praktisch 3, 1997a , S. 10ff.
Moser, Heinz, Twelve Points. Grand Prix Eurovision-Analyse einer Fankultur (in Vorb.), Zürich 1999
Moser, Heinz, Neue Wege der pädagogischen Forschung, Zürich 1999
Müller-Ullrich, Burkhard, Medienmärchen. Gesinnungstäter im Journalismus, München 1996
Mumford, Lewis, Technics and Civilisation, New York 1934
Negroponte, Nicholas, Total digital, München 1995
Neverla, Irene, Fernseh-Zeit. Zuschauer zwischen Zeitkalkül und Zeitvertreib, München 1992
Neumann-Braun, Klaus; Erichsen, Jens R., Kommerzielle und mediatisierte Kindheit – eine Bestandesaufnahme, in: Charltin, Michael u.a. (Hrsg.), Fernsehwerbung und Kinder, Band 1, Opladen 1996, S. 21ff.
Neumann-Braun, Klaus, Medienkommunikation und Formen der Partizipation, in: medien praktisch 4, 1997, S. 12ff.
Newman, D.; Cole, M.; Griffin, P., The Construction Zone, New York 1989
Nieß, Manfred, Das postmoderne Begehren nach Unvernunft. Oder: Das Vergnügen, einen Jaguar zu fahren, in: Dieter Baacke u.a., Am Ende – postmodern? Weinheim, München 1985, S. 12ff.

Noble, Grant, Children in Front of the Small Screen, London 1975
Noble, Grant; Mulcahy, J., An Experimental Attempt to Isolate a Cathartic Response to Televised Aggression, in: Bulletin of the British Psychological Society 1974, S. 175ff.
Nolting, Hans-Peter, Lernfall Aggression, Reinbek 1983
Nowottnick, Marlies, Jugend, Sprache und Medien, Berlin 1989
Nunner-Winkler, Gertrud, Adoleszenzkrisenverlauf und Wertorientierungen, in: Baacke, Dieter/Heitmeyer, Wilhelm (Hrsg.), Neue Widersprüche. Jugendliche in den achtziger Jahren, München 1985, S. 86ff.
Oelkers, Jürgen, Über die Grenzen und die Notwendigkeit der Erziehung, in: Schweizer Schule 1, 1993, S. 10ff.
Oerter, Rolf, Moderne Entwicklungspsychologie, Donauwörth 1969
Orlik, Waltraud u.a., Mediensymbole und Selbstsymbolisierung – Schritte des Kindes zur Angstbewältigung, in: Charlton, Michael/Bachmair, Ben (Hrsg.), Medienkommunikation im Alltag, München 1990, S. 172ff.
Papert, Seymour, Mindstorms. Kinder, Computer und Neues Lernen, Basel 1982
Papert, Seymour, The Children's Machine, New York 1993
Paus-Haase, Ingrid (Hrsg.), Neue Helden für die Kleinen, Münster 1992
Paus-Haase, Ingrid, Höltershinken Dieter, Tietze Wolfgang, Alte und neue Medien im Alltag von jungen Kindern, Freiburg 1990
Perelman, Lewis J., School's Out. A Radical New Formula for the Revitalization of America's Educational System, New York 1992
Pfyffer, Adrian, Lernprogramme: Qualitätskriterien, Einsatzmöglichkeiten, in: Schweizer Schule 4, 1998, S. 26ff.
Postman, Neil, Das Verschwinden der Kindheit, Frankfurt 1983
Postman, Neil, Wir amüsieren uns zu Tode, Frankfurt 1985
Radway, Janice A., Reading the Romance, London 1984
Reichertz, Jo, Trauung, Trost und Wunder. Formen des Religiösen im Fernsehen, in: medien praktisch 4, 1996, S. 4ff.
Reid, Elizabeth M., Electropolis. Communication and Community in an Internet Relay Chat, Melbourne 1991 (Online-Text: http://people.we.mediaone.net/elizrs/work.html)
Reinmann-Rothmeier, Gabi; Mandl, Heinz, Wissensmanagement: Phänomene-Analysen-Forschung-Bildung, Forschungsbericht 83, München 1997
Resnick, Michael; Rusk, Natalie, Computer Clubhouses in the Inner City, in: The American Prospect, no. 27 (july-august 1996), S. 60ff. (Online Text unter der Adresse: http://epn.org/prospect/27/27resn.html)
Ress, Elmar, Die Faszination Jugendlicher am Grauen, Würzburg 1990
Rheingold, Howard, The virtual Community, Online Version, 1995 (http://rheingold.com/vc/book)
Röper, Horst, Das Mediensystem in der Bundesrepublik Deutschland, in: Merten, Klaus/Schmidt, Siegfried J./Weischenberg, Siegfried (Hrsg.), Die Wirklichkeit der Medien. Eine Einführung in die Kommunikationswissenschaft, Opladen 1994, S. 506ff.
Rogge, Jan-Uwe, Kinder können fernsehen, Reinbek 1990
Rolff, Hans-Günter, Zimmermann Peter, Kindheit im Wandel, Weinheim/Basel 1990
Rousseau, Jean Jacques, Emil oder über die Erziehung, Paderborn 1963
Salomon, Gavriel, Psychologie und Medienerziehung, in: Issing, Ludwig J., Medienpädagogik im Informationszeitalter, Weinheim 1987, S. 79ff.
Sandbothe, Mike, Interaktive Netze in Schule und Universität – Philosophische und didaktische Aspekte, in: Stefan Bollmann, Christine Heibach (Hrsg.), Kursbuch Internet, Mannheim 1996, S. 424ff.
Sander, Uwe; Vollbrecht, Ralf, Kinder und Jugendliche im Medienzeitalter, Opladen 1987
Saxer, Ulrich, Kommunikationswissenschaftliche Grundlagen der Medienpädagogik, in: Issing, Ludwig J., Medienpädagogik im Informationszeitalter, Weinheim 1987, S. 117ff.

Schabedoth, Eva, Inhalt oder Form? Überlegungen zur Rezeptionsstruktur der Lindenstraße, in: Martin Jurga (Hrsg.), Lindenstraße. Produktion und Rezeption einer Erfolgsserie, Opladen 1995, S. 153ff.

Schallberger, Urs, Was Intelligenztests über Generationenunterschiede lehren, in: Schweizer Schule 10, 1990, S. 3ff.

Schill, Wolfgang, Auditive Medien im Unterricht, in: medien praktisch 1, 1998, S. 19ff.

Schivelbusch, Wolfgang, Geschichte der Eisenbahnreise. Zur Industrialisierung von Raum und Zeit im 19. Jahrhundert, Frankfurt 1979

Schlaff, S., Kinder und Fernsehen, Wien 1980

Schleicher, Klaus, Neue Medien – Herausforderung und Chance für Gesellschaft, Schule und Kinder, in: Scarbath, Horst (Hrsg.), Mit Medien leben, Stuttgart 1988, S. 13ff.

Schmidbauer, Michael, Die Geschichte des Kinderfernsehens in der Bundesrepublik Deutschland, München 1987

Schmidbauer, Michael, Teil I: Programmangebot.Televisionäre Lieblingsspeise mit Werbe-Ingredienzien, in: Televizion 3, 1993, S. 14ff.

Schmidbauer, Michael; Löhr, Paul, Jugendliche Online, in: TELEVIZION 2, 1997, S. 28ff.

Schmidt, Siegfried J., Die Wirklichkeit des Beobachter, in: Merten, Klaus/Schmidt, Siegfried J./Weischenberg, Siegfried (Hrsg.), Die Wirklichkeit der Medien. Eine Einführung in die Kommunikationswissenschaft, Opladen 1994, S. 3ff.

Schmidt, Siegfrid J.; Weischenberg, Siegfried, Mediengattungen, Berichterstattungsmuster, Darstellungsformen, in: Merten, Klaus/Schmidt, Siegfried J./Weischenberg, Siegfried (Hrsg.), Die Wirklichkeit der Medien. Eine Einführung in die Kommunikationswissenschaft, Opladen 1994, S. 212ff.

Schnoor, Detlev, Sehen lernen in der Fersehgesellschaft, Opladen 1992

Schnoor, Detlev, Schulentwicklung durch neue Medien, in: Herbert Kubicek u.a. (Hrsg.), Lernort Multimedia. Jahrbuch Telekommunikation und Gesellschaft, Band 6, Heidelberg 1998, S. 99ff.

School Choice: A Discussion with Herbert Gintis, in: Educational Policy Analysis Archives (Internet Mailing-List EDPOLYAN) , Vol. 2, Nr. 6), 1994

Schottmayer, Georg, Kinder und Medien – Kinder in Medien. Die Bedeutung der Massenmedien für die Erziehung, in: Scarbath Horst (Hrsg.), Mit Medien leben, Stuttgart 1988, S. 49ff.

Schudson, Michael, The Limits of Teledemocracy, in: The American Prospect 11, 1992, S. 41ff. (http://epn.org./prospect/11/11schu.html)

Schulze, Gerhard, Die Erlebnisgesellschaft. Kultursoziologie der Gegenwart, Frankfurt 1992

Sennett, Richard, Verfall und Ende des öffentlichen Lebens. Die Tyrannei der Intimität, Frankfurt 1983

Soeffner, H.-G. (Hrsg.), Interpretative Verfahren in den Sozial- und Textwissenschaften, Stuttgart 1979

Spanhel, Dieter, Jugendliche vor dem Bildschirm. Zur Problematik der Videofilme, Telespiele und Homecomputer, Weinheim 1987

Stalder, Hanspeter, Video-Animation, in: Schweizer Schule 5, 1993, S. 9ff.

Steinberg, Shirley R; Kincheloe, Joe L., N., Introduction: No more secrets – Kinderculture, Information Saturation and the Postmodern Childhood, in: Shirley R. Steinberg, Joe L. Kincheloe (Hrsg.), Kinderculture. The Corporate Construction of Childhood, Boulder 1997, S. 1ff.

Stiebnitz, Rüdiger, Schulische Lachkultur, in: Schweizer Schule 5, 1993, S. 15ff.

Stiebnitz, Rüdiger, Video-Possen, Bern 1992

Storey, John, Cultural Studies and the Study of Popular Culture, Athens 1996

Straubhaar, Thomas; Winz, Manfred, Reform des Bildungswesens. Kontroverse Aspekte aus ökonomischer Sicht, Bern 1992

Straubhaar, Thomas; Winz, Manfred, „Mehr Markt im Bildungswesen“ – Ökonomische Argumente, in: Schweizer Schule 5, 1994, S. 3ff.
Struck, Peter, Netzwerk Schule, München 1998
Stubenrauch, Herbert, Narziß: Eine Herausforderung für die Erziehungswissenschaft und politische Pädagogik, in: Häsing, Helga u.a. (Hrsg.), Narziß. Ein neuer Sozialisationstyp? Bensheim 1979, S. 10ff.
Stückrath, F.; Schottmeyer, G., Fernsehen und Grostadtjugend, Braunschweig 1967
Sturm, Hermann, Bilderfluten – Bild, Bildschirm, Bildschirmbilder, in: Bildschirm. Faszination oder Information, Jahresheft II des Friedrich Verlages 1985, S. 21ff.
Sturm, Hertha, Die fehlende Halbsekunde, in: Bildschirm. Faszination oder Information, Jahresheft III, 1985, S. 52ff.
Sturm, Hertha, Medienwirkungen auf Wahrnehmung, Emotion, Kognition – Eine Grundlage für medienpädagogisches Handeln, in: Issing, Ludwig J., Medienpädagogik im Informationszeitalter, Weinheim 1987, S. 91ff.
Sturm, Hertha, Wahrnehmung und Fernsehen: Die fehlende Halbsekunde, Plädoyer für eine zuschauerfreundliche Mediendramaturgie, in: Media Perspektiven 1, 1984, S. 58ff.
Theunert, Helga u. a., Zwischen Vergnügen und Angst – Fernsehen im Alltag von Kindern, Hamburg 1992
Theunert, Helga u.a. (Hrsg.), „Einsame Wölfe“ und „Schöne Bräute“, München 1993
Timmermann, Dieter; Melzer, Wolfgang, Wandel von Kindheit und öffentliche Erziehung. (Selbst-)kritische Reflexionen über Ansätze der Kindheitsforschung, in: Zentrum für Kindheits-und Jugendforschung (Hrsg.), Wandlungen der Kindheit, Opladen 1993, S. 32ff.
Tuchman, Gaye, Making News. A Study in the Construction of Reality, New York 1978
Tulodziecki, Gerhard, Erziehung und Bildung im Medienzusammenhang, in: Joachim von Gottberg u.a., Kinder an die Fernbedienung, Berlin 1997, S. 175ff.
Turkle, Sherry, Die Wunschmaschine. Vom Entstehen der Computerkultur, Reinbek 1984
Turkle, Sherry, Seeing Through Computers. Education in a Culture of Simulation, in: The American Prospect, no. 31 (march-april 1997), S. 76ff. (Online Text unter der Adresse: http://epn.org/prospect/31/31turkf.html)
Turkle, Sherry, Leben im Netz. Identität in Zeiten des Internet, Reinbek 1998
UNESCO (Hrsg.), World Communication Report, Paris 1997
Van Eimeren, Birgit, Der Intendant als Vaterersatz, in: TELEVIZION 2, 1990, S. 10.
Van Eimeren, Birgit; Löhr, Paul, Kinderfernsehen und gesellschaftliche Verantwortung, in: Medien Perspektiven 1991, S. 649ff.
Varela, Francisco J., Autonomie und Autopoiese, in: Schmidt, Siegfried J., Der Diskurs des radikalen Konstruktivismus, Frankfurt 1987, S. 119ff.
Veneema, Sirley; Gardner, Howard, Multimedia and Multiple Intelligences, The American Prospect, no. 29 (november-december 1996), S. 69ff. (Online Text unter der Adresse: http://epn.org/prospect/29/29veen.html)
Vester, Frederic, Denken, Lernen, Vergessen, München 1978
Virilo, Paul, Der negative Horizont, Bewegung-Geschwindigkeit-Beschleunigung, München 1989
Virilo, Paul, Das Ende des politischen Krieges (Interview), in: TAZ 21.1.1991
Virilo, Paul, Krieg und Fernsehen, München 1993
Vollbrecht, Ralf, Rock und Pop. – Versuche der Wiederverzauberung von Welt, in: Radde, Martin/Sander, Uwe/Vollbrecht Ralf (Hrsg.), Jugendzeit-Medienzeit, Weinheim, München 1988, S. 94ff.
Volpert, Walter, Zauberlehrlinge. Die gefährliche Liebe zum Computer, Weinheim, Basel 1985
Voullième, Helmut, Computerfaszination. Jugendliches Computerinteresse, Bonn 1990

Wabersky, Wolfgang, Die RTL-Mini-Playback-Show: Befriedigung kindlicher Bedürfnisse oder persönlichkeitszerstörende Dressur? In: Unsere Jugend 5, 1994, S. 153ff.
Wagner, Wolf-Rüdiger, Kommunikationskultur und Allgemeinbildung – Plädoyer für eine integrative Medienpädagogik, in: Schill Wolfgang, Tulodziecki Gerhard, Wagner Wolf-Rüdiger, Medienpädagogisches Handeln in der Schule, Opladen 1992, S. 135ff.
Walker, John, Hinter den Spiegeln, in: Waffender, Manfred (Hrsg.), Cyberspace. Ausflüge in virtuelle Wirklichkeiten, Reinbek 1991, S. 20ff.
Walters, R.H.; Thomas, E.L.; Acker, C.E., Enhancement of Punitive Behavior by Audiovisual Displays, in: Science 1962, S. 872f.
Watzlawick, Paul u.a., Menschliche Kommunikation, Bern 1969
Wegener, Claudia, Reality-TV. Fernsehen zwischen Emotion und Information, Opladen 1994
Weingarten, Rüdiger, Die Verkabelung der Sprache, Frankfurt 1989
Wember, Bernward, Objektiver Dokumentarfilm, Berlin 1972
Wember, Bernward, Wie informiert das Fernsehen, München 1983
Werner, Gabriele, Das Lächeln der Diana. Vom Verschwinden des Realen im Mythos, in: Jungle World 34, 1997 (http.//www.ftz.org/nadir/periodika/jungle_world/37/258htm)
Winter, John, Truth as the First Casualty: Mainstream Media Prortrayal of the Gulf War, in: The Electronic Journal of Communication 1, 1991 (Comserve File)
Woolley, Benjamin, Die Wirklichkeit der virtuellen Welten, Basel 1994
Ziehe, Thomas, Ich werde jetzt gleich unheimlich aggressiv. Probleme mit dem Narzißmus, in: Häsing, Helga u.a. (Hrsg.), Narziß. Ein neuer Sozialisationstyp? Bensheim 1979, S. 36ff.
Ziehe, Thomas, Pubertät und Narzißmus, Frankfurt 1975
Zinnecker, Jürgen, Jugend der Gegenwart – Beginn oder Ende einer historischen Epoche? in: Baacke, Dieter/Heitmeyer, Wilhelm (Hrsg.), Neue Widersprüche. Jugendliche in den achtziger Jahren, München 1985, S. 24ff.

Register